职业院校汽车类“十三五”
微课版规划教材

汽车
安全与舒适系统检修

附微课视频

赵宇 郑春光 / 主编
刘军 李嘉泽 / 副主编

人 民 邮 电 出 版 社
北 京

图书在版编目（CIP）数据

汽车安全与舒适系统检修 : 附微课视频 / 赵宇，郑春光主编. -- 北京 : 人民邮电出版社，2017.8（2018.12重印）
职业院校汽车类“十三五”微课版规划教材
ISBN 978-7-115-46003-5

Ⅰ. ①汽… Ⅱ. ①赵… ②郑… Ⅲ. ①汽车－安全装置－维修－高等职业教育－教材 Ⅳ. ①U472.41

中国版本图书馆CIP数据核字(2017)第184889号

内容提要

本书以培养学生利用现代诊断和检测设备对汽车安全与舒适系统进行故障诊断、故障分析、零部件检测及维修更换等技能为目标，详细地介绍了汽车电子控制主动安全系统的检修、汽车空调系统的检修、汽车电子控制被动安全系统的检修、汽车电子控制悬架系统的检修、汽车防盗系统的检修、汽车定速巡航系统的检修、汽车电动助力转向系统的检修 7 个项目的内容。

本书可作为中、高等职业技术学院交通运输类各专业的教学用书，也可供汽车维修技术人员、汽车维修职业资格证书的申请人员参考、学习之用。

◆ 主　　编　赵　宇　郑春光
　副 主 编　刘　军　李嘉泽
　责任编辑　王丽美
　责任印制　焦志炜

◆ 人民邮电出版社出版发行　　北京市丰台区成寿寺路 11 号
　邮编　100164　　电子邮件　315@ptpress.com.cn
　网址　http://www.ptpress.com.cn
　大厂聚鑫印刷有限责任公司印刷

◆ 开本：787×1092　1/16
　印张：15　　2017 年 8 月第 1 版
　字数：382 千字　　2018 年12月河北第 2 次印刷

定价：39.80 元

读者服务热线：(010)81055256　印装质量热线：(010)81055316

反盗版热线：(010)81055315

广告经营许可证：京东工商广登字 20170147 号

前言

汽车安全与舒适系统检修是汽车检测与维修技术人员的典型工作任务，是汽车检测与维修技术高技能人才必须掌握的技能，也是高职交通运输类、汽车制造类各专业的一门重要的专业核心课程。

本书是一本以培养学生利用现代诊断和检测设备对汽车安全与舒适系统进行故障诊断、故障分析、零部件检测及维修更换的操作技能为核心，以工作项目为导向，用工作任务进行驱动，以行动体系为框架，以典型案例为引导的教材。本书重点培养学生的专业能力，同时注重培养学生的社会能力和方法能力。

本书包含7个项目，每个项目由项目导读、若干个任务、项目小结、项目习题测试组成。每个任务由学习目标、任务导入、知识准备、任务实施、习题测试5部分组成。在项目导读部分，介绍每个项目的优点、作用、分类等；在每个工作任务中学习目标由知识要求和能力要求组成；任务导入以企业的典型案例为引导；知识准备包含学生需要学习的每个任务所涉及总成部件的作用、结构形式、工作原理；任务实施中介绍了故障诊断的注意事项、故障诊断的流程与故障修复的方法等，以及分析任务导入中典型故障的排除思路与修复方法；习题测试中精心筛选了一定数量的习题，供学生检测学习效果。

通过7个项目的学习和训练，学生不仅能够掌握汽车安全与舒适系统各总成的相关知识，而且能够掌握汽车安全与舒适系统故障诊断与修复的方法，达到高级汽车维修工的水平。

本书的参考学时为64~80学时，建议采用“教、学、做”一体化教学模式，各项目的参考学时见学时分配表。

学时分配表

项目	课程内容	学时
项目一	汽车电子控制主动安全系统的检修	16～20
项目二	汽车空调系统的检修	18～20
项目三	汽车电子控制被动安全系统的检修	6～8
项目四	汽车电子控制悬架系统的检修	6～8
项目五	汽车防盗系统的检修	8～10
项目六	汽车定速巡航系统的检修	6～8
项目七	汽车电动助力转向系统的检修	2～4
	课程考评	2
课时总计		64～80

本书由天津城市建设管理职业技术学院赵宇、天津交通职业学院郑春光任主编，天津城市建设管理职业技术学院刘军、天津交通职业学院李嘉泽任副主编。赵宇编写了项目一、项目七，

郑春光编写了项目二，刘军编写了项目五、项目六，李嘉泽编写了项目三、项目四及全书的习题测试、项目习题测试。

由于编者水平和经验有限，书中难免有欠妥之处，恳请读者批评指正。

编者

2017 年 6 月

目　录

项目一 汽车电子控制主动安全系统的检修

项目导读

一、什么是主动安全技术

为预防汽车发生事故，避免人员受到伤害而采取的安全设计，称为主动安全技术。如ABS（防抱死制动系统）、EBD（电子制动力分配）、ASR（汽车防滑转控制系统）、ESP（电子稳定程序）等都是主动安全设计。它们的特点是提高汽车的行驶稳定性，尽量防止车祸发生所带来的危害。

二、汽车主动安全技术主要内容

1. ABS（汽车防抱死制动系统）

ABS通过传感器侦测到的各车轮的转速，由计算机计算出当时的车轮滑移率，由此了解车轮是否已抱死，再命令执行机构调整制动压力，使车轮处于理想的制动状态（控制车轮将要抱死但未完全抱死）。ABS能在紧急制动状况下，保持车轮不被抱死而防止车辆失控，维持转向能力，避开障碍物。在一般状况下，它并不能缩短制动距离。

2. ASR（汽车防滑转控制系统）

ASR是继防抱死制动系统之后应用于车轮防滑技术的电子控制系统，是控制汽车行驶时的驱动轮“滑转”，主要用于汽车起步、加速及在光滑路面行驶时的牵引力控制和行驶稳定性控制。虽然ASR和ABS一样，通过控制车轮的制动力来控制驱动车轮相对地面的滑动，但ASR只对驱动轮实施制动力控制。ASR一般在车速很高（80～120km/h）时不起作用。

3. ESP（电子稳定程序）

电子稳定装置实际上也是一种牵引力控制系统，与其他牵引力控制系统比较，ESP不但控制驱动轮，而且控制从动轮。它通过主动干预危险信号来实现车辆平稳行驶。如后轮驱动的汽车常出现转向过度所引起的后轮失控而甩尾，ESP便会放慢外侧的前轮来稳定车辆；在转向不足时，为了校正运行方向，ESP则会放慢内后轮，从而校正行驶方向。

ESP系统包含ABS（汽车防抱死制动系统）及ASR（汽车防滑转控制系统），是这两种系统功能上的延伸。因此，ESP称得上是当前汽车防滑装置的最高级形式。ESP系统由控制单元及转向传感器（监测转向盘的转向角度）、车轮传感器（监测各个车轮的速度转动）、侧滑传感器（监测车体绕垂直轴线转动的状态）、横向加速度传感器（监测汽车转弯时的离心力）等组成。控制单元通过这些传感器的信号对车辆的运行状态进行判断，进而发出控制指令。有 ESP 与只有 ABS 及 ASR 的汽车，它们之间的差别在于 ABS 及 ASR 只能被动地作出反应，而 ESP 则能够探测和分析车况并纠正驾驶的错误，防患于未然。ESP 对过度转向或不足转向特别敏感，例如，汽车在路滑时左拐过度转向（转弯太急）时会产生向右侧甩尾，传感器感觉到滑动就会迅速制动右前轮使其恢复附着力，产生一种相反的转矩而使汽车保持在原来的车道上。

任务一 汽车防抱死制动系统的检修

【学习目标】

知识要求：掌握 ABS 系统的作用、组成、原理及检修方法；熟悉 ABS 系统的主要元件的结构与原理。

能力要求：能够依据维修手册并使用常用工具、量具对 ABS 系统进行基本检查；能够对 ABS 系统常见故障进行诊断与修复。

任务导入

一辆 04 款本田雅阁轿车出现故障：将点火开关置于 ON 位，ABS 灯亮；起动发动机，ABS 灯熄灭，同时 ABS 油泵电动机旋转；过 1～2min，ABS 油泵电动机停止运转，与此同时 ABS 灯点亮。

知识准备

防抱死制动系统可以防止车轮完全抱死，制动效果优于常规制动系统的制动装置，是在常规制动系统的基础之上，经改进而成，整个制动系统在制动时既有常规制动系统的制动功能，又有防止车轮被完全抱死的功能；它将驾驶员施加在制动踏板的力迅速、均匀地转化为车轮的制动力。而增加的 ABS 控制系统是由电子、机械和液压源、气压源组成的自动控制系统，它可以连续地检测车辆的制动状况，并及时将汽车的制动调整到最佳状态。如果常规制动系统出现故障，ABS 系统就会自动失去作用；如果 ABS 系统出现故障，常规制动系统仍会照常工作。它是 20 世纪末汽车上安装的最新的现代化制动系统。

一、概述

1928 年防抱死制动系统理论被提出，20 世纪 30 年代，机械式 ABS 就开始在火车和飞机上应用。1920 年英国人霍纳摩尔首先研制了 ABS 并申请了专利。40 年代末，ABS 被应用于波音 B-47 飞机上。20 世纪 50 年代福特公司将飞机的 ABS 应用在林肯轿车上。至 1978 年，博世公司推出采用数字式电控装置 ABS，揭开了现代 ABS 系统发展的序幕。

① 1978 年，博世公司第一次将数字电控 ABS 用在梅塞德斯奔驰轿车上。

② 1985 年，戴维斯（TEVES）公司首次在北美洲将整体式 ABS 应用在福特轿车上。

③ 德尔科（DELCO）公司的 ABS 系统于 1989 年首次装在“W”型轿车上。

④ 德尔科公司于 1991 年推出了更为经济的四轮防抱死制动系统 ABSⅥ。该系统主要用于美国通用公司 1991 年后制造的汽车上。

进入 21 世纪，ABS 发展得越来越快，欧洲和美国、日本、中国等国家和地区均在高速发展 ABS，ABS 的普及使用是大势所趋。

二、汽车防抱死制动系统的类型

1. 整体式 ABS

整体式 ABS 的制动压力调节器与制动主缸以及制动助力器组合为一个整体，福特、通用公司的别克、凯迪拉克、奥斯莫比尔、旁蒂克、绅宝等高级轿车采用该种方式，如图 1-1 所示。

2. 分离式 ABS

分离式 ABS 的制动压力调节器为独立总成，通过制动管路与制动主缸和制动轮缸相连，桑塔纳、捷达、红旗、宝马和沃尔沃等轿车采用该种方式。具体形式如图 1-2 所示。

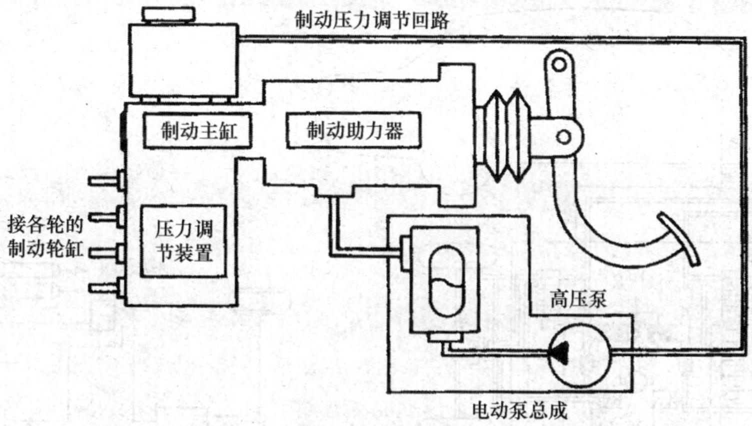

图 1-1　整体式 ABS

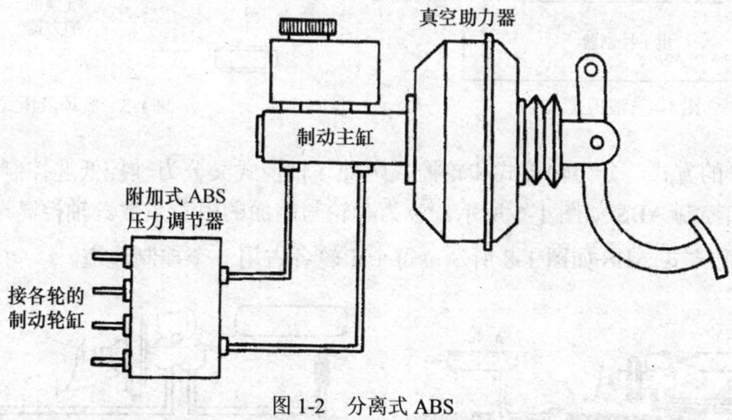

图 1-2　分离式 ABS

另外，汽车防抱死制动系统按控制方式分，包括机械式和电子式两类。

按动力源分为气压式、液压式和气顶液压式。其中，对于大中型汽车、牵引车及挂车等多采用气压式 ABS，如图 1-3 所示。轿车和小型客货车等多采用液压式 ABS，如图 1-4 所示。气顶液压式 ABS 如图 1-5 所示。

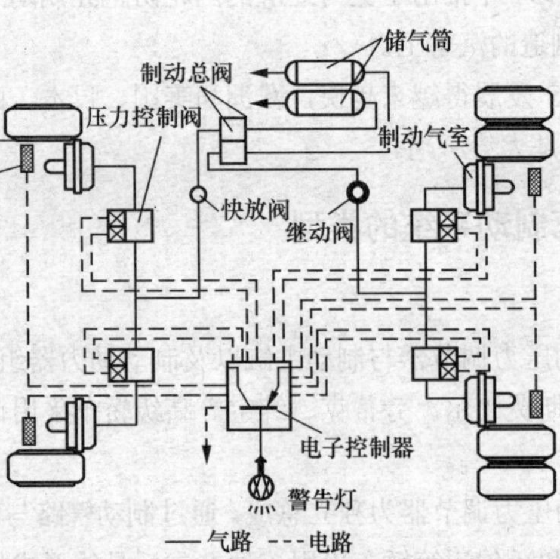

图 1-3　气压式 ABS

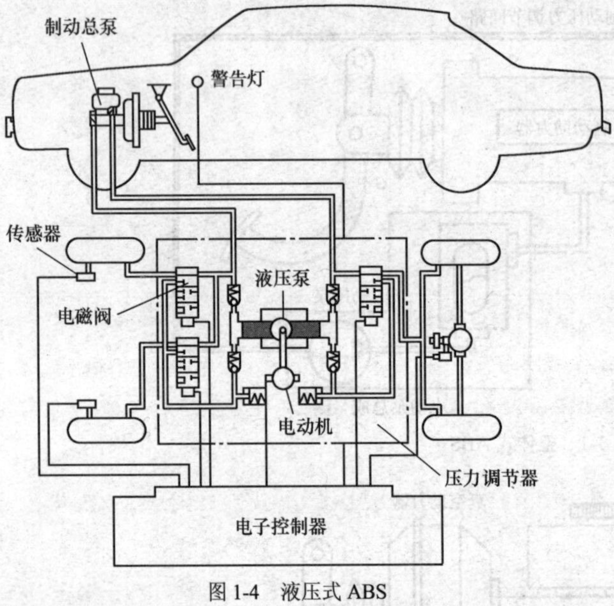

图 1-4　液压式 ABS

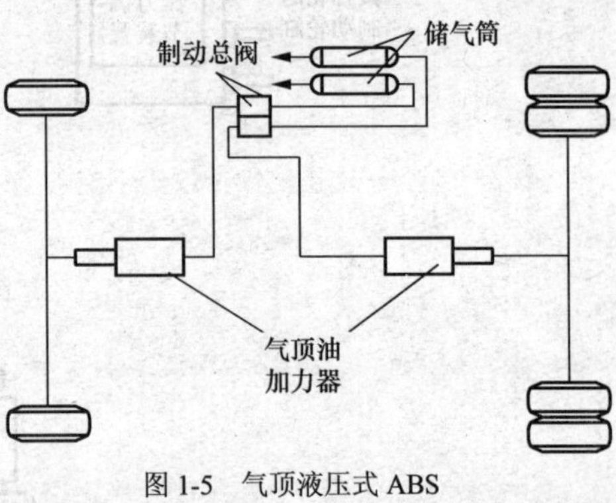

图 1-5　气顶液压式 ABS

按控制车轮的方式，分为轴控式和轮控式两种。轴控式又分为轴控低选控制式和轴控高选控制式。轴控低选控制 ABS 如图 1-6 所示。φ 为车轮与路面的附着系数。轴控高选控制 ABS 如图 1-7 所示。轮控独立式 ABS 如图 1-8 所示，每个车轮各占用一个控制通道。

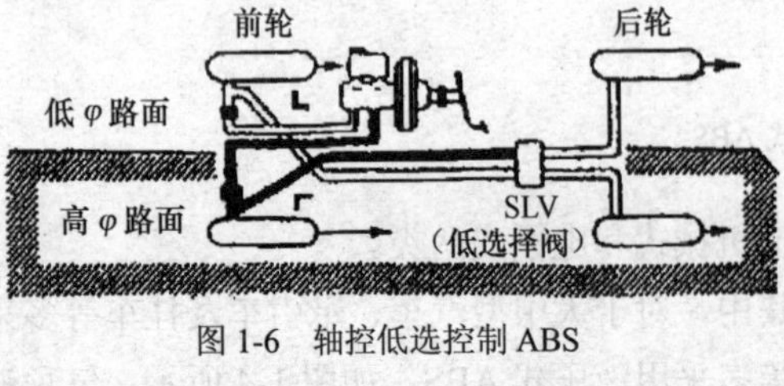

图 1-6　轴控低选控制 ABS

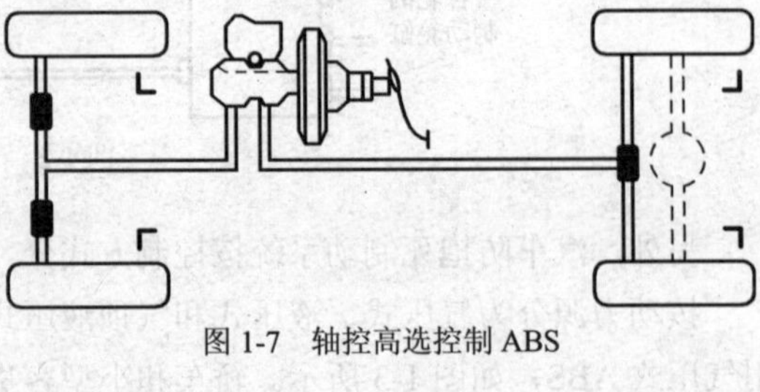

图 1-7　轴控高选控制 ABS

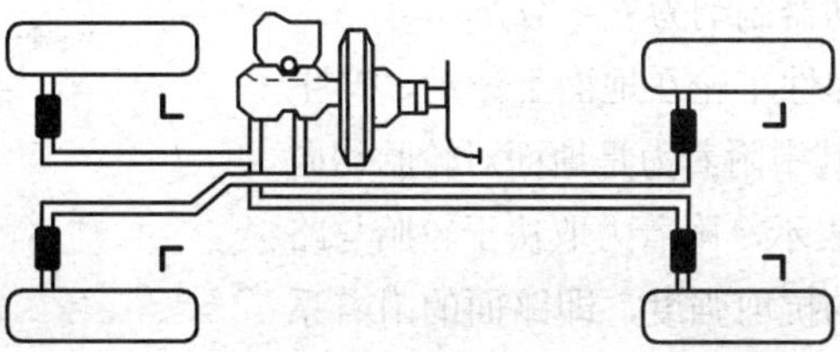

图 1-8　轮控独立式 ABS

三、ABS 的理论基础

ABS 的优点

汽车制动系统是在汽车行驶过程中，能够根据驾驶员的需要减速、停车的重要装置。常规制动系统只提供了足够大的制动力，在紧急制动时车轮很容易抱死而产生与路面之间的滑移。车轮一旦抱死，驾驶员失去对方向的控制，严重的会出现甩尾现象，同时造成轮胎的严重磨损。良好的制动系统应具有制动距离短、制动时汽车行驶方向能够控制、轮胎损耗小等特点。随着汽车工业的发展，计算机技术在汽车上得到广泛的应用，用计算机控制制动力，使汽车在制动时，控制车轮不至于抱死，同时缩短了制动距离，解决了常规制动系统的不足问题。

1. 汽车的制动性

汽车的制动性是指汽车在行驶过程中，强制地减速以致停车且维持行驶的方向稳定性的能力。对一辆汽车制动系统的性能有多方面的要求，因而有多方面的评价指标，主要评价指标有以下 3 个方面。

（1）制动效能

制动效能主要是指汽车在行驶中，强制减速以至停车的能力。其基本评价指标为制动距离、制动减速度以及制动时间。

（2）制动时车辆的方向稳定性

制动时汽车的方向稳定性是指汽车在制动时仍能按指定方向的轨迹行驶，即不发生跑偏、侧滑，以及失去转向能力。

（3）制动效能的恒定性

制动效能的恒定性主要是指抗热衰退性能。汽车在大负荷工作条件下制动，制动器性能会因温度升高而衰退。抗热衰退性是指汽车保持制动效能的程度。它是设计制动器及选材中必须认真考虑的一个重要问题。

为了达到良好的制动性能指标，现代汽车采用了防抱死制动系统。在以上 3 个指标中，前两项指标在采用了 ABS 装置后，其性能都有明显的改善和提高，对避免交通事故的发生起到很好的作用，因此，ABS 是汽车上十分重要的主动安全装置。

2. 汽车制动时车轮受力分析

汽车在行驶过程中能够实施制动过程的根本原因是由于与轮胎接触的路面给相应车轮提供了路面制动力。一个是制动器内制动蹄摩擦片与制动鼓间的摩擦力，另一个是轮胎与路面间的附着力。图 1-9 所示为车轮在制动时的受力情况示意图。

从力矩平衡可知：制动时地面对车轮的切向反作用力为 $F_x= M_j /r$，也称地面制动力。

制动蹄与制动鼓（盘）压紧时形成的摩擦力矩为 M_μ，通过车轮作用于地面的切向力称为制动器制动力，以 $F_μ$表示，制动器制动力 $F_μ= M_μ/r$。

经过大量实验证明，弹性车轮在地面上滚动，产生阻力和摩擦力（附着力），其中附着力是地面对轮胎切向反作用力的极限值，用 $F_φ$ 表示，附着力取决于轮胎与路面之间的摩擦作业及路面的抗剪强度，即路面的附着系数$φ$，由上可知 $F_φ=φF_z$

由于地面制动力受到附着力的限制，所以地面最大制动力不能超过附着力 $F_φ$ 即 $F_x≤F_φ=φF_z$

根据上述分析，在汽车制动过程中，制动器制动力 $F_μ$、地面制动力 F_x 及附着力 $F_φ$之间的关系如图 1-10 所示。汽车制动过程中，地面制动力的大小首先取决于制动器制动力，但又受地面附着条件的限制，所以为了达到最佳的制动效果，不仅需要足够的制动器制动力，同时又要较高的附着力。在汽车制动时，通常将附着系数分为纵向附着系数和横向附着系数，汽车的加速度运动和减速运动主要受纵向附着系数限制，抵抗外界横向作用力的能力则主要受车轮横向附着系数的限制。

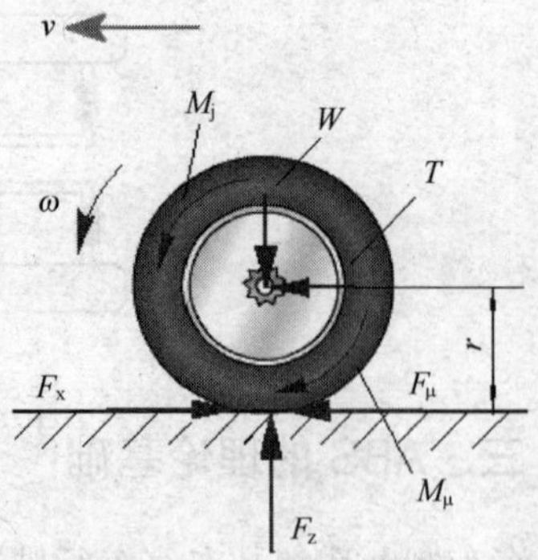

图 1-9　车轮在制动时的受力情况示意图
v—车速　ω—车轮旋转角速度　M_j—惯性力矩
$M_μ$—制动阻力矩　W—车轮法向载荷
F_z—地面法向反力　T—车轴对车轮的推力
F_x—地面制动力　r—车轮半径　rω—轮速

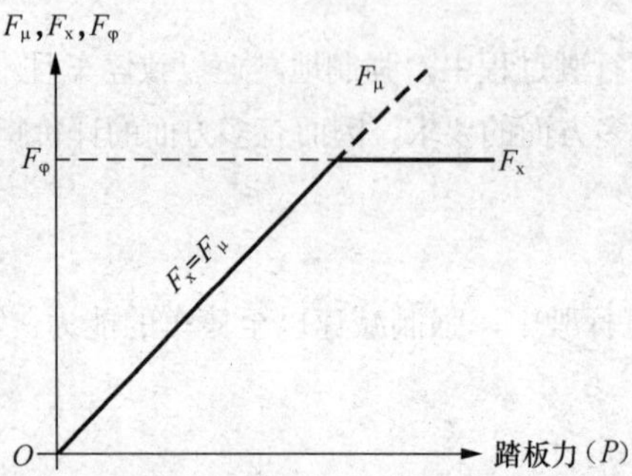

图 1-10　制动器制动力 $F_μ$、地面制动力 F_x 及附着力 $F_φ$ 之间的关系

3. 滑移率

（1）滑移率的定义

滑移率是指车轮在制动过程中车速和车轮速度之差与车速的比值，用百分比来表示。其定义表达式为

$$S=[(v-ωr)/v]×100\%$$

式中，S——车轮的滑移率；

r——车轮的滚动半径，m；

$ω$——车轮的转动角速度，rad/s；

v——车轮中心的纵向速度，m/s。

由上式可知：当车轮为纯滚动时，汽车的实际车速与车轮滚动时的圆周速度相等，滑移率为零，当车轮边滚动边滑动时，滑移率在 0～100%；当车轮处于抱死状态，而车身又具有一定的速度时，则滑移率为 100%。

（2）附着系数与滑移率的关系

在汽车的制动过程中，附着系数的大小随着滑移率的变化而变化。图 1-11 所示为在干路面上时附着系数与滑移率的关系曲线。对于纵向附着系数φ_B，随着滑移率的迅速增加，并在 $S=20\%$ 左右时，纵向附着系数最大；然后随着滑移率的进一步增加，当 $S=100\%$，即车轮抱死时，纵向附着系数有所下降，制动距离会增加，制动效能下降。对于横向附着系数φ_S，当 $S=0$ 时，横向附着系数最大；然后随着滑移率的增加，横向附着系数逐渐下降，并在 $S=100\%$，即车轮抱死时，横向附着系数下降为零左右。

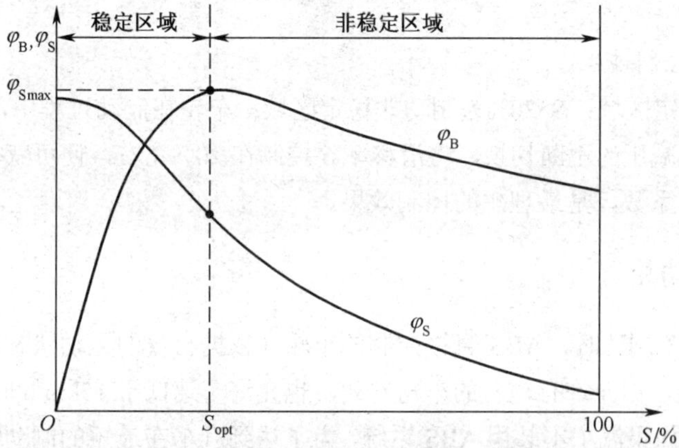

图 1-11 附着系数与滑移率的关系曲线

从以上分析可知，如果制动时将车轮的滑移率 S 控制在 20%左右，即如图 1-11 所示的 S_{opt} 处，此时纵向附着系数最大，可得到最好的制动效能；同时横向附着系数也保持较大值，使汽车也具有较好的制动方向稳定性。

（3）横向附着系数过小的危害

① 方向稳定性变差。因为横向附着力较小，汽车失去抵抗横向外力的能力，后轮易产生横向滑移、甩尾等现象，使汽车方向稳定性变差，如图 1-12 所示。

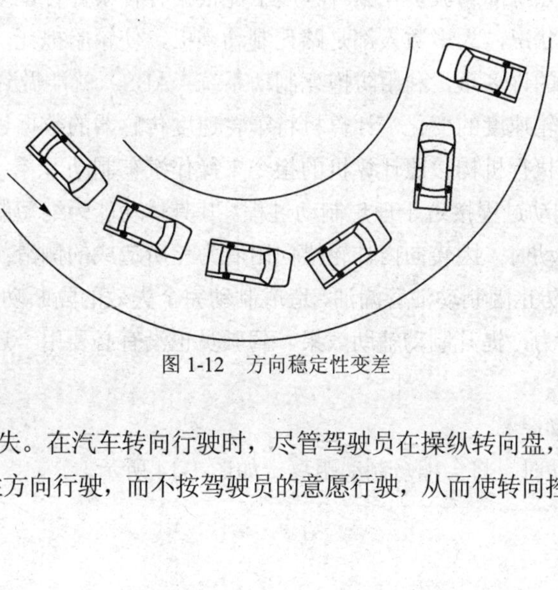
图 1-12 方向稳定性变差

② 转向控制能力丧失。在汽车转向行驶时，尽管驾驶员在操纵转向盘，由于前轮横向附着力丧失，汽车会仍按原来惯性方向行驶，而不按驾驶员的意愿行驶，从而使转向控制能力丧失，如图 1-13 所示。

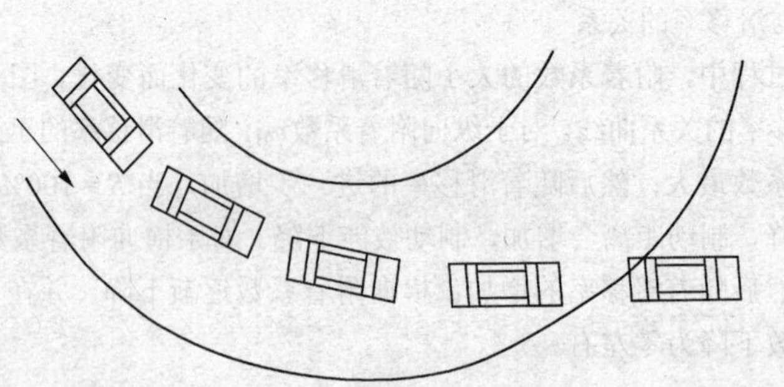

图 1-13　转向控制能力丧失

4．理想的制动控制过程

$S<20\%$为制动稳定区域；$S>20\%$为制动非稳定区域；车轮在制动过程中，以 5～10 次/s 的频率进行增压、保压、减压的不断切换，将滑移率 S 控制在 20%左右，便可获得最大的纵向附着系数和较大的横向附着系数，是最理想的控制效果。

四、ABS 的功用

装有 ABS 的汽车制动时，ABS 直接控制的车轮（依据自身的运动状态来调节其制动压力的车轮）不能抱死滑移，但允许有短暂的车轮抱死，也允许车速低于 15km/h 时车轮抱死。

可以设想一下，如果汽车不装用 ABS 系统，为了达到汽车在最短的制动距离内停车并具有良好的控制方向的能力，就要求驾驶员在操作时十分精心，即踩下制动踏板使车轮抱死，然后在轮胎抱死的一瞬间放松制动踏板，车轮一旦开始转动再踏制动踏板使车轮抱死，如此反复操作。在附着系数小的光滑路面上，驾驶员在制动时都很小心，唯恐使车轮抱死，但仍很难控制，原因是驾驶员不知道车轮什么时候抱死。

当然，驾驶员在驾驶室内根本看不到车轮是否抱死，至于按一定轮胎滑移率去操作制动，那更不是一般人所能完成的操作了。除此之外，汽车行驶的许多条件也都在变化之中，如道路的路面状况、轮胎着地状态、前后轮胎的载荷分配也每时每刻不停地变化着。要完成上述制动要求确实非常困难。当然技术熟练的驾驶员在某种程度上能根据各种条件合理地操作制动，如采用点制动。可是一旦遇上紧急状况，大多数人都是踏死制动踏板，使轮胎抱死。

上述驾驶员做不到的许多事，利用防抱死制动系统（ABS）就能做到。ABS 利用车轮速度传感器来监控制动时各车轮速度的变化，计算机将车轮速度传感器的数据进行处理、判断，变成执行机构所必需的信息，执行机构按照计算机的指令来操作汽车制动。

ABS 可控制实际制动过程接近于理想制动过程。其具体功能为缩短制动距离；防止车辆转向制动时，因转向内外轮横向附着力差所造成的侧滑；改善了轮胎的磨损状态；防止因制动油管漏油，造成制动完全失效的隔断功能；减轻制动踏板踩下时的力，提升制动辅助效果，驾驶员也没有必要用一连串的点制动方式进行制动。

ABS 制动系统概述

1．制动时缩短制动距离

有 ABS 的汽车制动时，将会缩短制动距离，如图 1-14 所示。

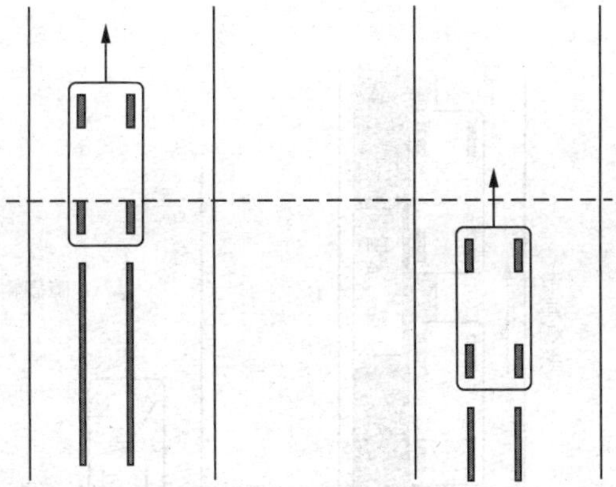

图 1-14　制动时缩短制动距离

因为在同样紧急制动的情况下，ABS 将滑移率控制在 20%左右，可获得最大的纵向制动力。如在冰雪等光滑路面上，如果没有 ABS，无论怎么小心，制动力总是会显得太大，使轮胎抱死，从而使汽车制动距离过长。同样，在这种路面上，如果汽车装有 ABS，就能自动地使车轮与路面间产生最大的附着力，可以使制动距离变短。但不要错误地认为有了 ABS，汽车的制动就再也没有问题了，甚至错误地认为无论是冰雪等光滑路面还是干燥路面，使用了 ABS 的汽车的制动距离都是一样的。

2. 制动时保持方向稳定性

制动时的方向稳定性是指汽车制动时按预定方向行驶的能力，即不发生跑偏、侧滑的能力，如图 1-15 所示。

在日常生活中，大家都可能遇到过这种现象：汽车在直线行驶过程中，突然紧急制动，汽车车轮一下子抱死，汽车仍然向前滑行，轮胎和地面之间发出剧烈的摩擦声。

如果汽车发生交通事故，交警来了之后，首先总是检查一下汽车制动痕迹，判断驾驶员在事故中是否采取了紧急制动措施。然后，再测量一下制动距离，看一看该车制动效果好不好。但这是不正确的。因为如果车轮的滑移率过大，附着力反而要降低。如果驾驶员能控制车轮的滑移率，使其在制动期间始终处于 20%左右，汽车将在更短的制动距离内停车。

ABS 的最大优点是：当汽车紧急制动时，ABS 能最大限度地利用轮胎与路面之间的附着力来获得最大制动力，并且仍然可以控制汽车的方向，以保持整车的方向稳定性。

3. 制动时保持转向控制能力

制动时保持转向控制能力，如图 1-16 所示。

当汽车转向时，如果汽车紧急制动，和汽车直线行驶时紧急制动一样会出现车轮抱死现象。由于车轮抱死，汽车的横向附着力变为零，车轮将出现横向滑动，汽车丧失了控制方向的能力，这是十分危险的。

当车轮抱死之后，转向盘已经不起作用了，汽车此时不能控制方向。如果汽车前轮抱死，驾驶员就无法控制汽车的行驶方向，这是非常危险的；倘若汽车的后轮先抱死，则会出现侧滑、甩尾，甚至使汽车出现整体掉头等严重事故。ABS 可以防止 4 个车轮制动时被完全抱死，使汽车在转弯过程中制动也不会影响汽车的转向性，提高了汽车行驶的稳定性。有资料表明，装有 ABS 的车辆可使因车轮侧滑引起的事故比例下降 8%左右。

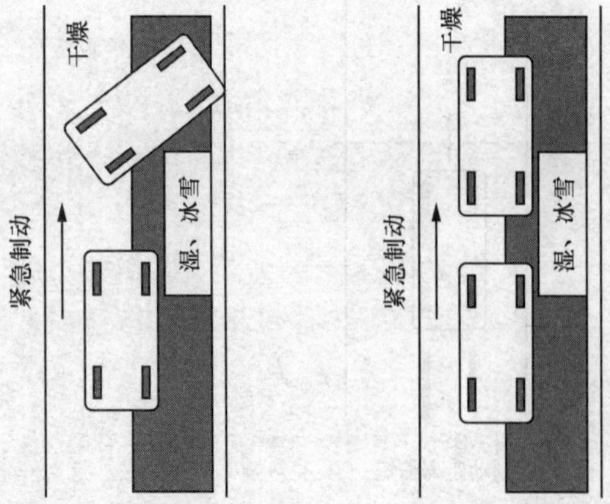

图 1-15　制动时保持方向稳定性

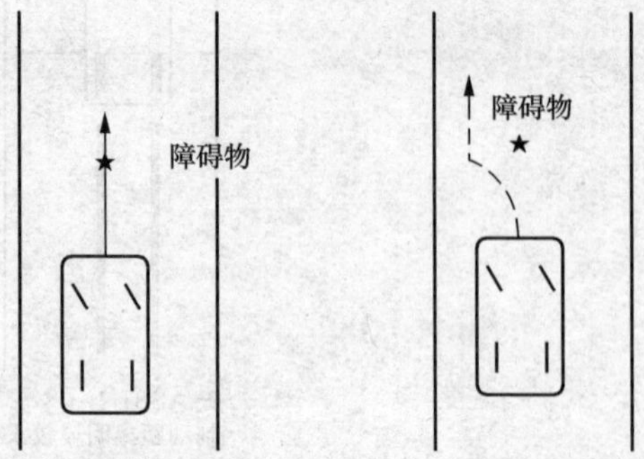

图 1-16　制动时保持转向控制能力

4. 制动时能使轮胎磨损下降

事实上，车轮抱死会造成轮胎杯形磨损，轮胎面磨耗也会不均匀，使轮胎磨损消耗费用增加。经测定，汽车在紧急制动时，车轮抱死所造成的轮胎累加磨损费用，已超过一套防抱死制动系统的造价。因此，装用 ABS 可使成本下降。

5. 使用方便，工作可靠

ABS 的使用与普通制动系统的使用几乎没有区别。制动时只要把脚踏在制动踏板上，ABS 就会根据情况自动进入工作状态，如遇雨雪路滑，驾驶员也没有必要用一连串的点制动方式进行制动，ABS 会使制动状态保持在最佳点。ABS 工作时，驾驶员会感到制动踏板有颤动，并听到一点噪声，这些都属于正常现象。ABS 工作十分可靠，并具有自诊断能力。如果它发现系统内部有故障，就会自动记录，并点亮 ABS 故障指示灯。

五、ABS 的技术要求及评价方法

1. 对 ABS 的设计要求

评价 ABS 的主要指标是转向能力、稳定性和最佳制动距离。由此对 ABS 提出以下要求。

（1）在调节制动过程中，汽车转向能力和行驶稳定性必须得到保证。

（2）即使左右车轮的附着力系数不相等，也应保证无法避免的转向反应尽可能小。

（3）必须在汽车的整个速度范围内进行调节。

（4）调节系统应该最有效地利用车轮在路面上的附着性，这时保持转向能力的考虑优先于缩短制动距离的目标。

（5）调节装置应极快地适应路面传递能力的变化。

（6）在波状路面上给以任意强度的制动，汽车都能被完全控制住。

（7）调节装置必须能识别出附着系数小的路面，并对此做出正确的反应。

（8）调节装置只能附加在常规制动装置上，如果出现损坏，安全通路必须自动断开调节装置而不出现不良作用，这时常规制动装置必须能全功能工作。

2. ABS 的质量准则

高质量的 ABS 必须有高的可靠性、广泛的适应性及良好的性能。评判一个 ABS 应该遵循的质量准则如下。

（1）良好的行驶稳定性

为使汽车有良好的行驶稳定性，ABS 必须在汽车制动时使后轮具有足够大的侧向抵制能力，以抵抗足够大的外界侧向力，不至于发生后轴侧滑的不稳定制动工况。

（2）良好的转向能力

ABS 在汽车制动时，应使转向轮具有足够大的侧向控制力，而不至于发生侧滑，且转向轮不抱死滑移，使汽车保持良好的转向能力。

（3）高附着力系数利用率

汽车装用 ABS 制动时，应有高的附着力系数利用率，即合理的轮胎与路面间的潜在附着力。在一般情况下，装用 ABS 的汽车应具有良好的制动效能，即较短的制动距离和较高的制动减速度。

（4）舒适性良好

在汽车制动时，若 ABS 对制动压力控制得不理想，发生严重的过制动或欠制动现象，会使汽车发生前后窜动的现象，制动舒适性很差，而且制动效能也不佳，这是不允许的。

汽车行驶条件复杂多变，振动冲击大。ABS 的工作环境恶劣，且 ABS 又是制动系统的一个组成部分，因此，ABS 必须具有高的可靠性。

3. 主要评价指标

ABS 直接关系到汽车的制动性、操纵稳定性以及安全性等性能。因此，对 ABS 性能的评价必须是多指标的综合评价，并且必须通过严格的试验检测后才可装车使用。安装有 ABS 的汽车制动性能的主要评价指标如下。

（1）良好的抗外界电磁场干扰的能力

ABS 是一个典型的电子控制系统，如不能抵抗外界电磁场的干扰，工作时就可能对制动压力进行误调节，从而出现危险情况。因此，要求 ABS 有良好的抵抗外界电磁场干扰的能力。但是，此规定目前并不严谨，欧洲经济委员会汽车制动法规（ECER13）中仅对此项指标提出了性能要求，而对评价指标未作具体规定。我国目前的做法是依照国家标准 GB/T 13594—2003《机动车和挂车防抱制动性能和试验方法》中规定，只要按本标准的规定进行了道路性能试验，即认定所测 ABS 抵抗外界电磁场干扰的能力满足要求。

（2）基本功能（制动车轮不抱死）

装有 ABS 的汽车制动时，ABS 直接控制的车轮（依据自身的运动状态来调节其制动压力的车轮）不能抱死滑移，但允许有短暂的车轮抱死，也允许车速低于 15km/h 时车轮抱死。

当汽车在高附着力系数路面上制动时，可通过轮胎在路面上的印痕来判断车轮运动状态；而汽车在湿滑的低附着力系数路面上制动时，车轮制动印痕较难分辨，采用观察车轮印痕的方法受到限制。因此，也常采用录像观察法，即在车轮外侧用具有明显颜色（一般用白色）的涂料作记号，汽车制动时用录像机记录车轮运动全过程。通过观看录像，可判断车轮在制动过程中的运动状态。另外一种方法是用车轮运动状态记录仪测量车轮运动状态。所需专用仪器虽较昂贵，但能精确测量车轮制动时的滑移率。

（3）附着系数利用率

装用 ABS 的汽车在附着系数均匀的路面上制动时，附着系数利用率不得小于 0.75。汽车在左、右车轮位于不同附着系数的路面上制动时，附着系数利用率也要足够大。

（4）对道路条件突变的适应性

装有 ABS 的汽车制动过程中，路面附着系数突变，附着系数由高（$\varphi_1 \geqslant 0.5$）到低（$\varphi_2 < \varphi_1$，$\varphi_1/\varphi_2 \geqslant 2$）或由低到高，ABS 直接控制的车轮不得抱死，且制动减速度应急速变化。一般要求制动行驶中通过附着系数突变分界线的车速在 50km/h 左右。

（5）产生电器故障可解除 ABS 的工作

如前所述，ABS 电器出现故障，如 ABS 继续参与工作，可能对制动压力进行误调节，这是十分危险的。因此 ABS 电器一旦出现故障，必须迅速终止 ABS 的工作，而 ABS 的调节器必须保证常规制动管路畅通。

六、ABS 的组成与工作原理

1. 组成

汽车制动系统随车型的不同而不同，同样 ABS 也因车型而异。因此 ABS 的类型较多，但基本由常规制动系统（制动总泵、制动分泵）、电子控制器 ECU（加速度传感器）、轮速传感器、制动压力调节器（压力开关、储能器、动力装置和液压泵）、ABS 警告灯和必需的导线等组成，如图 1-17 所示。在不同的 ABS 中，电子控制单元（ECU）的内部结构和控制逻辑可能不尽相同，制动压力调节装置的结构形式和工作原理也往往不同。图 1-18 所示为一种较为典型的汽车 ABS 组成的原理图，图 1-19 所示为汽车 ABS 组成的实物图。

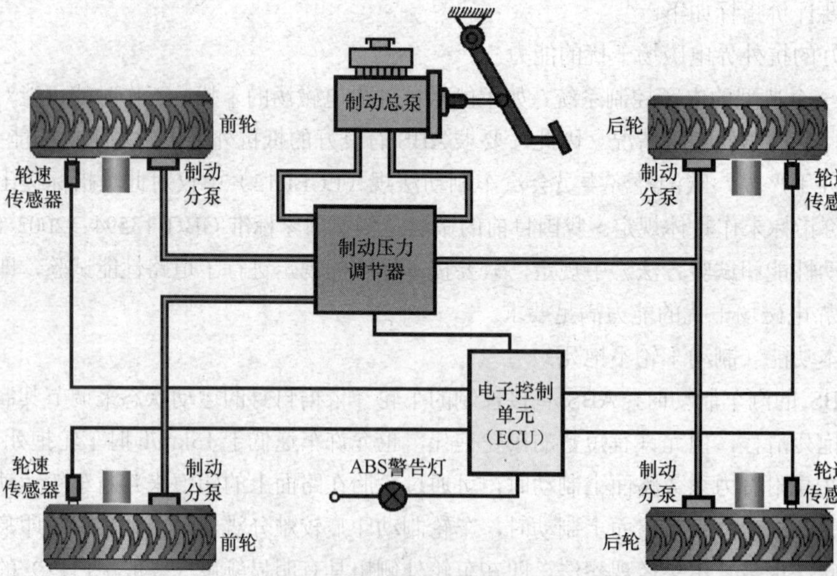

图 1-17　电子控制防抱死制动系统（ABS）的组成

在图 1-18 所示的 ABS 中，在汽车的每个车轮上各安装了一个车轮转速传感器，将各个车轮的转速信号输入给电子控制单元，电子控制单元根据各车轮转速传感器输入的信号对各个车轮的运动状况进行分析判断，并形成相应的控制指令，发送给制动压力调节装置。制动压力调节装置主要由调压电磁控制阀总成、电动泵总成和储液器等组成，通过制动管路与制动主缸和各制动轮缸相连。制动压力调节装置受电子控制单元的控制，对各制动轮缸的制动压力进行调节。在正常工作时，所有 ABS 都和传统的助力制动系统相似。在强力制动时，ABS 根据车轮的速度调节通向每个车轮的制动液压力。

ABS 系统的控制原理

2. 工作原理

制动时 ECU 接收传感器的信号，当车轮将要被抱死的情况下，ECU 发出控制信号，通过执行机构控制制动器的制动力使车轮不被抱死。

（1）ABS 的工作条件

① ABS 是在常规制动基础上工作，制动中车轮未抱死时，与常规制动相同；车轮趋于抱死时，ABS 才工作，ECU 控制制动压力调节器对分泵制动压力进行调节。

② ABS 工作时，车速必须大于 5km/h，若低于该车速，制动时车轮仍可能抱死。

③ 常规制动系统出现故障，ABS 随之失去控制作用；ABS 出现故障，ECU 自动关闭 ABS，同时 ABS 警告灯点亮并存储故障码，但常规制动系统仍可正常工作。

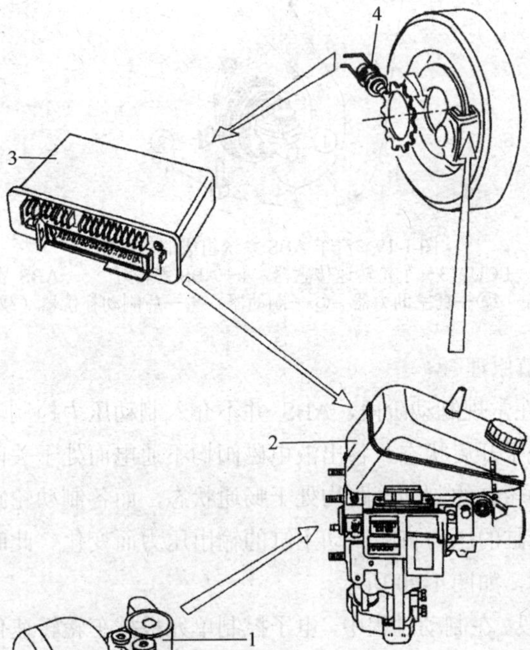

图 1-18　汽车 ABS 的基本组成原理图
1—制动压力调节装置　2—制动器总成　3—ECU　4—车轮转速传感器

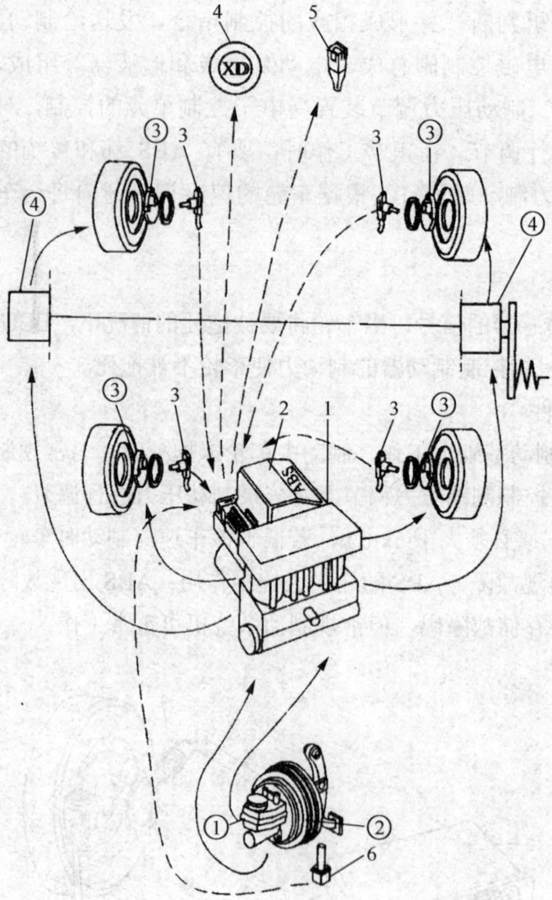

图 1-19　汽车 ABS 系统组成的实物图

1—附加式制动压力调节器　2—ECU　3—车轮转速传感器　4—ABS 警告灯　5—ABS 故障测试接头　6—制动灯开关
①—制动主缸　②—真空助力器　③—制动器　④—后制动补偿器（载荷感应器）

（2）典型 ABS 的调节原理

① 常规制动阶段。在常规制动阶段，ABS 并不介入制动压力控制，调压电磁阀总成中的各进液电磁阀均不通电而处于开启状态，各出液电磁阀均不通电而处于关闭状态，电动泵也不通电运转，制动主缸至各制动轮缸的制动管路均处于畅通状态，而各制动轮缸至储液器的制动管路均处于封闭状态，各制动轮缸的压力将随制动主缸的输出压力而变化。此时的制动过程与一般制动系统的制动过程完全相同，如图 1-20 所示。

② 制动压力保持阶段。在制动过程中，电子控制单元根据车轮转速传感器输入的车轮转速信号判定有车轮抱死时，ABS 就进入防抱死制动压力调节过程。例如，电子控制单元发现左前轮趋于抱死时，电子控制单元就使控制左前轮制动压力的进液电磁阀通电，使左前进液电磁阀转入关闭状态，制动主缸输出的制动液不再进入左前制动轮缸。此时，左前出液电磁阀仍未通电而处于关闭状态，左前制动轮缸中的制动液也不会流出，左前制动轮缸的制动压力就保持一定，而其他未抱死车轮的制动压力仍会随制动主缸输出压力的增大而增大，维持在最大制动力，控制元件与传感器充分配合，使制动分泵的液压不会太大而导致滑移，也不会太小而导致制动力不足，如图 1-21 所示。

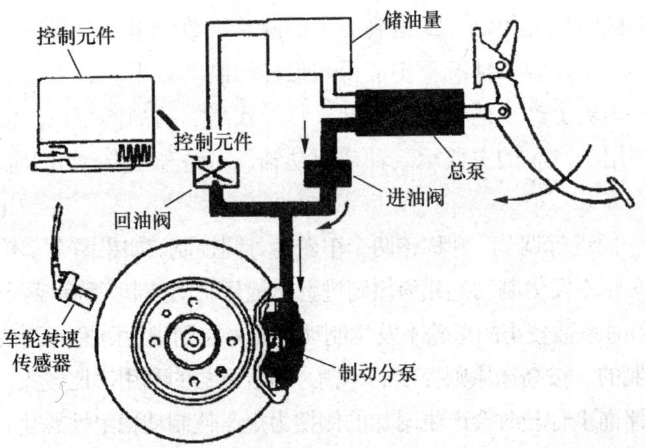

图 1-20　常规制动阶段

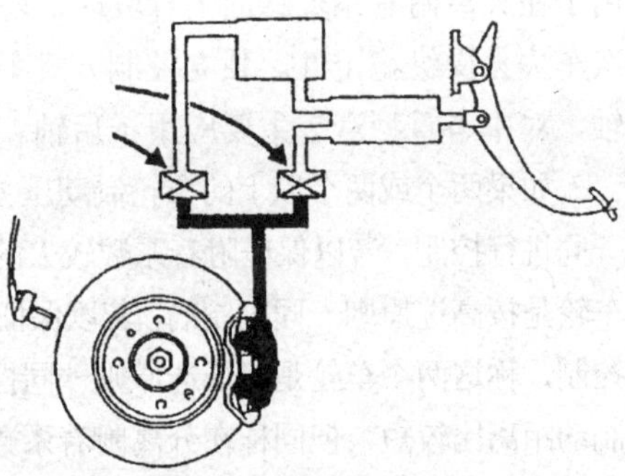

图 1-21　保持最大制动力时

③ 制动压力减小阶段（车轮抱死时）。如果在左前制动轮缸的制动压力保持一定时，电子控制单元判定左前轮仍趋于抱死，电子控制单元又使左前出液电磁阀也转入开启状态，左前制动轮缸中的部分制动液就会经过处于开启状态的出液电磁阀流回储液器，使左前制动轮缸的制动压力迅速减小，左前轮的抱死趋势将开始消除，车轮被抱死时，传感器传送信号给控制元件，使进油阀关闭，回油阀打开，部分制动油流回储油室，降低制动分泵的液压，避免车轮被抱死，如图 1-22 所示。

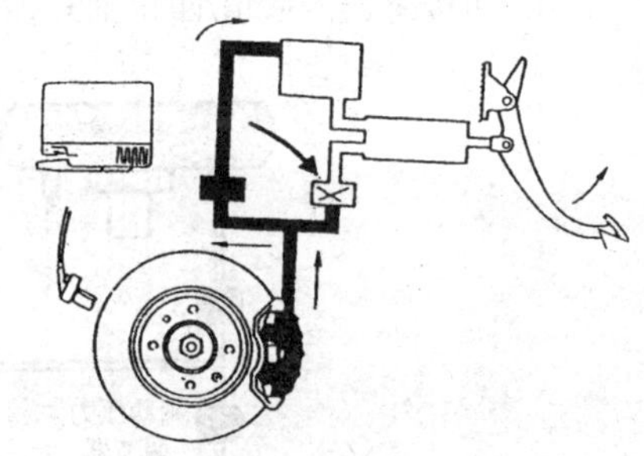

图 1-22　车轮抱死时

④ 制动压力增大阶段。随着左前制动轮缸制动压力的减小，左前轮会在汽车惯性力的作用下逐渐加速，当电子控制单元根据车轮转速传感器输入的信号判断左前轮的抱死趋势已经完全消除时，电子控制单元就使左前进液电磁阀和出液电磁阀都断电，使进液电磁阀转入开启状态、出液电磁阀转入关闭状态，同时也使电动泵通电运转，向制动轮缸泵送制动液，由制动主缸输出的制动液和电动泵泵送的制动液都经过处于开启状态的左前进液电磁阀进入左前制动轮缸，使左前制动轮缸的压力迅速增大，左前轮又开始减速转动。

ABS 使趋于抱死车轮的制动压力循环往复的经历保持—减小—增大过程，而将趋于抱死车轮的滑移率控制在峰值附着系数滑移率的范围内，直至汽车速度减小到很低或者制动主缸的输出压力不再使车轮趋于抱死时为止，一般制动压力调节循环的频率可达 3～20Hz。在四通道 ABS 中对应于每一个制动轮缸各有一对进液和出液电磁阀，可由电子控制单元分别进行控制。因此，各制动轮缸的制动压力能够被独立地调节，从而使 4 个车轮都不发生制动抱死现象。

ABS 系统工作原理

七、ABS 的控制方式

ABS 中能够独立进行制动压力调节的制动管路称为控制通道，ABS 按控制通道数可分为单通道系统、双通道系统、三通道系统和四通道系统。

如果车轮的制动压力可以进行单独的调节，与其他车轮的控制无关，称该车轮为独立控制，独立控制方式能使每一个车轮都根据各自的防抱死控制算法达到最大的附着系数利用率，得到最佳的制动效果。但在综合 4 个车轮的控制时，在很多情况下不能得到最佳的制动效果，这主要是由于在分离附着系数路面上行驶时，左右车轮上产生的制动力不同，将导致附加的侧摆力矩，使汽车失去操纵稳定性。独立控制方式主要用于汽车的主要承载轴或驱动轴，对轿车主要应用于前轴，对中、重型汽车主要应用于后轴。

如果两个或两个以上的车轮制动压力一同进行调节，则称该两个车轮为一同控制。如果两个车轮一同进行控制，若以保证附着系数较大的车轮不发生制动抱死为原则进行防抱死制动控制，称这两个车轮是按高选原则一同控制的；若以保证附着系数较小的车轮不发生制动抱死为原则进行防抱死制动控制，称这两个车轮是按低选原则一同控制的。按高选原则控制的车辆，附着系数的利用率比较大，制动距离比较短，但同样在分离附着系数路面上行驶时会产生附加的侧摆力矩，使制动稳定性恶化。这种控制方式适用于轿车前轮。按低选原则进行控制的车辆，由于高附着系数一侧的车轮不能充分利用附着系数，从而使汽车制动距离加长，但由于这种控制方式可以消除和减少附加的侧摆力矩，因此汽车在附着系数均匀的路面上直线行驶时，其制动效果基本与独立控制的制动效果相同，制动距离也基本相同，只是在分离附着系数路面上行驶时，制动距离略长。这种控制方式常用于轿车的后轴。

① 四传感器四通道/四轮独立控制如图 1-23 所示。

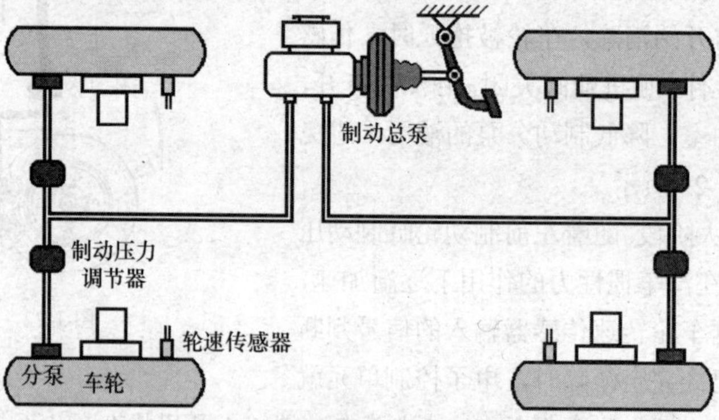

图 1-23　四传感器四通道/四轮独立控制

② 四传感器四通道/前轮独立—后轮选择控制方式。对应于双制动管路的 H 形（前后）或 X 形（对角）两种布置形式，如图 1-24 所示，四通道 ABS 也有两种布置形式。为了对 4 个车轮的制动压力进行独立控制，在每个车轮上各安装一个轮速传感器，并在通往各制动轮缸的制动管路中各设置一个制动压力调节分装置（通道）。由于四通道 ABS 可以最大程度地利用每个车轮的附着力进行制动，因此汽车的制动效能最好。但在附着系数分离（两侧车轮的附着系数不相等的路面上制动）时，由于同一轴上的制动力不相等，使得汽车产生较大的偏转力矩而产生制动跑偏。因此，ABS 通常不对 4 个车轮进行独立的制动压力调节。

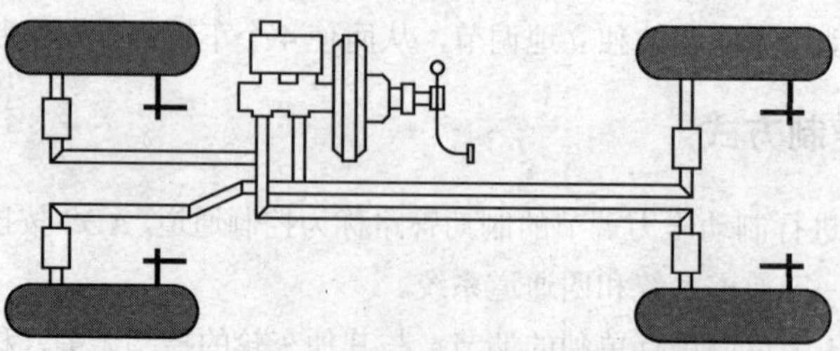

图 1-24　对应于双制动管路的 X 形（对角）布置形式

③ 四传感器三通道/前轮独立—后轮低选控制方式如图 1-25 所示。

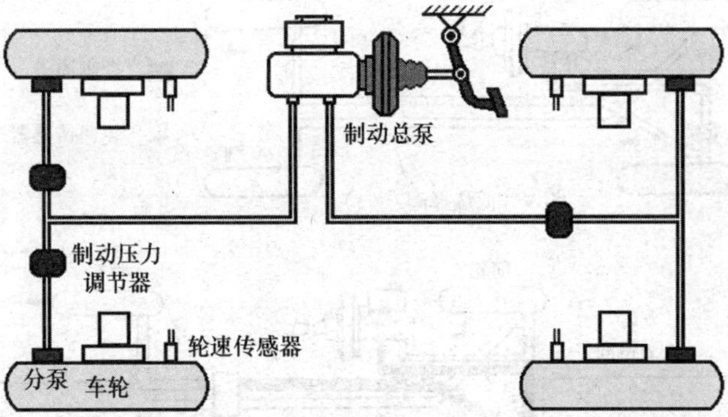

图 1-25 四传感器三通道/前轮独立—后轮低选控制方式

④ 三传感器三通道/前轮独立—后轮低选控制方式如图 1-26 所示。四轮 ABS 大多为三通道系统，而三通道系统都是对两前轮的制动压力进行单独控制，对两后轮的制动压力按低选原则一同控制。由于三通道 ABS 对两后轮进行一同控制，所以对于后轮驱动的汽车可以在变速器或主减速器中只设置一个转速传感器来检测两后轮的平均转速。

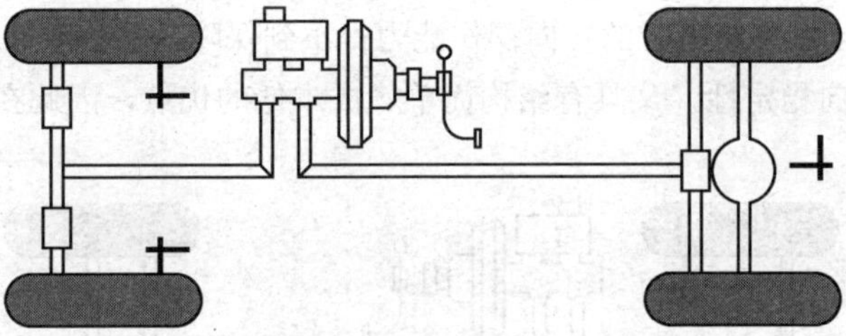

图 1-26 三传感器三通道/前轮独立—后轮低选控制方式

⑤ 四传感器二通道/前轮独立控制方式如图 1-27 所示。

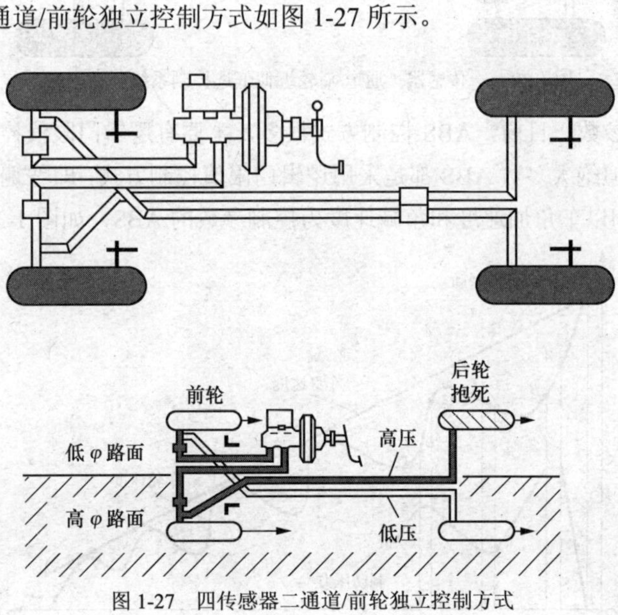

图 1-27 四传感器二通道/前轮独立控制方式

⑥ 四传感器二通道/前轮独立—后轮低选控制方式如图 1-28 所示。由于双通道 ABS 难以在

方向稳定性、转向操纵能力和制动距离等方面得到兼顾，因此目前很少被采用。

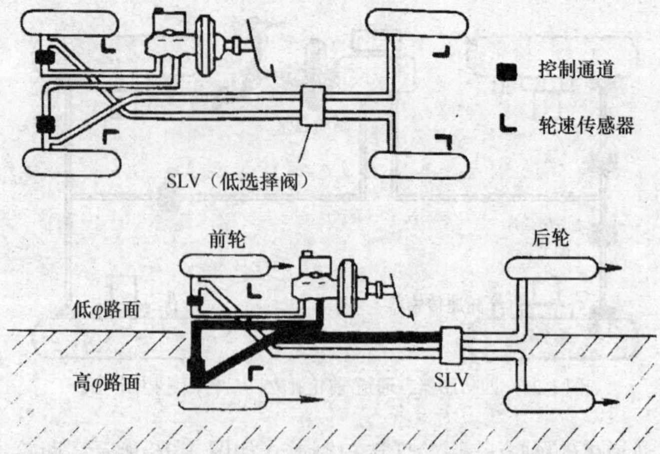

图 1-28　四传感器二通道/前轮独立—后轮低选控制方式

⑦ 一传感器一通道/后轮近似低选控制系统制动方式如图 1-29 所示。所有单通道 ABS 都是在前后布置的双管路制动系统的后制动管路中设置一个制动压力调节装置，对于后轮驱动的汽车只需在传动系统中安装一个转速传感器。由于前制动轮缸的制动压力未被控制，前轮仍然可能发生制动抱死，所以汽车制动时的转向操作能力得不到保障。但由于单通道 ABS 能够显著地提高汽车制动时的方向稳定性，又具有结构简单、成本低的优点，因此在轻型货车上得到广泛应用。

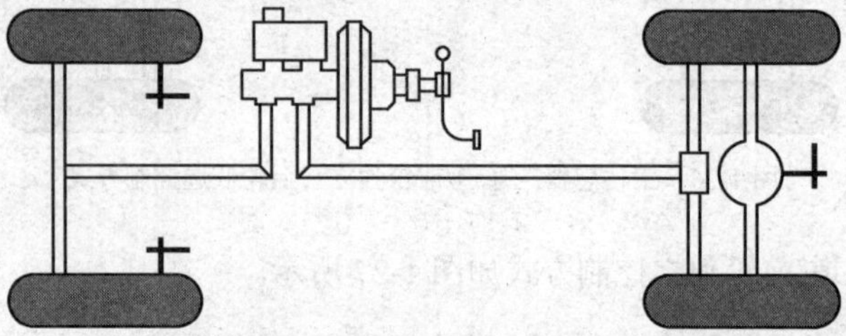

图 1-29　一传感器一通道/后轮近似低选控制系统制动方式

⑧ ABS 的控制参数。目前，ABS 控制方式很多，主要有逻辑门限值控制、最优控制和滑动模态变结构控制等。但绝大多数 ABS 都是采用逻辑门限值控制方式，即普遍采用的以车轮滑移率为控制参数的 ABS 和以车角加速度和角减速度为控制参数的 ABS，如图 1-30 所示。

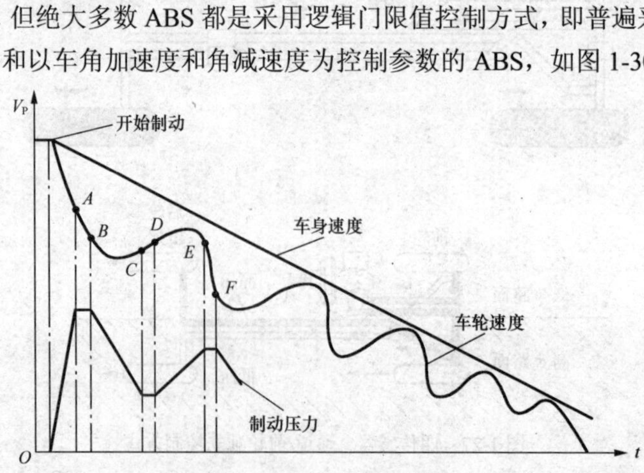

图 1-30　ABS 的控制参数

在实际控制中ABS一般以多种参数结合进行控制，若仅采用其中任何一种门限作为防抱死制动控制，都存在较大的局限性。例如，若仅将车轮的加、减速度作为控制门限，当汽车在湿滑路面高速行驶过程中进行紧急制动时，车轮的滑移率离进入不稳定区域较远时车轮的加速度就可能达到控制门限，而这时由于滑移率很小，防抱死控制逻辑在以后的控制中就可能失效。而对于驱动车轮，如果制动时没有分离离合器，由于车轮系统存在着很大的转动惯量，会造成车轮滑移率已进入不稳定区域，而车轮的减速度却未达到控制门限，导致车轮过早抱死，严重地影响了控制效果。因此，仅以固定的滑移率门限作为防抱死控制门限，仍很难保证在各种路面情况下都能获得最佳的控制效果。如果将车轮的加、减速度控制门限和滑移率控制门限结合起来，就有助于对路面情况的识别，提高系统的自适应控制能力。防抱死逻辑使滑移率在车轮峰值附着系数附近处波动，从而获得较大的车轮纵向和侧向力，使汽车同时具有较短的制动距离和制动稳定性。

八、传感器结构原理

1. 车轮速度传感器

（1）车轮速度传感器的结构

在ABS控制系统中每个车轮都装有车轮转速传感器，来检测车轮的转速，前轮转速传感器装在转向节上，后轮转速传感器装在后轴托架上。有些后驱动的车辆，轮速传感器装在差速器内，通过后轴转速检测，称为轴速传感器。

传感器由永久磁铁、线圈和齿圈组成，它对车轮的转速进行非接触式测量。齿圈与车轮同步转动，切割传感器的磁力线使磁通量交替变化，从而在传感器的输出端产生交变电压，其电压频率与车轮转速成正比变化，同时该脉冲信号输入ABS控制装置，就可以检测到车轮的瞬时转速变化，如图1-31和图1-32所示。

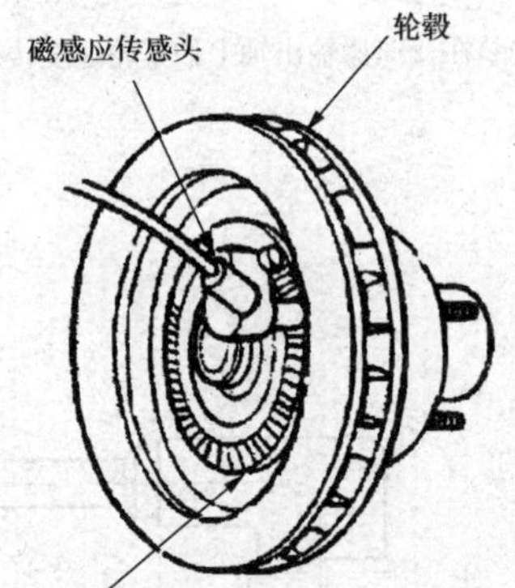

图1-31　典型的前轮传感器

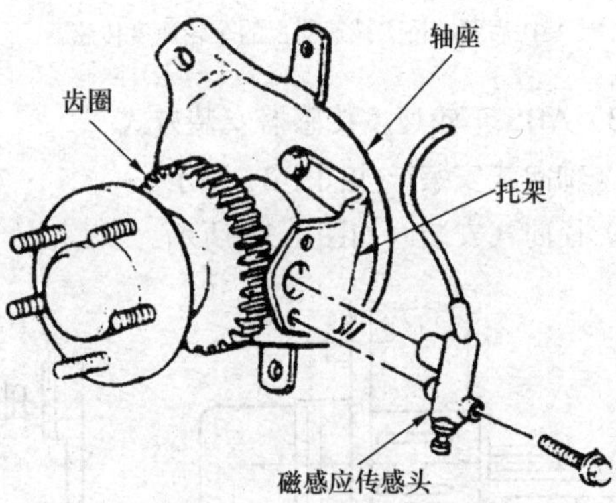

图1-32　典型的后轮传感器

（2）车轮速度传感器安装的不同位置

① 安装在驱动轮上，如图1-33所示。

② 安装在非驱动轮上，如图1-34所示。

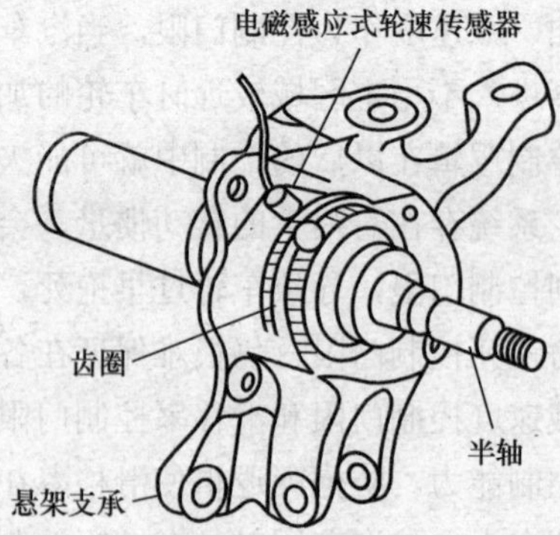

图 1-33　安装在驱动轮上的车轮速度传感器

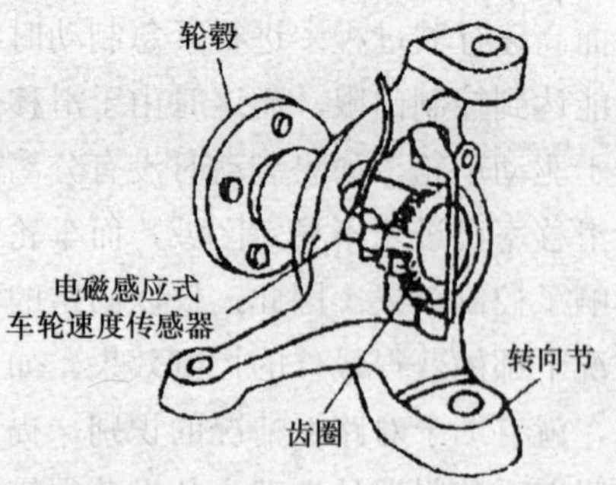

图 1-34　安装在非驱动轮上的车轮速度传感器

③ 安装在后驱动桥主减速器上，如图 1-35 所示。

④ 安装在变速器输出轴上，如图 1-36 所示。

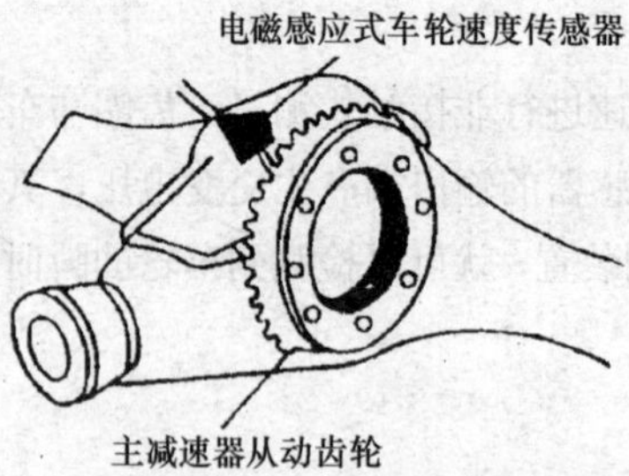

图 1-35　安装在后驱动桥主减速器上的车轮速度传感器

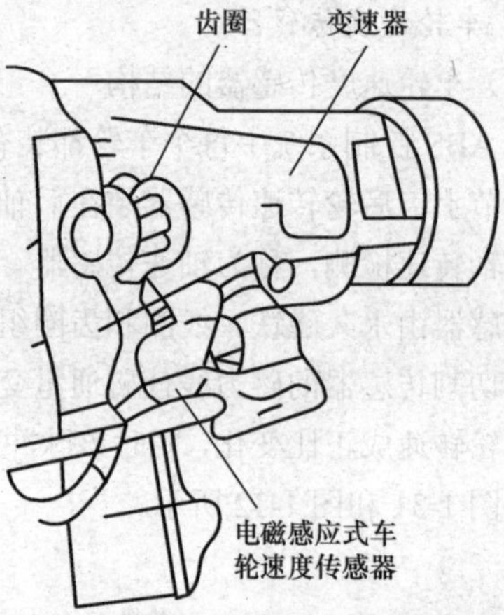

图 1-36　安装在变速器输出轴上的车轮速度传感器

（3）ABS 车轮速度传感器安装方式

① 轴向式安装，如图 1-37 所示。

② 径向式安装，如图 1-38 所示。

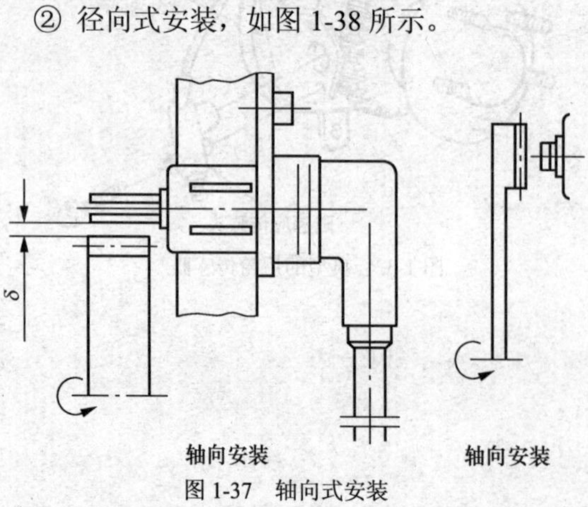

图 1-37　轴向式安装

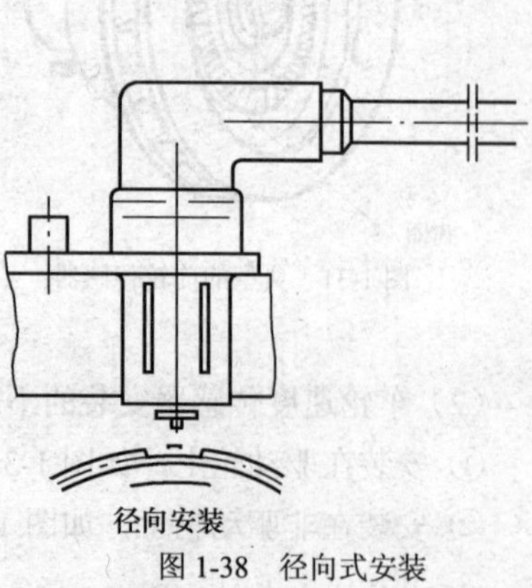

图 1-38　径向式安装

（4）车轮速度传感器的类型

车轮速度传感器主要有两种类型：电磁感应式和霍尔效应式。

① 电磁感应式车轮速度传感器。电磁感应式车轮速度传感器主要由电缆、永磁体、外壳、感应线圈、极轴和齿圈组成，如图 1-39 所示。其工作过程如下所述。

a. 当齿圈的齿隙与传感器的极轴端部相对时，极轴端部与齿圈之间的空气间隙最大，通过感应磁线圈的磁通量最小，如图 1-40 所示。

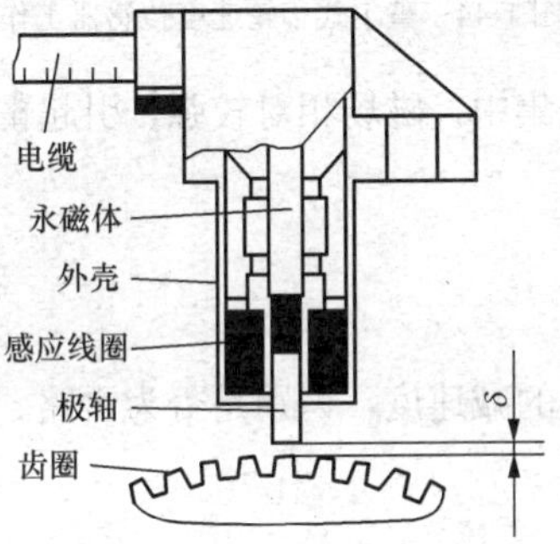

图 1-39 电磁感应式车轮速度传感器结构

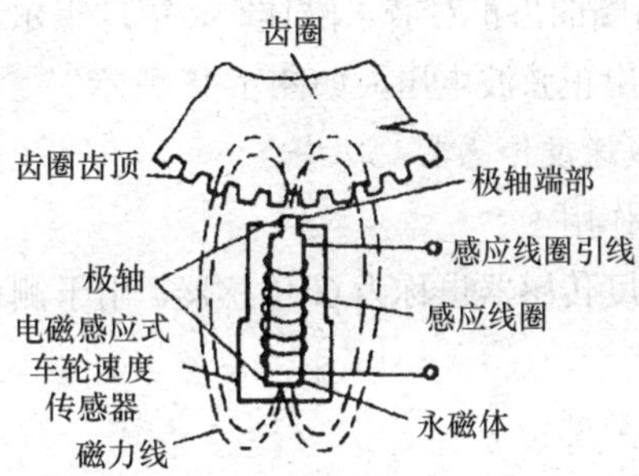

图 1-40 电磁感应式车轮速度传感器工作过程（1）

b. 当齿圈的齿顶与传感器的极轴端部相对时，极轴端部与齿圈之间的空气间隙最小，通过感应磁线圈的磁通量最大，如图 1-41 所示。

c. 齿圈的齿顶和齿隙交替地与极轴顶部相对，周围磁场发生强弱交替变化，感应出交变电压，如图 1-42 所示。

电磁感应轮速传感器的检查与更换

其特点为：结构简单，成本低；输出的信号电压的幅值随转速变化而变化一般为 1～15V；若车速过慢，输出信号电压小于 1V 时 ABS 计算机无法检测。有效的控制速度范围较窄，一般为 15～160km/h。抗电磁波干扰能力差。

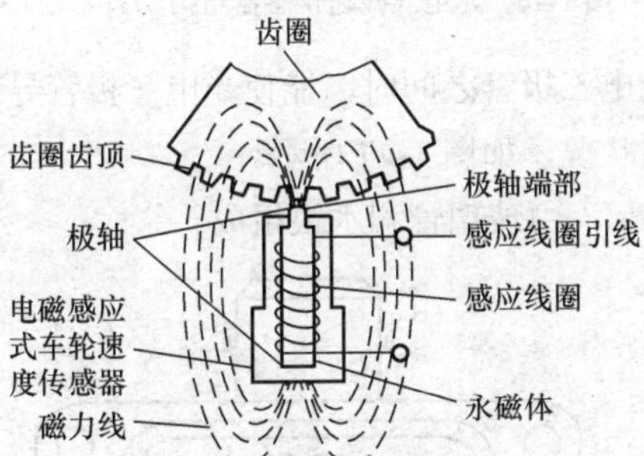

图 1-41 电磁感应式车轮速度传感器工作过程（2）

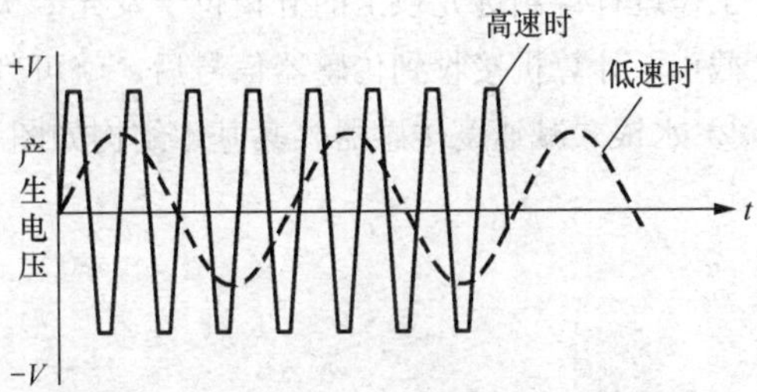

图 1-42 电磁感应式车轮速度传感器工作过程（3）

② 霍尔式车轮速度传感器。霍尔式车轮速度传感器主要由霍尔元件、永磁体、齿圈和电路等组成，如图 1-43 所示。其工作过程如下所述。

a. 齿圈的齿不正对永磁体时，穿过霍尔元件的磁力线分散，磁场相对较弱，如图 1-44 所示。

霍尔式轮速传感器工作原理

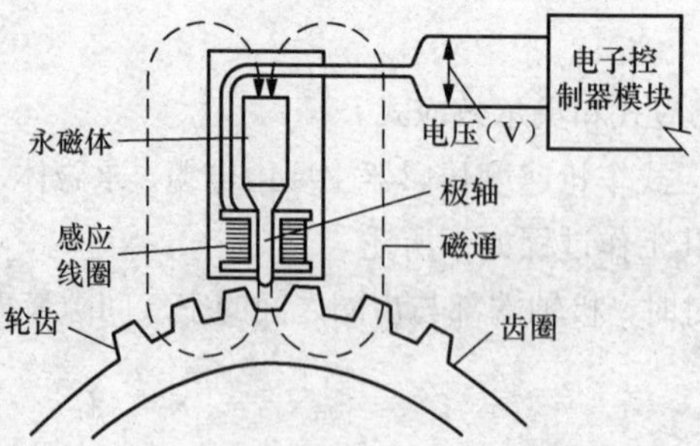

图 1-43　霍尔式车轮速度传感器结构

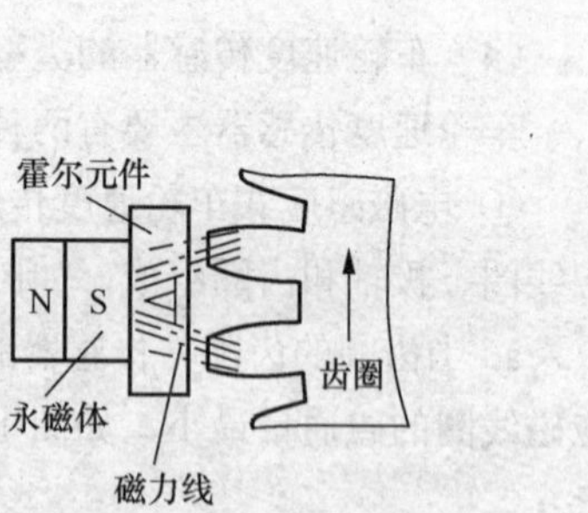

图 1-44　霍尔式车轮速度传感器工作过程（1）

b. 齿圈的齿正对着永磁体时，穿过霍尔元件的磁力线集中，磁场相对较强，引起霍尔电压变化，将输出正弦波电压，如图 1-45 所示。

2. *减速度传感器*

（1）作用

减速度传感器也称为 G 传感器，用于测量汽车制动时的减速度，识别是否为雪路、冰路等易滑路面。

（2）类型

① 光电式减速传感器。其基本结构如图 1-46 所示，由 2 个发光二极管、2 个光电三极管、1 个透光板和 1 个信号电路组成。

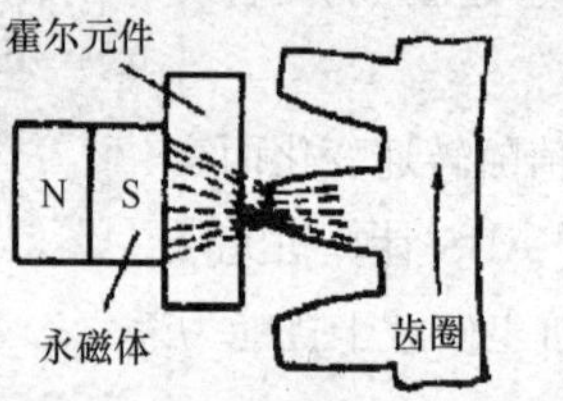

图 1-45　霍尔式车轮速度传感器工作过程（2）

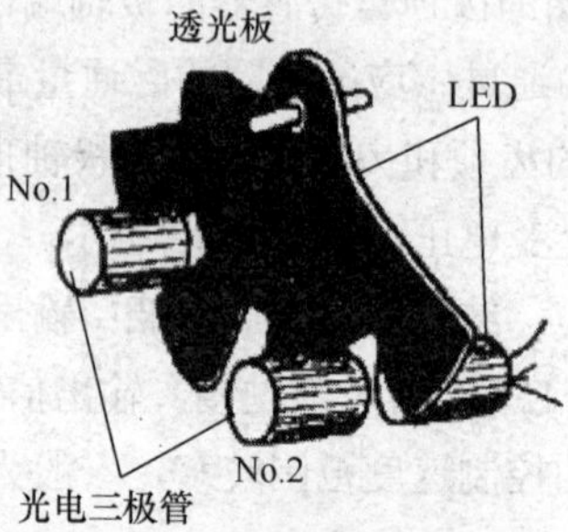

图 1-46　光电式减速传感器结构

工作过程：当透光板上的开口位于发光二极管与光电三极管之间时，能使光电三极管导通，反之截止，计算机接收到传感器信号后，就可判定路面状况，如图 1-47 所示。

② 水银式减速度传感器。其基本结构如图 1-48 所示，由玻璃管和水银组成。

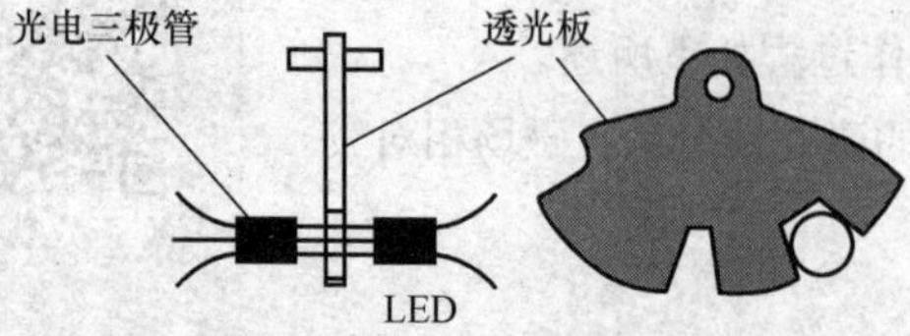

图 1-47　光电式减速传感器工作过程

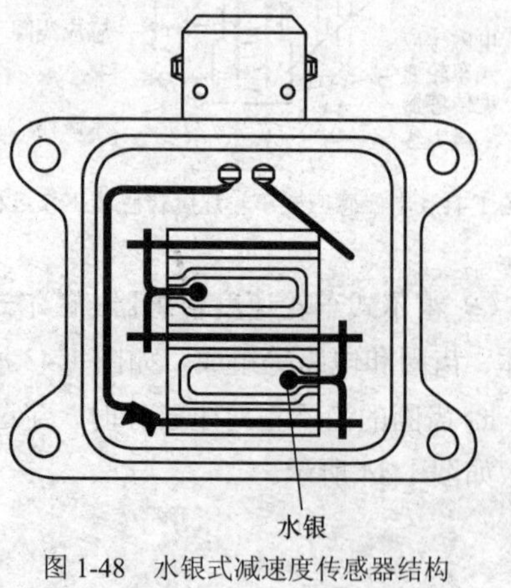

图 1-48　水银式减速度传感器结构

工作过程：当汽车在低附着系数路面上制动时，汽车减速度小，水银基本不动，开关在玻璃管内处于接通状态，计算机按低附着系数路面控制。反之，在高附着系数路面上制动时，汽车减速度大，水银在玻璃管内前移，使玻璃管内的电路开关断开，计算机按高附着系数路面控制，如图 1-49 所示。

③ 差动变速器式减速度传感器。其基本结构如图 1-50 所示，由差动变压器和电子电路组成，其中差动变压器主要由一个初级绕组、两个串联的次级绕组和铁心组成。

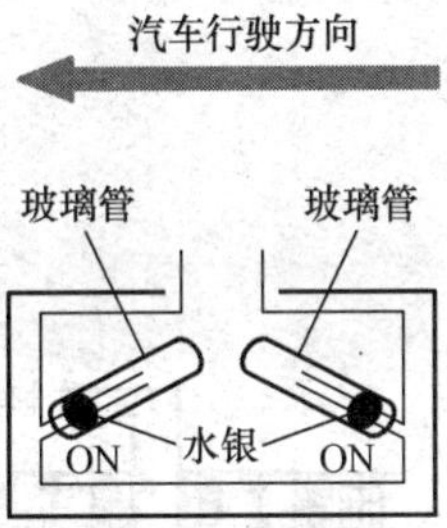

图 1-49　水银式减速度传感器工作过程

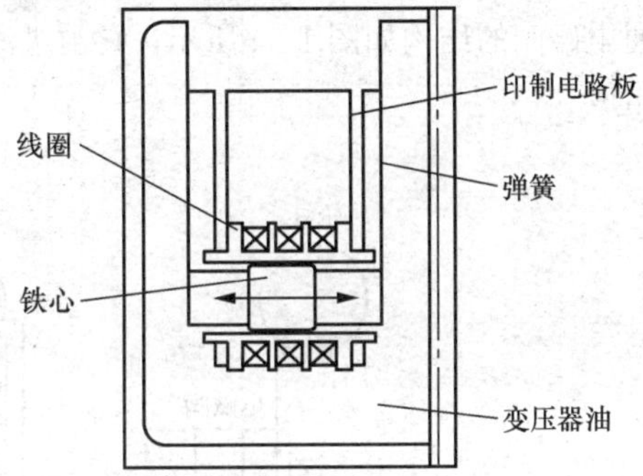

图 1-50　差动变速器式减速度传感器结构

工作过程：当汽车制动减速时，铁心受惯性力作用向前移动，从而使差动变压器线圈内的感应电压发生变化，以此作为输出信号送入 ECU 用来控制 ABS 的工作，如图 1-51 所示。

九、制动压力调节器结构原理

制动压力调节器（见图 1-52）的作用是根据 ECU 的指令来调节各个车轮制动器的制动压力。制动系统不同，所采用的制动压力调节装置的结构和工作原理也不同。常用的制动系统主要有液压式、机械式、气压式和空气液压复合式等。而在 ABS 中应用最广泛的是液压式制动系统。因此，在这里主要介绍液压式制动压力控制装置。

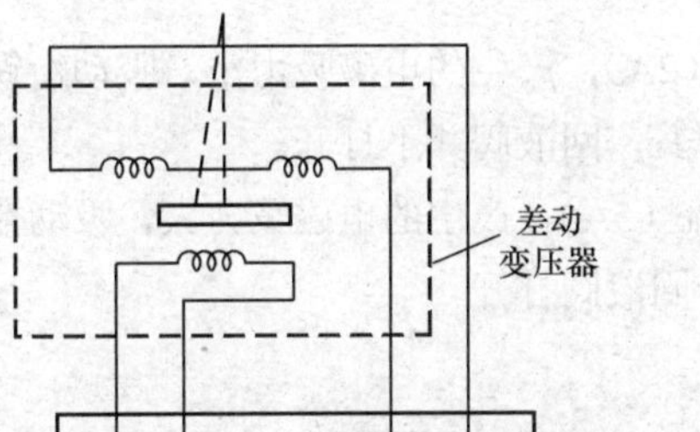

图 1-51　差动变速器式减速度传感器工作过程

图 1-52　制动压力调节器

液压式制动压力控制装置（制动压力调节器）主要由液压电动泵、液压控制电磁阀及储液器等组成。压力调节器安装在主缸和轮缸之间，通过电磁阀直接或间接地控制轮缸的制动压力。

1. 循环式制动压力调节器

循环式制动压力调节器的结构如图 1-53 所示。

（1）电磁阀

电磁阀直接控制轮缸的制动压力。

① 三位三通电磁阀。三位三通电磁阀（由博士公司生产，应用于博士 ABS 中），在 ECU 控制下，使阀处于增压、保压、减压 3 种位置。

三位三通电磁阀的结构如图 1-54 所示，它由进液阀、回液阀、主弹簧、副弹簧、固定铁心及衔铁套筒等组成。

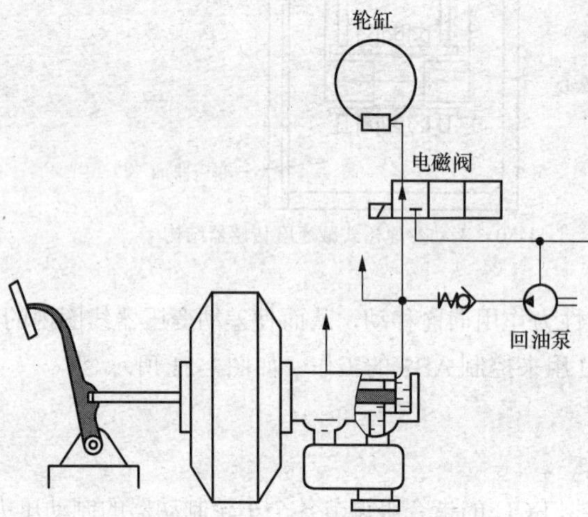

图 1-53 循环式制动压力调节器结构

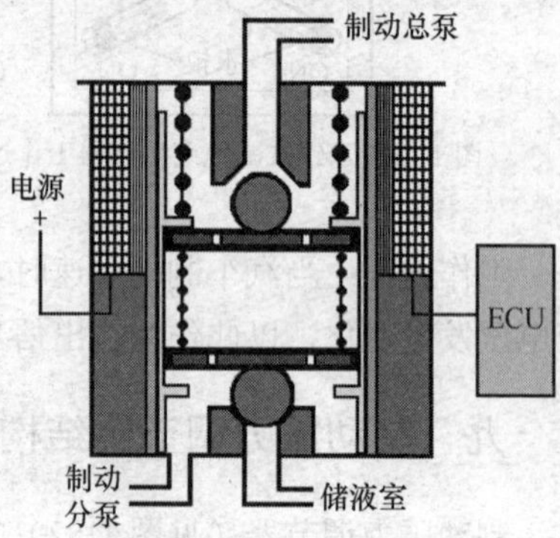

图 1-54 三位三通电磁阀结构

三位三通电磁阀的工作过程如下所述。

增压（常规）制动状态：电磁线圈未通电时，在主弹簧张力作用下，进液阀打开，回液阀关闭，进液口与出液口保持畅通。

保压状态：如图 1-55 所示，电磁线圈通入较小电流（2A），产生的电磁吸力小，吸动衔铁上移量少，但能适当压缩主弹簧，使进液阀关闭，放松副弹簧，回液阀并不打开。

减压状态：如图 1-56 所示，电磁阀线圈通入较大电流（5A），产生的电磁吸力大，吸动衔铁上移量大，同时压缩主、副弹簧，使进液阀仍保持关闭，回液阀打开。

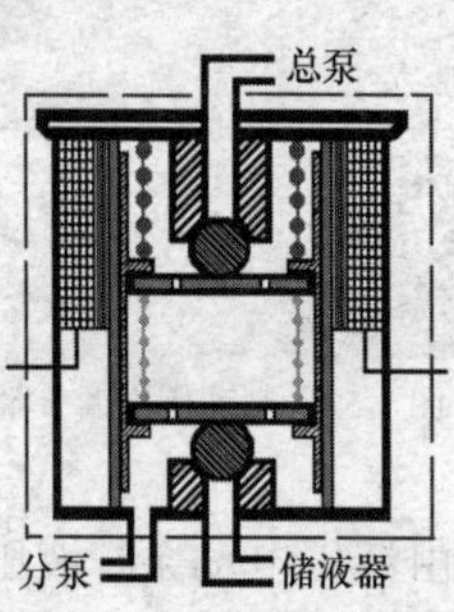

图 1-55 三位三通电磁阀保压状态

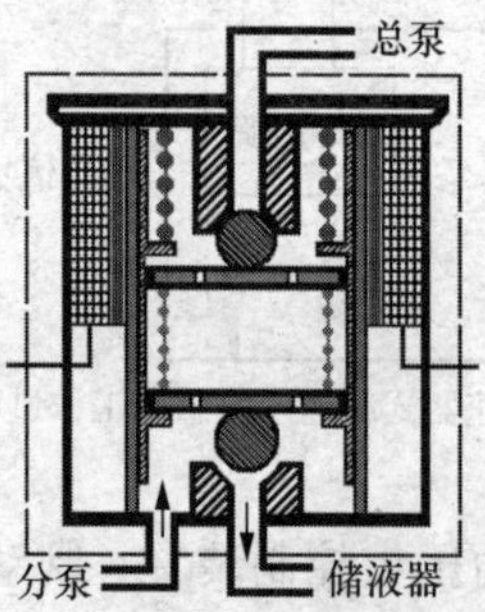

图 1-56 三位三通电磁阀减压状态

该电磁阀工作在 3 个状态（增压、保压、减压），称为“三位”。该电磁阀对外具有 3 个接口（进液口、出液口、回液口）分别通总泵、通分泵、通储液器，称为“三通”。所以该电磁阀称为三位三通电磁阀，常写成 3/3 电磁阀。

② 二位二通电磁阀。二位二通电磁阀的结构如图 1-57 所示，又分为二位二通常开电磁阀和二位二通常闭电磁阀。两种电磁阀均由阀门、衔铁、电磁线圈、回位弹簧等组成。

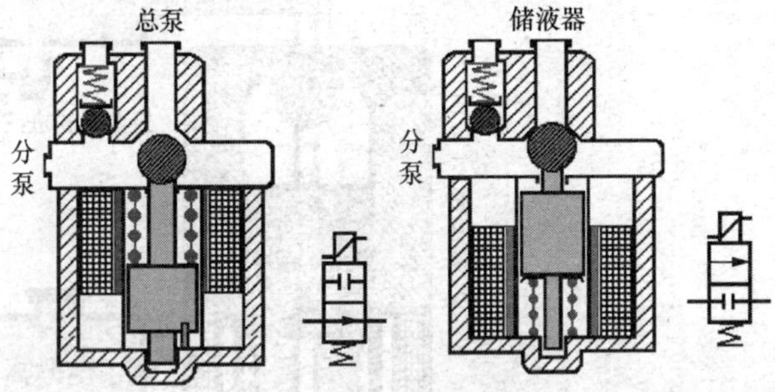

图 1-57　二位二通电磁阀结构

常态下，二位二通常开电磁阀阀门在弹簧张力作用下打开，二位二通常闭电磁阀阀门在弹簧张力作用下闭合。

二位二通常开电磁阀用于控制制动总泵到制动分泵的制动液通路，又称为二位二通常开进液电磁阀。

二位二通常闭电磁阀用于控制制动分泵到储液器的制动液回路，又称为二位二通常闭出液电磁阀。

两个电磁阀配套使用，共同完成 ABS 工作中对制动压力调节的任务。

③ 二位三通电磁阀。二位三通电磁阀的结构如图 1-58 所示，由两个阀门（第一球阀和第二球阀）、衔铁、弹簧及电磁线圈等组成。二位三通电磁阀主要用于戴维斯 MK II ABS 中的主电磁阀。

第一球阀（常闭阀门）用于控制助力室与内部储液室之间的制动液通路—高压控制。

第二球阀（常开阀门）用于控制储液筒与内部储液室之间的制动液通路—低压控制。

二位三通电磁阀的工作过程如下。

踏下制动踏板，ABS 不工作（电磁线圈未通电）时，第一球阀关闭，第二球阀打开，内部储液室与储液筒相通，低压制动液由制动总泵进入两前轮制动分泵，对两前轮实施低压制动。由于助力室在控制滑阀作用下在踏下制动踏板的同时，储存了高压制动液，所以对两后轮实施高压制动。

ABS 工作（电磁线圈通电）时，第一球阀打开，接通助力室与内部储液室之间的高压制动液通路，第二球阀关闭，切断了储液筒与内部储液室之间的低压制动液通路，此时，前、后轮均为高压制动。

在制动过程中，增压、保压、减压的转换均由二位二通常开进液电磁阀和二位二通常闭出液电磁阀控制调节。

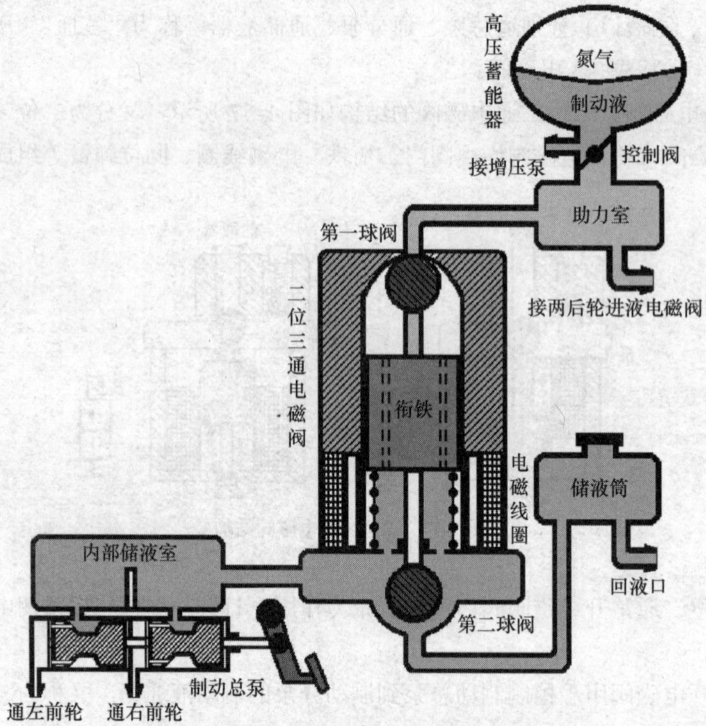

图 1-58　二位三通电磁阀结构图

（2）回油泵与储液器

当电磁阀在减压过程中，从制动轮缸流出的制动液经储液器由回油泵泵回制动主缸。

储液器根据储存制动液压力的不同，分为低压储液器和高压储能器。分别配置在不同形式的制动压力调节系统中。

① 低压储液器与电动泵如图 1-59 所示。低压储液器，用来接纳 ABS 减压过程中从制动分泵回流的制动液，同时还对回流制动液的压力波动具有一定的衰减作用。

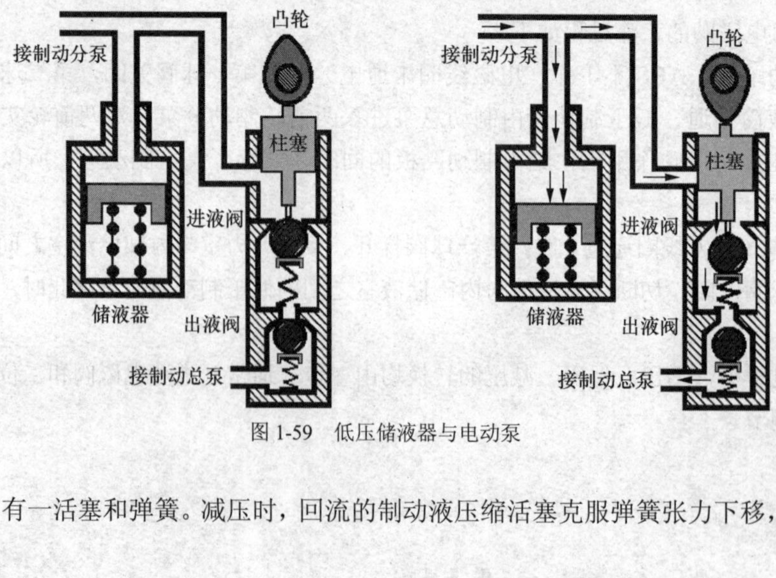

图 1-59　低压储液器与电动泵

储液器内有一活塞和弹簧。减压时，回流的制动液压缩活塞克服弹簧张力下移，使容积增大，暂时存储制动液。

电动回液泵由直流电动机和柱塞泵组成。柱塞泵由柱塞、进出液阀及弹簧组成。

当 ABS 工作（减压）时，根据 ECU 输出的指令，直流电动机带动凸轮转动，凸轮将驱动柱塞在泵筒内移动。

柱塞上行时，储液器与制动分泵内具有一定压力的制动液进入柱塞泵筒。柱塞下行时，压开进液阀及泵筒底部的出液阀，将制动液泵回制动总泵出液口。

② 高压蓄能器与电动增压泵如图 1-60 所示。高压蓄能器下端，设有一个压力控制开关、一个压力警示开关，检测高能蓄压器下腔制动液压力。压力低于 15MPa 时，开关闭合，增压泵工作。压力达到 18MPa 时，开关打开，增压泵停止工作。

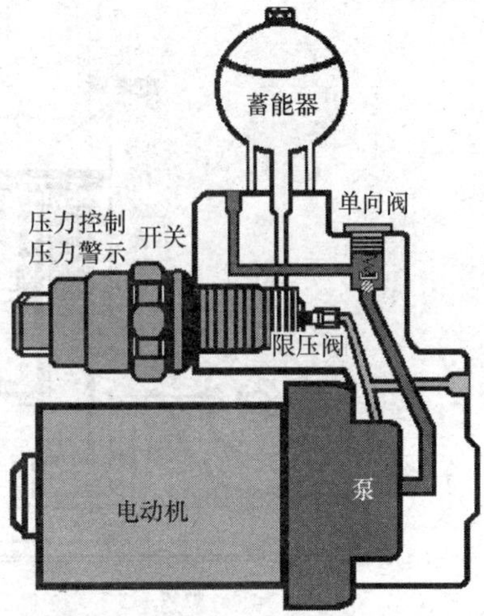

图 1-60　高压蓄能器与电动增压泵

高能蓄压器用于储存制动中或 ABS 工作时所需的高压制动液。高压蓄能器多采用黑色气囊状球体。黑色气囊状球体被一个膜片分隔成两个互不相通的腔室。上腔为气室，充入氮气并具有一定的压力。下腔为液室，与电动增压泵液道相通，盛装由电动增压泵泵入的制动液。

压力警示开关设有两对开关触点，一对常开，一对常闭。当高压蓄能器下腔制动液压力低于 10.5MPa 时，常开触点闭合，点亮红色制动警示灯；同时常闭触点张开，该信号送给 ECU，关闭 ABS 并点亮黄褐色 ABS 警示灯。

（3）工作过程

循环式制动压力调节器的工作过程如下。

① 增压（常规制动）过程。增压过程如图 1-61 所示。踏下制动踏板，由于电磁阀的进液阀开启，回液阀关闭，各电磁阀将制动总泵与各制动分泵之间的通路接通，制动总泵中的制动液将通过各电磁阀的进出液口进入各制动分泵，各制动分泵的制动液压力将随着制动总泵输出制动液压力的升高而升高。

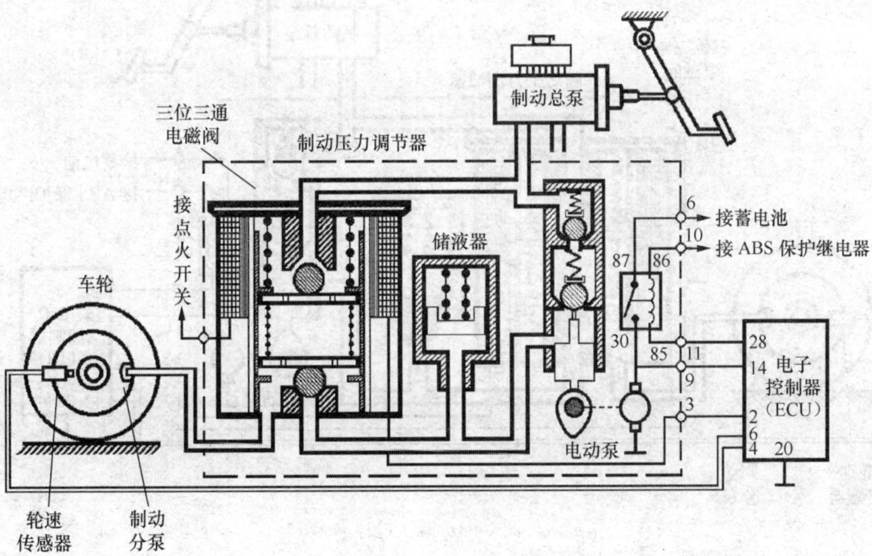

图 1-61　增压（常规制动）过程

② 保压过程。如图 1-62 所示，当某车轮制动中，滑移率接近于 20%时，ECU 输出指令，控制电磁阀线圈通过较小电流（约 2A），使电磁阀的进液阀关闭（回液阀仍关闭），保证该控制通道中的制动分泵制动压力保持不变。

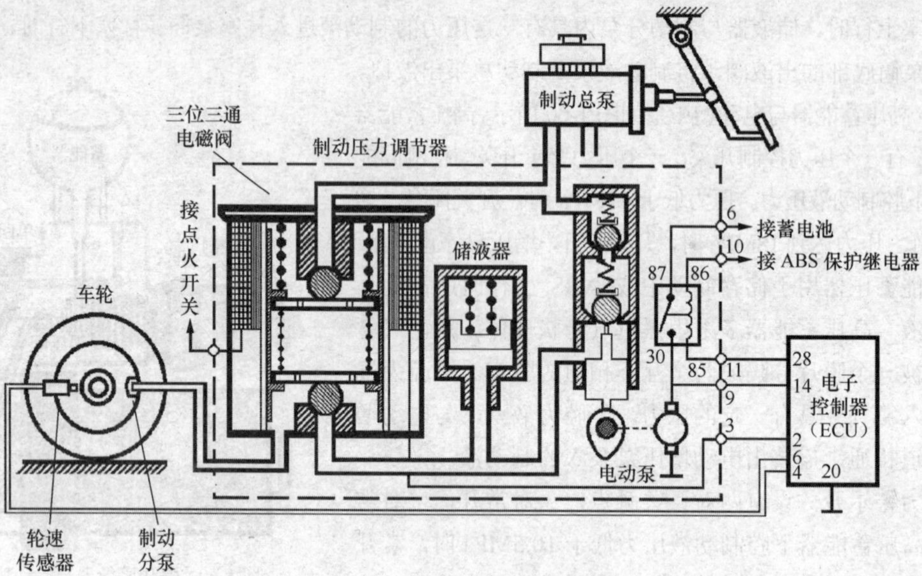

图 1-62　保压过程

③ 减压过程。如图 1-63 所示，当某车轮制动中，滑移率大于 20%时，ECU 输出指令，控制电磁阀线圈通过较大电流（约 5A），使电磁阀的进液阀关闭、回液阀开启，制动分泵中的制动液将通过回液阀流入储液器，使制动压力减小。

与此同时，ECU 控制电动泵通电运转，将流入储液器的制动液泵回到制动总泵出液口。

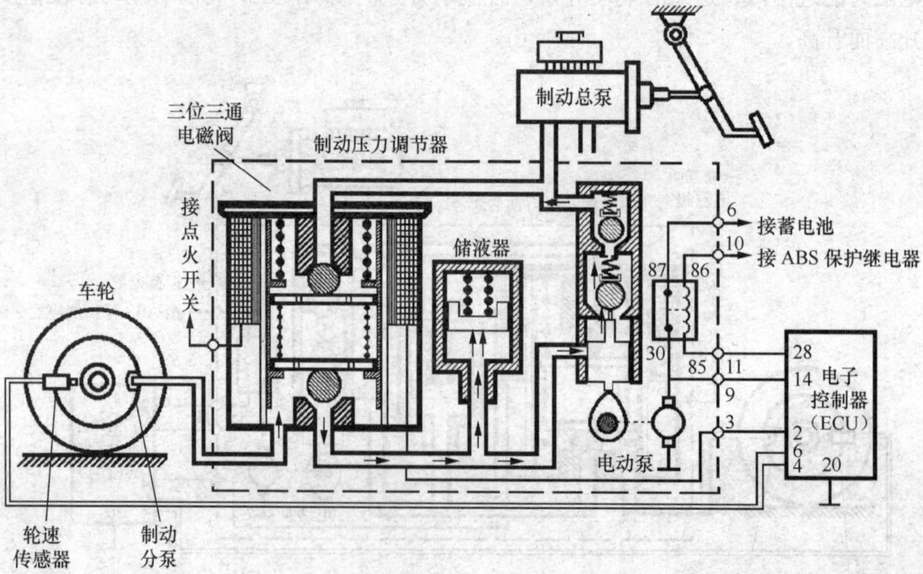

图 1-63　减压过程

2. 可变容积式制动压力调节器

可变容积式制动压力调节器的组成、原理

液压控制可变容积式制动压力调节器如图 1-64 所示。

(1) 特点

在汽车原有制动系统管路中增加一套液压控制装置，用于改变制动管路容积，实现增压—保压—减压的循环调节。这种制动压力调节系统的控制液压油路和 ABS 控制的制动液油路是相互隔开的。

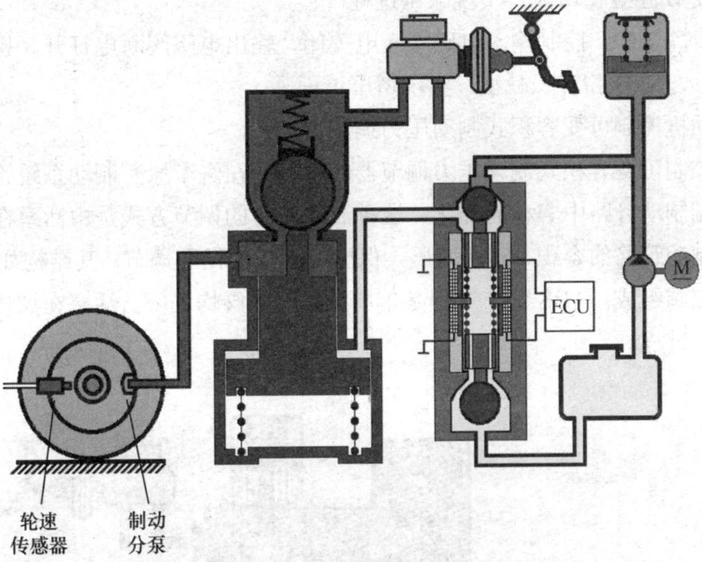

图 1-64 液压控制可变容积式制动压力调节器

(2) 液压控制可变容积调压方式应用实例（本田车系 ABS）

液压控制可变容积调压方式应用如图 1-65 所示，4 个传感器、4 个通道，4 个车轮均独立控制，制动压力调节器由电磁阀、调压缸、电动增压泵、储能器、压力开关组成。

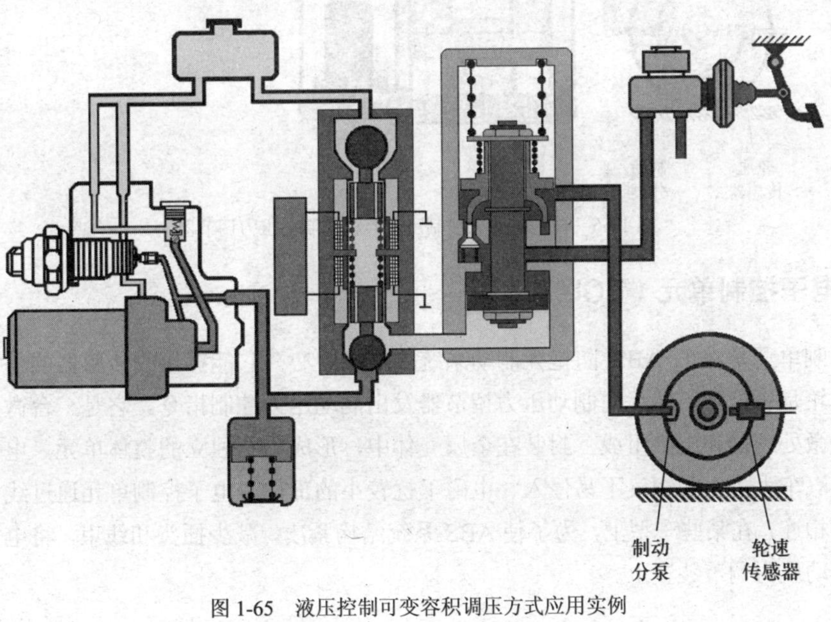

图 1-65 液压控制可变容积调压方式应用实例

液压控制可变容积调压方式的工作过程如下。

踏下制动踏板，制动液由制动泵→A 腔→开关阀→B 腔→制动分泵。制动分泵制动液压力将随踏板力的增大而增大。

滑移率趋近于 20%时，ECU 控制输入电磁阀略通电后即关闭，输出电磁阀通电关闭。滑动活塞产生位移使开关阀关闭，A 腔与 B 腔隔断，B 腔容积不变，实现保压过程。

滑移率>20%时，ECU 控制输入电磁阀通电打开，输出电磁阀通电关闭。滑动活塞在控制液压作用下上移，使 B 腔容积增大，实现减压过程。

滑移率<20%时，ECU 控制输入电磁阀断电关闭，输出电磁阀断电打开。控制油液泄入储液罐，滑动活塞下移，使 B 腔容积减小，实现增压过程。

（3）微型电动机控制可变容积式制动压力调节器

微型电动机控制可变容积式制动压力调节器的特点是在汽车原有制动系统管路上增加一套控制装置，用于控制制动管路中容积的变化。这种制动压力的调节方式是由活塞在调压缸中所产生的位移直接改变制动管路的容积，实现增压—保压—减压的循环调节。其结构如图 1-66 所示，主要由调压缸和电磁阀组成。ABS 工作过程是单向阀、电磁阀均关闭，活塞在调压缸中运动，完成增压、保压、减压过程。

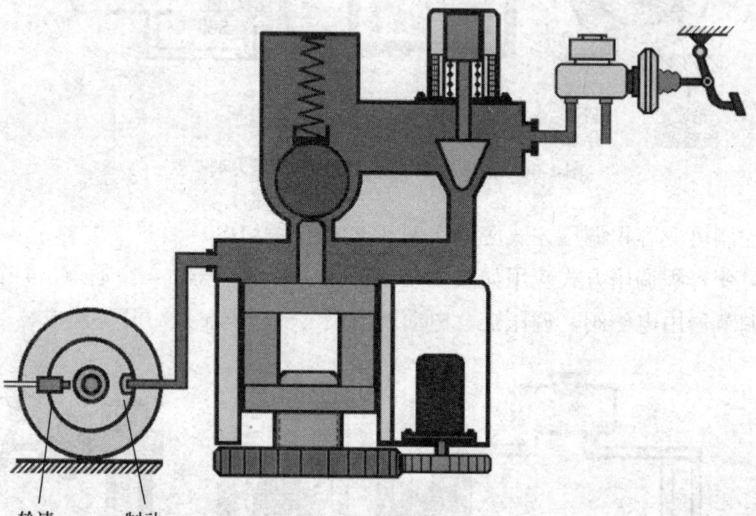

图 1-66　微型电动机控制可变容积式制动压力调节器

十、电子控制单元（ECU）

电子控制单元是汽车 ABS 防抱死制动系统的控制中心。它能够接收传感器的信号并进行分析，判断车轮是否抱死，然后向制动压力调节器发出制动压力控制指令。它是一台微型计算机，一般由两个微处理器和电路组成，封装在金属壳体中，形成一个独立的整体单元。电子控制单元通常安装在汽车上尘土和潮气不易侵入、电磁干扰较小的部位。电子控制单元通过线束与传感器和执行机构相连，在某些车型上，为了使 ABS 系统结构紧凑，减少插头和线束，将电子控制单元就安装在制动压力调节装置上。

1. 电子控制单元的作用

当ABS起作用时，电子控制单元监测并控制制动系统的工作情况，即ECU具有对制动系统进行“监测”和“控制”两方面的功能，如图1-67所示。

（1）防抱死制动控制功能

对制动系统进行防抱死制动控制是电子控制单元的主要功能，ECU接收各个车轮轮速传感器及其他传感器的输入信号，然后按照预先设置的控制逻辑进行处理和运算，从而形成相应的控制指令，对执行机构进行控制，通过制动压力调节装置调节制动压力，防止各车轮抱死。

（2）系统监测功能

对制动系统进行监测是电子控制单元的另一个功能，ECU接收制动灯开关、压力开关以及其他各种信号来监测ABS工作是否正常，当ECU监测到ABS工作不正常时，会自动停止ABS工作并点亮ABS警告灯，以免因系统故障造成错误的控制结果。在部分利用液压制动的ABS中，ECU还控制电动液压泵的工作。

在正常情况下，发动机起动后，ABS警告灯数秒后就应自动熄灭，否则说明ABS有故障。

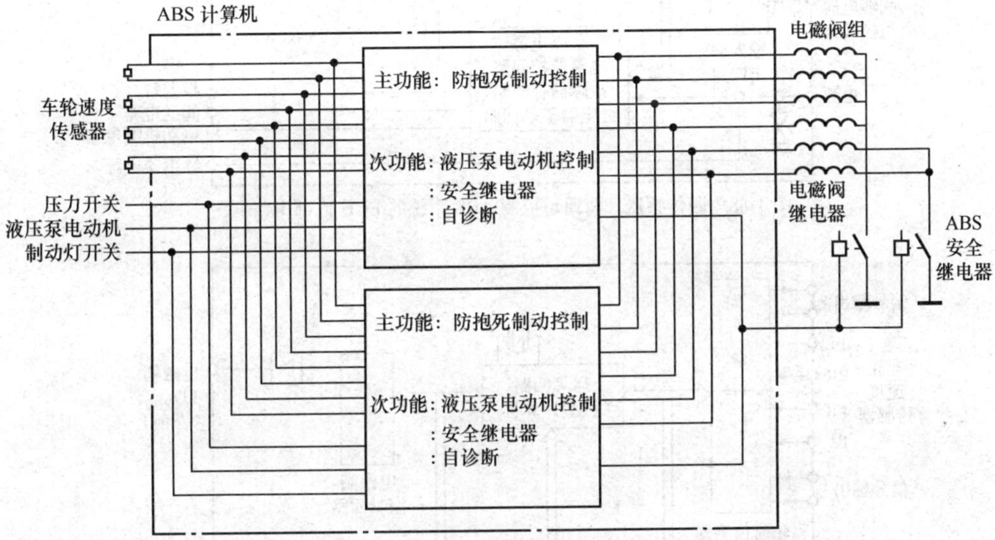

图1-67　电子控制单元功能示意图

2. ECU的基本电路

ECU内部电路结构主要由输入放大电路、运算电路、电磁阀控制电路以及安全保护电路等组成，各种ABS系统的ECU电路框图如图1-68～图1-70所示。

（1）输入电路

输入电路主要由一低通滤波器和用以抑制干扰信号并放大车轮转速信号的输入放大器组成。其功用是对输入电子控制单元的信号进行预处理，滤除输入信号中的各种干扰，对输入的信号进行整形，然后将输入的各种模拟信号转换为数字信号后输入运算电路中。在对系统的监测过程中，由运算电路发出的测试脉冲信号又经输入电路传给各车轮转速传感器，再由输入电路将各传感器的反馈信号处理后输入运算电路。输入电路的数量与车轮转速传感器的数量一致，即采用4个传感器的ECU中相应有4个输入电路，采用3个传感器的ECU中相应有3个输入电路。

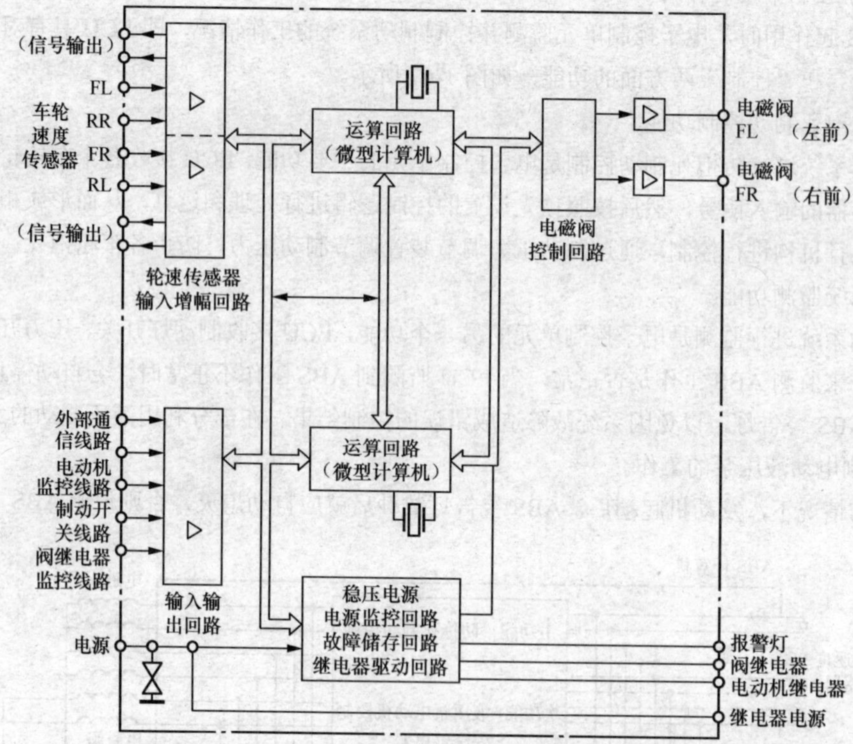

图 1-68　四传感器、两通道控制 ABS 系统的 ECU 内部电路框图

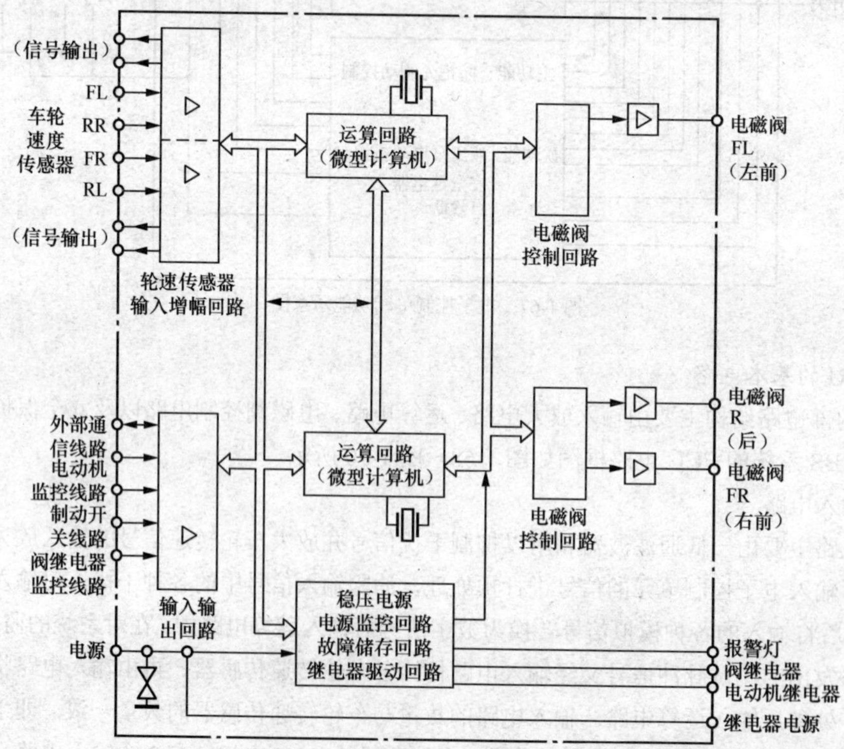

图 1-69　四传感器、三通道控制 ABS 系统的 ECU 内部电路框图

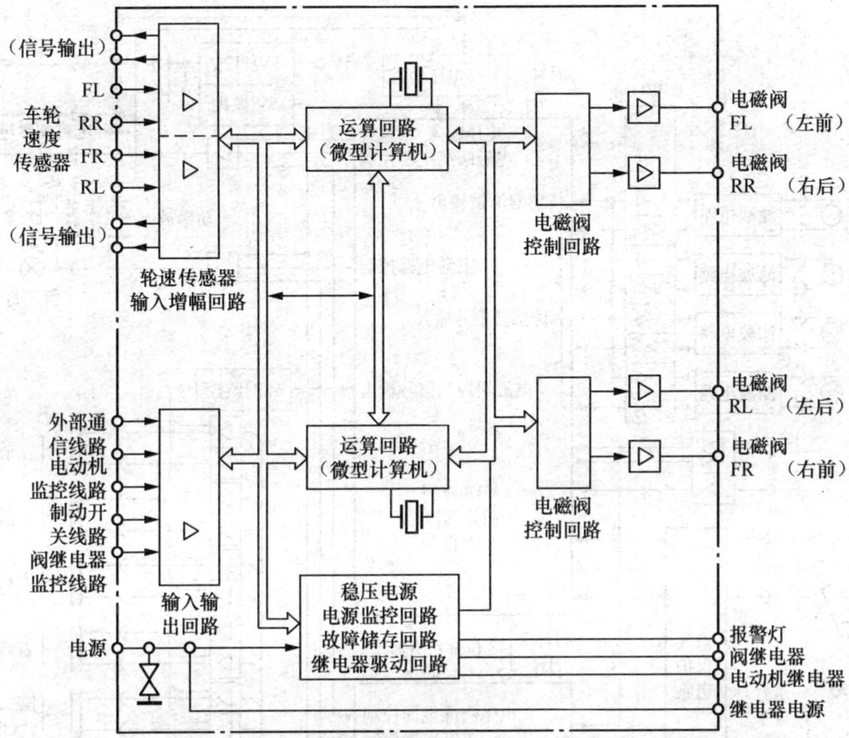

图 1-70 四传感器、四通道控制 ABS 系统的 ECU 内部电路框图

（2）运算电路（微处理器）

运算电路主要进行车轮线速度、初始速度、滑移率、加速度和减速度的运算，并进行电磁阀控制参数的运算和监控运算。运算电路可分为瞬时线速度运算电路、初始速度运算电路、比较运算电路、电磁阀控制参数运算电路和监控运算电路。

车轮转速传感器信号经过输入电路预处理后输入运算电路，首先由瞬时线速度运算电路计算出车轮的瞬时线速度，并将运算结果输送给初始速度运算电路；再由初始运算电路对瞬时线速度进行积分运算，计算出车轮的初始速度，并将计算结果输送给比较电路；比较电路则再对初始速度和瞬时线速度进行比较运算，计算出车轮的滑移率、加速度和减速度，输送给电磁阀控制参数运算电路；最后由电磁阀控制参数运算电路，根据计算出的车轮滑移率、加速度和减速度，计算出电磁阀的控制参数并输送给电磁阀控制电路。

在 ECU 中一般设有两套运算电路（两个微处理器），这两套运算电路可以是完全相同的，也可以是不同的。在运算电路相同的 ECU 中，两套运算电路同时进行运算并利用交互式通信方式进行数据传输，利用各自的运算结果进行相互比较、相互监测，确保可靠性。在运算电路不同的 ECU 中，一套为控制运算电路（控制微处理器），另一套为安全运算电路（安全微处理器），如图 1-71 所示。经过输入电路预处理的信号输入到控制运算电路，进行运算和处理，形成相应的控制指令；为了防止因系统发生故障导致错误的控制，由安全运算电路与控制运算电路通过双向通信对整个系统进行监测，当发现系统存在故障时，控制运算电路和安全运算电路都可以通过控制主继电器和电磁阀继电器使系统退出工作状态，并将故障信息存储。

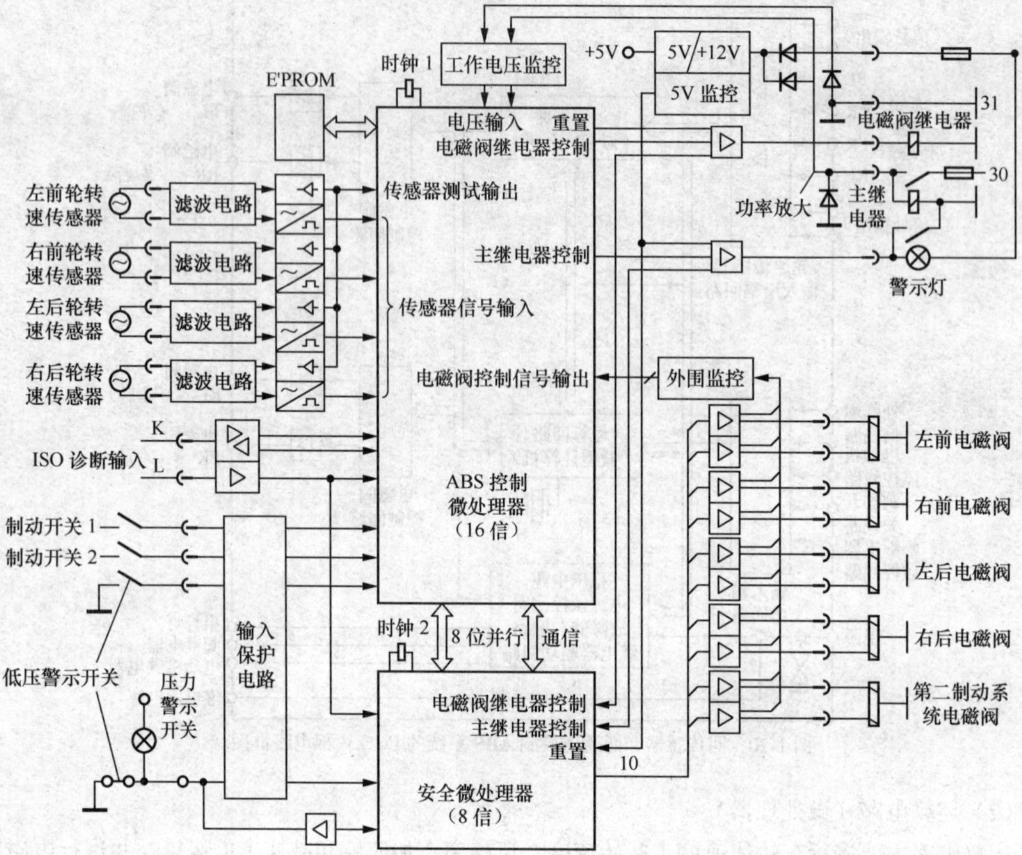

图 1-71　两套运算电路不同的 ECU 内部电路框图

（3）电磁阀控制电路

电磁阀控制电路接收由运算电路输送来的电磁阀控制参数信号，由数字式控制指令转换为模拟式控制信号，并将控制信号放大后向电磁阀的电磁线圈提供不同的控制电流，以控制电磁阀的工作位置。

（4）安全保护电路

安全保护电路主要包括稳压电源电路、电源监控电路、故障存储电路和继电器驱动电路 4 部分。稳压电源电路将汽车蓄电池或发电机提供的电源电压转变为 ECU 内部所需的稳定电压，并由电源监控电路对电源电压是否稳定在规定的范围进行监控。

故障存储电路对向 ECU 各电路（输入电路、运算电路和电磁阀控制电路）输入的信号进行监控，并以故障码的形式将其检测到的故障存储在存储器中，以便诊断故障时调取。

继电器驱动电路实际是一个报警电路，当故障存储电路检测到故障时，报警电路驱动相应的继电器，切断 ABS 电源电路使 ABS 停止工作，制动系统转入普通制动模式，同时点亮 ABS 警告灯提示驾驶员 ABS 出现故障。

3. ECU 软件简介

ABS 的电子控制单元的软件主要由防抱死控制和安全控制两部分组成。防抱死控制部分的功能是对经过输入电路预处理的车轮转速信号进行采样、计算和分析，并形成相应的控制指令。安全控制部分的功能是对系统的工作状态进行监控，将故障情况进行存储，并将系统自动关闭。ABS 的软件一般都按结构化形式进行编制，并被固存在 EPROM 中。

图 1-72 所示为 ABS 的主程序流程示意图。程序起动后，首先对系统进行初始化设置，清除内存，设置输入/输出接口，起动中断，设置条件控制等。然后进入主程序，主程序大约每 5ms 运行一次，首先对车轮防抱死控制软件的各模块和子程序进行初始化，对索引结构和控制程序进行初始化，对索引结构和控制标识进行重新设置，对地址和参数进行确认，将各个车轮的脉冲时刻和个数存入存储器中，并调用车轮转速子程序计算出车轮的转速和加速度，然后根据这些计算出的参数判断汽车运动是否正常，并同时检测系统硬件的状态，若系统硬件和汽车运动不正常则切断供电并通过警告灯报警；如果汽车运动正常则进入控制模式选择，判断汽车是否进行防抱死制动控制；若进行防抱死制动控制，首先需要计算参考速度，由车轮加速度和参考速度与控制门限做比较，确定控制循环的阶段。最后根据控制循环阶段确定出控制命令状态，并输出给执行机构。

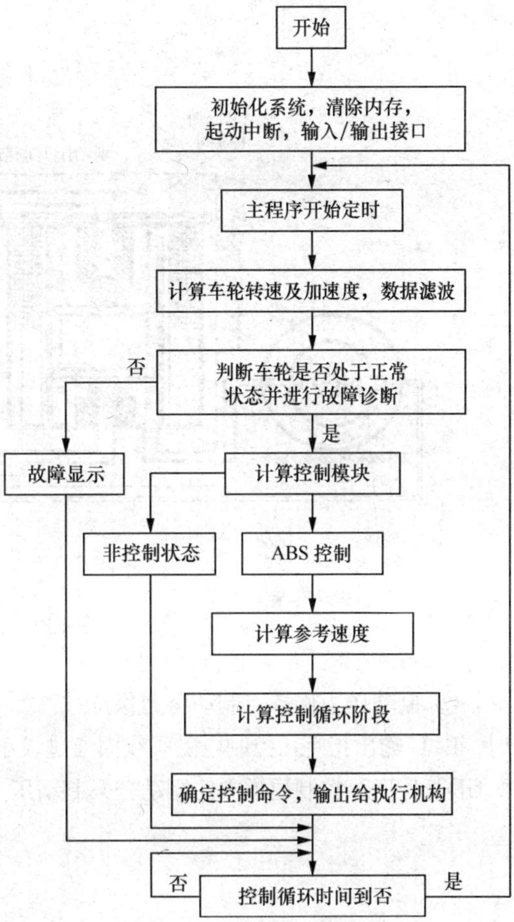

图 1-72　ABS 控制主程序流程

十一、ABS 应用实例

ABS 形式各异，但两个方面相同：一方面 ABS 工作车速必须达到一定值后，才会对制动过程中趋于抱死的车轮进行制动防抱死控制调节。另一方面 ABS 都具有自诊断功能。一旦发生影响系统正常工作的故障时，ABS 自动关闭，同时 ABS 警告灯点亮。常规制动仍可正常工作。

1. 博世 ABS

（1）结构特点

制动压力调节器为分离式且独立安装；调压方式为循环式；控制方式为两前轮独立控制，两后轮按低选原则一同控制；电磁阀为三位三通电磁阀。

（2）制动压力调节过程

① 制动压力增大。制动压力增大过程如图 1-73 所示，踏下制动踏板，由于电磁阀的进液阀开启，回液阀关闭，各电磁阀将制动总泵与各制动分泵之间的通路接通，制动总泵中的制动液将通过各电磁阀的进出液口进入各制动分泵，各制动分泵的制动液压力将随着制动总泵输出制动液压力的升高而升高，实现增压过程。

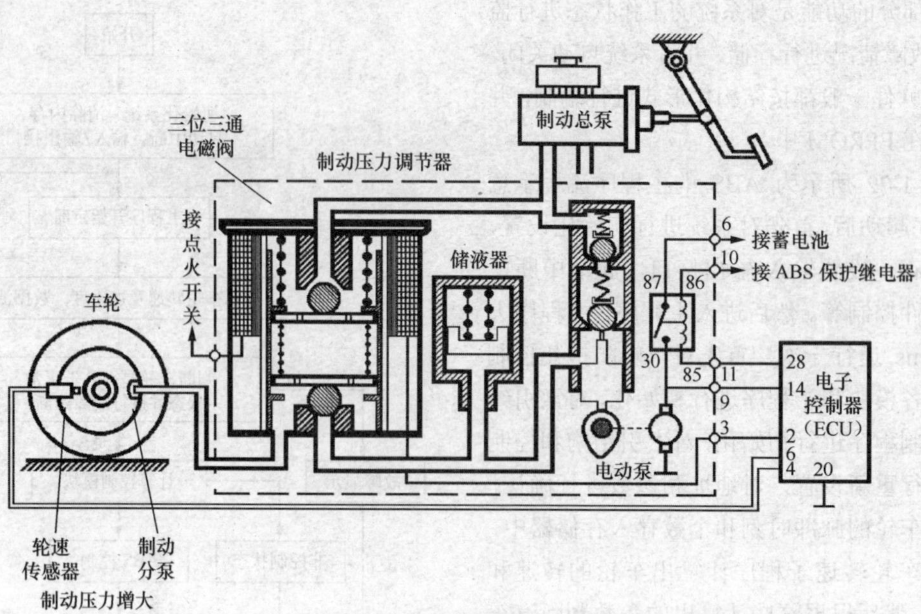

图 1-73　制动压力增大过程

② 制动压力保持。制动压力保持过程如图 1-74 所示，当某车轮制动中，滑移率接近于 20%时，ECU 输出指令，控制电磁阀线圈通过较小电流（约 2A），使电磁阀的进液阀关闭（回液阀仍关闭），保证该控制通道中的制动分泵制动压力保持不变，实现保压过程。

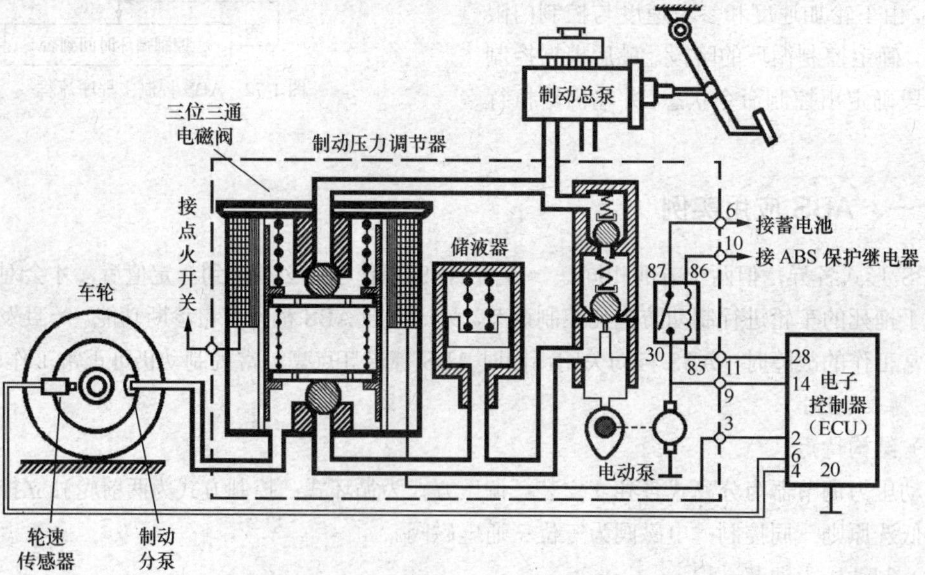

图 1-74　制动压力保持过程

③ 制动压力减小。制动压力减小过程如图 1-75 所示，当某车轮制动中，滑移率大于 20%时，ECU 输出指令，控制电磁阀线圈通过较大电流（约 5A），使电磁阀的进液阀关闭回液阀开启，制动分泵中的制动液将通过回液阀流入储液器，使制动压力减小，实现减压过程。

与此同时，ECU 控制电动泵通电运转，将流入储液器的制动液泵回到制动总泵出液口。

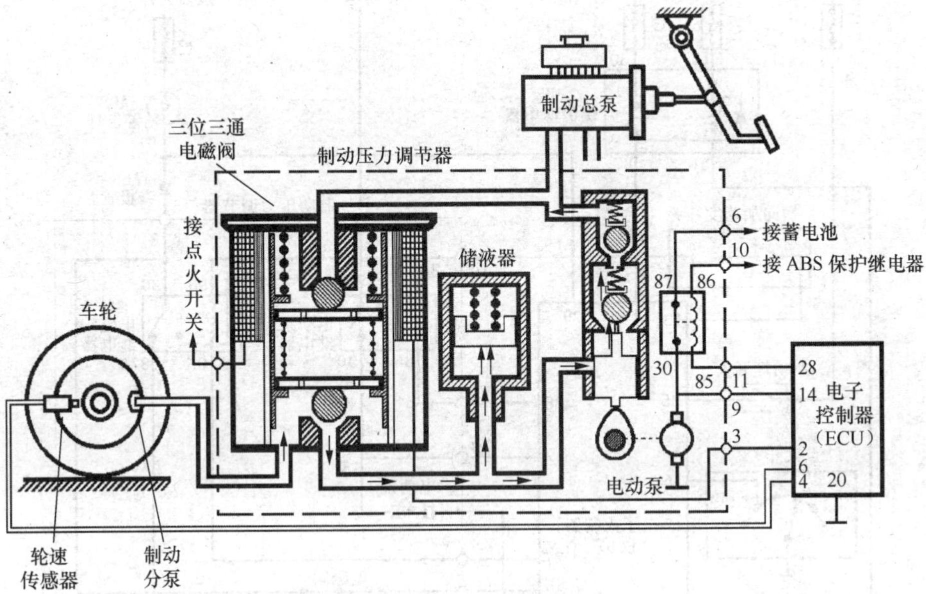

图 1-75　制动压力减小过程

（3）电子控制系统控制过程

对图 1-76 所示的电子控制系统的控制过程分析如下。

① 打开点火开关，ECU 进入自检。ABS 保护继电器线圈通电：蓄电池电压（12V）经触点送至 ECU 端子 1，触发自检，时间为 3～5s。自检中，ECU 端子 27、28 均未搭铁，电动泵继电器、电磁阀继电器常开触点均不闭合，电动泵及电磁阀均不工作。

② ABS 警告灯亮。ABS 警告灯亮后可能出现两种情况：灯亮 3～5s 后熄灭，说明系统正常；灯亮 3～5s 后不熄灭，说明系统有故障，ECU 关闭 ABS，汽车仅保持常规制动。

③ 自检正常，ABS 等待工作。ECU 端子 27 搭铁，接通电磁阀继电器线圈电路。电磁阀继电器线圈通电，铁心产生吸力，常闭触点（30→87A）张开，ABS 警告灯熄灭；常开触点（30→87）闭合，蓄电池电压作用在 3 个三位三通电磁阀线圈及 ECU 端子 32 上。

2. 戴维斯 MK20-I 型 ABS

戴维斯 MK20-I ABS 是戴维斯 MK II ABS 的换代产品，是目前世界上比较新的一代 ABS 产品。以桑塔纳 2000GSi 轿车上装用的 MK20-I ABS 为例说明其结构特点。

（1）MK20-I ABS 结构特点

① 采用模块式结构设计，将液压控制单元（储液器、电动回液泵、电磁阀）与电子控制单元集成为一体，使其结构更加紧凑。

② 电磁阀线圈设置于控制单元内部，节省连接导线。采用大功率集成电路直接驱动电磁阀及回液泵电动机，省去了电磁阀继电器。

③ 电子控制单元内部设有故障存储器，随车带有故障诊断接口，借助诊断仪调取故障码可以很方便地进行故障诊断。

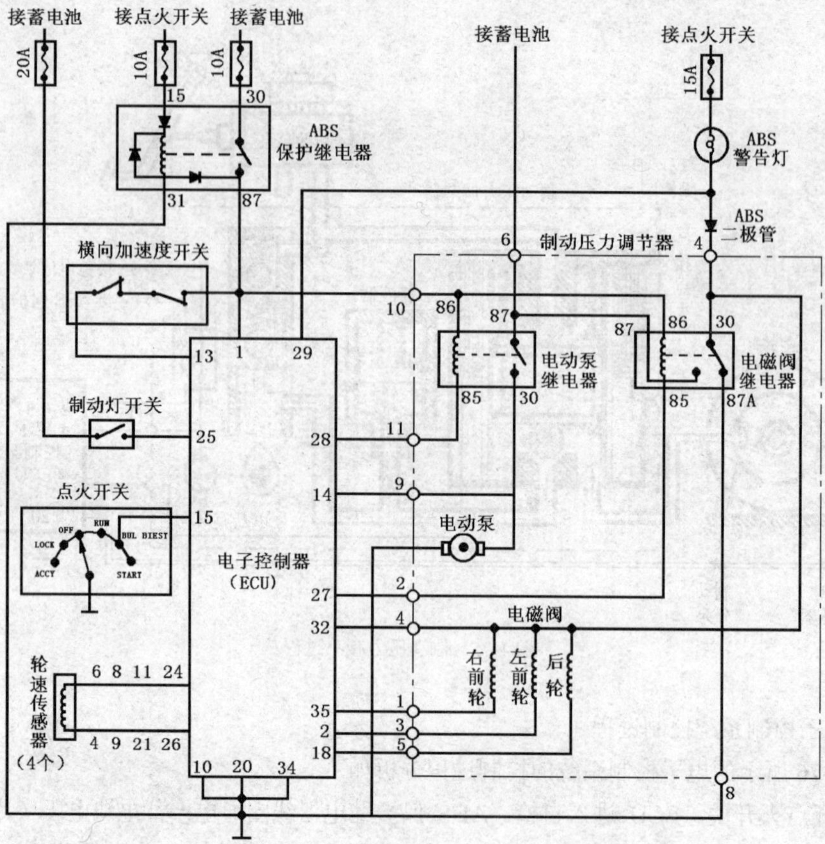

图 1-76　博世 ABS2 电子控制系统

④ MK20-I ABS 采用四传感器、三通道控制系统，其控制原则是对两前轮进行独立控制，对两后轮按低选原则一同控制。

其目的是在制动过程中，确保后轮不会先于前轮抱死，从而获得良好的制动稳定性。

（2）主要组成与结构

① 轮速传感器。桑塔纳 2000GSi 轿车上装有 4 个磁感应轮速传感器，每个轮速传感器均由传感器头和齿圈组成，如图 1-77 所示。

前轮轮速传感器齿圈（43 个凸齿）镶嵌在制动盘后，随制动盘一同旋转，传感器头安装在转向节上。

后轮轮速传感器齿圈（43 个凸齿）安装在轮毂上，随轮毂一同旋转，传感器头则安装在固定支架上。

② 控制模块。控制模块（见图 1-78）由液压控制单元和电子控制单元组成。液压控制单元由储液器、电动回液泵、电磁阀等组成。电子控制单元 ECU 中具有两个完全相同的微处理器，它们按照同样的程序对输入信号进行计算处理，并将最终结果进行比较，一旦发现最终结果不一致，即判定自身存在故障，它会自动关闭 ABS，同时将仪表板上的 ABS 警告灯点亮。

③ 故障警告灯。在仪表板及仪表板附加部件上装有两个故障警告灯，一个是 ABS 警告灯（K47），另一个是制动装置警告灯（K118）。

打开点火开关后 ABS 警告灯亮约 2s 熄灭，说明自检结束的同时已起动 ABS。若 ABS 警告灯常亮，说明 ABS 出现故障。

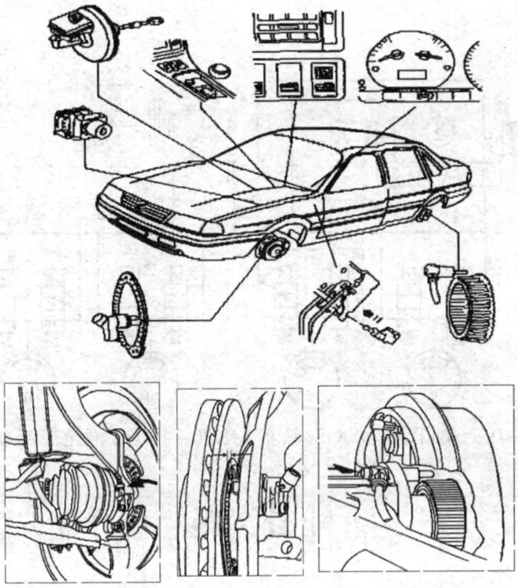

图 1-77　桑塔纳 2000GSi 轿车上装用磁感应轮速传感器

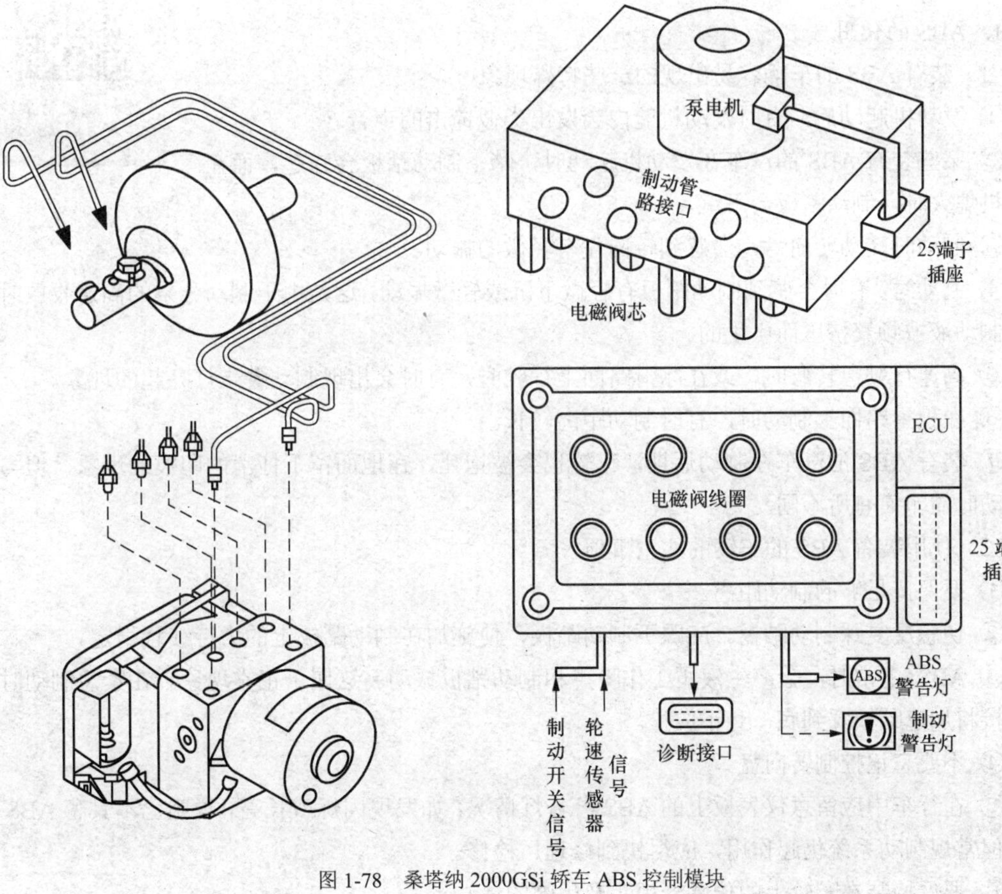

图 1-78　桑塔纳 2000GSi 轿车 ABS 控制模块

（3）液压控制系统

桑塔纳2000GSi轿车上采用的MK20-I ABS液压控制系统为对角线双回路控制系统，如图1-79所示。

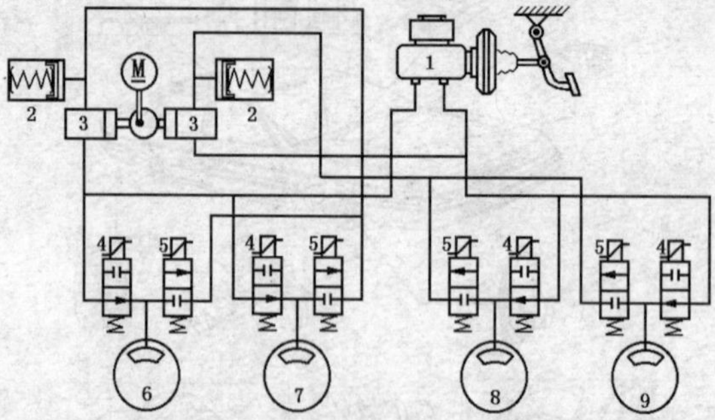

图1-79　桑塔纳2000GSi轿车MK20—I ABS液压控制系统

任务实施

一、ABS的使用与检修

防抱死制动系统（ABS）的检修

1．ABS的使用

（1）装有ABS的车辆容易出现的一些特殊现象

① 发动机起动后，有时发动机舱内会发出类似撞击的声音。

② 某些装有ABS的汽车在发动机起动时，踏下制动踏板会弹起，而在发动机熄火时，制动踏板会下沉。

③ 制动时转动转向盘，会感到转向盘有轻微的振动。

④ 制动时，有时会感到制动踏板有轻微下沉或轻微振动，这是由于制动分泵的高速收放时高压的制动液被频繁挤压而产生的。

⑤ 高速行驶急转弯时，或在冰滑路面上行驶时，有时会出现制动警告灯亮起的现象。

⑥ 在积雪路面上制动时，有时制动距离较长。

⑦ 装有ABS的汽车在制动后期，车轮也会被抱死，在地面留下拖滑的印痕的现象，但与常规制动时的印痕有所不同。

（2）使用装备ABS的车辆的注意事项

① 要保持足够的制动距离。

② 切忌反复踩制动踏板。应踩下制动踏板，使施加在制动踏板上的力持续且稳定。

③ ABS正常时，会产生液压工作噪声和制动踏板振动。这属于正常现象。在紧急制动时，应直接将加速踏板踩到底，且不放松。

④ 不要忘记控制转向盘。

⑤ 在行车中应留意仪表板上的ABS警告灯情况，如发现闪烁或长亮，说明已不具备ABS功能，但常规制动系统仍起作用，应尽快到修理厂检修。

⑥ 要保持装在车轮上的传感器探头及齿圈的清洁。

⑦ 应严格按规定的轮胎气压标准加气，同时要保持同轴轮胎气压的均衡，严禁使用不同规格

的轮胎。

⑧ ABS 系统对制动液有严格的要求。添加或更换制动液应严格按照车辆使用说明书上的要求，禁止掺杂不同型号的制动液。

2. 检修 ABS 时应注意的事项

（1）制动系统发生故障由 ABS 警告灯和制动装置警告灯指示。有时 ABS 警告灯和制动装置警告灯不亮，但制动效果仍不理想，则可能是系统放气不干净或在常规制动系统中存在故障。

（2）制动不良时，先区分是机械故障还是 ABS 系统故障。鉴别方法：让汽车以常规制动方式工作，如制动不良故障消失，则说明为 ABS 系统故障，如制动不良故障依然存在，则为机械故障。

（3）确定为 ABS 故障后，应首先对 ABS 的外观进行检查，检查制动油路和泵及阀有无泄露、导线的接头和插接器有无松脱、蓄电池电压是否亏电。在检查线路故障时，也不应漏检保险器。

（4）若外观检查正常，应用故障诊断仪或人工调取的方式查询故障代码，检查故障所在。

（5）不要轻易拆检 ECU 和液压控制器件，如果怀疑其有问题，可用替换法检查。

在拆检 ABS 液压控制器件时，应先进行卸压，以免高压油喷出伤人。卸压方法是先关闭点火开关，反复踩制动踏板 20 次以上，直到感觉踩制动踏板力明显增加变得非常硬时为止。

（6）开始维修前，应关闭点火开关，从蓄电池上拆下负极线。特别注意拔出 ABS 电气插头之前，必须关闭点火开关。

（7）拆卸前必须彻底清洁连接点和支撑面，清洁时不要使用汽油、稀释剂等类似的清洁剂，拆下的零件必须放在干净的地方，并覆盖好。

（8）把 ABS ECU 和液压控制单元分开后，必须把液压控制单元放在专用支架上，以免在搬运中碰坏阀体。

（9）制动系统打开后不要使用压缩空气，也不要移动车辆。

（10）拆下的部件如果不能立刻完成修理工作，必须小心地盖好或者用塞子封闭，以保证部件的清洁。

（11）更换配件时，必须使用质量良好的配件。配件要在安装前才从包装内取出。

（12）一定要按维修手册的要求进行安装调整。

（13）维修 ABS 制动系统作业完成后，按规定加装制动液，并对系统进行放气。

（14）在试车中，至少进行一次紧急制动。当 ABS 正常工作时，会在制动踏板上感到有反弹，并可感觉到车速迅速降低而且平稳。

电磁式轮速传感器工作原理

二、ABS 故障的一般检查方法

1. 车速传感器故障的检查

（1）故障现象

车轮速度传感器出现故障，传感器不一定损坏，往往是传感器磁头脏污，传感器与齿圈之间的气隙过大或过小，传感器插接件松动。

（2）检查方法

① 检查车轮速度传感器的电阻值：将点火开关置于关闭（OFF）位置；举升汽车；分别拆下前后轮及传感器的连接器；对应不同车型的维修手册，用数字万用表进行检查是否异常。

② 检查车轮速度传感器的信号电压：举升汽车；点火开关置于打开（ON）位置；以慢速度转动被检查车轮；对应不同车型的维修手册，用数字万用表进行检查是否有问题。如有问题就要

按照不同车型维修手册的要求进行更换。

③ 车轮速度传感器的齿圈的检查：检查是否有变形、断齿等现象，是否有泥土、脏污、铁石等异物堵塞。应根据不同情况进行更换或清洁。

2. ECU 的检查

（1）检查 ECU 线束插接器、连接导线有无松动。

（2）检查 ECU 线束插接器各端子的电压值、波形或电阻，如与标准值不符且与之相连的部件和线路正常，应更换 ECU 后再试。

（3）直接采用替换法检验，即在检查其他部件无故障时，可用新的 ECU 代替，如故障消失，则为 ECU 故障。

3. 压力调节器的检查

（1）常见故障

压力调节器的常见故障为电磁阀线圈不良和阀泄漏。

（2）检查方法

① 用电阻表检查电磁阀线圈的电阻，若电阻无穷大或过小，则电磁阀有故障。

② 将电磁阀加载其工作电压进行实验，如不能正常动作，则应更换。

③ 解体后检查。

4. ABS 控制继电器的检查

（1）常见故障

ABS 控制继电器的常见故障为触点接触不良和继电器线圈不良等。

（2）检查方法

① 对继电器施加正常工作电压，若能正常动作，再检测继电器触点间的电压和电阻，正常情况下，触点闭合时电压为零。电压大于 0.5V，说明触点接触不良。

② 继电器线圈电阻应在正常范围内。

三、ABS 制动液添加与补充

1. 要求原则

（1）应选用厂家要求的制动液。

（2）应具有抗氧化性。

（3）应选用对橡胶件有较好润滑作用的制动液，不能使橡胶件膨胀。

（4）应选用对金属腐蚀性小的制动液。

（5）应选用具有较低的凝固点、较高的沸点和吸水性的制动液，必须具有较好的润滑性能，适应液压系统的橡胶及金属件。

2. 选用制动液

ABS 制动液一般选用 DOT3、DOT4，不能使用 DOT5 硅铜制动液，制动液用错会造成制动元件过度磨损和其他情况。

3. 制动液的更换周期

ABS 系统的制动液建议每两年更换一次。

注意：要经常检查制动液储液室液面高度，液面应在允许最高液面与最低液面之间。

四、ABS 的放气

1. ABS 渗入空气的直观判断

若一次踏下制动踏板，软弱无力，连续踏下数次，制动踏板逐渐升高，感觉制动踏板很硬，说明 ABS 中渗入空气。

2. ABS 渗入空气的危害性

ABS 中若有空气，会严重干扰制动压力调节，而使 ABS 系统的作用丧失，会导致制动效果下降，制动反应迟钝，甚至制动失灵。

3. ABS 的放气

对 ABS 的放气，要按规定进行，放气的顺序如下。

（1）使用专用橡胶管的一端接在某一放气螺钉下，而另一端插入盛有半瓶制动液的玻璃瓶中。

（2）反复踏制动踏板，将制动踏板踏住不动，按顺序先远后近打开制动分泵放气螺钉后马上扭紧，玻璃瓶中应有气泡产生，多次重复这一过程，每次间隔 2～5s，直至玻璃瓶中没有气泡产生，制动踏板升至最高位置（约和油门踏板平齐），如图 1-80 所示。

（3）补充制动液。

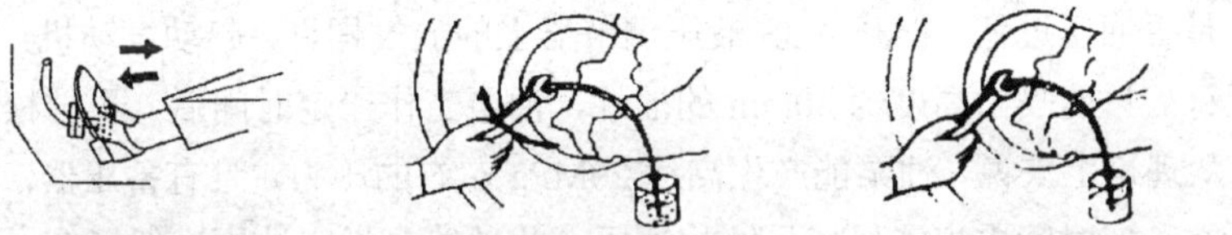

（a）反复踏制动踏板　（b）有气泡产生　（c）无气泡产生

图 1-80　放气操作过程

4. ABS 的放气原则

ABS 的放气原则通常是先远后近、先下后上逐个车轮进行放气。

5. ABS 的放气顺序

放气顺序为从右后轮缸到左后轮缸、从左后轮缸到右前轮缸、从右前轮缸到左前轮缸。

例如，达科（VI）ABS 的放气，一般程序如下。

① 找到前轮放气螺钉。

② 在前轮放气螺钉上安一泄油管。

③ 慢慢拧松放气螺钉 1/2～3/4 转。

④ 制动液流出，若没有气泡时就关闭。

⑤ 找到后轮放气螺钉按步骤进行放气，如图 1-81 所示。

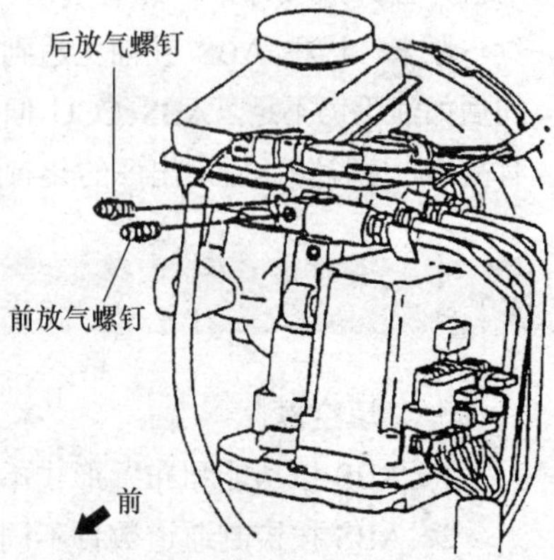

图 1-81　达科（VI）ABS 的放气

五、汽车防抱死制动系统的故障案例诊断过程

根据任务资料中的故障现象，首先应检查 ABS 液压调节器储液器的制动液液面，如正常，将点火开关置于 OFF 位，短接杂物箱下方的诊断插座两端子，再将点火开关置于 ON 位，读取故障码，结果无代码输出。

本田雅阁 ABS 由 ABS ECU、液压调节器、轮速传感器、ABS 警告灯和诊断插座等组成。液压调节采用变容原理，液压调节器由油泵、蓄压器、压力开关、储液器、6 个电磁阀（3 个进油电磁阀的输入阀、3 个回油电磁阀）和 4 个滑动活塞组组成。进油阀（输入阀）为常闭电磁阀，回油阀（输出阀）为常开电磁阀。在整个制动过程中，油泵产生的高压油液并不与制动轮缸相通，压力的调节是通过滑动活塞移动来实现的，滑动活塞的移动则是由控制活塞控制，而控制活塞的移动则是由 ECU 指令电磁阀动作，使高压油液进入或停止进入控制活塞下方，或是使控制活塞下腔内的高压油回到储液器来实现的；常规制动状态时，电磁阀均不通电，制动轮缸的压力随主缸的压力上升而上升；进、回油阀均通电，则为减压状态；进油阀断电关闭，同时回油阀通电关闭时为压力保持状态；ABS ECU 根据来自轮速传感器的信号确定车轮有无抱死，然后给液压调节器中的电磁阀发出指令，进行防抱死制动控制。当油压不足时，ABS ECU 同时指令油泵电动机运转。ABS ECU 还通过制动灯开关、手制动灯开关和压力开关来监视 ABS 的工作是否正常，并能进行自我诊断。

基于以上工作原理，考虑到该车每次起动后，ABS 油泵电动机都运转较长时间，油泵电动机停止运转后 ABS 警告灯点亮。这说明有两种可能：一是初次起动时，ABS 油压不足，所以油泵电动机运转，发动机熄火后接着再起动，油泵仍需工作，说明前一次油泵工作并没能给系统建立足够的油压，屡次起动都是如此，说明油压不能建立；二是压力开关在油压足够高时仍不能接通，ABS ECU 判定油压过低而使油泵在发动机每次起动后较长时间运转。

为确定是否油压过低，拧开 ABS 液压调节器上的放气螺钉，起动发动机，此时油泵电动机运转，放气螺钉处只能喷出高度约 30mm 的油柱，油泵工作一定时间后，再拧松放气螺钉，则几乎无油流出。从理论上来说，油泵能产生高达 20MPa 左右的压力，且有蓄压器，即使油泵电动机停止运转后，在一定时间内也能保持足够的油压。此种情况说明油压过低了。

观察储液器，油泵运转时，回油口不见回油，而进油口反而有反流的现象。问题很可能出在柱塞式油泵本身的进油阀或柱塞与柱塞套筒上。拆下液压调节器总成，分解柱塞泵，发现进、出油阀的钢球及阀座均已磨损，柱塞上的皮圈也老化了，于是更换柱塞泵组件，直接通电给油泵电动机，拧开放气螺钉，此时喷出油柱达 200mm 高，装复后放气，起动发动机，故障排除。

原来，这种 ABS 在油压达到标准时，油泵停止工作，油压过低时，油泵工作，而工作一定时间后如油压仍不足，ABS ECU 便指令油泵停止工作，同时将 ABS 警告灯点亮，警告驾驶员 ABS 有故障，应检修。后来出厂的装有这种 ABS 的本田车如果出现此类故障，一般可以读到故障码 10。

习题测试

一、填空题

1．ABS 按功能和布置形式不同可分为________和________。

2．ABS 按控制通道数目不同可分为________、________、________和________。

3．循环式制动压力调节器在汽车制动过程中，ECU 控制流经制动压力调节器电磁线圈的电流大小，使 ABS 处于________、________、减压 3 种状态。

4．轴控式 ABS 又分为________控制式和________控制式。

二、选择题

1．当滑移率为 100%时，横向附着系数降为（　　）。

A．100%　　B．50%　　C．0　　D．都不正确

2．为了避免灰尘与飞溅的水、泥等对传感器工作的影响，在安装前需对车速传感器加注（　　）。

A．机油　　B．工作液　　C．润滑脂　　D．ATF

3．循环式制动压力调节器是在制动总缸与轮缸之间（　　）一个电磁阀，直接控制轮缸的制动压力。

A．串联　　B．并联　　C．都可以　　D．均不正确

4．下列系统哪个不属于主动安全系统（　　）。

A．ASR　　B．ABS　　C．ESP　　D．SRS

三、判断题

1．ABS 排气时间要比普通系统短，消耗的制动液也少。（　　）

2．刚刚放出的制动液不能马上添回储液罐，需在加盖的玻璃瓶中静置 12h 以上，待制动液中的气泡排尽后才能使用。（　　）

3．汽车制动时，产生侧滑及失去转向能力与车轮和地面间的横向附着力无关。（　　）

4．车轮抱死时将导致制动时汽车稳定性变差。（　　）

5．电控 ABS 主要由传感器、电子控制单元和执行机构组成。（　　）

6．对于柱式极轴式传感器来说，其安装方式需将其轴垂直于齿圈。（　　）

7．ABS 是在常规制动系统基础上工作，ABS 出现故障不影响常规制动系统。（　　）

四、简答题

简述压力调节器的故障检查方法。

任务二　汽车牵引力控制系统的检修

【学习目标】

知识要求：了解 ASR 系统的作用、组成、原理及检修方法。

能力要求：能够依据维修手册并使用常用工具、量具对 ASR 系统进行基本检查并能对 ASR 系统常见故障进行诊断与修复。

任务导入

皇冠 3.0 轿车，仪表板上 ASR（雪地防侧滑）故障灯常亮。通过了解，故障现象在车辆行驶一段时间后出现，同时 ASR 故障灯点亮；关掉点火开关再重新起动，仪表板上的 ASR 故障灯又会熄灭；但再行驶一段路程，ASR 故障灯又会重新点亮。

知识准备

一、概述

1．ASR 系统与 ABS 系统的比较

ABS 和 ASR 都是用来控制车轮相对于地面的滑动，以提高车轮与地面之间的附着力。但 ABS 控制的是汽车制动时车轮的“滑移”，主要是用来提高汽车的制动效能和制动时的方向稳定性；而 ASR 是控制汽车行驶时驱动车轮的“滑转”，用于提高汽车起步、加速及在光滑路面行驶时的牵

引力和确保行驶稳定性。

虽然 ASR 也可以和 ABS 一样，通过控制车轮的制动力来控制驱动车轮相对地面的滑动，但 ASR 只对驱动车轮实施制动控制。

一般在车速很低（<5km/h）时 ABS 不起作用，而 ASR 一般在车速很高（80～120km/h）时不起作用。

2. 滑转率及其与附着系数的关系

汽车在驱动过程中，驱动车轮可能相对于路面发生滑转。滑转成分在车轮纵向运动中所占的比例（以百分比表示）称为驱动车轮的滑转率，通常用 S_d 表示。

$$S_d = (\omega r - v) / \omega r \times 100\%$$

式中，r——车轮的滚动半径，m；

ω——车轮的转动角速度，rad/s；

v——车轮中心的纵向速度，m/s。

当车轮在路面上纯滚动时，车轮中心的纵向速度完全是由于车轮滚动产生的。此时 $v = \omega r$，其滑转率 $S_d = 0$；当车轮在路面上完全滑转（即汽车原地不动，而驱动轮转动）时，车轮中心的纵向速度 $v = 0$，其滑转率 $S_d = 100\%$；当车轮在路面上边滚动边滑转时，$0 < S_d < 100\%$。

滑转率与附着系数之间存在着密切关系，图 1-82 所示为滑转率与附着系数之间的关系曲线。从图中可以看出：

（1）与汽车在制动过程中的滑转率相同，在汽车的驱动过程中，车轮与路面间的附着系数的大小随着滑转率的变化而变化；

（2）附着系数随路面的不同呈大幅度变化。在干路面或湿路面上，当滑转率在 20%左右时，车轮具有最大的附着系数。

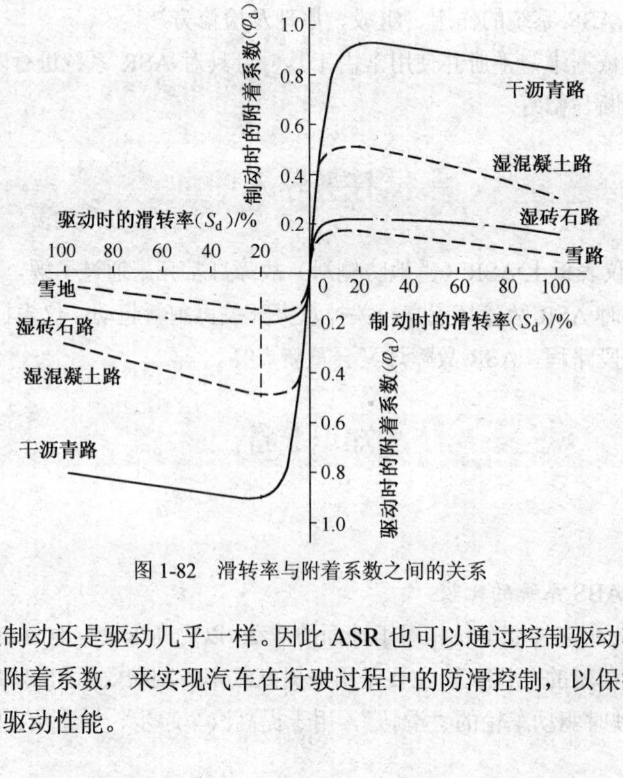

图 1-82 滑转率与附着系数之间的关系

上述趋势无论是制动还是驱动几乎一样。因此 ASR 也可以通过控制驱动车轮与路面的滑转率来控制其与路面间的附着系数，来实现汽车在行驶过程中的防滑控制，以保持汽车行驶过程中的操纵稳定性和最佳的驱动性能。

3. ASR 系统的作用

汽车防滑转控制系统（Anti Slip Regulation，ASR）是继防抱死制动系统（ABS）之后用于车轮防滑的电子控制系统，其作用是防止汽车起步、加速和在光滑路面行驶时驱动轮的滑转。

当车轮转动而车身不动或是汽车的速度低于转动车轮的轮缘速度时，轮胎与地面之间就有相对的滑动，这种滑动称为“滑转”，以区别于汽车制动时车轮抱死而产生的车轮“滑移”。只有驱动车轮才会产生“滑转”，而所有车轮（包括驱动轮和从动轮）都可能产生“滑移”。

驱动车轮的滑转，同样会使车轮与地面的附着力下降。纵向附着力下降，会使驱动车轮产生的牵引力减小，导致汽车的起步性能、加速性能和在滑溜路面的通过性能下降；而横向附着力的下降，又会降低汽车在起步、加速、滑溜路面行驶时的行驶稳定性。汽车防滑转电子控制系统是在车轮出现滑转时，通过对滑转车轮施以制动力或控制发动机的动力输出，从而抑制车轮的滑转，以免汽车牵引力和行驶稳定性下降。

4. ASR 系统的类型

ASR 系统按控制方式可分为差速制动控制、发动机输出功率控制、差速制动控制和发动机输出功率综合控制 3 种类型。

（1）差速制动控制

当驱动车轮单边滑转时，控制计算机输出控制信号，使差速制动阀和制动压力调节器动作，对滑转车轮施加制动力，使车轮的滑转率控制在目标范围之内。这时，非滑转车轮仍有正常的驱动力，从而提高了汽车在滑溜路面的起步和加速能力及行驶方向的稳定性。

这种控制方式的作用类似于差速锁，在一边驱动车轮陷于泥坑或完全失去驱动能力时，对其制动后，另一边的驱动车轮仍能发挥其驱动力，使汽车能驶离泥坑。当两边的驱动车轮都滑转，但滑转率不同的情况下，则对两边驱动车轮施以不同的制动力。

（2）发动机输出功率控制

在汽车起步、加速时若加速踏板踩得过猛，会因为驱动力过大而出现两边的驱动车轮都滑转的情况，这时，ASR 控制计算机输出控制信号，控制发动机的功率输出，以抑制驱动车轮的滑转。发动机功率控制可以通过改变节气门的开度、调节喷油器的喷油量和改变点火时间等方法来实现。

（3）差速制动和发动机输出功率综合控制

ASR 采用差速制动控制和发动机输出功率控制相结合的综合控制系统，控制效果更为理想。汽车在行驶过程中，路面滑溜的情况千差万别，驱动力的状态也是不断变化，综合控制系统可根据发动机的状况和车轮滑转的实际情况采取相应的控制措施。如在发动机驱动力较小的状态下出现车轮滑转，其主要原因可能是由于路面滑溜，这时采用对滑转车轮施加制动的方法就比较有效；而在发动机输出功率大（节气门开度大、转速高）时出现车轮滑转，其主要原因可能是驱动力过大，则通过减小发动机输出功率的方法来控制车轮的滑转比较有效；一般情况下，车轮滑转的情况非常复杂，需要通过对车轮制动和减小发动机功率的共同作用来控制车轮的滑转。

二、ASR 的基本组成及工作原理

1. ASR 的基本组成

ASR 的基本组成如图 1-83 所示。

2. ASR 的工作原理

ASR 也被称为 TCS（驱动力控制系统）或 TRC，可以通过调节作用于驱动车轮的驱动力矩和制动力矩，在驱动过程中防止驱动车轮发生滑转。

调节作用于驱动车轮的驱动力矩可以通过调节发动机的输出转矩、变速器传动比、差速器锁紧系数等方面实现。目前，调节变速器传动比和差速器锁紧系数的方式在ASR中尚少采用，而调节发动机的输出转矩可通过调节节气门开度、点火提前角、燃油喷射量以及中断燃油喷射和点火来实现。由于发动机已经实现了电子控制，因此，可以通过发动机电子控制系统对发动机的点火和供油进行控制，进而对发动机的输出转矩进行调节。虽然中止部分气缸的点火可以使发动机的输出转矩迅速减小，但如果不能及时完全地中断相应气缸的燃油供给，将会对催化转换器造成严重的损害，因此，中止部分气缸点火的方式在ASR中也很少采用。所以，目前在ASR中通常通过控制节气门开度和点火提前角的方式调节发动机的输出转矩，从而对作用于驱动车轮的驱动力矩进行调节。

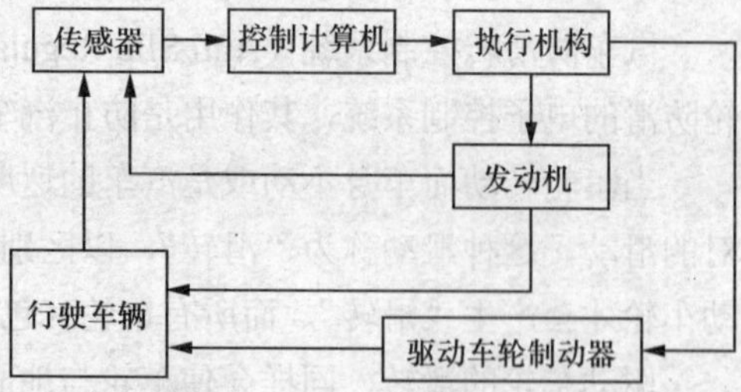

图1-83　ASR系统的基本组成

为了使驱动车轮的转速迅速降低，或者使两侧驱动车轮获得不同的牵引力，通常ASR都可以通过对驱动车轮施加一定的制动力矩得以实现。在ASR中为了确定驱动车轮是否滑转，可以利用ABS中的车轮转速传感器获得车轮的转速信号。ASR电子控制装置既可是独立的，也可与ABS共用。ASR的制动压力调节装置通常与ABS的制动压力调节装置共用，为了控制节气门开度，通常设有电动控制的副节气门及节气门开度传感器。点火提前角的控制则通过发动机电子控制系统进行。因此，ASR通常都与ABS和发动机电子控制系统交织在一起，此外ASR中都具有ASR关闭指示灯和ASR工作指示灯。

图1-84所示为一种较为典型的具有制动防抱死和驱动防滑转功能的ABS/ASR防滑控制系统。其中的ASR与ABS共用车轮转速传感器和电子控制装置，只在通往驱动车轮制动轮缸的制动管路中增设一个ASR制动压力调节装置，在由加速踏板控制的主节气门上方增设一个由步进电动机控制的副节气门，并在主、副节气门处各设置一个节气门开度传感器，即可实现驱动防滑转控制。

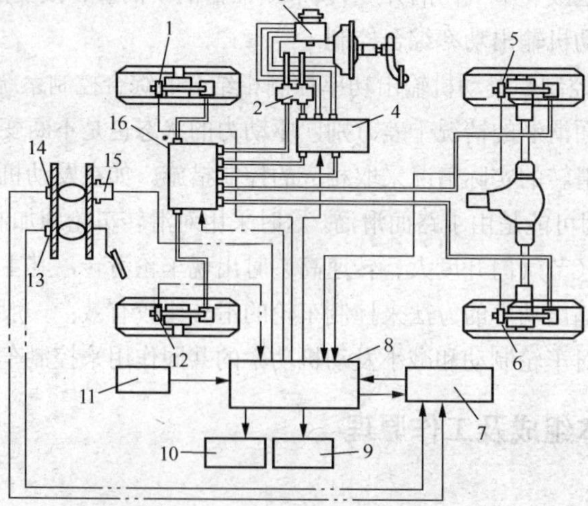
图1-84　ABS/ASR的典型组成

1—右前车轮转速传感器　2—比例阀和差压阀　3—制动主缸　4—ASR制动压力调节装置　5—右后车轮转速传感器　6—左后车轮转速传感器　7—发动机/变速器电子控制装置　8—ABS/ASR电子控制装置　9—ASR关闭指示灯　10—ASR工作指示灯　11—ASR选择开关　12—左前车轮转速传感器　13—主节气门开度传感器　14—副节气门开度传感器　15—副节气门制动步进电动机　16—ABS制动压力调节装置

如图 1-84 所示 ABS/ASR 中的 ASR 在汽车驱动过程中，ABS/ASR 电子控制装置根据各车轮转速传感器产生的车轮转速信号，确定驱动车轮的滑转率和汽车的参考速度。当 ABS/ASR 电子控制装置判定驱动车轮的滑转率超过设定的限值时，就使驱动副节气门的步进电动机转动，减小副节气门的开度。此时，即使主节气门的开度不变，发动机的进气量也会因副节气门开度的减小而减少，使发动机的输出转矩减小，驱动车轮上的驱动力矩就会随之减小。如果驱动车轮的滑转率仍未降低到设定的控制范围内，ABS/ASR 电子控制装置又会控制 ASR 制动压力调节装置和 ABS 制动压力装置，对驱动车轮施加一定的制动压力，就会有制动力矩作用于驱动车轮。

图 1-85 所示的 ABS/ASR 中的 ASR 制动压力调节装置主要包括制动供能装置和电磁控制阀总成两部分，制动供能装置主要由电动泵和蓄能器组成，电磁控制阀总成主要由 3 个二位二通电磁阀组成。它们与 ASR 制动压力调节装置共同组成制动液压系统。

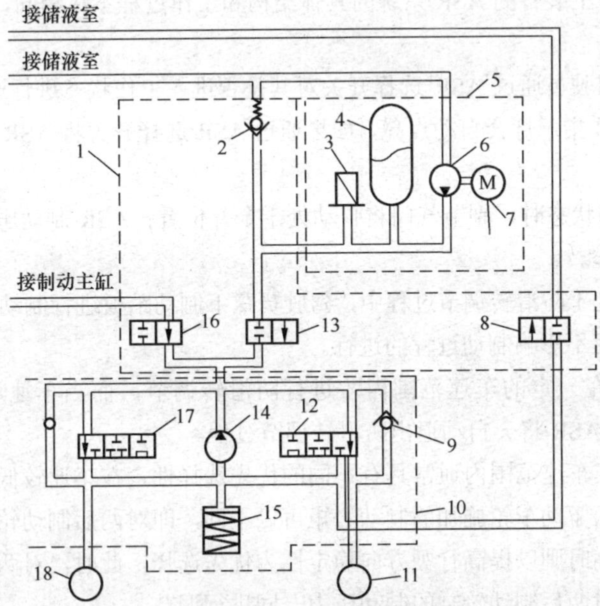

图 1-85　ASR 制动液压系统

1—ASR 电磁阀总成　2—单向阀　3—压力开关　4—蓄能器　5—制动供能装置　6—泵　7—电动机　8—电磁阀 I
9—单向阀　10—ABS 制动压力调节装置　11—左后驱动车轮　12—电磁阀Ⅳ　13—电磁阀Ⅱ　14—回液泵
15—储液器　16—电磁阀Ⅲ　17—电磁阀Ⅴ　18—右后驱动车轮

当 ABS/ASR 电子控制装置判定需要对驱动车轮施加制动力矩时，ABS/ASR 电子控制装置就使 ASR 制动压力调节装置中的 3 个二位二通电磁阀都通电，电磁阀Ⅲ将制动主缸至后制动轮缸的制动管路封闭，电磁阀Ⅱ将蓄能器至 ABS 制动压力调节装置的制动管路连通，电磁阀 I 将 ABS 制动压力调节装置至储液室的制动管路连通。蓄能器中具有一定压力的制动液就会经过处于开启状态的电磁阀Ⅱ和电磁阀Ⅳ和Ⅴ进入两后制动轮缸，驱动车轮的制动力矩随着制动轮缸制动压力的增大而增大。当 ABS/ASR 电子控制装置判定需要保持两驱动车轮的制动力矩时，ABS/ASR 电子控制装置就使 ABS 制动压力调节装置中的两个三位二通电磁阀Ⅳ和Ⅴ的电磁线圈中通过较小的电流，使电磁阀Ⅳ和Ⅴ都处于中间位置，将两后制动轮缸的进、出液管路都封闭，两后制动轮缸的制动压力就保持一定。当 ABS/ASR 电子控制装置判定需要减小两驱动车轮的制动力矩时，就使电磁阀Ⅳ和Ⅴ的电磁线圈中都通过较大的电流，电磁阀Ⅳ和Ⅴ分别将两后制动轮缸的进液管路封闭，而将两后制动轮缸的出液管路连通，两后制动轮缸中的制动液就会经电磁阀Ⅳ和Ⅴ、电磁阀Ⅰ流回制动主缸储液室，两后制动轮缸的制动压力就会减小。在ASR制动压力调节过程中，ABS/ASR电子控制装置根据车轮转速传感器输入的车轮转速信号，对驱动车轮的运动状态进行连续监测，通过控制电磁阀Ⅳ和Ⅴ的通电情况，使后制动轮缸的制动压力循环往复地进行增大—保持—减小过程，从而将驱动车轮的滑转率控制在设定的理想范围之内。如果ABS/ASR电子控制装置判定需要对两驱动车轮的制动力矩进行不同控制时，ABS/ASR电子控制装置就对电磁阀Ⅳ和Ⅴ进行分别控制，使两后制动轮缸的制动压力进行各自独立地调节。

当ABS/ASR电子控制装置判定无需对驱动车轮实施防滑转控制时，ABS/ASR电子控制装置使各个电磁阀均不再通电，各电磁阀恢复到图1-85所示的状态。后制动轮缸中的制动液可经电磁阀Ⅳ和Ⅴ、电磁阀Ⅲ流回制动主缸，驱动车轮的制动力矩将完全消除，在解除驱动车轮制动的同时，ABS/ASR电子控制装置还控制步进电动机转动，将副节气门完全开启。

目前，在各种车型上装备的ASR系统的具体结构和工作过程不尽相同，但在以下几个方面却是相同的。

① ASR可以由驾驶员通过ASR选择开关对其是否进入工作状态进行选择，在ASR进行防滑转调节时，ASR工作指示灯会自动点亮，如果通过ASR选择开关将ASR关闭，ASR关闭指示灯会自动点亮。

② ASR处于关闭状态时，副节气门将自动处于全开位置；ASR制动压力调节装置将不会影响制动系统的正常工作。

③ 如果在ASR处于防滑转调节过程中，驾驶员踩下制动踏板进行制动时，ASR将会自动退出防滑转调节过程，而不影响制动过程的进行。

④ ASR通常只在一定的车速范围内才进行防滑转调节，而当车速达到一定值以后（如120km/h或80km/h），ASR将会自动退出防滑转调节过程。

⑤ ASR在其工作车速范围内通常具有不同的优先选择性，在车速较低时以提高牵引力作为优先选择。此时，对两驱动车轮施加的制动力矩可以不同，即对两后制动轮缸的制动压力进行独立调节。而在车速较高时则以提高行驶方向稳定性为优先选择，此时，对两驱动车轮施加的制动力矩将是相同的，即对两后制动轮缸的制动压力一同进行调节。

⑥ ASR都具有自诊断功能，一旦发现存在影响系统正常工作的故障时，ASR将会自动关闭，并向驾驶员发出警告信号。

三、典型ASR系统结构

1. 丰田ASR系统结构特点

丰田车系将ASR称为TRC，丰田ABS/TRC防滑控制系统具有制动防抱死和驱动防滑转功能。在制动过程中，采用流通调压方式对4个控制通道进行防抱死制动压力调节，在驱动过程中，通过调节节气门的开度和对驱动车轮介入制动，进行驱动防滑转控制。

丰田ABS/TRC防滑控制系统主要由车轮转速传感器、ABS/TRC电子控制装置、制动压力调节装置、TRC隔离电磁阀总成、TRC制动供能总成、主副节气门开度传感器、副节气门控制步进电动机等组成，如图1-86所示。

丰田ABS/TRC在汽车的4个车轮上各安装一个电磁感应式车轮转速传感器，将各个车轮的转速信号输入ABS/TRC电子控制装置。

ABS/TRC电子控制装置集制动防抱死和驱动防滑转控制功能于一体，其中有3个八位微处理器，其间通过一个串行缓冲寄存器进行通信，为了提高工作可靠性，各微处理器之间还进行相互监测。

ABS/TRC 电子控制装置接收处理各车轮转速传感器输入的车轮转速信号，形成相应的控制指令驱动制动压力调节装置及节气门控制电动机，进行制动防抱死和驱动防滑转控制。

ABS/TRC 电子控制装置还接收由设置在制动主缸储液室中的液位开关、设置在 TRC 制动供能总成中的压力开关等输入的监控信号，主、副节气门开度信号由发动机和变速器电子控制装置输入 ABS/ASR 电子控制装置。

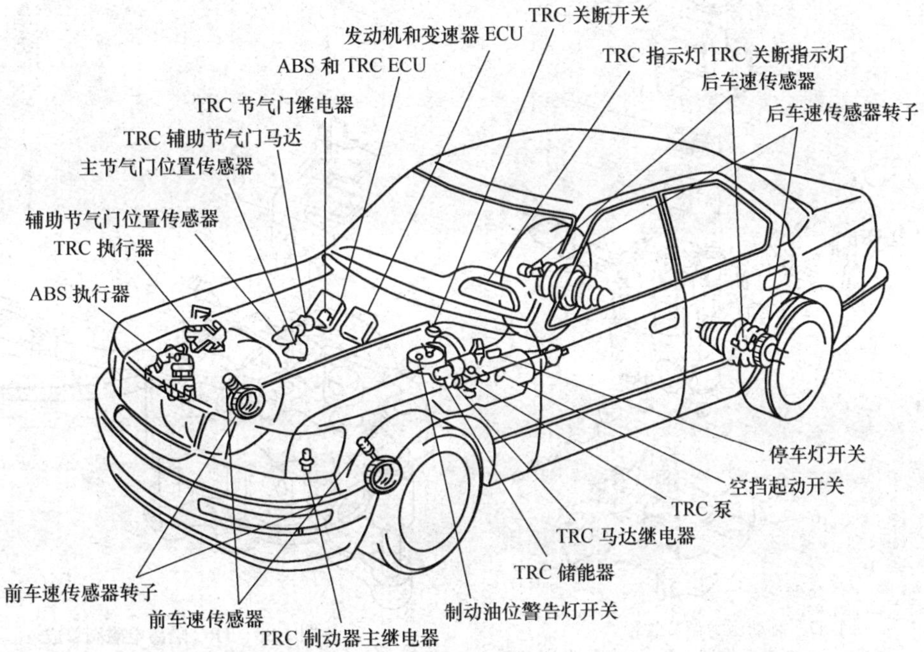

图 1-86　丰田 ABS/TRC 的组成

ABS/TRC 电子控制装置通过定期对系统中的主要电气元件进行检测，对系统的状态进行监控，以免系统进行错误控制。

ABS/TRC 电子控制装置的控制对象主要是制动压力调节装置中的 4 个三位三通调压电磁阀和电动回液泵，TRC 隔离电磁阀集成中的 3 个二位二通隔离电磁阀，TRC 制动供能总成中的电动供液泵以及副节气门控制步进电动机等。

制动压力调节装置如图 1-87 所示，通过制动管路与制动主缸、TRC 隔离电磁阀总成和 4 个制动轮缸相连。

制动压力调节装置主要由 4 个三位三通调压电磁阀、两个储液器、1 个电动双联回液泵组成。4 个三位三通调压电磁阀分别设置在通往 4 个制动轮缸的制动液通路之中，可以分别对 4 个制动轮缸的制动压力进行减小、保持和增大调节；两个储液器分别用于接纳在制动压力调节过程中由前后制动轮缸流出的制动液；电动双联回液泵在制动压力调节过程中，将流入储液器的制动液泵回制动主缸或 TRC 制动供能总成的蓄能器中。在制动压力调节装置上安装有调压电磁阀继电器和电动回液泵继电器。

TRC 隔离电磁阀总成如图 1-88 所示。该装置通过管路与制动主缸、制动压力调节装置和 TRC 制动供能总成相连。

TRC 隔离电磁阀总成主要由制动主缸隔离电磁阀、蓄能器隔离电磁阀和储液室隔离电磁阀组成。在未进行驱动防滑转制动介入时，3 个隔离电磁阀均不通电。制动主缸隔离电磁阀处于通流状态，将制动主缸至制动压力调节装置中后调压电磁阀的制动液通路连通，蓄能器隔离电磁阀处于断流状态，将 TRC 制动供能总成至制动压力调节装置中后调压电磁阀的制动液通路封闭，储液室隔离电磁阀也处于断流状态，将制动压力调节装置中后调压电磁阀至储液室的制动液通路封闭。

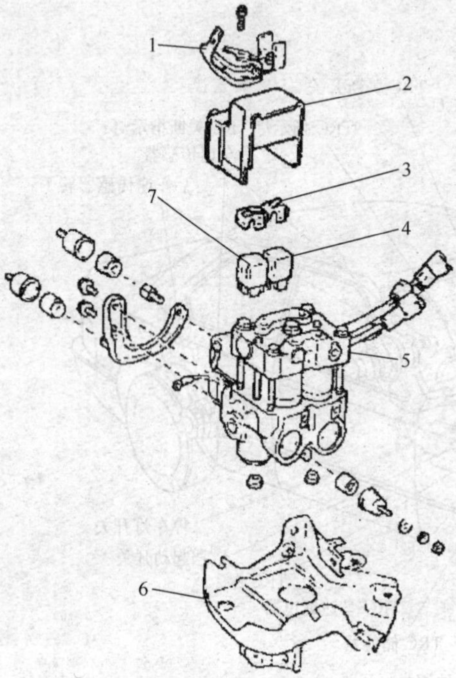

图 1-87 制动压力调节装置
1—线束夹 2—继电器护罩 3—继电器罩盖
4—调压电磁阀继电器 5—制动压力调节装置
6—安置座 7—电动回液泵继电器

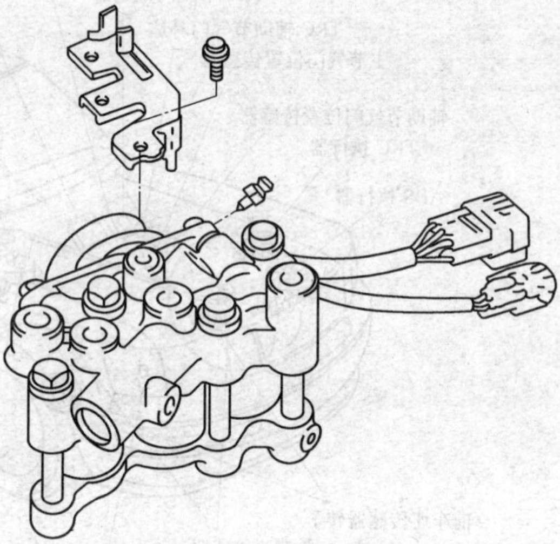

图 1-88 TRC 隔离电磁阀总成

TRC 制动供能总成如图 1-89 所示，它通过管路与制动主缸储液室和 TRC 隔离电磁阀总成相连。TRC 制动供能总成主要由电动供液泵和蓄能器组成，电动供液泵将制动液自储液室泵入蓄能器中，使蓄能器中制动液的压力保持在一定范围之内，作为驱动防滑转制动介入时的制动能源。

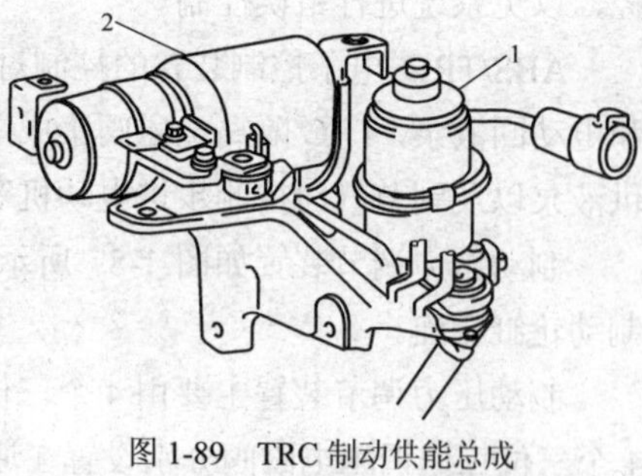

图 1-89 TRC 制动供能总成
1—电动供液泵 2—蓄能器

丰田 ARS/TRC 防滑控制系统为了在驱动防滑转控制过程中对发动机的输出转矩进行调节，在发动机节气门体上由加速踏板控制的主节气门的上方设置一个由步进电动机控制的副节气门。在步进电动机未通电时，副节气门将处于全开位置，此时，发动机的进气量由驾驶员通过加速踏板操纵主节气门进行控制。在节气门体上设置两个分别感测主副节气门开度的节气门开度传感器，其感测的信号输入发动机和变速器电子控制装置。发动机和变速器电子控制装置又将节气门的开度信号输入 ABS/TRC 电子控制装置。

丰田 ABS/TRC 防滑控制系统如图 1-90 所示。

在ABS/TRC防滑控制系统未进行制动防抱死和驱动防滑转控制时，制动压力调节装置和TRC隔离电磁阀总成中的各个电磁阀均不通电，各电磁阀处于打开状态；制动主缸至各制动轮缸的制动液通路都处于连通状态；蓄能器中制动液的压力保持在一定范围之内，副节气门控制步进电动机不通电，副节气门保持在全开位置。

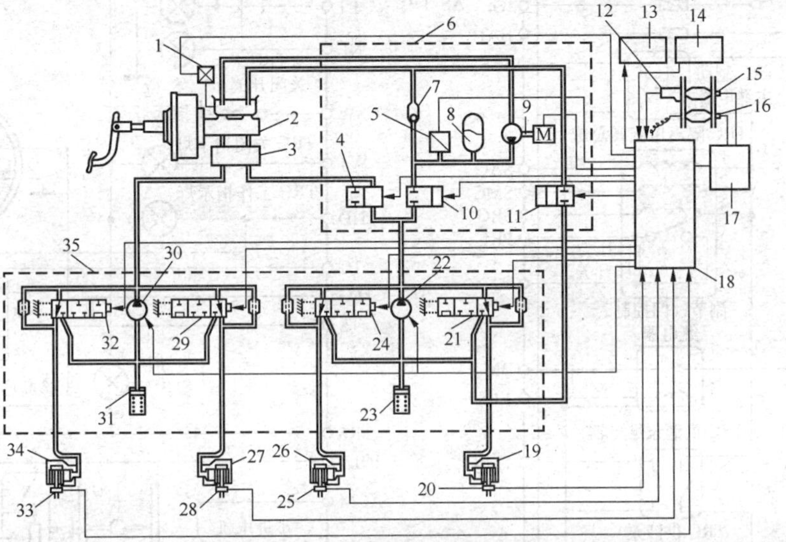

图 1-90 丰田 ABS/TRC 防滑控制系统

1—液位开关 2—制动主缸 3—比例阀和平衡阀 4—制动主缸隔离电磁阀 5—压力开关
6—TRC 隔离电磁阀总成和 TRC 制动供能总成 7—限压阀 8—蓄能器 9—电动供液泵
10—蓄能器隔离电磁阀 11—储液室隔离电磁阀 12—副节气门控制步进电动机
13—TRC 工作指示灯 14—TRC 关闭指示灯 15—副节气门开度传感器
16—主节气门开度传感器 17—发动机和变速器电子控制装置
18—ABS/TRC 电子控制装置 19—右后制动轮缸 20—右后车轮转速传感器
21—右后调压电磁阀 22—后回液泵 23—后储液器 24—左后调压电磁阀
25—左后车轮转速传感器 26—左后制动轮缸 27—右前制动轮缸
28—右前车轮转速传感器 29—右前调压电磁阀 30—前回液泵 31—前储液器
32—左前调压电磁阀 33—左前车轮转速传感器 34—左前制动主缸 35—制动压力调节装置

2. 丰田 TRC 工作原理

在驱动过程中，如果 ABS/TRC 电子控制装置根据车轮转速传感器输入的车轮转速信号判定驱动车轮的滑转率超过控制门限值时，ABS/TRC 防滑控制系统就进入驱动防滑转控制过程。ABS/TRC 电子控制装置将使副节气门控制步进电动机通电转动，将副节气门的开度减小，减少进入发动机的进气量，使发动机的输出转矩减小。当 ABS/TRC 电子控制装置判定需要对驱动车轮进行制动介入时，将使 TRC 隔离电磁阀总成中的 3 个隔离电磁阀通电，使制动主缸隔离电磁阀处于断流状态，而使蓄能器隔离电磁阀和储液室隔离电磁阀处于通流状态，蓄能器中具有压力的制动液就会进入后制动轮缸，后制动轮缸的制动压力随之增大。在驱动防滑转制动介入过程中，ABS/TRC 电子控制装置可以像制动防抱死控制一样，通过独立地控制两个后调压电磁阀的通过电流，对两个后制动轮缸的制动压力进行增大、保持和减小调节。

ABS/TRC 电子控制装置的控制电路如图 1-91 所示。当点火开关开始接通时，蓄电池电压通过点火开关加在 ABS/TRC 电子控制装置的 IG 端子、电子控制装置开始进行自检。此时，由于调压电磁阀继电器处于非激励状态，ABS 警告灯因有电流通过而点亮，ABS/TRC 电子控制装置通过其 GND 和 E1 端子接地。

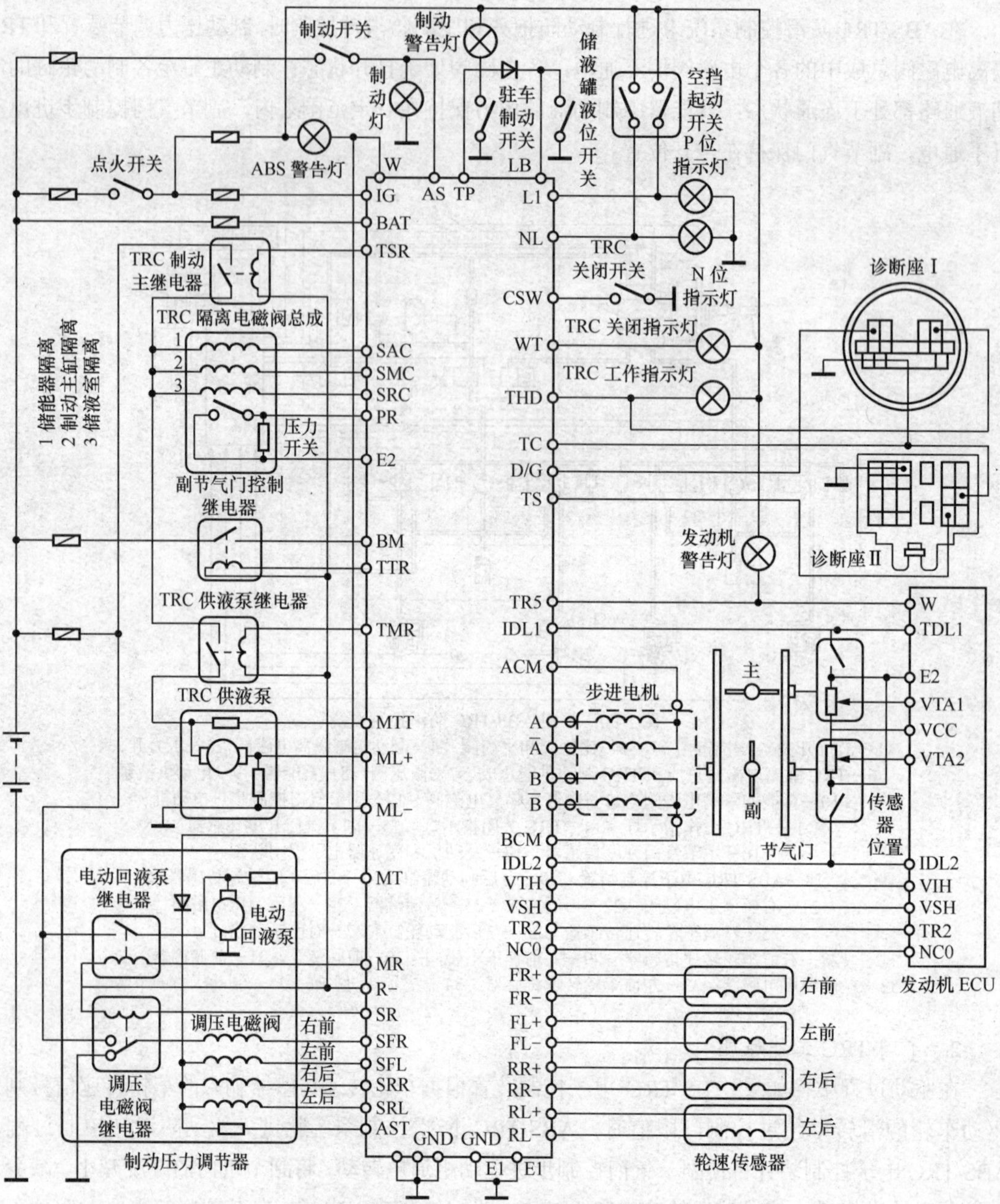

图 1-91　ABS/TRC 电子控制装置的控制电路

经过短暂的自检，如果发现存在影响系统正常工作的故障时，ABS/TRC 电子控制装置将故障情况以代码的形式存储记忆，ABS/TRC 防滑控制系统将会处于关闭状态。由于调压电磁阀继电器始终处于非激励状态，ABS 警告灯将会持续点亮。如果未发现系统存在故障，ABS/TRC 电子控制装置将从其 BAT 端子接受蓄电池电压，作为其工作电压。电子控制装置将向其 SR 端子供给蓄电池电压，并使其 R–端子通过内部接地，调压电磁阀继电器将因励磁线圈中有电流通过而处于激励状态，使 ABS 警告灯不再有电流通过而熄灭。蓄电池电压通过调压电磁阀继电器中的闭合触点加在 4 个调压电磁阀电磁线圈的一端和电子控制装置的 AST 端子上，电子控制装置由此判定调压电磁阀继电器处于激励状态，已将蓄电池电压加在各个调压电磁阀电磁线圈的一端，ABS 就处于等待工作状态。

如果 TRC 关闭开关处于断开位置，使电子控制装置的 CSW 端子处于断路状态，电子控制装置就使 TRC 也处于等待工作状态。电子控制装置将向其 TSR 端子供给蓄电池电压，使 TRC 制动主继电器因其励磁线圈中有电流通过而处于激励状态，蓄电池电压将通过 TRC 制动主继电器中闭合的触点给隔离电磁阀电磁线圈通电。当 TRC 供能总成中的压力开关因蓄能器中的制动液压力不足而闭合时，电子控制装置的 PR 端子将与 E2 端子具有相同的电压，电子控制装置由此判定需要 TRC 电动供液泵通电运转，电子控制装置将向其 TMR 端子供给电压，使 TRC 电动供液泵继电器处于激励状态，向电动供液泵供给蓄电池电压，电动供液泵将通电运转，在电动供液泵继电器处于激励状态期间应有电压加在电子控制装置的 MTT 端子上，电子控制装置由此对电动供液泵继电器的状态进行监测，电子控制装置还通过监测其 ML+端子和 ML−端子之间的电压对电动泵的运转情况进行监测。电子控制装置还向其 WT 端子和 IND 端子供给蓄电池电压，使 TRC 关闭指示灯和 TRC 工作指示灯熄灭。

左后、右后、左前、右前 4 个车轮转速传感器分别通过 RL−和 RL+、RR−和 RR+、FL−和 FL+、FR−和 FR+四对端子向电子控制装置输入各车轮的转速信号。主、副节气门开度传感器通过发动机和变速器电子控制装置的 IDL1、IDL2、TR5 端子向发动机和变速器电子控制装置输入关于主、副节气门开度的电压信号，发动机和变速器电子控制装置分别通过 VTH、VSH、TR2、NC0、IDL1、IDL2、TR5 等端子向 ABS/TRC 电子控制装置传输发动机的转速、主和副节气门的开度以及是否处于怠速状态等信号。在发动机发生故障时使发动机警告灯点亮，ABS/TRC 电子控制装置的 TR5 端子将会接地，ABS/TRC 电子控制装置由此判定发动机存在故障，将不再进行驱动防滑转控制。ABS/TRC 电子控制装置分别通过监测其 TP 端子、LB 端子和 L1 端子的输入电压对驻车制动开关和液位开关的状态进行判定，通过分别监测其 L1 端子和 NL 端子的输入电压对变速器所处的挡位进行判定。

当踩下制动踏板进行制动时，制动灯开关闭合，蓄电池电压通过制动灯开关从 AS 端子和 TP 端子输入 ABS/TRC 电子控制装置，电子控制装置由此判定汽车进入制动过程。电子控制装置将根据各个车轮转速传感器输入的信号对各个车轮的运动状态进行监测，并且通过分别控制其 SRL、SRR、SFL 和 SFR 4 个端子与地线之间的电阻值，使左后、右后、左前、右前调压电磁阀的电磁线圈中有较大的电流通过，或有较小的电流通过，或没有电流通过；使各调压电磁阀处于使相应制动轮缸的制动压力减小、保持或增大的状态同时，电子控制装置还向其 MR 端子供给电压；电动回液泵继电器处于激励状态；使电动回液泵通电运转，电子控制装置根据其 MT 端子的输入电压，对电动回液泵继电器的状态进行监测。

在驱动过程中，当 ABS/TRC 电子控制装置根据车轮转速传感器输入的车轮转速信号判定驱动车轮（后轮）的滑转率超过控制门限值，系统就进入驱动防滑转控制过程。电子控制装置将向其 TTR 端子供给电压，使副节气门控制步进电动机继电器处于激励状态，将蓄电池电压从 BM 端子经过电子控制装置供给 ACM 端子和 BCM 端子。电子控制装置通过控制其 A、$\overline{A}$ 和 B、$\overline{B}$ 各端子与地线之间的电阻值，控制步进电动机驱动副节气门相应地转动，对发动机的进气量进行调节。如果电子控制装置判定需要制动介入时，就使其 SAC、SMC、SRC 3 个端子都通过内部接地，使 3 个隔离电磁阀因电磁线圈中都有电流通过而换位，电子控制装置再通过控制其 SRL 和 SRR 两个端子与地线之间的电阻值，控制两个后调压电磁阀分别对两个后制动轮缸的制动压力进行调节。在驱动防滑转控制期间，电子控制装置通过内部使其 IND 端子接地，将 TRC 工作指示灯点亮。如果驾驶员不希望进入驱动防滑转控制，可以使 TRC 关闭开关闭合，电子控制装置一旦判定其 CSW 端子接地，就不再向其 TSR、TTR 和 TMR 端子供给电压，使 TRC 制动主继电器、副节气门控制步进电动机继电器和 TRC 电动供液泵继电器都处于非激励状态，系统就会退出驱动防滑转控制，同时电子控制装置使其 WT 端子通过内部接地，将 TRC 关闭指示灯点亮。

任务实施

一、ASR 系统的故障检修

1. ASR 系统检修注意事项

目前，大多数防滑控制系统都具有很高的工作可靠性，通常无需对其进行定期的特别维护，但在使用、维护和检修过程中，应特别注意以下几个方面。

（1）在点火开关处于点火位置时，不要拆装系统中的电气元件和线束插头，以免损坏电子控制装置。拆装系统中的电气元件和线束插头时，应先将点火开关断开。

（2）不可向电子控制装置供给过高的电压，否则容易损坏电子控制装置，所以，切不可用充电机起动发动机，也不要在蓄电池与汽车电器连接的情况下，对蓄电池进行充电。

（3）电子控制装置受到碰撞和敲击也极容易引起损坏，因此，要注意使电子控制装置免受碰撞和敲击。

（4）高温环境也容易损坏电子控制装置，所以，在对汽车进行烤漆作业时，应将电子控制装置从车上拆下。另外，在对系统中的电气元件或线路进行焊接时，也应将线束插头从电子控制装置上拆下。

（5）不要让油污沾染电子控制装置，特别是电子控制装置的端子，否则会使线束插头接触不良，影响系统的正常工作。不要用砂纸打磨系统中各插头的端子，否则也会造成接触不良。

（6）在蓄电池电压过低时，系统将不能进入工作状态，因此，要注意对蓄电池的电压进行检查，特别是当汽车长时间停驶后初次起动时更要注意。

（7）不要使车轮转速传感器和传感器齿圈沾染油污或其他脏污；否则，车轮转速传感器产生的车轮转速信号就可能不够准确，影响系统的控制精度，甚至使系统无法正常工作。另外，不要敲击转速传感器；否则，很容易导致传感器发生消磁现象，从而影响系统的正常工作。

（8）由于在很多具有防滑制动功能的制动系统中，都有供给防抱死制动压力调节所需能量的蓄能器，所以，在对这类制动系统的液压系统进行维修作业时，应首先使蓄能器中的高压制动液完全释放，以免高压制动液喷出伤人。在释放蓄能器中的高压制动液时，先将点火开关断开，然后反复地踩下和放松制动踏板，直到制动踏板变得很硬时为止。另外，在制动液压系统完全装好以前，不能接通点火开关，以免电动泵通电运转。

（9）具有防滑控制功能的制动系统应使用专用的管路，因为制动系统往往具有很高的压力，如果使用非专用的管路极易损坏。

（10）大多数防滑控制系统中的车轮转速传感器、电子控制装置和制动压力调节装置都是不可修复的，如果发生损坏，应该进行整体更换。

（11）在对制动液压系统进行维修以后，或者在使用过程中发觉制动踏板变软时，应按照要求的方法和顺序对制动系统进行空气排除。

（12）应尽量选用汽车生产厂家推荐的轮胎，如要换用其他型号的轮胎，应该选用与原车所用轮胎的外径、附着性能和转动惯量相近的轮胎，但不能混用不同规格的轮胎，因为这样会影响防滑控制系统的控制效果。

2. ASR系统故障码的读取与清除

（1）系统的自诊断和故障保险功能

防滑控制系统大都具有自诊断和故障保险功能，当点火开关开始处于点火位置时，电子控制装置将会自动地对自身、车轮转速传感器、制动压力调节装置中的电气元件（如电磁阀、电动机）、继电器等进行静态测试。在此期间，防抱死警告灯（或者包括防滑转警告灯）将会自动点亮，由此可以检查防抱死警示灯及其线路是否存在故障。系统静态自检持续的时间很短，一般只需3～5s。在自检过程中，如果电子控制装置发现系统中存在故障时，电子控制装置将会以故障码的形式存储记忆故障情况，防抱死警告灯将会持续点亮，防滑控制系统将不进入工作状态，汽车的制动系统恢复为常规制动系统。在自检过程中如果电子控制装置未发现系统中有故障存在，在自检过程结束以后，防抱死警告灯将会自动熄灭。

在汽车的速度达到一定值时，如5km/h或8km/h，防滑控制系统的电子控制装置还要对系统中的一些电气元件（如车轮转速传感器、电磁阀和电动泵等）进行动态测试。在动态测试时，如果发现系统中有故障存在，电子控制装置将会以故障码的形式存储、记忆故障情况，并使防抱死警告灯持续点亮，汽车的制动系统将恢复为常规制动系统。

此外，电子控制装置在系统处于工作状态期间对系统中的电气元件进行监测，检查系统中是否存在故障，一旦发现系统中存在故障，电子控制装置将会以故障码的形式存储记忆系统的故障情况，并使系统退出工作状态，防抱死警告灯也会持续点亮。

总之，当防抱死警告灯持续点亮时就表明系统因故障已退出工作状态，已将故障情况以故障码的形式存储记忆。但是，并非系统中的所有故障都可由电子控制装置检查出来，因此，即使防抱死警告灯未持续点亮，但发觉系统的工作不正常时，也需对系统进行检查。

（2）故障诊断仪器和工具

在多数防滑控制系统中，可以通过跨接诊断插座中相应的端子，根据防抱死警告灯（或电子控制装置上的发光二极管）的闪烁情况读取故障码。所以，在故障码读取时，往往需要有合适的跨接线，跨接线是两端带有插接端子的一段导线，也有的跨接线在中间设有保险管，跨接线如图1-92所示。

故障码只是代表着故障情况的一系列数码，要确切地了解故障情况，还须根据维修手册查对故障码所代表的故障情况。另外，要正确地对系统进行故障诊断和排除也需维修手册作参考，因此，维修手册是故障诊断和维修过程中最为重要的工具。

对防滑控制系统进行检查时，万用表是基本的测试工具，由于指针式万用表能够反映电参数的动态变化，所以更适合于防滑控制系统的电路检查。另外也可以使用一些更为专用的电参数测试仪器（如多踪示波器等），更为方便、深入地对系统进行检查。

在大部分汽车上，防滑控制系统电子控制装置的端子没有标号，使确定所要测试的端子变得较为困难，特别是当向一些特定的端子加入电压时，如果电压加入有误，可能会损坏系统中的一些电气元件。另外，如果直接从线束插头的端子上对系统进行测试时，不仅影响测试结果的准确性，可能还会使端子发生变形或损坏，为此，可以使用图1-93所示的接线端子盒。由于各种防滑控制系统线束插头中的端子数目、端子号排列、插头形式不尽相同，因此，所用的接线端子盒也就不同。

（a）普通跨接线

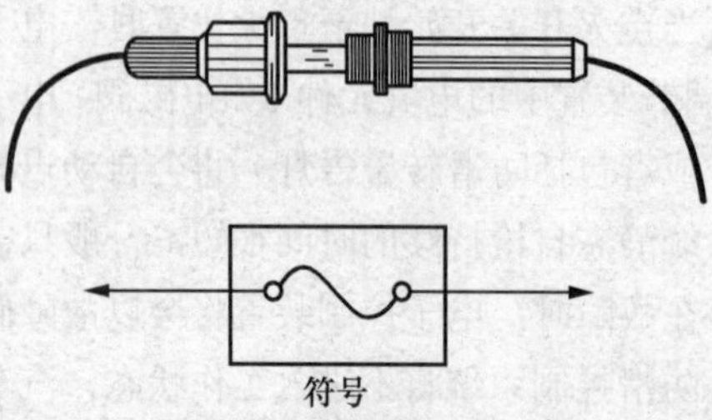

（b）具有保险管的跨接线

图 1-92　跨接线

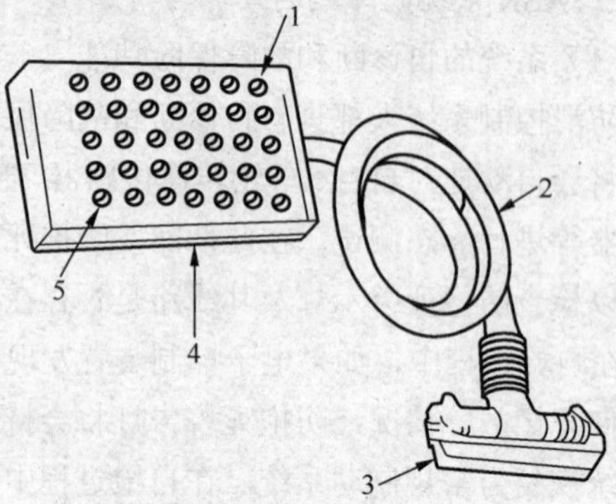

图 1-93　接线端子盒

1—端子 1　2—线束　3—接线端子盒线束插头

4—接线端子盒束　5—端子 35

如图 1-94 所示，对防滑控制系统进行电路测试时，将系统的线束插头从电子控制装置上卸下，再将接线端子盒的线束插头与系统的线束插头插接，这样接线端子盒上的端子标号就与系统线束插头中端子编号相对应。对接线端子盒上端子的测试，就相当于对系统线束插头中相应端子进行测试。

在对防滑控制系统的液压装置进行检查时，有时需要使用压力表，如图 1-95 所示。

对防滑控制系统进行故障诊断时，也可以借助各种诊断测试仪器，有些系统甚至只有使用专用诊断测试仪器才能进行故障诊断。专用诊断测试仪器可以分为两大类，其中一类可以替代系统的电子控制装置，对系统的工作情况进行检查和模拟，这类仪器有图 1-96（a）所示的 ABS 诊断测试器和图 1-96（b）所示的丰田 ABS 诊断测试器。另一类诊断测试器则需要借助系统的电子控制装置，通过与系统的电子控制装置进行双向通信即可读取故障信息，系统电子控制装置因可以读解故障码，一般称为解码器，如图 1-96（c）所示。解码器不仅可以对防滑控制系统进行故障诊断，而且还可以对汽车的其他一些电控系统进行诊断测试，只是需要选择相应的软件而已。

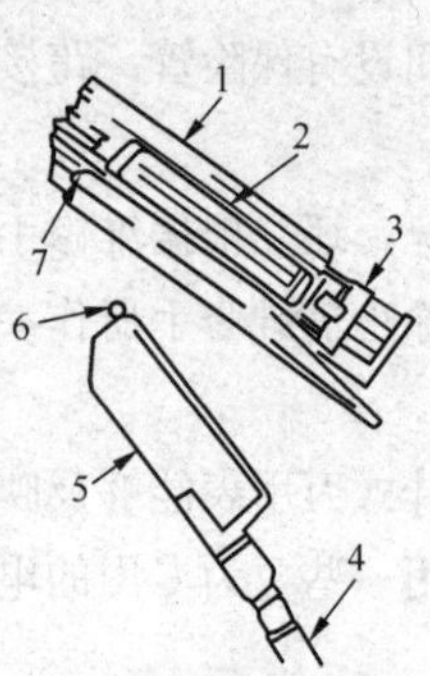

（a）从电子控制装置上卸下系统线束插头

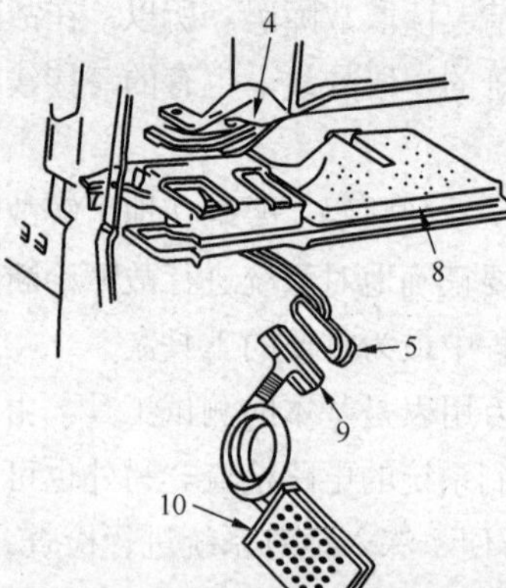

（b）接线端子盒与系统线束插接

图 1-94　接线端子盒的连接

1—电子控制装置　2—电子控制装置插头　3—弹簧卡　4—系统线束

5—系统线束插头　6—挂钩　7—挂钩销　8—隔音板

9—接线端子盒线束插头　10—接线端子盒

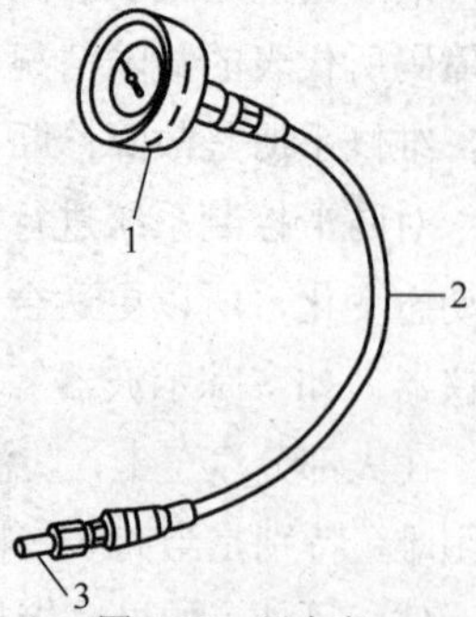

图 1-95　压力表

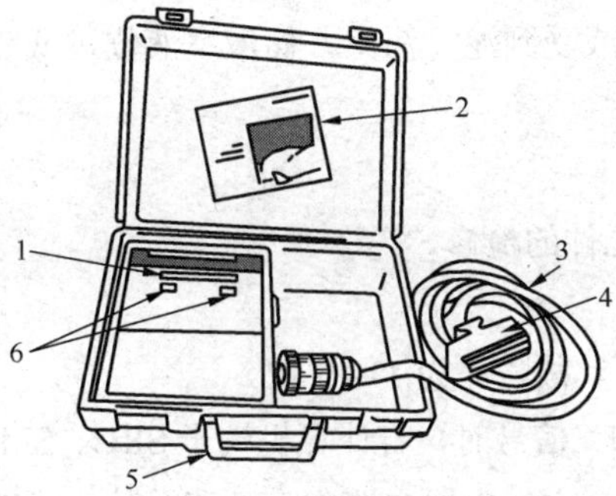

（a）ABS 诊断测试器

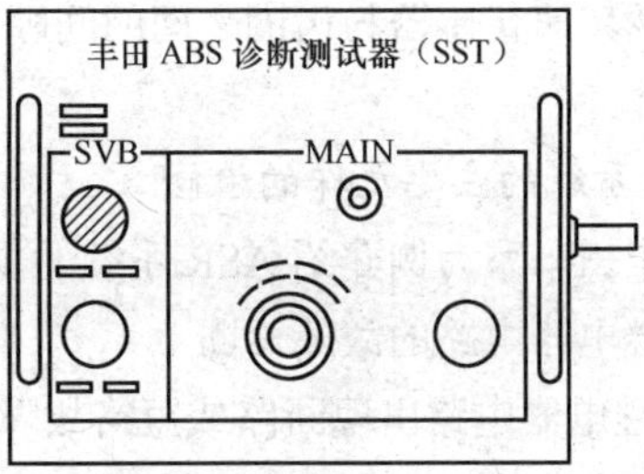

（b）丰田 ABS 诊断测试器（SST）

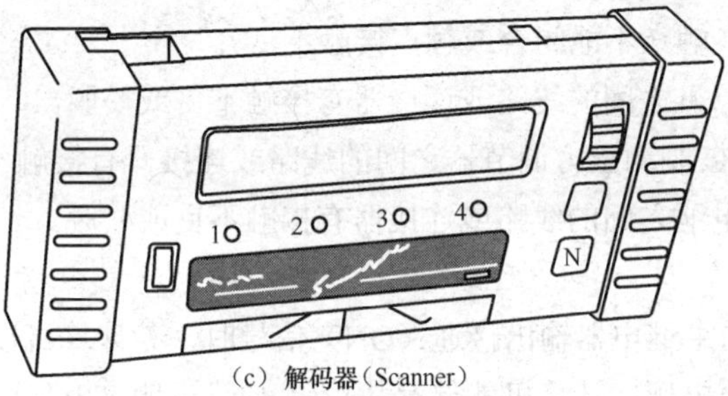

（c）解码器（Scanner）

图 1-96　专用诊断测试仪器

1—显示屏　2—说明书　3—线束　4—线束插头　5—诊断测试器　6—控制按钮

（3）故障诊断与排除的一般步骤

当防滑控制系统的警告灯（包括防抱死警告灯和防滑转警告灯）持续点亮时，或感觉防滑控制系统工作不正常时，应及时对系统进行故障诊断和排除。在故障诊断和排除时应按照一定的步骤进行，才能取得良好的效果。故障诊断与排除的一般步骤如下。

① 确认故障情况和故障症状。

② 对系统进行直观检查，检查是否有制动液渗漏、导线破损、插头松脱、制动液液位过低等现象。

③ 读解故障码，既可以用解码器直接读解，也可以通过警告灯读取故障码后，再根据维修手册查找故障码所代表的故障情况。

④ 根据读解的故障情况，利用必要的工具和仪器对故障部位进行深入检查，确诊故障部位和故障原因。

⑤ 排除故障。

⑥ 清除故障码。

⑦ 检查警告灯是否仍然持续点亮，如果警告灯仍然持续点亮，可能是系统中仍有故障存在，也有可能是故障已经排除，而故障码未被清除。

⑧ 警告灯不再持续点亮后，进行路试，确认系统是否恢复正常工作。

在故障诊断和维修过程中，应当注意不仅不同型号的汽车所装备的防滑控制系统可能不同，而且即使是同一型号的汽车，由于生产年份不同其装备的防滑控制系统也可能不同。

防滑控制系统的故障大多是由于系统内的接线插头松脱或接触不良、导线断路或短路、电磁阀电磁线圈断路或短路、电动泵电路断路或短路、车轮转速传感器电磁线圈断路或短路、继电器内部断路或短路，以及制动开关、液位开关和压力开关等不能正常工作引起的，另外，蓄电池电压过低、车轮转速传感器与齿圈之间的间隙过大或受到泥污沾染、储液室液位过低等也会影响系统的正常工作。

3. ASR 系统的主要元件的检修

下面以丰田车系为例介绍 ASR 系统的主要元件的检修。

（1）主继电器电路的故障诊断

TRC 主继电器电路出现断路或短路故障时，其故障码为 11 和 12。

① 当 TRC 计算机向主继电器输出接通（ON）信号时，若计算机端子 SRC、SMC 和 SAC 的电压均为 0V，计算机就储存故障码 11，说明 TRC 主继电器电路中有断路故障。可能的故障原因有以下几种。

a. TRC 主继电器不良（触点不能闭合或触点接触不良）。

b. TRC 主继电器与计算机之间的线路或连接器有接触不良或松脱。

c. TRC 主继电器与 TRC 制动压力调节器之间的线路或连接器有接触不良或松脱。

d. TRC 主继电器与蓄电池之间的线路或连接器有接触不良或松脱。

e. TRC 计算机有故障。

② 当 TRC 计算机未向主继电器输出接通（ON）信号时，若计算机端子 SRC、SMC 和 SAC 中任一端子的电压为蓄电池电压，计算机就储存故障码 12，说明 TRC 主继电器电路中有短路故障。可能的故障原因有以下几种。

a. TRC 主继电器不良（触点不能张开或线圈与电源短路）。

b. TRC 主继电器与 TRC 制动压力调节器之间的线路和连接器与电源线路有短路。

c. TRC 计算机有故障。

③ TRC 主继电器电路如图 1-97 所示，检查方法如下。

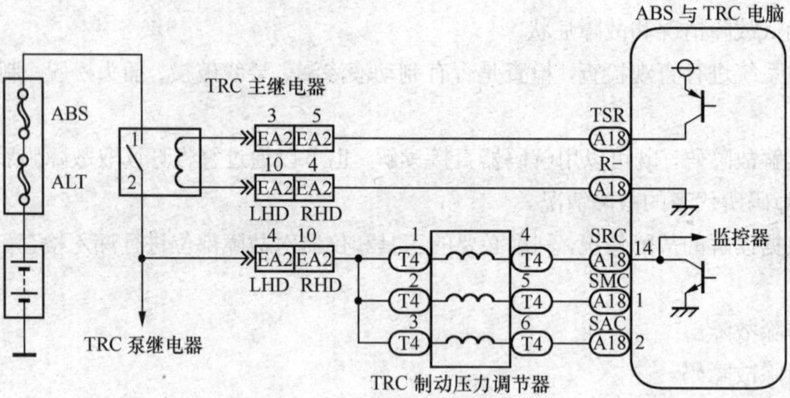

图 1-97 TRC 主继电器电路

a. 检查 TRC 主继电器电源端子的电压。拆下 TRC 主继电器连接器，在点火开关接通时，用直流电压表测量 TRC 主继电器连接器（线束侧）1 号端子与搭铁之间的电压，如图 1-98 所示，正常电压应为蓄电池电压。

若电压不正常，应检查 TRC 主继电器与蓄电池之间的线路、连接器及有关的熔丝。若电压正常，应检查主继电器。

b. 检查 TRC 主继电器。测量 TRC 主继电器连接器各端子之间的导通情况、正常情况应为 1-2 端子之间不导通（电阻∞）、2-4 端子之间导通（电阻很小）。

然后给继电器 2-4 端子之间施加蓄电池电压，再检查继电器 1-2 端子之间是否导通，如图 1-99 所示，正常情况应导通。

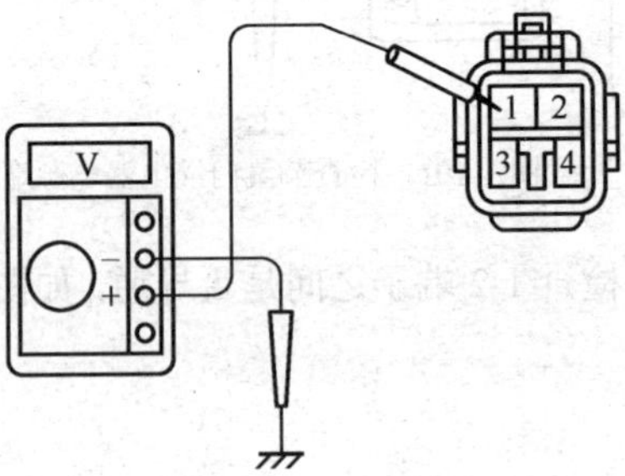

图 1-98　检查主继电器电源端子电压

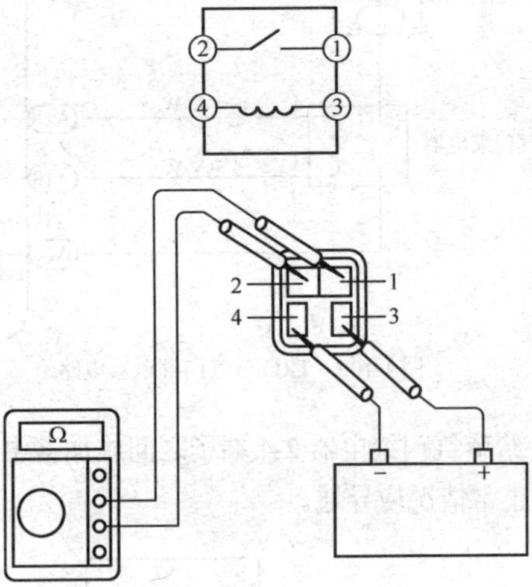

图 1-99　检查主继电器端子导通情况

若上述检查结果不正常，应更换 TRC 主继电器。若检查结果正常，应检查 TRC 主继电器的有关线路和连接器，如果线路和连接器均良好，则应检查或更换 TRC/ABS 计算机。

（2）节气门继电器电路的故障诊断

TRC 节气门继电器电路出现断路或短路故障时，计算机将储存故障码 13 和故障码 l4。

① 当 TRC 计算机向节气门继电器输出接通（ON）信号时，若计算机端子 BM 的电压为 0V，计算机就储存故障码 13，说明节气门继电器电路中有断路故障。可能的故障原因有以下几种。

a. TRC 节气门继电器不良（触点不能闭合或触点接触不良）。

b. TRC 节气门继电器与计算机之间的线路或连接器有接触不良或松脱。

c. TRC 节气门继电器与蓄电池之间的线路或连接器有接触不良或松脱。

d. TRC 计算机有故障。

② 当 TRC 计算机未向节气门继电器输出接通（ON）信号时，若计算机端子 BM 的电压为蓄电池电压，计算机就储存故障码 14，说明 TRC 节气门继电器电路中有短路故障。可能的故障原因有以下几种。

a. TEC 节气门继电器不良（触点不能张开或线圈与电源短路）。

b. TEC 节气门继电器与 TRC 计算机之间的线路和连接器（与电源线路）短路。

c. TRC 计算机有故障。

③ TRC 节气门继电器电路如图 1-100 所示，检查方法如下。

a. 检查 TRC 节气门继电器电源端子的电压。拆下 TRC 节气门继电器连接器，在点火开关接通时，用直流电压表测量 TRC 节气门继电器连接器（线束侧）2 号端子对地电压，如图 1-101 所示，正常电压应为蓄电池电压。

若电压不正常，应检查 TRC 节气门继电器与蓄电池之间的线路和连接器及有关的熔丝。若电压正常，则应检查节气门继电器。

b. 检查 TRC 节气门继电器。测量 TRC 节气门继电器连接器各端子之间的导通情况，正常情况应为：1-2 端子之间不导通（电阻∞），2-4 端子之间导通（电阻很小）。

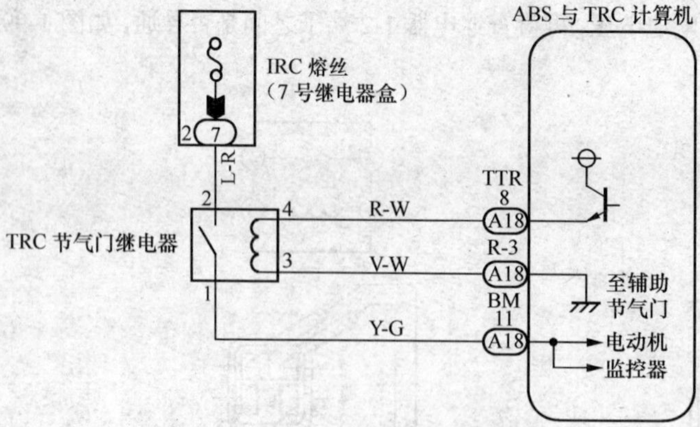

图 1-100　TRC 节气门继电器电路

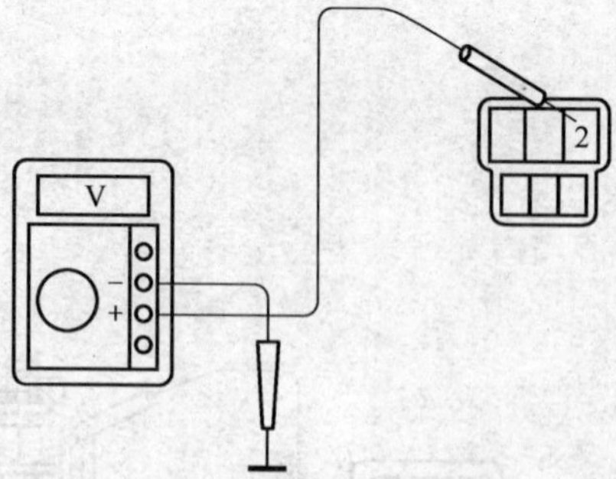

图 1-101　检查节气门继电器电源端子电压

c. 给节气门继电器 2-4 端子之间施加蓄电池电压，再检查 1-2 端子之间是否导通，如图 1-102 所示，正常情况应导通。

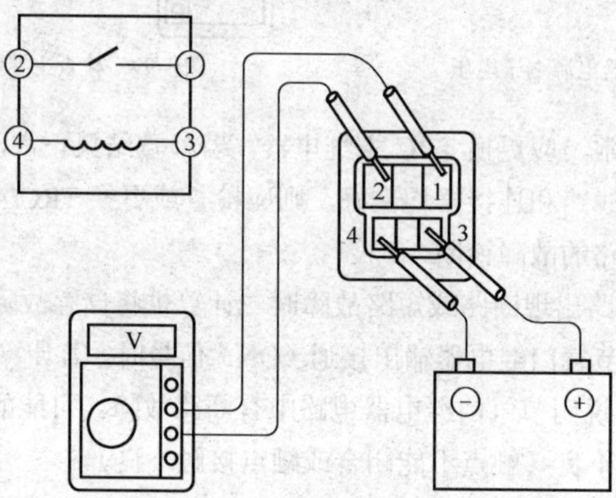

图 1-102　检查节气门继电器端子导通情况

若上述检查结果不正常，应更换 TRC 节气门继电器；若检查结果正常，应检查 TRC 节气门继电器的有关线路和连接器。如果线路和连接器均良好，则应检查或更换 TRC/ABS 计算机。

（3）压力开关电路的故障诊断

TRC 压力开关（传感器）或其电路出现故障时，计算机会储存故障码 15、故障码 16 或故障码 17。

① TRC 液压泵电动机通电时间过长时，计算机就储存故障码 15。可能的故障原因有以下几种。

a. 压力开关不良。

b. TRC 制动压力调节器与计算机之间的线路或连接器不良。

c. TRC/ABS 计算机故障。

② 当 TRC 计算机端子 PR 与 E2 之间无电流时，计算机就储存故障码 16。可能的故障原因有以下几种。

a. TRC 制动压力调节器与计算机之间的线路或连接器不良。

b. TRC/ABS 计算机故障。

③ 当压力开关关断时，制动动作超过了预定的次数，计算机就储存故障码 17。其故障原因一般是压力开关不良。

TRC 压力开关电路（LHD 车，即转向盘位于左侧的车）如图 1-103 所示。故障检查方法如下。

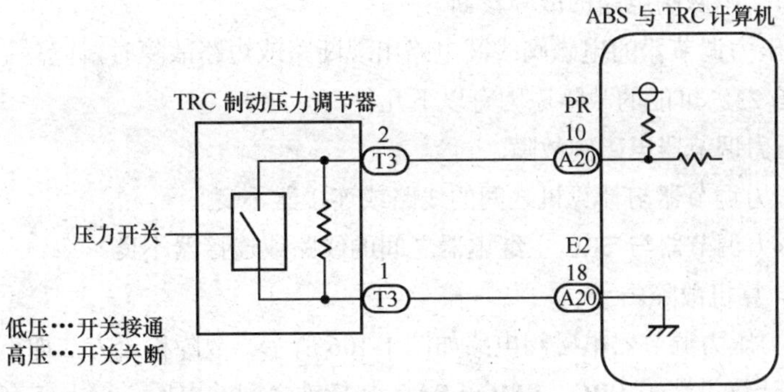

图 1-103　TRC 压力开关电路

a. 检查计算机端子 PR-E2 之间的电压。首先拆下空气滤清器及其进气管道，拆下 TRC 计算机（不拆开计算机连接器）；起动发动机并维持怠速运转 30s 以上，以使 TRC 制动压力调节器内的压力升高。然后将发动机熄火，点火开关仍转至接通（ON）位置，用直流电压表测量计算机 PR-E2 端子之间的电压，如图 1-104 所示，正常电压约为 5V。

放出 TRC 制动压力调节器内的制动液，使其内部的压力降低，再测量计算机 PR-E2 端子之间的电压，正常电压应为 0V。

若上述两次测量结果有一次不正常，应对压力开关进行检查。若上述两次测量电压均正常，则应检查或更换 TRC/ABS 计算机。

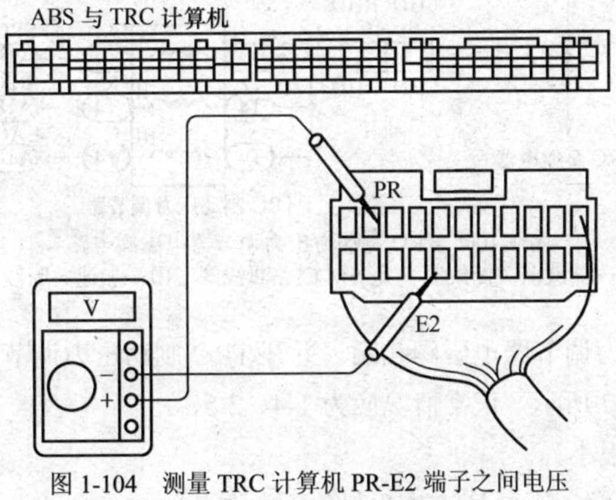

图 1-104　测量 TRC 计算机 PR-E2 端子之间电压

b. 检查压力开关。首先拆开压力开关连接器，测量连接器 1-2 端子之间的电阻，如图 1-105 所示，正常电阻值应为 0Ω。然后接上压力开关连接器，并起动发动机维持怠速运转 30s，以升高 TRC 制动压力调节器内压力。将发动机熄火后，使点火开关仍在接通（ON）位置，再测量压力开关 1-2 端子之间的电阻，正常电阻约为 1.5Ω。

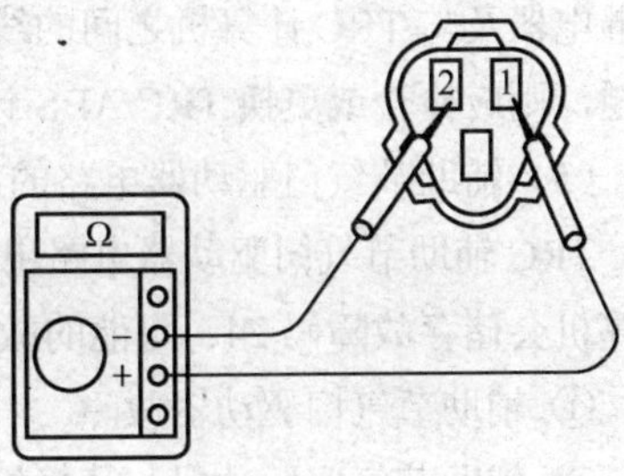

图 1-105　检查压力开关的电阻

若上述检查结果不正常，应更换 TRC 压力开关；若检查结果均正常，应检查 TRC 制动压力调节器与计算机之间的线路和连接器，如果没有问题，则需检查或更换 TRC/ABS 计算机。

（4）TRC 调节器电磁阀电路的故障诊断

① TRC 制动压力调节器的电磁阀线圈电路出现断路或短路故障时，计算机将储存故障码 21、故障码 22、故障码 23。可能的故障原因有以下几种。

a. TRC 制动压力调节器电磁阀故障。

b. TRC 制动压力调节器与计算机之间的线路或连接器不良。

c. TRC 制动压力调节器与 TRC 主继电器之间的线路或连接器不良。

d. TRC/ABS 计算机故障。

② TRC 制动力压力调节器电磁阀电路如图 1-106 所示。故障检查方法如下。

a. 检查 TRC 计算机端子 SRC、SMC、SAC 与搭铁之间的电压。拆下 TRC 计算机（连接器不拆开），打开点火开关，分别测量 TRC 计算机的 SHC、SMC、SAC 端子与搭铁之间的电压，正常电压均应为蓄电池电压。

如果上述检查有任一端子电压不正常，应对电磁阀线圈进行检查。如果各端子电压均正常，则应检查或更换 TRC 计算机。

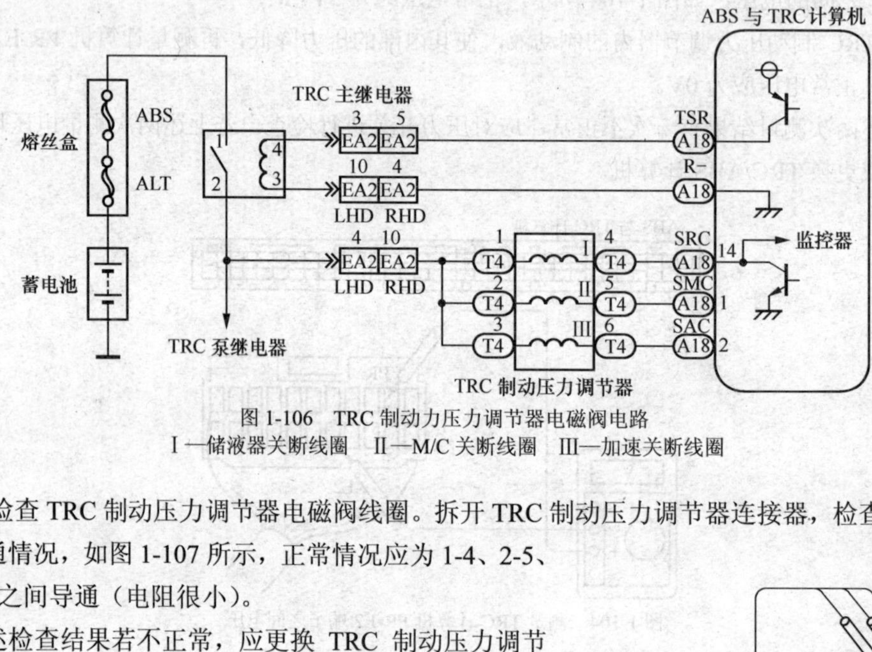

图 1-106　TRC 制动力压力调节器电磁阀电路
Ⅰ—储液器关断线圈　Ⅱ—M/C 关断线圈　Ⅲ—加速关断线圈

b. 检查 TRC 制动压力调节器电磁阀线圈。拆开 TRC 制动压力调节器连接器，检查各端子之间的导通情况，如图 1-107 所示，正常情况应为 1-4、2-5、2-6 端子之间导通（电阻很小）。

上述检查结果若不正常，应更换 TRC 制动压力调节器；若检查结果正常，应检查 TRC 制动压力调节器与 TRC 主继电器及与 TRC 计算机之间的线路和连接器；如果均无问题，则应检查或更换 TRC/ABS 计算机。

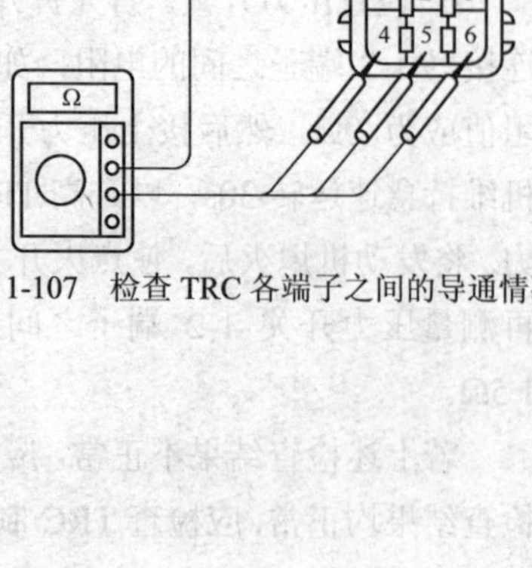

图 1-107　检查 TRC 各端子之间的导通情况

（5）辅助节气门驱动器电路的故障诊断

TRC 辅助节气门驱动器电路出现断路或短路故障时，计算机会储存故障码 24。可能的故障原因有以下几种。

① 辅助节气门驱动器故障。

② 辅助节气门驱动器与计算机之间的线路或连接器不良。

③ TRC 计算机故障。

TRC 辅助节气门驱动器电路如图 1-108 所示。

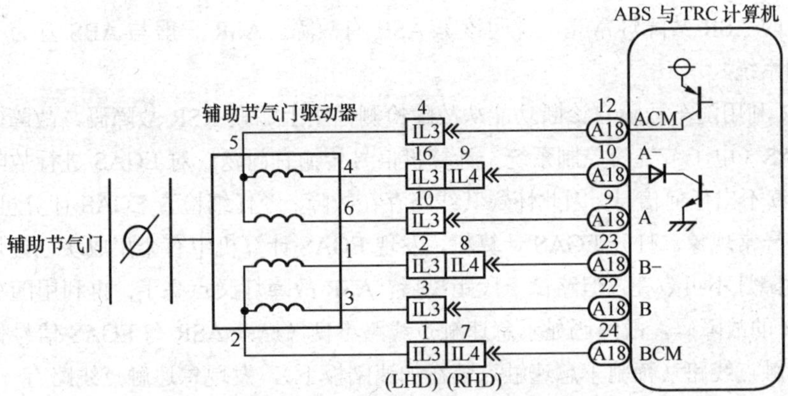

图 1-108 TRC 辅助节气门驱动器电路

拆开 TRC 辅助节气门驱动器连接器，检查连接器各端子之间的导通情况，如图 1-109 所示，正常情况应为 1-2-3 端子之间导通、4-5-6 端子之间导通。

若检查结果不正常，应更换 TRC 辅助节气门驱动器；若检查结果正常，应进一步检查 TRC 辅助节气门驱动器与 TRC 计算机之间的线路和连接器；如果线路和连接器均良好，则应检查或更换 TRC/ABS 计算机。

（6）发动机信息交换电路的故障诊断

① 发动机信息交换电路要求推迟输送点火正时信号，用于推迟发动机点火正时。当此电路有短路或断路故障时，TRC 计算机储存故障码 49。可能的故障原因有以下几种。

a. TRC 计算机与发动机控制计算机之间的线路或连接器不良。

b. TRC 计算机故障。

c. 发动机控制计算机故障。

② 发动机信息交换电路如图 1-110 所示。检查方法如下。

a. 检查 TRC 计算机 TR2 端子（线束侧）与搭铁之间的电压。拆开 TRC 计算机连接器，打开点火开关，测量 TRC 计算机连接器（线束侧）TR2 端子与搭铁之间的电压，正常电压应约为 5V。

若电压正常，应检查或更换 TRC 计算机。若电压不正常，进行下一步检查。

b. 检查 TRC 计算机与发动机控制计算机之间的线路和连接器。如果线路或连接器有松脱或接触不良，应进行修理或更换。如果线路和连接器均无不良，则应检查或更换发动机控制系统计算机。

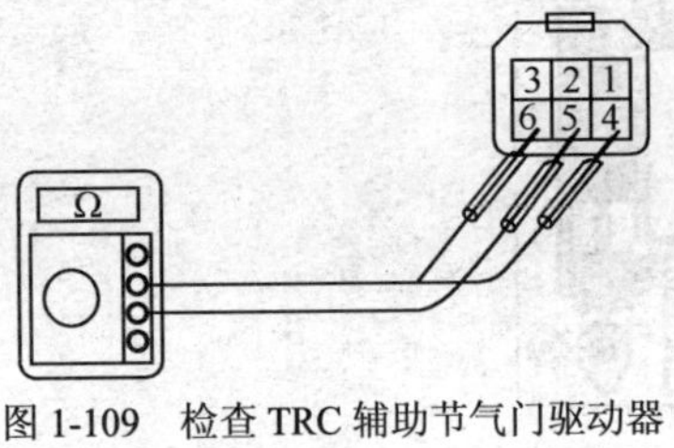

图 1-109 检查 TRC 辅助节气门驱动器

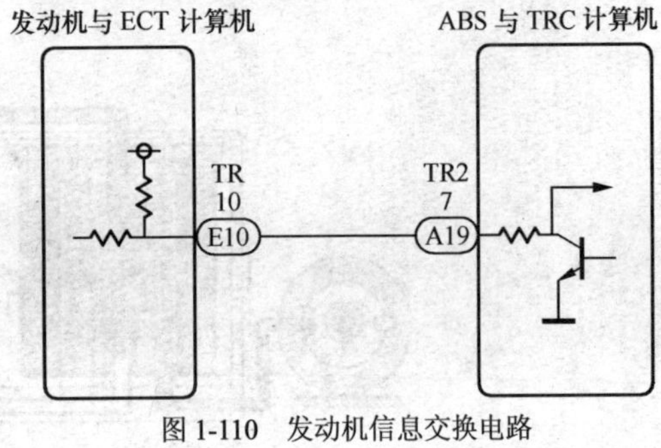

图 1-110 发动机信息交换电路

二、汽车牵引力控制系统的故障案例诊断过程

仪表板上的 ASR 故障灯常亮，说明该车 ASR 有故障。ASR 一般与 ABS 互为一体，统称为汽车防滑控制系统。

先对 ASR 利用随车故障自诊断功能从故障检测插座上调取 ASR 故障码，故障码显示：ASR 计算机与 EGAS（电子节气门控制系统）计算机信号传输有问题。对 EGAS 进行故障自诊断，调取故障码，但读不出任何信息。因此怀疑其线路存在故障。经仔细检查 EGAS 计算机的线路系统，没有发现任何异常现象。打开 EGAS 计算机，发现 EGAS 计算机中有个集成块已经烧毁，更换后试车，ASR 故障灯不再点亮，但路试一段距离后，ASR 故障灯又点亮了。再利用随车故障自诊断系统提取 ASR 的故障码，故障码显示怠速触点线路不良（原来 ASR 与 EGAS 信号传输不良）。

检查怠速触点线路（奔驰车怠速触点装在加速踏板下），发现怠速触点线路有一个线插断开，把该线插接上，试车，ASR 故障灯不再点亮，故障彻底排除。

习题测试

一、选择题

1．在下列防滑控制方式中，反应时间最短的是（　　）。

A．发动机输出功率控制　　B．驱动轮制动控制

C．防滑差速锁控制　　D．差速锁与发动机输出功率综合控制

2．循环式制动压力调节器在保压过程中，电磁阀处于“保压”位置，此时电磁线圈的通入电流为（　　）。

A．0　　B．较小电流　　C．最大电流　　D．均不正确

二、判断题

1．ABS 防止车轮被制动抱死，避免车轮在路面上进行纯滑移，提高汽车在制动过程中的方向稳定性和转向操纵能力，缩短制动距离。（　　）

2．ASR 防止汽车在加速过程中打滑，特别是防止汽车在非对称路面或在转弯时驱动轮的空转，以保持汽车行驶方向的稳定性、操纵性，维持汽车的最佳驱动力以及提高汽车的平顺性。（　　）

三、简答题

1．请分析 ASR 和 ABS 有哪些异同。

2．说明图 1-111 是哪种形式的调节器的工作原理图。

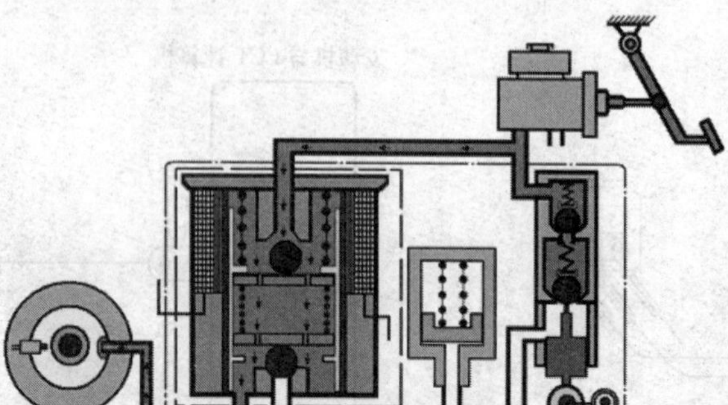

图 1-111　调节器工作原理

任务三 汽车车身稳定系统的检修

【学习目标】

知识要求：了解汽车车身稳定系统（ESP）的作用、组成及原理。

能力要求：能够依据维修手册并使用常用工具、量具对汽车车身稳定系统（ESP）进行故障诊断与修复。

任务导入

一辆 2000 年款的奔驰 ML500 越野车，行驶里程 8 万多千米。行驶中仪表板上的 ESP、ETS 及 ABS 的 3 个仪表灯全部点亮。该车已经在特约维修站进行过检查，维修人员检查后认为是 ABS 泵、横向加速度传感器以及偏移率传感器都出现问题，需要更换 ABS 泵、横向加速度传感器以及偏移率传感器。车主认为维修价格过高，于是到修理厂检查。

知识准备

一、汽车车身稳定系统作用

汽车电子稳定程序（Electronic Stability Program，ESP），由德国博世公司（BOSCH）和梅赛德斯-奔驰（MERCEDES—BENZ）公司联合研制。1998 年 2 月，梅赛德斯-奔驰公司首次在其 A 级微型轿车中成批地安装该电控车辆稳定行驶系统。它集成了电子防抱死制动系统（ABS）、电子制动力分配（EBD）和牵引力控制（ASR）的基本功能；能够在几毫秒的时间内，识别出汽车不稳定的行驶趋势，例如，由于人为或环境的干扰，轿车可能进入不稳定的行驶状态，特别是驾驶员在转向时经常出现“过度转向”或“转向不足”的操作缺陷，如果得不到及时纠正，就会使车辆偏离正确行驶路线。ESP 系统通过智能化的电子控制方案，让汽车传动或制动系统产生所期望的准确响应，从而及时、恰当地消除这些不稳定行驶趋势，使汽车保持在所期望的行驶路线上。

博世 ESP

二、ESP 系统的结构与组成

ESP 是在原有电子防抱死制动系统（ABS）、电子制动力分配（EBD）和牵引力控制（ASR）的基础上发展起来的。该电子制动系统由电子控制单元（ECU）、液压调节器总成、车轮速度传感器、车轮速度传感器脉冲环、转向盘转角传感器、横向偏摆率传感器以及 ESP 控制开关等部件组成，其中电子控制单元与液压调节器是一体的。ESP 系统组成如图 1-112 所示。

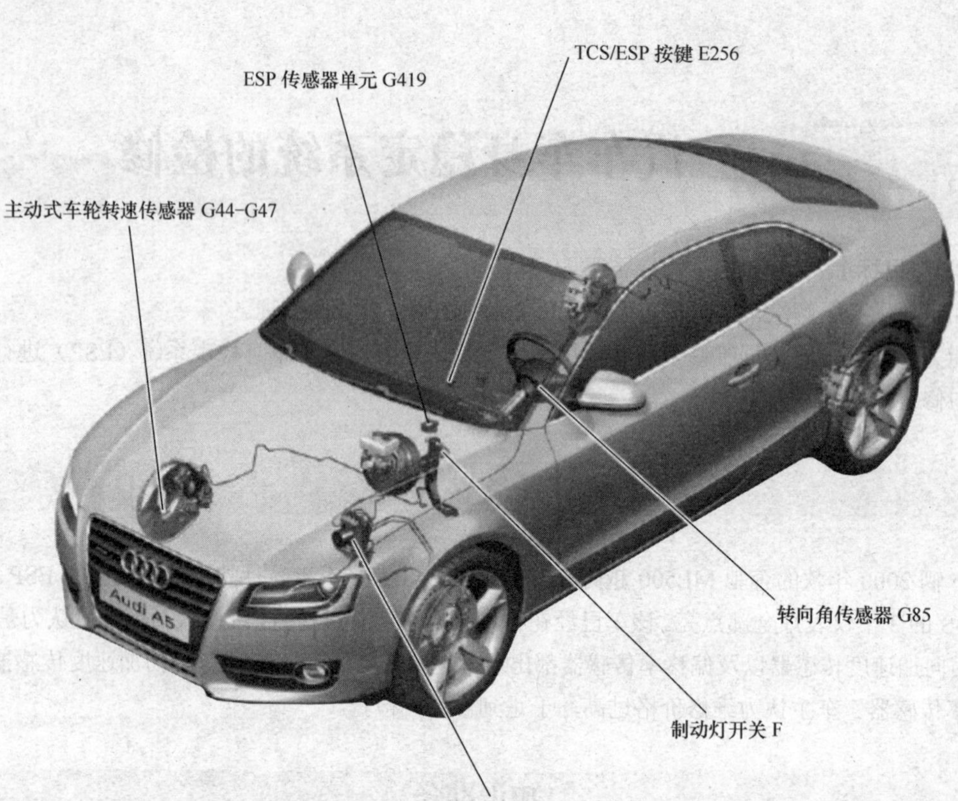

图 1-112　ESP 系统组成

1. 电子控制单元

电子控制单元如图 1-113 所示，电子控制单元是 ABS-ASR/ESP 系统的控制中心，它与液压调节器集成在一起组成一个总成。电子控制单元持续监测并判断的输入信号有：蓄电池电压、车轮速度、转向盘转角、横向偏摆率以及点火开关接通、停车灯开关、串行数据通信电路等信号。根据所接收的输入信号，电子控制单元将向液压调节器、发动机控制模块、组合仪表和串行数据通信电路等发送输出控制信号。

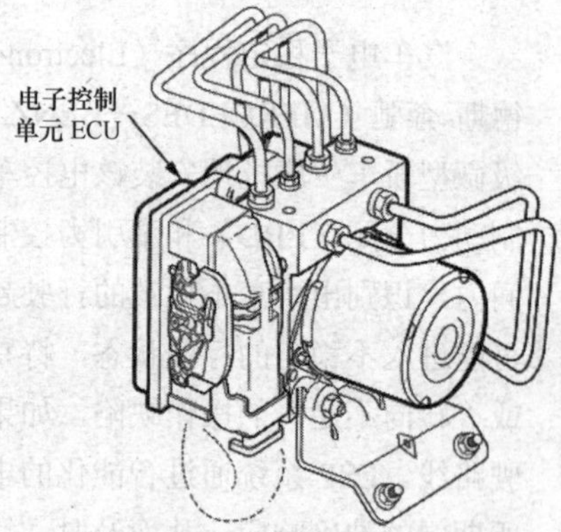

图 1-113　电子控制单元

当点火开关接通时，电子控制单元会不断进行自检，以检测并查明 ABS-ASR/ESP 系统的故障。此外，电子控制单元还在每个点火循环都执行自检初始化程序。当车速达到 15 km/h 时，初始化程序即起动。在执行初始化程序时，可能会听到或感觉到程序正在运行，这属于系统的正常操作。在执行初始化程序的过程中，电子控制单元将向液压调节器发送一个控制信号，循环操作各个电磁阀并运行泵电机，以检查各部件是否正常工作。如果泵或任何电磁阀不能正常工作，电子控制单元会设置一个故障诊断码。当车速超过 15 km/h 时，电子控制单元会将输入和输出逻辑序列信号与电子控制单元中所存储的正常工作参数进行比较，以此来不断监测 ABS-TCS/ESP 系统。如果有任何输入或输出信号超出正常工作参数范围，则电子控制单元将设置故障诊断码。

2. 液压调节器总成

液压调节器总成如图 1-114 所示。为了能独立控制各车轮的制动回路，该系统采用了前/后分离的 4 通道回路结构，每个车轮的液压制动回路都是隔离的，这样当某个制动回路出现泄漏时仍能继续制动。液压调节器总成根据电子控制单元（ECU）发送的控制信号调节制动液压力。液压调节器总成包括回程泵、电动机、储能器、进口阀、出口阀、隔离阀和后起动阀等部件。

3. 前轮速度传感器

前轮速度传感器如图 1-115 所示，是一个电磁式传感器，是前轮轮毂总成的一部分，前轮轮毂总成是一个永久性的密封装置。左前和右前轮轮毂装有车轮速度传感器和一个 48 齿的磁脉冲环。

4. 后轮速度传感器

后轮速度传感器如图 1-116 所示，位于主减速器后盖的支架上，也是电磁式传感器。后轮速度传感器脉冲环是主减速器内车桥法兰的一部分，不能单独维修。

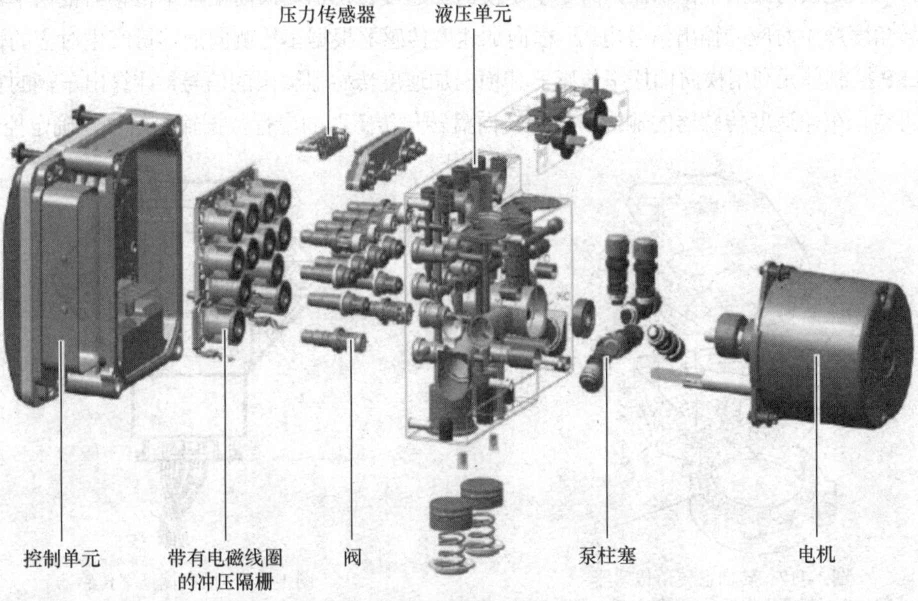

图 1-114　液压调节器总成

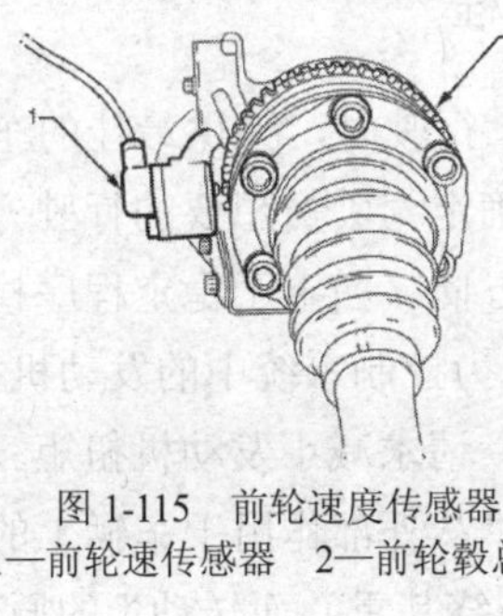

图 1-115　前轮速度传感器
1—前轮速传感器　2—前轮毂总成

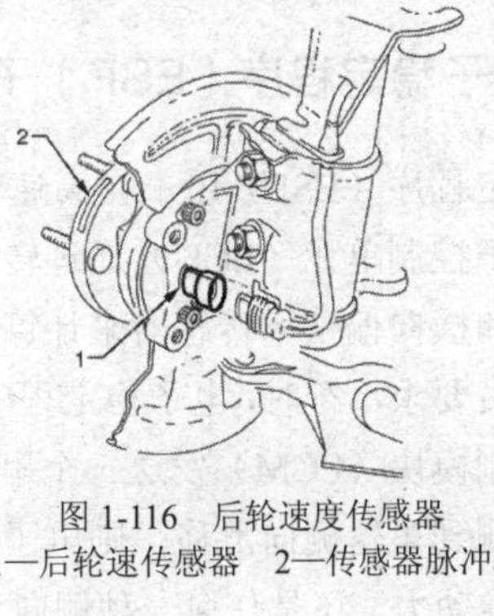

图 1-116　后轮速度传感器
1—后轮速传感器　2—传感器脉冲环

5. ESP 开关

电子稳定程序（ESP）开关位于地板控制台上。该开关是一个瞬间接触开关，按一下 ESP 开关，电子稳定程序从接通转至关闭。当电子稳定程序（ESP）关闭时，ABS-TCS 系统仍能正常工作。当 ESP 处于关闭位置时，再次按一下 ESP 开关，将接通电子稳定程序。按下 ESP 开关超过 60s 将被视为短路，会记录故障诊断码，且电子稳定程序在该点火循环内将被禁用。如果没有记录牵引力控制系统当前故障诊断码，电子稳定程序将在下一个点火循环复位到接通状态。

6. 转向盘转角传感器

转向盘转角传感器位于转向盘下面，如图 1-117 所示。转向盘转角传感器提供表示转向盘旋转角度的输出信号。由于两只测量齿轮的齿数不同，故产生不同相位的两个转角信号，即能产生一个可表示±760, 转向盘旋转角度的输出信号。电子控制单元利用这个信息计算出驾驶员所要求的方向。控制单元通过转向盘转角传感器与横向偏摆率传感器信号的比较，确定车辆实际行驶轨迹与驾驶要求是否一致，从而确定控制目标。

7. 横向偏摆率传感器

横向偏摆率传感器位于仪表板中央控制台下部，如图 1-118 所示。横向偏摆率传感器总成包括两个部件，一个是横向偏摆率传感器，另一个是横向加速度传感器。横向偏摆率传感器根据车辆绕其纵轴的旋转角度产生对应的输出信号电压；横向加速度传感器根据车轮侧向滑移量产生对应的输出信号电压。ESP 控制单元利用横向偏摆率传感器和横向加速度传感器输出的信号，计算出车辆的实际行驶状态，再结合车轮速度传感器的输出信号和转向盘转角传感器的串行数据输出信号，确定控制目标。

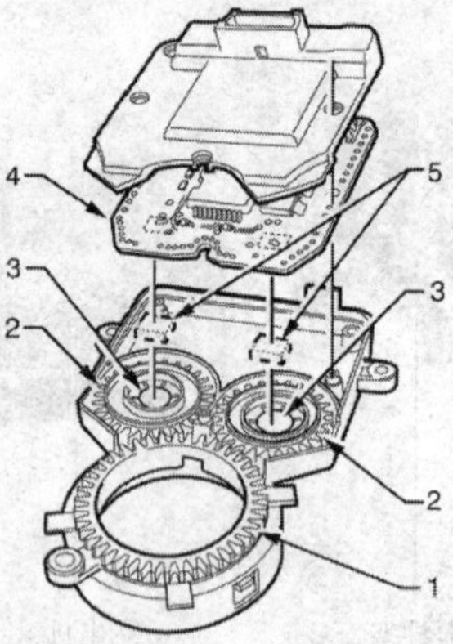

图 1-117　转向盘转角传感器
1—齿轮　2—测量齿轮　3—磁铁　4—判断电路
5—各向异性磁阻（AMR）集成电路

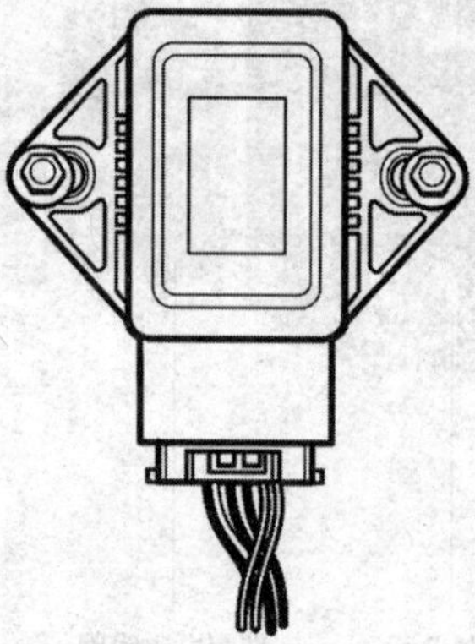

图 1-118　横向偏摆率传感器

三、电子稳定程序（ESP）子系统的工作过程

电子稳定程序（ESP）用于在高速转弯或湿滑路面上行驶时，提供最佳的车辆稳定性和方向控制。电子控制单元（ECU）通过转向盘转角传感器确定驾驶员想要的行驶方向；通过车轮速度传感器和横向偏摆率传感器来计算车辆的实际行驶方向。当电子稳定程序检测到车辆行驶轨迹与驾驶员要求不符时，电子稳定程序将首先利用牵引力控制系统中的发动机扭矩减小功能，向发动机控制模块（ECM）发送一个串行数据通信信号，请求减小发动机扭矩。如果电子稳定程序仍然检测到车轮侧向滑移，则电子稳定程序将根据“从外部作用于车辆上的所有力（不管是制动力、推动力，还是任何一种侧向力）都会使车辆环绕其重心而转动”的原理，通过对前、后桥一个以上的车轮进行制动干预，迅速克服以下操作缺陷，使车辆不偏离正确的行驶轨迹，确保安全。

1. 克服转向不足的操作

转向不足示意图如图 1-119 所示。转向盘转角传感器向电子控制单元发送一个驾驶员想要朝方向“A”转向的信号，横向偏摆率传感器“B”检测到车辆开始旋转，同时车辆前端开始向方向“C”滑移，说明车辆出现转向不足，电子稳定程序将实行主动制动干预。电子稳定程序利用 ABS-ASR 系统中已有的主动制动控制功能，对左后轮进行制动干预，此刻，由于左后轮被制动，而车子的重心因惯性作用继续向前运动，于是车子就只好以左后轮为支点，绕着它旋转，这样一来，车子就朝方向“A”转向，即朝驾驶员想要的方向转向，转向不足的操作缺陷就被克服了。

2. 克服转向过度的操作

转向过度示意图如图 1-120 所示，转向盘转角传感器向电子控制单元发送一个驾驶员想要朝方向“A”转向的信号，横向偏摆率传感器“B”检测到车辆开始旋转，同时车辆后端开始向方向“C”滑移。说明车辆开始转向过度，电子稳定程序将实行主动制动干预。电子稳定程序利用 ABS-ASR 系统中已有的主动制动控制功能，对右后轮进行制动干预，此刻由于右后轮被制动，而车子的重心因惯性作用继续向前运动，于是车子就只好以右后轮为支点，绕着它旋转，这样一来，车子就朝方向“A”转向，即朝向驾驶员想要的方向转向，转向过度的操作缺陷就被克服了。

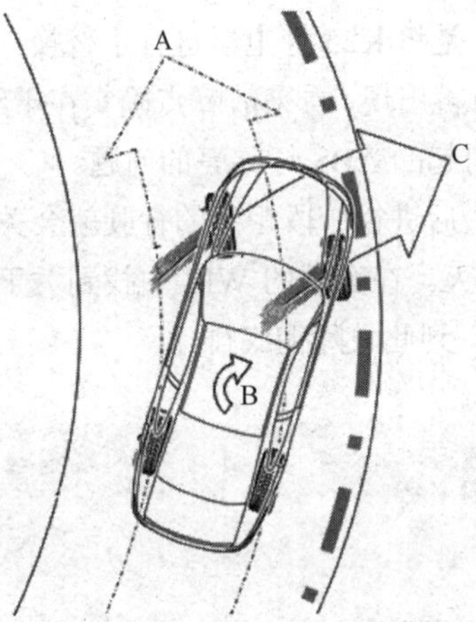

图 1-119 转向不足示意图

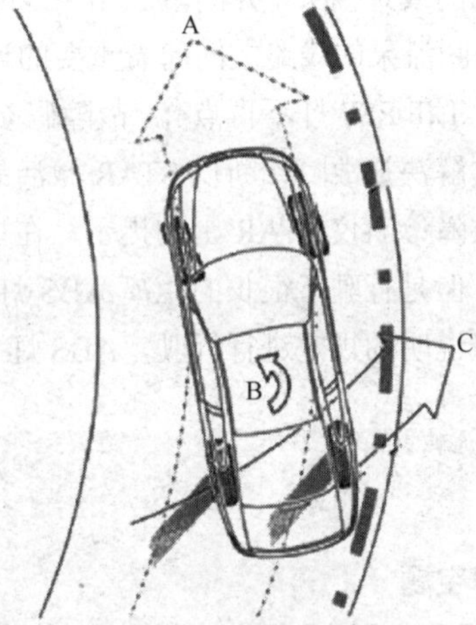

图 1-120 转向过度示意图

任务实施

汽车车身稳定系统的故障案例诊断过程

首先用故障诊断仪 STAR 进行检查，查询 ESP 系统后得到一个故障码 C1402，含义为“高压回流泵故障”。出现这个故障码的可能部位有 ABS 泵、ESP 控制单元以及相关电路。使用另一辆车上的 ABS 泵进行了替换试验，清除故障码后进行路试，只行驶了很短的距离，仪表板上的 ETS 就点亮了，调取故障码还是 C1402，这说明不是 ABS 泵的问题。奔驰 ML500 的 ESP 控制单元位于发动机舱内的熔丝盒内，紧靠着发动机控制单元，为了排除故障，又将两车的 ESP 控制单元进行了对调。由于更换了 ESP 控制单元，所以要用故障诊断仪对控制单元进行编码，然后激活驾驶测试，进行路试时发现 ETS 灯仍然会在起步时亮起，而 ABS 灯却在起动后常亮了。调取故障码，除故障码 C1402 之外又增加了一个故障码 C1200，含义为“驾驶测试被激活”，原来是进行完驾驶测试激活后没有退出。故障码C1200用故障诊断仪无法清除，于是继续进行试车。此时，仪表板上的ESP、ETS以及ABS灯全部熄灭，将发动机熄火后再打开点火开关，又发现仪表板上的故障灯全都不亮了，关掉点火开关，等待几分钟后再打开点火开关，故障灯又全部点亮。再仔细观察各个仪表的显示，里程表不显示公里数，燃油表指针转了300多度，转速表指针也不正常。

为了使仪表指示恢复正常，维修人员进行了多次通、断电试验，但是没有效果。这时车主反映这辆车的仪表曾经调校过，而且在第一次调表时没有调好，安装后燃油表指示就不正常，后来又重新调校了一次，燃油表指示才恢复正常。据此维修人员决定重新进行仪表调校，找到仪表备份数据，使用编程器重新写入一遍程序后，各个仪表的指示都恢复正常。

经过上面的检修过程，基本上可以排除ABS泵和ESP控制单元的问题。维修人员根据ABS系统电路图，发现ABS泵A7/3中的高压回流泵M1上只有两根连接线，一根线在左前照灯附近搭铁，另一根由K25继电器控制。K25继电器有5个脚，1号脚和2号脚分别连接到ESP控制单元N47的10号脚和12号脚。而5号脚则分两条线，一条线连接到ESP控制单元N47的11号脚，另一条线连接到M1高压回流泵，3号脚则连接常正电源线。维修人员仔细检查了ABS泵和ESP控制单元上的线束插头，并测量了相关线路，但没有发现问题。因为继电器K25在ESP控制单元和M1高压回流泵的线路之间起着重要的连接作用，于是将K25继电器进行了替换，在路试的过程中，ETS灯和ESP灯不再点亮，故障码C1402也没有再出现，看来故障点确实在于继电器K25。接下来需要解决被故障诊断仪STAR激活的驾驶测试引起的ABS灯常亮的问题。

按照故障诊断仪STAR上的提示，在拔掉诊断插头后进行一段距离的行驶就会关闭被激活的驾驶测试，但是行驶了很长的距离ABS灯仍然没有熄灭。在奔驰的WIS中找到关于驾驶测试的说明，按照说明的规定进行行驶，ABS灯自动熄灭了，到此故障彻底排除。

习题测试

一、填空题

1. 电子稳定程序（ESP）用于在高速转弯或在湿滑路面上行驶时，提供最佳的________和方向控制。

2. ESP是在原有________、________和________的基础上发展起来的。

二、判断题

1. 车辆若产生制动失控危险，ESP会瞬间减小发动机功率。（　　）

2. 基于车轮速度、转向角度、侧向加速度及横向移动等数据，ESP能够计算车辆是否遵照驾驶员提出的转向。（　　）

三、简答题

1. 简述ESP工作原理。

2. EPS的组成部件有哪些？

项目小结

电子控制技术、微计算机处理技术、传感技术的应用，使车辆控制精度提高的同时，也使安全技术得到了长足的发展。主动安全技术、被动安全技术的协调集成发展是势不可挡的发展趋势，对减轻驾驶员的劳动强度，发生事故时能有效地保护驾驶员、乘员及行人的安全方面也起到重要作用。

项目习题测试

一、填空题

1．评价制动效能的主要评价指标有________、________和________。

2．电控 ABS 由________、________和________组成。

3．车速传感器主要由________和________组成。

4．传感器头从外形上可分为________、________和________等。

5．根据用于不同制动系统的 ABS，制动压力调节器主要有__________、__________和__________。

6．液压制动压力调节器主要由________、________和________等组成。

7．可变容积式调节器的基本结构，主要由________、________、________和________组成。

8．按 ECU 所依据的控制参数不同分类，ABS 可分为________和________。

9．ABS 按制动压力调节器结构不同分类，可分为________和________。

10．丰田凌志 LS400ABS 制动压力调节器中的 3/3 电磁阀主要由________、________和单向阀等组成。

11．本田车系 ABS 采用________控制方式，每个车轮上有一个制动压力调节器调节制动压力。

12．本田车系 ABS 的制动压力调节器由________、________、________、油泵、储能器、压力开关等组成。

二、选择题

1．菱形极轴式传感器头安装位置是（　　）。

A．径向垂直于齿圈安装　　B．轴向相切于齿圈

C．以上两个都正确　　D．以上两个都错误

2．凿式极轴式车速传感器头的安装位置是（　　）。

A．径向垂直于齿圈安装　　B．轴向相切于齿圈

C．以上两个都正确　　D．以上两个都错误

3．为保证传感器无错误信号输出，安装车速传感器时应保证其传感器头与齿圈间留有一定的空气隙，约为（　　）。

A．5mm　　B．1mm　　C．0.01mm　　D．1μm

4．汽车后轮上的车速传感器一般固定在后车轴支架上，转子安装于（　　）。

A．车架　　B．轮毂　　C．驱动轴　　D．车轮转向架

5．下列叙述不正确的是（　　）。

A．制动时，转动转向盘，会感到转向盘有轻微的振动

B．制动时，制动踏板会有轻微下沉

C．制动时，ABS 继电器不断的动作，这也是 ABS 正常起作用的正常现象

D．装有 ABS 的汽车，在制动后期，不会出现车轮抱死现象

6．循环式制动压力调节器在升压过程中，电磁阀处于“升压”位置，此时电磁线圈的通入电流为（　　）。

A．0　　B．较小电流

C．最大电流　　D．均不正确

7．循环式制动压力调节器在减压过程中，电磁阀处于“减压”位置，此时电磁线圈的通入电流为（　　）。

A．0　　B．较小电流

C．最大电流　　D．均不正确

三、名词解释

1．滑移率

2．制动时汽车的方向稳定性

3．循环式调节器

4．可变容积式调节器

四、判断题

1．评价制动性能的指标主要有制动效能和制动稳定性。（　　）

2．制动效能主要取决于制动力的大小，而制动力仅与制动器的摩擦力矩有关。（　　）

3．纵向附着系数在滑移率为 50%左右时最大。（　　）

4．地面制动力的最大值等于制动器制动力。（　　）

5. 汽车前轮上的传感器一般固定在车轮转向架上，转子安装在车轮轮毂上，与车轮同步转动。（　　）

6．G 传感器有水银型、摆型和应变仪型。（　　）

7．制动压力调节器的功用是接受 ECU 的指令，通过电磁阀的动作来实现车轮制动器制动压力的自动调节。（　　）

8．装有制动真空助力器的制动系统，在进行排气操作前，首先要把制动助力控制装置接通，使制动系统处于助力状态。（　　）

9．对于凿式极轴式传感器来说，其安装方式需将其轴垂直于齿圈。（　　）

10．为了避免灰尘与飞溅的水、泥等对传感器工作的影响，在安装前须对车速传感器加注机油。（　　）

11．在可变容积式压力调节器中，常规制动时，电磁线圈中无电流通过。（　　）

12．在可变容积式压力调节器中，减压时，电磁线圈中无电流通过。（　　）

13．在可变容积式压力调节器中，保压时，电磁线圈中无电流通过。（　　）

14．本田车系 ABS 采用四传感器/四轮独立控制方式。（　　）

五、简答题

1．按不同的分类方式，可将 ABS 分为哪些种类？

2．简述电控 ABS 是如何工作的（工作原理）。

3．故障码的显示方式有哪几种？

4．车速传感器的故障有哪些，如何检查？

5．ECU 的故障检查方法有哪些？

6．对 ABS 制动液有哪些要求？

7．ABS 常见故障有哪些？

8．如何调取与清除丰田车系故障码？

9．制动系统排气应注意哪些问题？

项目二 汽车空调系统的检修

项目导读

汽车空调系统是实现对车厢内空气进行制冷、加热、换气和净化的装置。它可以为乘车人员提供舒适的乘车环境，降低驾驶员的疲劳强度，提高行车安全。

空调装置已成为衡量汽车功能是否齐全的标准之一。

一、汽车空调系统的组成

1. 空调压缩机

汽车空调压缩机是汽车空调制冷系统的心脏，它起着输送和压缩制冷剂蒸气、保证制冷循环正常工作的作用。压缩机性能的好坏与能量消耗、噪声大小和运转可靠性有直接的关系。

空调系统的组成

汽车空调压缩机一般安装在汽车发动机旁边，由主发动机或副发动机通过皮带轮驱动。空调压缩机把制冷剂从低压区抽取来经压缩后送到高压区冷却凝结，通过散热片散发热量到空气中，制冷剂也从气态变成液态。制冷剂再从高压区流向低压区，通过膨胀阀喷射到蒸发器中，压力骤降，液态制冷剂立即变成气态，通过散热片吸收空气中大量的热量。这样，空调压缩机不断工作，就不断地把低压区一端的热量吸收到制冷剂中，再送到高压区散发到空气中，起到调节气温的作用。

2. 空调冷凝器

空调冷凝器用于制冷空调系统，管内制冷液直接与管外空气强制进行热交换，以达到制冷空气的效果。

冷凝器在制冷时为系统的高压设备（冷暖热泵型在制热状态时为低压设备），装在压缩机排气口和节流装置（孔管或膨胀阀）之间，由空调压缩机中排出的高温高压气体，进入冷凝器，通过铜管和铝箔片散热冷却，空调器中都装有轴流式冷却风扇，采用的是风冷式，使制冷剂在冷却凝结过程中，压力不变，温度降低，由气体转化为液体。

在冷凝器内制冷剂发生变化的过程，在理论上可以看成等温变化过程。实际上它有3个作用，一是空气带走了压缩机送来的高温空调制冷剂气体的过热部分，使其成为干燥的饱和蒸气；二是在饱和温度不变的情况下进行液化；三是当空气温度低于冷凝温度时，将已液化的制冷剂进一步冷却到与周围空气相同的温度，起到冷却作用。

3. 空调蒸发器

空调蒸发器的作用是利用液态低温制冷剂在低压下易蒸发，转变为蒸气并吸收被冷却介质的热量，达到制冷目的。

根据被冷却介质的种类不同，蒸发器可分为两大类。

（1）冷却液体载冷剂的蒸发器

用于冷却液体载冷剂——水、盐水或乙二醇水溶液等。这类蒸发器常用的有卧式蒸发器、立管式蒸发器和螺旋管式蒸发器等。

（2）冷却空气的蒸发器

这类蒸发器有冷却排管和冷风机。

4. 空调膨胀阀

膨胀阀是制冷系统中的一个重要部件，膨胀阀使中温高压的液体制冷剂通过其节流成为低温低压的湿蒸气，然后制冷剂在蒸发器中吸收热量达到制冷效果，膨胀阀通过蒸发器末端的过热度变化来控制阀门流量，防止出现蒸发器面积利用不足和敲缸现象。简单来说，膨胀阀主要起到根据温度变化自动调节节流，控制制冷剂流量的作用。

5. 空调储液干燥器

储液干燥器在空调发展过程中不断改进、更新，其功能主要是储液和干燥。储液干燥器是随着现代制冷技术的发展应运而生的。制冷原理中冷媒（制冷剂）通过物理形态的转化，达到吸热和放热的效果，在冷媒添加在空调器密封系统中时，不可避免地会掺入空气中的水分和管路中的杂质。水分在物理形态转化过程中会结成固态的冰，堵塞空调系统密闭管路，从而影响制冷剂流动，最终导致制冷失效，严重时会产生爆破。储液干燥器的作用就是吸走密封空调管路中的水分，同时过滤掉管路中的微小杂质。

二、认识下列连接管路

1. 高压软管

高压软管是压缩机和冷凝器之间的连接管路。

2. 液体管路

液体管路是冷凝器和蒸发器之间的连接管路。

3. 回气管路

回气管路是蒸发器和压缩机之间的连接管路。

4. 暖风管路

暖风管路是发动机和暖风散热器之间的连接管路。

三、空调的工作过程简述

为了分析汽车空调制冷系统的热力循环，必须首先分析汽车空调制冷系统理论循环。制冷系统理论循环是实际循环的抽象化和简单化，便于在作一些假设条件后，对循环热力过程做一些定量处理。

制冷系统工作过程

汽车制冷系统分类

1. 压缩过程

低温低压的制冷剂气体被压缩机吸入，并压缩成高温高压的制冷剂气体。该过程的主要作用是压缩增压，以便气体液化。这一过程是以消耗机械功作为补偿的。在压缩过程中，制冷剂状态不发生变化，而温度、压力不断增大，形成过热气体。

2. 冷凝过程

制冷剂气体由压缩机排出后进入冷凝器。此过程的特点是制冷剂的状态发生变化，即压力和温度不变的情况下，由气态逐渐向液态转变。冷凝后的制冷剂液体呈高温高压状态。

3. 节流膨胀过程

高温高压的制冷剂液体经膨胀阀节流降温降压后进入蒸发器。该过程的作用是使制冷剂降温、降压、调节流量、控制制冷能力。其特点是制冷剂经过膨胀阀时，压力、温度急速下降，由高温高压液体变成低温低压液体。

4. 蒸发过程

制冷剂液体经膨胀阀降温降压后进入蒸发器，吸热制冷后从蒸发器出口被压缩机吸入。此过程的特点是制冷剂由液态变化成气态，此时压力不变。节流后，低温低压液态制冷剂在蒸发器中不断吸收汽化潜热，既吸收车内的热量又变成低温低压的气体，该气体又被压缩机吸入再次进行压缩。

汽车空调实际制冷循环，与前面分析的理论循环存在着许多差异。实际循环的压缩过程不是绝热的等熵过程，压缩的绝热指数也是不断变化的；冷凝过程和蒸发过程存在着制冷剂和系统外界的温差，也是一个不可逆过程；制冷系统管道存在着流动阻力，且和外界有热交换。实际循环的压缩、冷凝、节流和蒸发过程都是不可逆过程，压缩机吸气和排气还要克服管道、阀门的阻力等，其结果必然使单位实际功增加，实际输气量减小、压缩机制冷能力降低。

任务一 汽车空调系统识别

【学习目标】

知识要求：掌握汽车空调系统的作用、组成及分类。

能力要求：能够在实车上找到空调系统各组成部件；能通过与客户交流、查阅相关维修技术资料等方式获取车辆信息。

任务导入

除了在车内用控制开关来调节车内冷气的温度外，大家能在汽车上找到汽车空调系统的其他组成部件吗？下面就来了解一下汽车空调系统的作用、分类、组成及基本原理。

汽车空调制冷系统基础知识

知识准备

一、汽车空调的功能

空调是空气调节器的简称。现代汽车空调有以下 4 种功能，其中任何一种功能都是为了使车上的人员感到舒适。

（1）空调器能控制车厢内的气温，既能加热空气，也能冷却空气，以把车内温度控制到舒适的水平。

（2）空调器能够排除空气中的湿气。干燥空气吸收人体的汗液，造成舒适的环境。多数汽车空调器都有除霜功能，干燥空气的除霜速度快于未除湿的热风。

（3）空调器可吸入新鲜空气，具有通风功能。

（4）空调器可过滤空气，排除空气中的灰尘和花粉（但少数汽车空调系统并未装备空气滤清器）。

二、汽车空调的主要指标

衡量汽车空调的主要指标有温度、湿度、流速和清洁度 4 项。

1．温度

在夏季人体感到最舒适的温度是 22℃～28℃，在冬季则是 16℃～18℃。温度低于 14℃，人就会感觉到冷，温度越低，手脚越僵硬，不能灵活操作机械。温度超过 28℃，人就会觉得燥热，温度越高，会导致思维迟钝，精神集中不起来，容易造成交通事故；当温度超过 40℃，则称为有害温度，会对身体的健康造成损害。

根据人体生理特点，头部对冷比较敏感，夏季冷风吹到头部比吹到身体其他部位感到舒服，头脑也容易保持清醒。而冬季，脚部对热比较敏感，只要脚部暖和了，全身都感到舒服。因而，设计空调出风口时，应让冷风能吹到乘员头部，暖风能吹到乘员足部，即采取“头凉足暖”的布置方式。

2．湿度

人觉得最舒适的相对湿度夏季是 50%～60%，冬季则是 40%～50%。在这种湿度环境中，人会觉得心情舒畅，皮肤觉得特别光滑、柔嫩。湿度过低时，皮肤表面和衣服都较干燥，它们之间（特别是化纤衣服）摩擦产生静电，人的皮肤会痒。湿度过高，人体皮肤的水分蒸发不出来，人会觉得闷。

3．流速

空气的流速对人体舒适性的影响比较大。夏季气流速度稍大，有利于人体散热降温，因为流动的空气能促进人体向外散热，人在流动的空气中比在静止的空气中要舒适。但过大的风速直接吹到人身上，也会使人感到不舒服。冬季风速大了会影响人体保温，因而冬季取暖希望气流尽量小一点，空气流速在 0.2 m/s 以下较佳。

4．清洁度

车室内的空气应是干净的，没有异味、烟气、有害气体及粉尘，有足够的氧气。由于车室内空间小，车上人员密度大，全封闭的空间内极易产生缺氧和二氧化碳浓度过高；汽车发动机废气中的一氧化碳和道路上的粉尘、野外有毒的花粉都容易进入车室内，造成车内空气闷浊，严重影响车上人员的身体健康。这就需要空调系统还有一套通风过滤设施及空气净化设备。对于一般车辆，目前还缺乏空气净化设备。

三、汽车空调系统的重要性

目前，汽车空调不仅是为了改善工作条件、提高工作效率、提高汽车安全性，而且是为了提高汽车等级和市场竞争力。汽车空调是汽车现代化的重要标志。

现在世界上的轿车和轻型汽车，几乎全部装有汽车空调。越高级的汽车，汽车空调的性能越完善，越自动化。可以说，没有汽车空调，就没有现代化的轿车和轻型汽车市场。汽车空调正在成为现代汽车不可缺少的重要附件。

汽车空调发展历史与环境保护

四、组成与分类

1. 汽车空调系统的组成

汽车空调系统主要由制冷系统、暖风系统、通风系统、加湿系统、空气净化系统和控制系统组成。

汽车制冷系统组成

（1）制冷系统

制冷系统对车室内空气或由外部进入车内的新鲜空气进行冷却或除湿，使车室内空气变得凉爽舒适。

（2）暖风系统

暖风系统主要用于取暖，对车室内空气或由外部进入车内的新鲜空气进行加热，达到取暖、除湿的目的。

（3）通风系统

通风系统将外部新鲜空气吸进车内，起到通风和换气作用。同时防止风窗玻璃起雾。

（4）加湿系统

在空气湿度较低的时候，加湿系统对车内空气进行加湿，以提高车内空气的相对湿度。

（5）空气净化系统

空气净化系统除去车室内空气中的尘埃、异味、烟气及有毒气体，使车室内空气变得清洁。

（6）控制系统

控制系统对制冷和暖风系统的温度、压力进行控制，同时对车室内空气的温度、风量、流向进行控制，完善空调系统的正常工作。

上述各部分全部或部分地组合在一起安装在汽车上，便组成了汽车空调系统。在一般的轿车和客货车上，通常只有制冷系统、暖风系统、通风系统和控制系统，在高级轿车和高级大客车上，除了制冷系统、暖风系统外，还有加湿系统和空气净化系统。

汽车制冷系统分类

2. 汽车空调系统的分类

（1）按功能分类

汽车空调系统按功能分类，可分为单一功能式汽车空调系统和组合式汽车空调系统两种。

① 单一功能式汽车空调系统是指制冷系统、暖风系统各自独立，一般用于大、中型客车上。

② 组合式汽车空调系统是指制冷、暖风合用一个鼓风机、一套操纵机构的汽车空调系统。这种结构又分为制冷、暖风分别工作和制冷、暖风可同时工作两种方式，多用于轿车上。

（2）按驱动方式分类

汽车空调系统按驱动方式分类，可分为非独立式汽车空调系统和独立式汽车空调系统两种。

① 非独立式汽车空调系统。空调制冷压缩机由汽车发动机驱动，汽车空调系统的制冷性受汽车发动机工况的影响较大，工作稳定性较差，低速时制冷量不足，而在高速时制冷量过剩，并且消耗功率较大，影响汽车发动机的动力性。这种类型的汽车空调系统一般用于制冷量相对较小的中、小型汽车上。

② 独立式汽车空调系统。空调制冷压缩机由专用的空调发动机（也称副发动机）驱动，汽车

空调系统的制冷性能不受汽车发动机工况的影响，工作稳定，制冷量大，但由于加装了一台发动机，不仅成本增加，而且体积和重量增加。这种类型的汽车空调系统多用于大、中型客车上。

任务实施

分组训练，在实车上找到空调系统各组成部件。

任务二　汽车空调制冷系统的检修

【学习目标】

知识要求：掌握汽车空调制冷系统各类型的结构、原理与检修方法。

能力要求：能根据故障现象制订正确的维修计划。并根据维修手册，使用常用的维修工具对汽车空调制冷系统的常见故障进行诊断与修复。

任务导入

一辆上海通用别克君越轿车，装配自动空调，空调系统工作时会出现间歇性不制冷的现象，该故障多出现在高速行驶时，怠速有时也出现，天气越热故障出现的频率越高。

知识准备

一、汽车空调制冷系统压缩机结构原理

制冷压缩机是汽车空调制冷系统的心脏，起着压缩和输送制冷剂、保证制冷剂正常循环工作的作用，是推动制冷剂在冷气系统中不断循环的动力。

1. 曲轴连杆式压缩机

曲轴连杆式压缩机是一种应用较为广泛的制冷压缩机。如图 2-1 所示，压缩机的活塞在气缸内不断地运动，改变了气缸的容积，从而在制冷系统中起到了压缩和输送制冷剂的作用。曲轴连杆式压缩机的机体由气缸体和曲轴箱组成，气缸体中装有活塞，曲轴箱中装有曲轴，通过连杆将曲轴与活塞连接起来。在气缸顶部装有进气阀和排气阀，通过

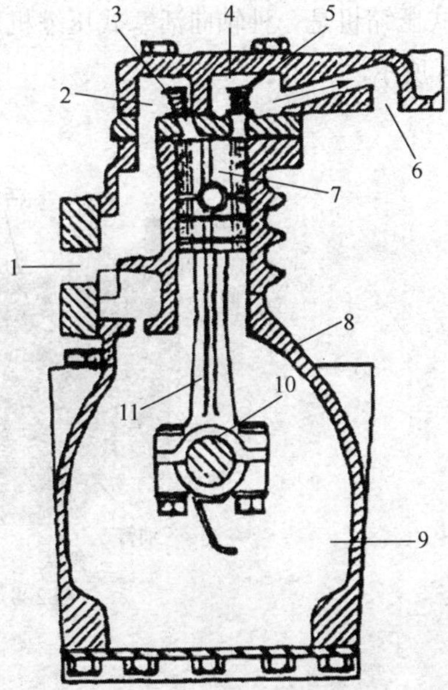

图 2-1　曲轴连杆式压缩机
1—进气管　2—进气腔　3—进气阀　4—排气腔　5—排气阀
6—排气管　7—活塞　8—气缸体　9—曲轴箱
10—曲轴　11—连杆

吸气腔和排气腔分别与吸气管和排气管相连。当发动机带动曲轴旋转时，通过连杆的传动，活塞便在气缸内做上下往复运动，在吸、排气阀的配合下，完成对制冷剂气体的吸入、压缩和输送的任务。

2. 径向活塞式压缩机

径向活塞式压缩机是一种往复活塞式压缩机，它有两种类型。

一种类型是 4 个气缸位于同一径向平面，一根连杆连接两个活塞，曲柄在连杆槽中滑动，将曲轴的旋转运动转变为活塞的直线往复运动，如图 2-2 所示，称为连杆径向活塞式压缩机。

另一种类型是无连杆，称为滑环径向活塞式压缩机，如图 2-3 所示。

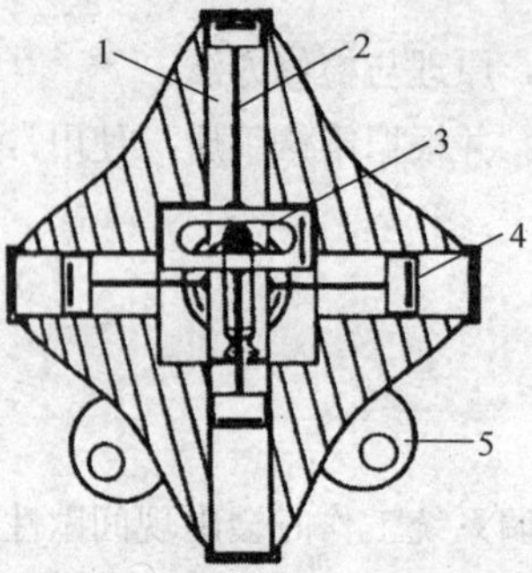

图 2-2 连杆径向活塞式压缩机
1—气缸 2—连杆 3—曲轴轴颈 4—活塞 5—基座

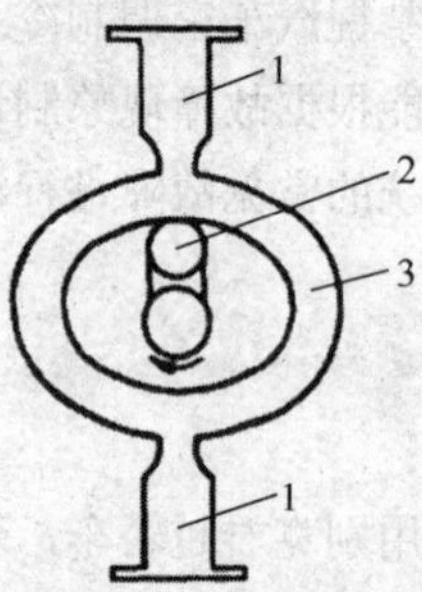

图 2-3 滑环径向活塞式压缩机
1—活塞 2—压缩机轴 3—滑环

3. 斜盘式压缩机

斜盘式压缩机是一种轴向活塞式压缩机，其主要零件是主轴和斜板，结构如图 2-4 所示。

斜盘式压缩机外形

斜盘式压缩机分解

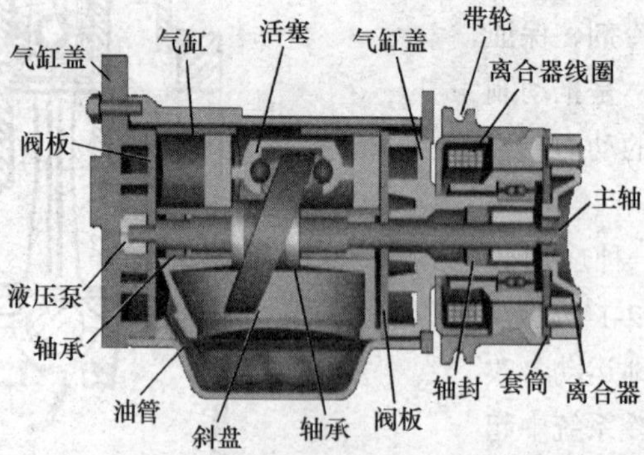

图 2-4 斜盘式压缩机

4. 翘板式压缩机

翘板式压缩机也是一种轴向活塞式压缩机，其结构如图 2-5 所示。

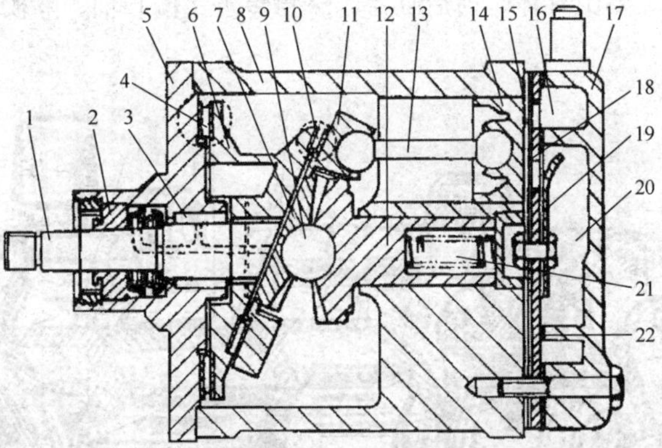

图 2-5 翘板式压缩机的机构图

1—主轴 2—轴封总成 3—滑动轴承 4—端面滚柱轴承 5—前缸盖 6—传动板 7—圆锥齿轮 8—缸体 9—钢球 10—翘板滚柱轴承 11—翘板 12—锥齿轮 13—连杆 14—活塞 15—阀板垫 16—吸气腔 17—后盖 18—阀板 19—排气阀片 20—排气腔 21—压紧弹簧 22—后盖缸垫

5. 旋叶式压缩机

旋叶式压缩机的气缸形状有圆形和椭圆形两种，如图 2-6 和图 2-7 所示。

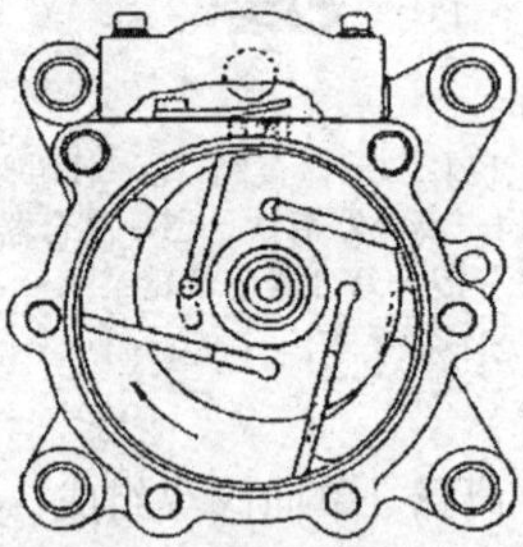

图 2-6 四叶片圆形气缸旋叶式压缩机

图 2-7 四叶片椭圆形气缸旋叶式压缩机

6. 滚动活塞式压缩机

滚动活塞式压缩机主要由曲轴、气缸、滚动活塞、排气阀、吸气口、滑片和弹簧组成，如图 2-8 所示。

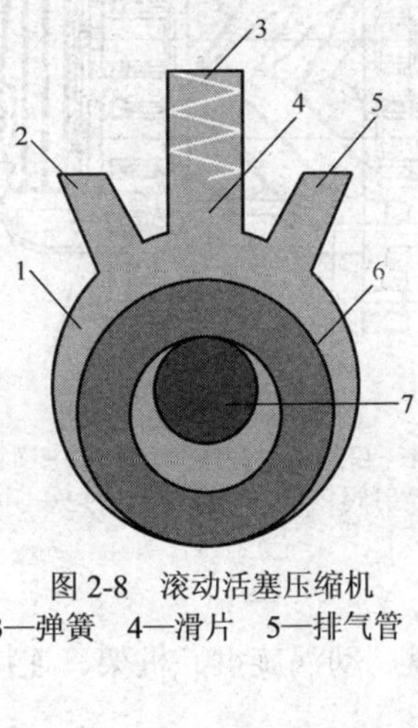

图 2-8 滚动活塞压缩机

1—气缸 2—进气管 3—弹簧 4—滑片 5—排气管 6—滚动活塞 7—曲轴

7. 三角转子式压缩机

三角转子式压缩机主要由缸体、前后缸盖、三角转子、偏心轴、隔板、密封结构等组成，其结构如图 2-9 所示。

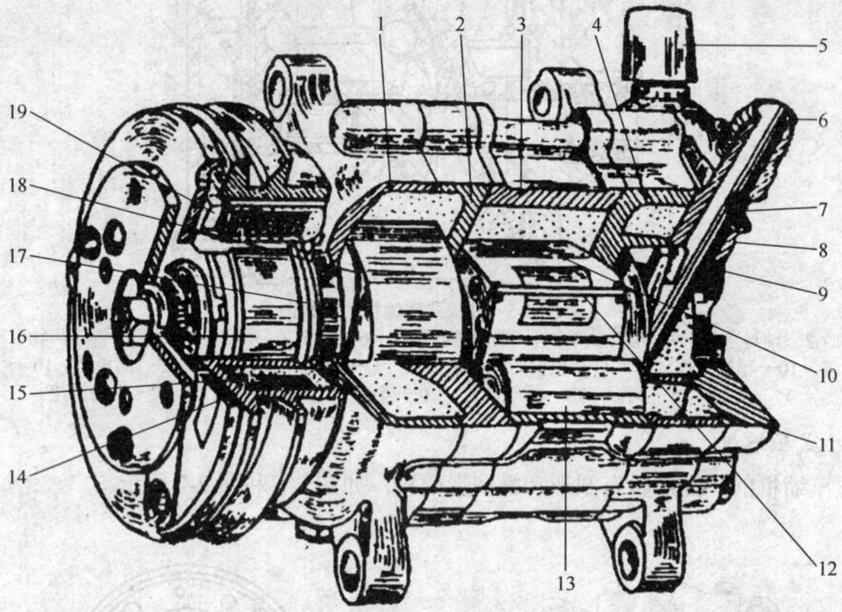

图 2-9　三角转子式压缩机

1—前缸盖　2—隔板　3—中间机体　4—后缸盖　5—排气口　6—进气口　7—检查阀　8—后端吸气口　9—轴承　10—三角转子　11—排气腔　12—顶尖密封条　13—排气阀　14—离合器衔铁　15—离合器电磁线圈　16—离合器轴承　17—轴封总成　18—平衡块　19—离合器皮带轮

8. 螺杆式压缩机

螺杆式压缩机主要由阴阳螺杆、缸体、前后缸盖、油分离器、单向阀等组成，如图 2-10 所示。

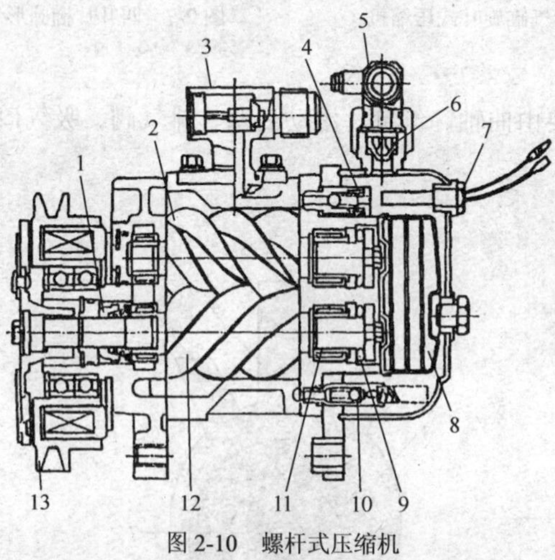

图 2-10　螺杆式压缩机

1—油封　2—阳螺杆　3—吸气口　4—卸荷阀　5—排气口　6—逆止阀　7—排气传感器　8—油分离器　9—止推轴承　10—油喷射阀　11—径向轴承　12—阴螺杆　13—电磁离合器

9. 涡旋式压缩机

涡旋式压缩机主要由固定涡旋盘、动涡旋盘、机架、连接器、曲轴等组成，如图 2-11 所示。

10. 压缩机离合器

汽车压缩机离合器一般是电磁式的。电磁离合器主要有 3 个组成部分：装在轴承上的带轮，与压缩机主轴花键相连的驱动盘以及不转动的电气绕组或线圈，如图 2-12 所示。

电磁离合器

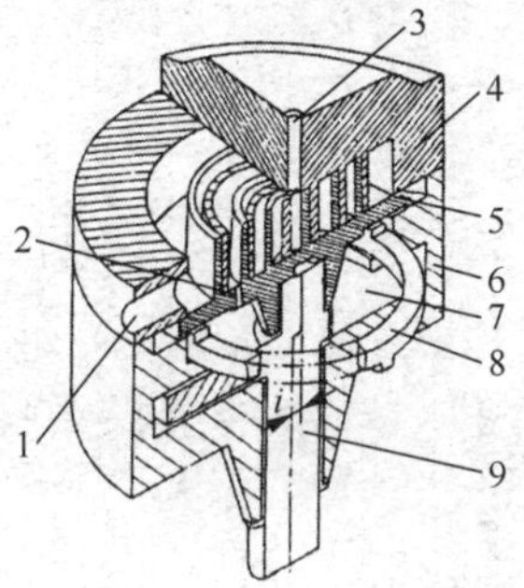

图 2-11　涡旋式压缩机

1—吸入口　2—背压孔　3—排出口　4—固定涡旋盘　5—动涡旋盘　6—机架　7—背压腔　8—十字环　9—曲轴

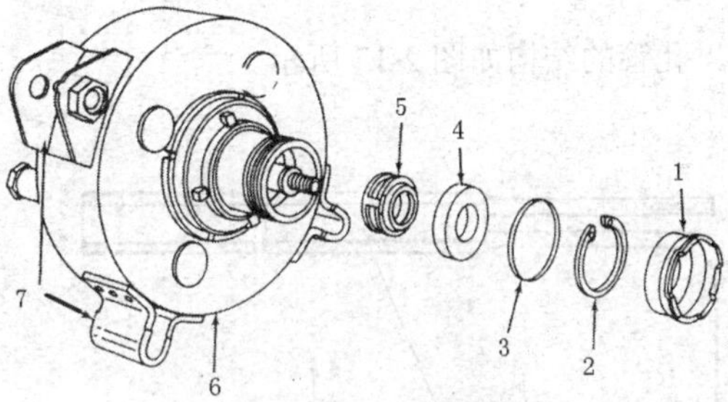

图 2-12　压缩机离合器的机构

1—防尘盖　2—弹性卡圈　3—密封圈　4—陶瓷密封座　5—密封　6—压缩壳体　7—安装吊耳

二、汽车空调制冷系统膨胀阀

膨胀阀也称节流阀，是汽车空调制冷系统的主要部件，安装在蒸发器入口处，如图 2-13 所示。膨胀阀有感温膨胀阀、H 型膨胀阀等。

内平衡式膨胀阀

内平衡式膨胀阀内部结构

1. 内平衡感温膨胀阀

图 2-14 所示为内平衡膨胀阀的结构示意图。针阀、阀座和孔口用以调节制冷剂流量，针阀由膜片驱动。

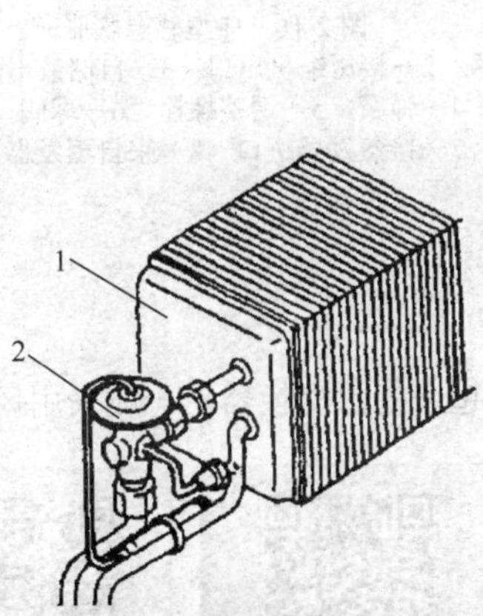

图 2-13　膨胀阀的安装位置

1—蒸发器　2—膨胀阀

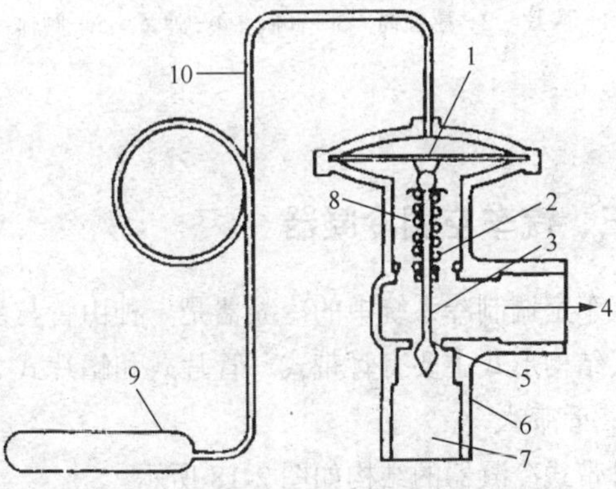

图 2-14　内平衡感温膨胀阀

1—膜片　2—平衡口　3—针阀　4—蒸发器出口　5—阀座　6—阀体　7—通储液罐的进口　8—弹簧　9—遥控温包　10—毛细管

2. 外平衡感温膨胀阀

外平衡感温膨胀阀的结构如图 2-15 所示。

3. H型感温膨胀阀

H型感温膨胀阀外观为长方形，因其内部通路像字母H而得名。它有4个通往汽车空调系统的接口，其中两个接口和标准膨胀阀的一样，一个接储液干燥器出口，另一个接蒸发器进口。它还有两个接口，一个接蒸发器出口，另一个接压缩机进口，如图2-16所示。

H型膨胀阀外部结构

H型膨胀阀工作原理

4. 孔管

孔管的结构如图2-17所示。

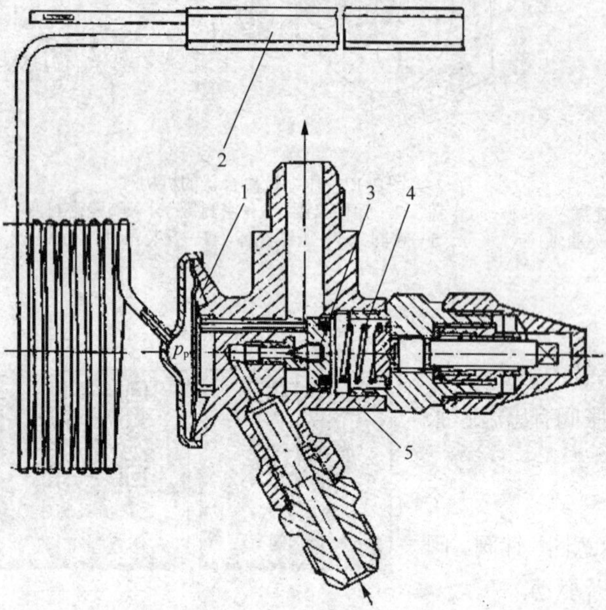

图2-15 外平衡感温膨胀阀

1—膜片 2—感温筒 3—针阀 4—弹簧 5—阀体

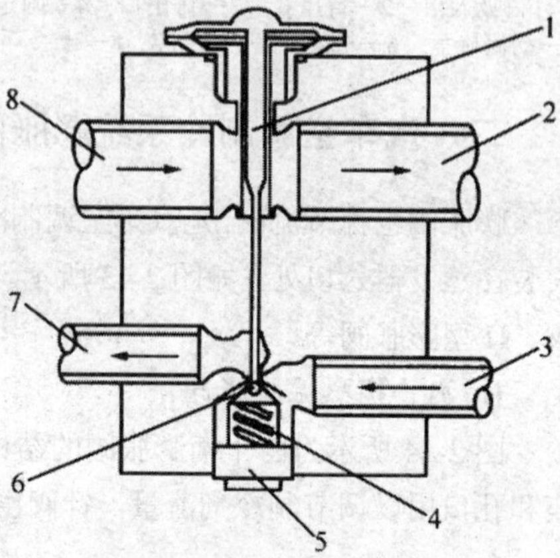

图2-16 H型感温膨胀阀

1—感温器 2—接压缩机出口 3—自储液干燥器来 4—弹簧 5—调整螺栓 6—球阀 7—接蒸发器进口 8—来自蒸发器

三、汽车空调冷凝器

汽车空调制冷系统中的冷凝器是一种由管与散热片组合起来的热交换器。一般采用风冷式结构，其结构形式主要有管带式、管片式和鳍片式3种。

1. 管带式

管带式冷凝器的结构如图2-18所示。

2. 管片式

管片式冷凝器由铜质或铝质圆管套上散热片组成，如图2-19所示。一般用在大中型客车的制冷装置上。

空调系统工作原理及冷凝器的安装方式

管带式冷凝器

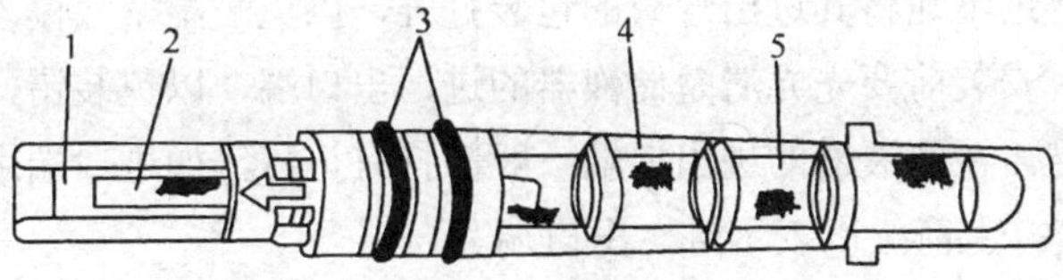

图 2-17 孔管

1— 出口滤网 2—节流孔 3—密封圈 4—管外壳 5—进口滤网

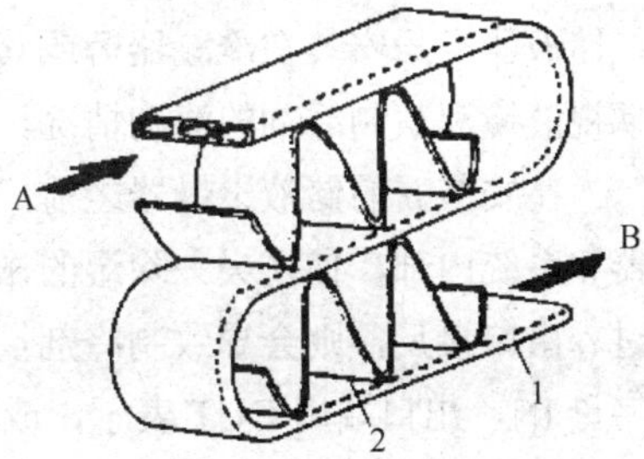

图 2-18 管带式冷凝器

1—盘管 2—铝片 A—气态制冷剂 B—液态制冷剂

3. 鳍片式

鳍片式冷凝器是在扁平的多通管道表面直接铣出鳍片状散热片，然后装配成冷凝器，如图 2-20 所示。鳍片式冷凝器是较先进的汽车空调冷凝器。

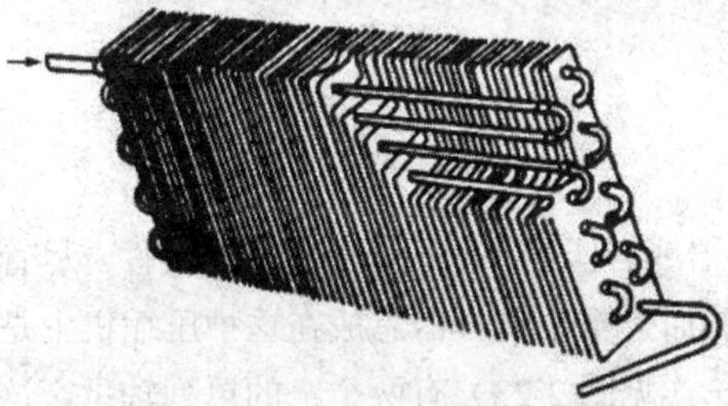

图 2-19 管片式冷凝器

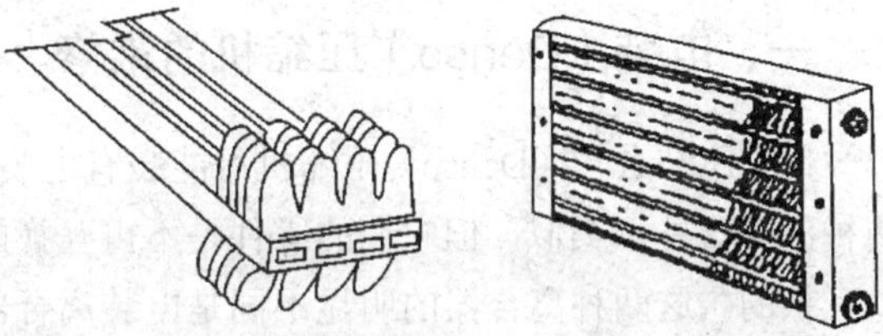

图 2-20 鳍片式冷凝器

四、储液干燥器

储液干燥器简称储液器，安装在冷凝器和膨胀阀之间。储液干燥器由储液器、干燥器、检视窗和安全装置（见图 2-21）组合装配在一起构成，也有分散安装的，图 2-22 所示为储液干燥器的结构。

储液干燥罐外部结构

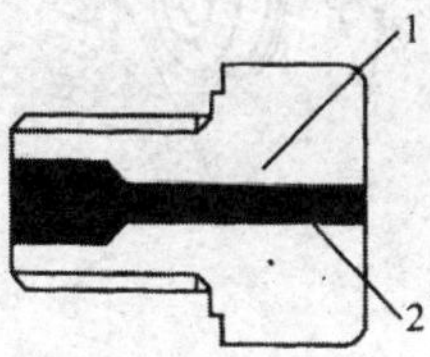

图 2-21 安全装置

1—易熔塞 2—焊锡

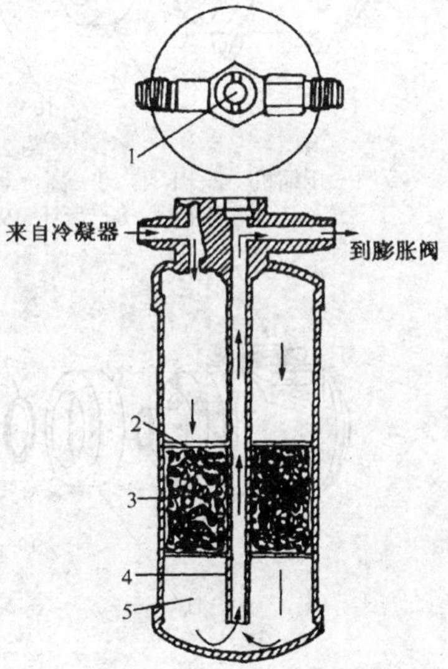

图 2-22 储液干燥器的结构

1—视液镜 2—过滤网 3—干燥剂 4—吸出管 5—储液罐

储液器一般安装在冷凝器旁或其他通风良好的地方，这是为了便于连接和安装，且易从顶部玻璃视液镜观察制冷剂的流动情况。对直立式储液器，安装时若偏离垂直方向，倾斜度不得超过15°。在安装新的储液干燥器之前，不得过早地将其进出管口的包装打开，以免潮湿空气侵入储液器和系统内部，使之失去除湿的作用。安装前要先弄清楚储液器的进、出口端，以免装错，如果进、出口接反，则会导致制冷剂量不足。在储液器的进出口端一般都打有记号，如进口端用英文字母 IN，出口端用 OUT 表示，或直接打上箭头以表示进、出口端。

① 用手摸储液干燥器的进出管，并观察视液玻璃。如果进口很烫，而且出口管接近气温，从视液玻璃中看不到或很少有制冷剂流过，或者制冷剂很浑浊、有杂质，可能储液器中的滤网堵了或干燥剂散了并堵住出口。一般干燥剂使用 3 个月，吸湿能力要下降一半，所以每 2 年应更换一次干燥器。

② 检查易熔塞是否熔化，各接头处是否有油迹。

③ 检查视液玻璃是否有裂纹，周围是否有油迹。

任务实施

一、电装（Denso）压缩机的维修

日本电装公司（Denso）压缩机可能装有电装离合器或者沃纳（Warner）离合器组件。尽管这两种离合器外形类似，但它们的零件是不可互换的。然而，整个离合器总成在这种压缩机上是可以互换的。这两种离合器的明显不同是电装离合器带轮（见图 2-23）有两个窄的单列轴承，这两个轴承用钢丝卡环定位。

沃纳离合器（见图 2-24）只有一个宽的双列轴承，它通过冲铆翻边来定位。

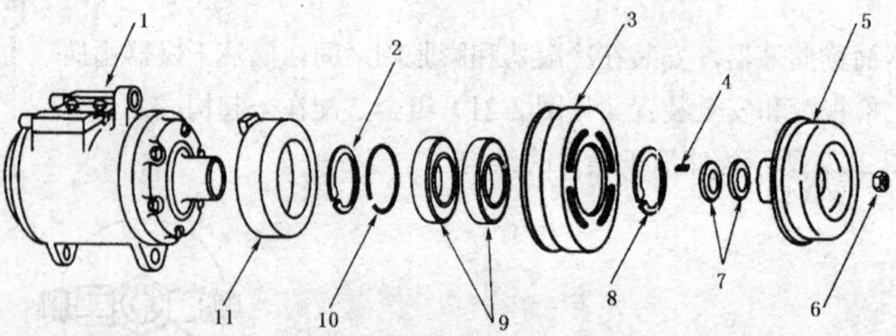

图 2-23　电装离合器

1—压缩机　2—卡环　3—离合器带轮　4—毂键　5—离合器毂　6—锁紧螺母
7—调整垫圈　8—卡环　9—带轮轴承　10—卡环　11—励磁线圈

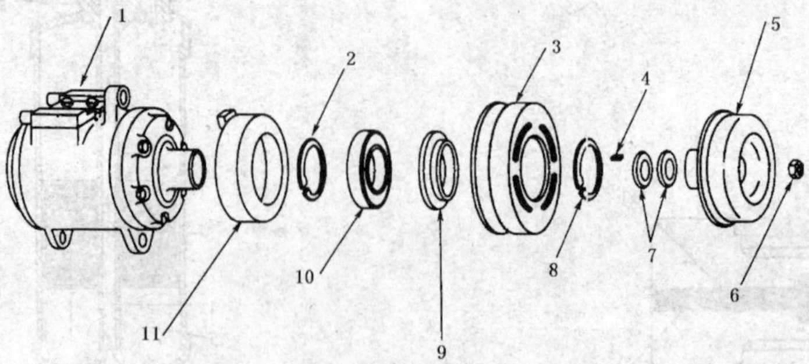

图 2-24　沃纳离合器

1—压缩机　2—卡环　3—离合器带轮　4—毂键　5—离合器毂　6—锁紧螺母
7—调整垫圈　8—卡环　9—防尘护圈　10—带轮轴承　11—励磁线圈

（1）使用离合器毂拆卸工具，拆卸离合器毂，如图 2-25 所示。

（2）使用卡环钳，拆卸带轮定位卡环，然后使用三爪拉器拆下带轮和轴承组件，如图 2-26 所示。

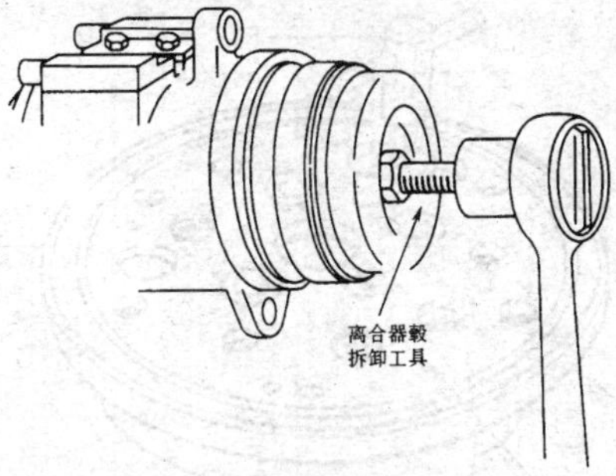

图 2-25 拆卸离合器毂

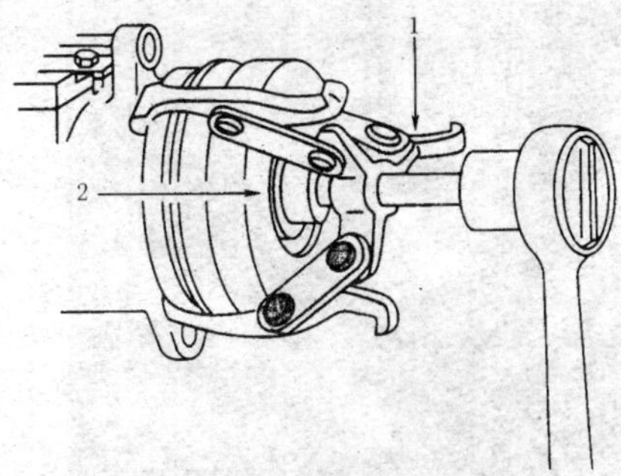

图 2-26 拆卸带轮和轴承组件
1—拉器 2—轴保护器

（3）使用卡环钳，拆卸励磁线圈定位卡环，并从压缩机上取下励磁线圈，如图 2-27 所示。

（4）使用合适的工具从前盖上拆下 6 个贯穿螺栓，如图 2-28 所示。

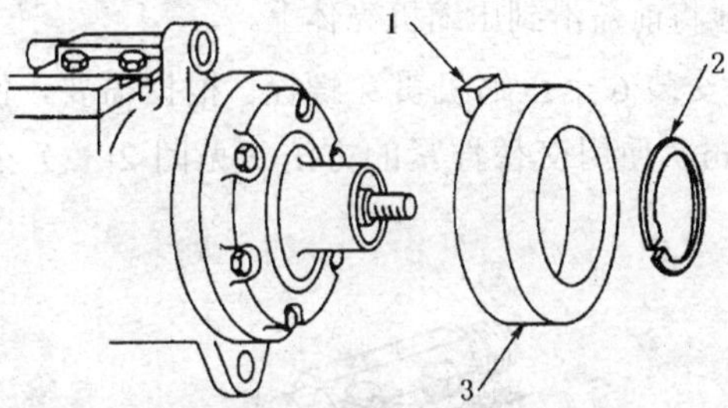

图 2-27 拆卸励磁线圈
1—导线连接器 2—卡环 3—励磁线圈

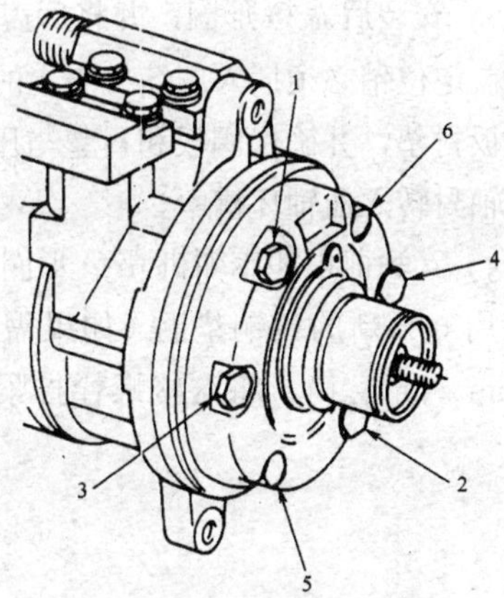

图 2-28 拆卸贯穿螺栓
1、2、3、4、5、6—螺栓

（5）用塑料锤轻轻敲击前盖，使前盖与压缩机壳脱离。

（6）拆卸压缩机壳与前盖之间的 O 形圈以及前盖与阀板之间的衬垫，并将它们报废（一次性零件）。

（7）使用轴封座拆卸工具，拆卸轴封座和轴封，如图 2-29 所示。

（8）用塑料锤轻轻敲击后盖，并拆下后盖。将后盖与壳体之间的 O 形圈拆下，然后将它报废（一次性零件）。使用阀板拆卸工具拆下阀板，如图 2-30 所示。

（9）敲击压缩机壳体上的凸耳，使前、后壳分离。

（10）检查吸气阀是否损坏。

（11）检查两个排气阀是否损坏。

（12）检查所有的配合表面是否有刻痕和起毛刺现象。

（13）检查压缩机活塞腔内和压缩机体内是否有异物。

（14）使用洁净的矿物基冷冻润滑油或O形圈润滑剂，对所有的O形圈和衬垫进行充分润滑。放上前、后壳O形圈，并将两半壳体向一起滑动。

图2-29　拆卸轴封

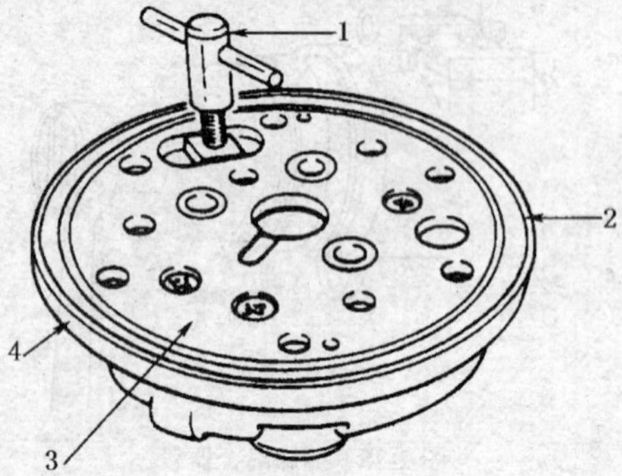

图2-30　使用阀板拆卸工具拆下阀板
1—阀板拆卸工具　2—O形圈　3—阀板　4—前盖

（15）将后盖安装到阀板衬垫上。

（16）安装排气阀板和吸气阀板。并确保衬垫和阀板与后盖上的定位销对正。

（17）安装后盖O形圈，并将后盖和阀板组件安装到压缩机壳上。

后盖定位销必须插入压缩机壳上的相应的孔中。将压缩机放在后盖上，并安装吸气阀、排气阀和阀板衬垫，并确保阀板和衬垫与压缩机壳上的定位销对正。安装压缩机轴封（见图2-31），确保将轴封转入曲轴环槽中。

（18）安装前盖和压缩机壳O形圈，并小心地将前盖滑到压缩机壳体上。

使用6只新的黄铜垫圈（如果需要的话），安装6个压缩机贯穿螺栓。根据需要，使用一只10mm六角套筒，将这些螺栓拧紧到29N·m。使用交替拧紧的方法（见图2-32）来拧紧螺栓。

图2-31　安装压缩机轴封

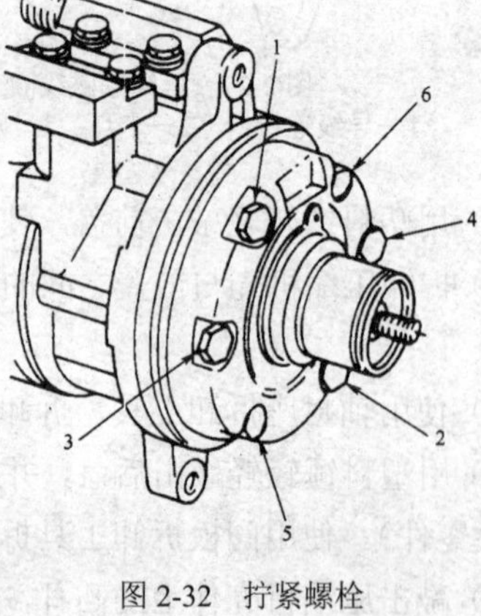

图2-32　拧紧螺栓
1、2、3、4、5、6—螺栓

（19）安装励磁线圈。应确保压缩机上的定位销插入离合器线圈上的孔中。安装卡环。确保卡环的锥形边缘朝外。将转子和轴承组件滑到盖上。使用轴承拆卸/带轮安装工具（见图2-33），轻轻地敲击带轮，使其安装到盖上。

（20）安装转子和轴承卡环。卡环的锥形边缘必须朝外。检查轴和毂键，确保正确安装到位。将轮毂上的键槽与轴上的键对正。使用轮毂安装工具，将轮毂压到压缩机轴上，如图 2-34 所示。

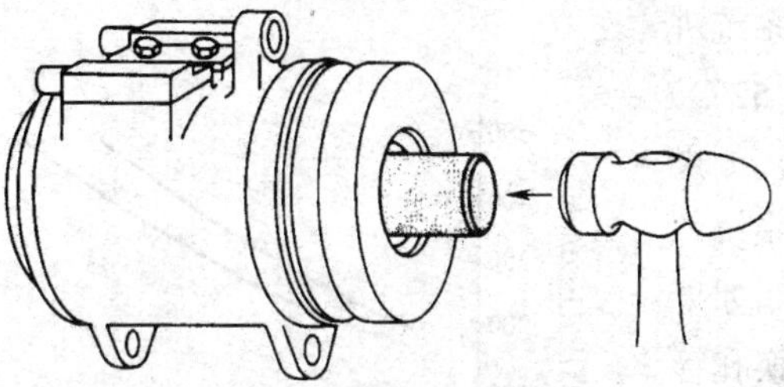

图 2-33 安装带轮

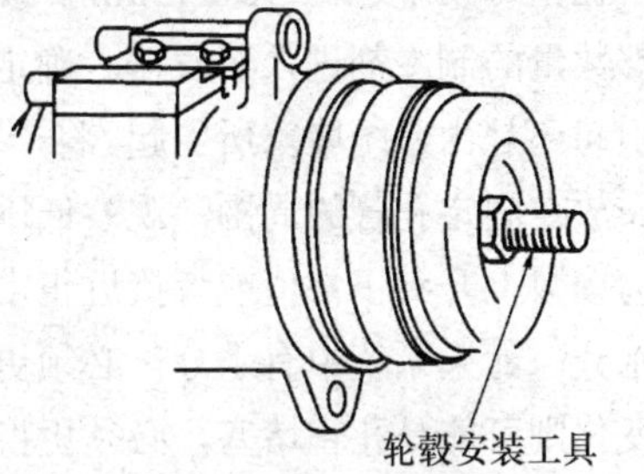

图 2-34 安装轮毂

（21）使用非磁性塞尺，检查轮毂与转子之间的间隙，如图 2-35 所示。将轴（毂）转动半圈，再重新检查间隙。如间隙不正确，应按需更换合适的调整垫圈。安装锁紧螺母，并拧紧到 13.6～19.0 N • m。

二、空调制冷系统膨胀阀的检修

1. 检修 L 型膨胀阀

（1）使用两个扳手拆卸膨胀阀，如图 2-36 所示。

（2）将膨胀阀装在歧管和压力表上，并注入制冷剂，如图 2-37 所示。将膨胀阀的毛细管放入水箱中，打开高压手动阀门，使高压表指针达到 490kPa，制冷剂通过膨胀阀以气体排出。

（3）观察水箱中水温的变化（横坐标）与高压表上的读数（纵坐标），两数值的交点应落在图 2-38 中的两曲线之间，否则应更换膨胀阀。

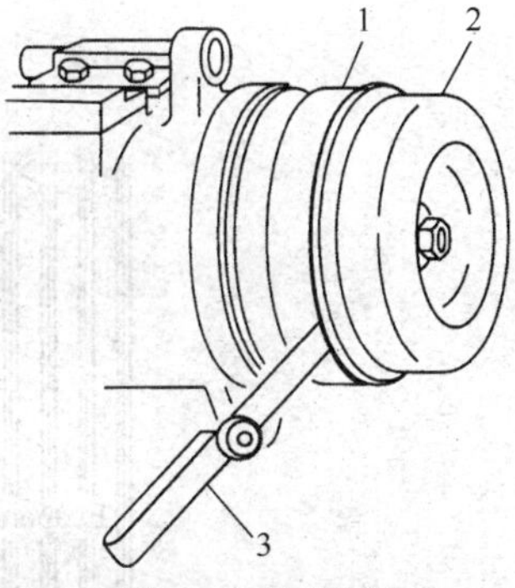

图 2-35 检查间隙

1—转子 2—轮毂 3—非磁性塞尺

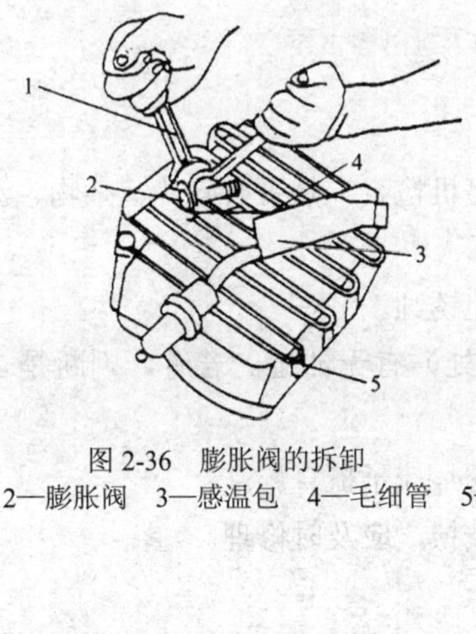

图 2-36 膨胀阀的拆卸

1—扳手 2—膨胀阀 3—感温包 4—毛细管 5—蒸发箱

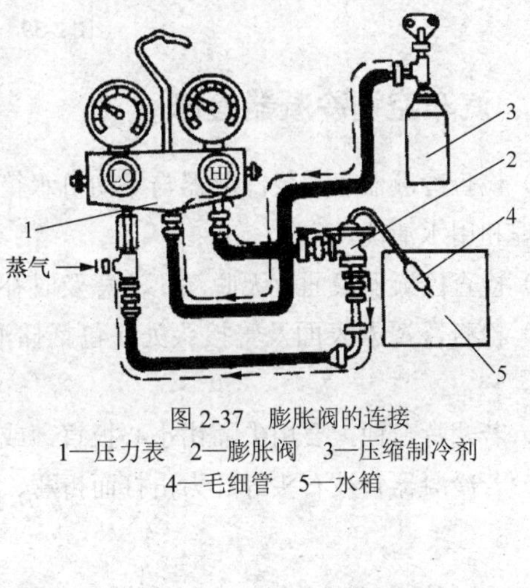

图 2-37 膨胀阀的连接

1—压力表 2—膨胀阀 3—压缩制冷剂 4—毛细管 5—水箱

2. 检修空调制冷系统孔管

（1）将歧管压力表组安装到汽车空调系统上。

（2）起动发动机，并将发动机转速调到 1000～1200r/min。

（3）将所有的空调控制开关调到最冷（MAX）位置。

让空调系统运转 10～15min。观察低压侧压力表。低压侧压力表读数不正常表明孔管不能让足够数量的制冷剂进入蒸发器。确定问题是由系统进水引起还是由系统堵塞所引起。将一块温热（约 52℃）的布放在固定孔管的周围，观察低压侧压力表，如果压力读数上升到正常值或者接近正常值，表明系统内有水分。如果系统中有水分，必须更换储液器。如果无变化则可能是孔管堵塞，必须更换孔管。更换孔管时将孔管拆卸工具安装到孔管上，顺时针转动 T 形手柄，使工具与孔管的舌片刚好啮合，握住 T 形手柄，并顺时针转动孔管拆卸工具的外套壳，拆下孔管，如图 2-39 所示。

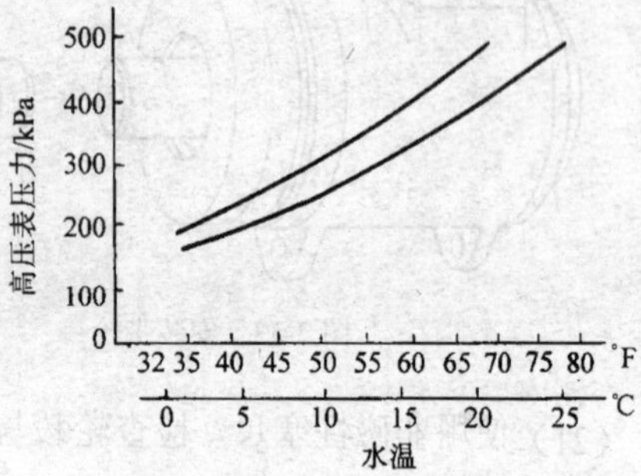

图 2-38　水温与高压表压力的关系

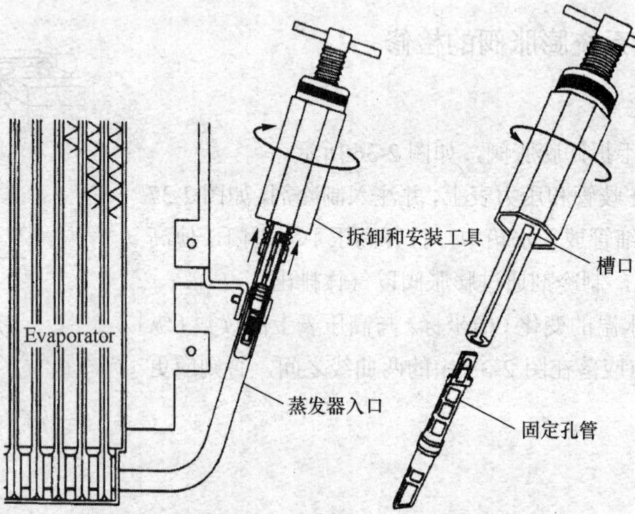

图 2-39　拆卸孔管

三、汽车空调冷凝器检修

（1）检查冷凝器表面及冷凝器与发动机水箱之间（停机检查）是否有碎片、杂物、泥污，并进行清理和用水清洗。

（2）检查冷凝器表面有无脱漆，注意及时补漆，以免锈蚀。

（3）检查冷凝器表面及管接头处（包括储液器接头处）有无油迹。若有，判断是否有制冷剂泄漏。

（4）若翅片弯曲，要用尖嘴钳小心扳直，或用专用翅片梳子梳直。

（5）若冷凝器管被石头等外力击打而折弯、压扁、破损，应及时修理。

（6）检查导风罩是否完好、冷凝器与水箱之间的距离是否合理（二者距离不应超过 5mm，否则空气在其之间循环会产生紊流，影响散热）。

四、汽车空调制冷系统的故障案例诊断过程

遇此故障，应首先用歧管压力表检查系统压力，如果高压低于 0.883MPa，低压低于 0.078MPa，同时，从玻璃检测窗中发现有气泡，出风口出风不冷，表明制冷剂不足或有严重泄漏，应予检查并补充制冷剂。检修后，使发动机以 2000 r/min 的转速运转，直至气泡消失，用歧管压力表检查，低压侧压力应为 0.118～0.216MPa，高压侧压力应为 1.274～1.596MPa。

接着，检查系统是否脏堵。系统脏堵，是指压缩机运转中产生的机械杂质和制冷剂对系统内壁作用而脱落的杂质。该杂质将储液干燥罐或膨胀阀堵住，使制冷剂流动受阻。对此，可用歧管压力表检查，如果低压侧呈真空，高压侧压力很低，同时，储液干燥罐或膨胀阀前后管路上挂霜或有结冰现象，出风口出风不冷，并且关机后再开机也没有多大变化，即说明系统脏堵。处理方法是更换储液干燥器或用酒精清洗膨胀阀。

冷凝器风机不转，多半是由于滑动轴承缺油、轴承烧坏或电动机绕组断路、短路所致。经检查，如果轴承缺油，可在电动机后部滑动轴承含油毛毡的上端钻一小孔，用油壶加注入几滴 30 号机油进行润滑；如果滑动轴承烧坏，可将电动机后盖拆下，按规定要求，换装新轴承；如果电动机绕组有断路或短路故障，应分解电动机进一步检修或换装新风机。

冷凝器周围空气流通不畅，冷却不良，可用歧管压力表进行检查。如果高压侧压力较高，而且发动机冷却系统散热片和冷凝器散热片处积存灰尘、杂物较多，应清除杂物和灰尘并用自来水冲洗干净，使其通风散热良好。蒸发器通风道被杂物和灰尘堵塞，可打开空调进行检查。如果出风口风量很小，出风不冷，即表明蒸发器通风道被灰尘和杂物堵塞，应取出杂物、清除灰尘，并用一块合适的铁丝网装在蒸发器进风侧，以防灰尘和杂物被大量吸入。

打开空调进行检查，如果电磁离合器有异响或出现打滑现象，应拆下电磁离合器进行分解检查。若离合器压板和带轮工作面磨损不严重，可在磨床上磨平；若磨损严重，则应换装新电磁离合器。压缩机损坏，内部泄漏，可用歧管压力表检查。如果低压侧压力过高，高压侧压力过低，而且压缩机运转时有不正常的敲击声，压缩机的高、低压侧温差不大，表明压缩机存在阀片破碎、轴承损坏或密封垫破损等故障，应解体检修或更换压缩机。

外循环风门未关，使车外热空气进入车内，应查看真空电磁阀上的真空导管是否破损或断裂，使外循环风门无法关闭。必要时，换装新的真空导管。

习题测试

一、填空题

1．在冷凝器内，制冷剂从________变成________。

2．空调系统高压部分压力过高可能是由于________过量，或系统内有________。

3．当空调系统从 R-12 替换为 R-134a 后，原储液干燥器因含有________干燥剂，应被含有________或________的干燥器替换。

4．空调压缩机的电磁离合器，如果衔铁和转盘之间的距离太近，当离合器断开时________；如果距离太远，当离合器接通时，________。

5．冷冻油的作用有________、________、________及降低压缩机噪声。

二、判断题

1．用于 R-12 和 R-134a 制冷剂的干燥剂是不相同的。（　　）

2．空调压缩机的电磁离合器线圈两端并联的二极管是为了整流。（　　）

3．空调压缩机的电磁离合器线圈两端并联的二极管是为了抑制线圈断电时所产生的瞬间高电压。（　　）

4．空调压缩机的电磁离合器线圈两端并联的二极管是为了防止线圈极性接反。（　　）

5．空调电子检漏计探头长时间置于制冷剂严重泄漏的地方会损坏仪器。（　　）

三、选择题

1．甲说：氯是组成 R-12 制冷剂的一种成分，对臭氧（O_3）层有害；乙说：臭氧（O_3）层对防止紫外线是重要的。谁的说法正确？（　　）

A．甲正确　　B．乙正确

C．两人均正确　　D．两人均不正确

2．甲说：R-12 制冷剂与高温表面接触会产生有毒气体；乙说：制冷剂与高温表面接触会分解。谁的说法正确？（　　）

A．甲正确　　B．乙正确

C．两人均正确　　D．两人均不正确

3．甲说：R-12 制冷剂与明火接触会产生有害气体；乙说：制冷剂与明火接触会爆炸。谁的说法正确？（　　）

A．甲正确　　B．乙正确

C．两人均正确　　D．两人均不正确

4．制冷剂离开蒸发器后在管路中是什么状态？甲说是低压状态；乙说是蒸气状态。谁的说法正确？（　　）

A．甲正确　　B．乙正确

C．两人均正确　　D．两人均不正确

5．蒸发器内液体满溢与液体不足哪种情况更糟？甲说：蒸发器内液体不足更糟，因为它导致制冷不足和高压段过热；乙说：蒸发器内液体满溢更糟，因为它导致制冷不足并使液体撞击压缩机。谁的说法正确？（　　）

A．甲正确　　B．乙正确

C．两人均正确　　D．两人均不正确

6．甲说：肥皂水检漏只能用于空调系统低压侧；乙说：空调系统不工作时，肥皂水检漏既可用于低压侧也可用于高压侧。谁的说法正确？（　　）

A．甲正确　　B．乙正确

C．两人均正确　　D．两人均不正确

四、简答题

1．冷冻润滑油在空调系统中起什么作用？

2．不同牌号的冷冻润滑油可不可以混用？

3．汽车空调制冷剂分为几种？

任务三　汽车空调控制系统的检修

【学习目标】

知识要求：掌握汽车空调控制系统的结构、原理、故障诊断的思路及方法。

能力要求：

1．能根据维修计划，选择正确的检测和诊断设备对汽车空调控制系统进行故障诊断；

2．能使用万用表、故障诊断仪、制冷剂检测仪及常用检测和诊断设备对汽车空调系统传感器、控制器、执行器进行检测；

3．能正确记录、分析各种检测结果并做出故障判断；

4．能按照正确的操作规范进行传感器、执行器和控制器的更换，并能进行系统匹配设定；

5．能对车辆进行测试，检查和评估汽车空调系统的修复质量；

6．能根据环保要求，正确处理对环境和人体有害的辅料、废弃液体和损坏的零部件。

任务导入

一辆华普轿车，制冷剂为 R-134a，开启空调后空调不制冷，电磁离合器不吸合，有时能吸合一下，但立即脱开，无法正常工作。

知识准备

汽车的空调控制系统有压缩机、冷凝器、膨胀阀、蒸发器、鼓风电动机等主要部件。而汽车空调电路的任务便是对上述配置的工况进行调节和控制，这其实便是汽车空调电路的基本特点。图 2-40 所示为一种普通轿车的空调装置电气线路图。

汽车空调的手动控制系统

一、电源的控制

这部分包括了蓄电池、点火开关、熔丝继电器以及鼓风电动机开关、鼓风电动机、压力开关、电磁离合器等。当点火开关接通时，只要鼓风电动机开关闭合，空调电路便开始正常工作，此时，电磁离合器吸合→压缩机运转→制冷系统进行循环，开始制冷。由于鼓风电动机的运转，被蒸发器制冷的空气也被送入车厢内。

二、压缩机电磁离合器的控制

由于轿车的压缩机是由发动机直接驱动，所以当电磁离合器吸合后压缩机才会随之运转作动力输出，而电磁离合器的吸合必须是它的线圈通电，产生电磁吸力，使动力压板吸合在带轮上，再通过带轮来带动压缩机运转。

作为控制电路而言，一般只要点火开关在接通位置，鼓风电动机开关打开，鼓风电动机电路被接通的同时，供给一放大电路电流，通过该电路将电磁离合器线圈接通而产生吸合。

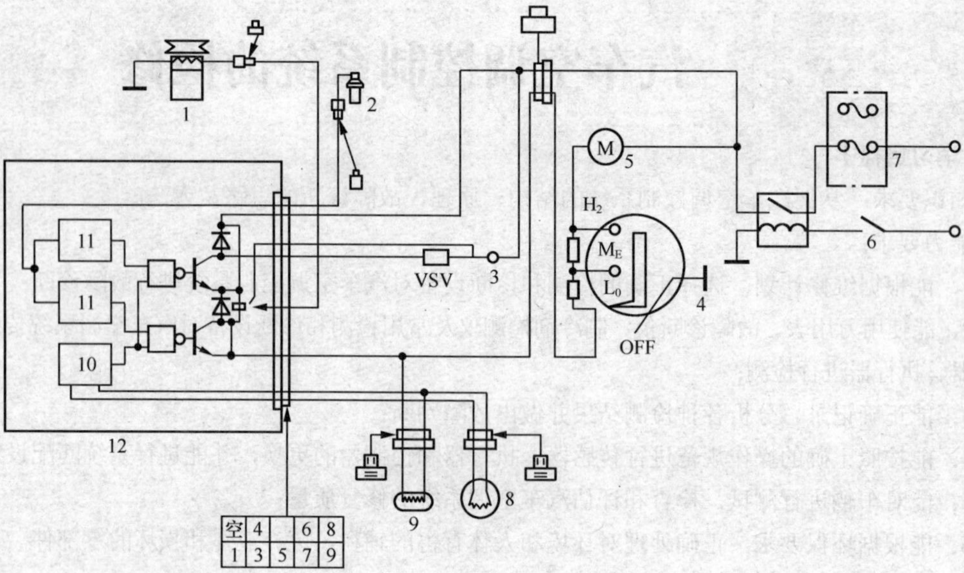

图 2-40　普通轿车空调电路

1—压缩机电磁离合器　2—点火线圈　3—压力开关　4—鼓风电动机开关　5—鼓风电动机
6—点火开关　7—熔断器　8—温度调节旋钮　9—热敏电阻　10—温度检测电路
11—发动机转速检测电路　12—放大器

三、压力开关电路

压力开关电路是制冷系统正常安全运行的必备电路。因为当制冷系统由于某种原因而导致压力升高时，如果没有保护装置，将会引起制冷系统的运行事故。在这时，采用压力开关将系统断开，使压缩机停止运行，从而保护了压缩机和制冷系统。

在压力开关中，将空调系统压力导入开关内，让开关的触点在机械力的作用下强行分离，从而切断了开关回路，电磁离合器分离，使压缩机停止运行。

从上面所述可以看出整个电路系统中，汽车空调电气系统的基本元件和电路主要是围绕着压缩机电磁离合器的开停线路为控制中心。

四、汽车空调电路中的典型控制回路

一般电器电路都是由它的各种控制功能的需要而配置各种控制回路，汽车空调电路也是如此。

五、速度控制电路

汽车空调速度控制电路主要是对发动机处于怠速和高速时的控制，以防止发动机负荷过大和车厢内供冷量过剩。

任务实施

一、丰田花冠轿车空调电路故障检测与排除步骤

1. 电控元件位置

丰田花冠轿车空调电路的电控元件位置如图 2-41 所示。

2. 电路检查及故障码的调取和清除

（1）将点火开关转至ON位置，同时按下AUTO和R/F开关，进行指示灯检查。如果AUTO和R/F开关没有同时按下，则取消检查模式并开始A/C控制。

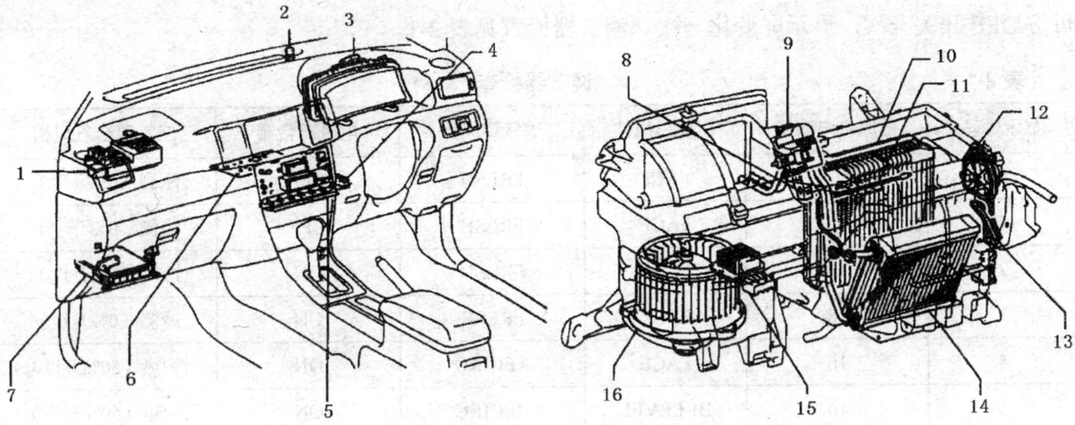

图2-41 电控元件位置图

1—仪表板接线盒 2—日光传感器 3—组合仪表 4—车内温度传感器 5—中心组合板（空调控制总成） 6—空调放大器 7—发动机（和ECT）ECU 8—膨胀阀 9—网状风挡伺服电动机 10—蒸发器 11—蒸发器温度传感器 12—出风口风挡控制伺服电动机 13—空气混合风挡控制伺服电动机 14—加热器散热器 15—鼓风机电动机线性控制器 16—鼓风机电动机

（2）指示灯检查结束后，则自动进入故障码检查（传感器检查）连续操作模式。在这种模式下，按下R/F开关，则进入调节器检查连续操作模式；按下OFF开关，则取消检查模式并能开始A/C控制；按下DEF开关，则进入故障码检查（传感器检查）分步操作模式。

（3）在故障码检查（传感器检查）分步操作模式下，按下R/F开关，则进入调节器检查连续操作模式，按下AUTO开关，则返回到故障码检查（传感器检查）连续操作模式；按下DEF开关，则进行分步操作；按下OFF开关，则取消检查模式并能开始A/C控制。

（4）在调节器检查连续操作模式下，按下AUTO开关，则进入故障码检查（传感器检查）连续操作模式；按下OFF开关，则取消检查模式并能开始A/C控制；按下DEF开关，则进入调节器检查分步操作模式。

（5）在调节器检查分步操作模式下，按下R/F开关，则返回到调节器检查连续操作模式；按下AUTO开关，则返回到故障码检查（传感器检查）连续操作模式；按下DEF开关，则进行分步操作；按下OFF开关，则取消检查模式并能开始A/C控制。

（6）指示灯检查。同时按下AUTO和R/F开关，将点火开关转至ON位置，所有的指示灯在1s内应亮灭4次。完成指示灯检查后，系统自动进入故障码检查模式。

（7）故障码检查（传感器检查）。在结束指示灯检查后，系统自动进入到故障码检查模式，这时可通过控制面板读取故障码。如果要求显示变慢，则按下DEF开关，转换至分步操作模式。每按DEF开关一次，故障码变化一次。

（8）故障码清除。

① 在进行传感器检查期间，同时按下DEF开关和R/F开关，即可清除故障码。

② 从发动机室中继线盒内拔出DOME保险丝至少20s或更长时间，即可清除故障码。

（9）调节器检查。

① 进入故障码检查模式后，按下 R/F 开关，便进入到调节器检查模式。

② 由于每个风挡、电动机和继电器以 1s 为时间间隔，在温度显示屏上从第 10 步开始按顺序显示，用手检查温度和空气流量。如果要求显示变慢，则按下 DEF 开关，转换至分步操作模式。每按 DEF 开关一次，显示屏变化一次。调节器检查见表 2-1。

表 2-1　调节器检查

显示代码	鼓风机电动机	出风口风挡	进气口风挡	电磁离合器	空气混合气风挡
0	OFF	FACE	FRESH	OFF	冷侧（0%开度）
1	1	FACE	FRESH	OFF	冷侧（0%开度）
2	16	FACE	FRESH	ON	冷侧（0%开度）
3	16	FACE	FRESH	ON	冷侧（0%开度）
4	16	FACE	RECIRC	ON	冷/热（50%开度）
5	16	BI-LEVEL	RECIRC	ON	冷/热（50%开度）
6	16	FOOT	RECIRC	ON	热侧（100%开度）
7	16	FOOT	RECIRC	ON	热侧（100%开度）
8	16	FOOT/DEF	RECIRC	ON	热侧（100%开度）
9	31	DEF	RECIRC	ON	热侧（100%开度）

（10）故障码（见表 2-2）。

表 2-2　故障码

故障码	故障诊断	故障说明
00	正常	—
11	车内温度传感器电路故障	1. 车内温度传感器有故障 2. 空调放大器有故障 3. 车内温度传感器与空调放大器间的配线和连接器有故障
12	环境温度传感器电路故障	1. 环境温度传感器有故障 2. 空调放大器有故障 3. 环境温度传感器与空调放大器间的配线和连接器有故障
13	蒸发器温度传感器电路故障	1. 蒸发器温度传感器有故障 2. 空调放大器有故障 3. 蒸发器温度传感器与空调放大器间的配线和连接器有故障
14	水温传感器电路故障	1. 水温传感器有故障 2. 水温传感器与发动机和 ECT、ECU 间的配线和连接器有故障 3. 发动机和 ECT、ECU 与仪表 ECU 间的配线和连接器有故障 4. 仪表 ECU 与空调放大器间的配线和连接器有故障 5. 空调放大器有故障
21	日光传感器电路短路 日光传感器电路断路	1. 日光传感器有故障 2. 日光传感器与空调放大器间的配线和连接器有故障 3. 空调放大器有故障

续表

故障码	故障诊断	故障说明
23	压力开关电路故障	1．压力开关有故障 2．空调放大器有故障 3．压力开关与空调放大器间的配线和连接器有故障
31	空气混合风挡位置传感器电路故障	1．空气混合风挡位置传感器有故障 2．空调放大器有故障 3．空气混合风挡位置传感器与空调放大器间的配线和连接器有故障
33	出风口风挡位置传感器电路故障	1．出风口风挡位置传感器有故障 2．空调放大器有故障 3. 出风口风挡位置传感器与空调放大器间的配线和连接器有故障
41	空气混合风挡控制伺服电机故障	1．空气混合风挡控制伺服电动机有故障 2．空气混合风挡位置传感器有故障 3．空调放大器有故障 4. 空气混合风挡控制伺服电动机与空调放大器间的配线和连接器有故障
43	出风口风挡控制伺服电动机故障	1．出风口风挡控制伺服电动机有故障 2. 出风口风挡位置传感器有故障 3．空调放大器有故障 4．出风口风挡控制伺服电动机与空调放大器间的配线和连接器

① 故障码 11 检查。故障码 11 电路检查（见图 2-42）步骤如下。

a. 检查空调放大器。拆下空调放大器但连接器仍连接，将点火开关转至 ON 位置，检测空调放大器连接器端子 A14-12（TR）与 A14-14（SG-3）间的电压。20℃时应为 1.8～2.2V，40℃时应为 1.2～1.6V。若正常，按故障症状表进行下一个电路检查；若不正常，进行下一步检查。

b. 检查车内温度传感器。拆下车内温度传感器，检测车内温度传感器连接器端子 1 与 2 间的电阻。20℃时应为 1.65～1.75kΩ，40℃时应为 0.55～0.65kΩ。车内温度传感器连接器如图 2-42 中的 A19 所示。若正常，进行下一步检查；若不正常，更换车内温度传感器。

c. 检查车内温度传感器与空调放大器间的配线和连接器。若正常，继续检查空调放大器；若不正常，修理或更换配线和连接器。

② 故障码 12 检查。故障码 12 电路检查步骤如下。

a. 检查空调放大器。拆下空调放大器但连接器仍连接，将点火开关转至 ON 位置，检测空调放大器连接器端子 A15-12（TAM）与 A15-13（SG-5）间的电压。25℃时应为 1.4～1.8V，40℃时应为 0.9～1.3V。若正常，按故障症状表进行下一个电路检查；若不正常，进行下一步检查。

b. 检查环境温度传感器。拆下环境温度传感器，检测环境温度传感器连接器端子 1 与 2 间的电阻。25℃时应为 1.65～1.75kΩ，40℃时应为 0.55～0.65kΩ。环境温度传感器连接器如图 2-43 中的 A1。若正常，进行下一步检查；若不正常，更换环境温度传感器。

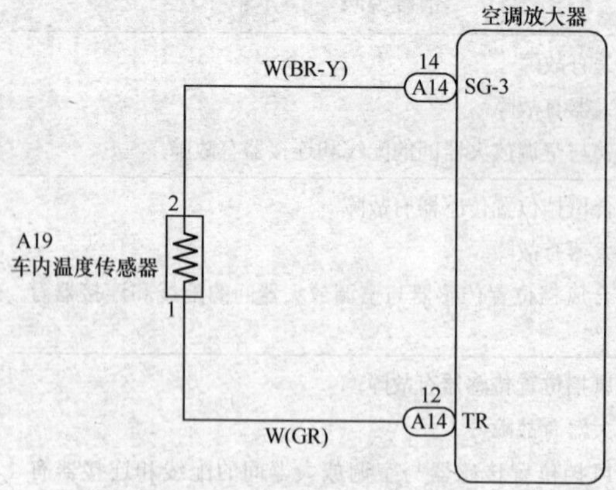

图 2-42　故障码 11 检查电路

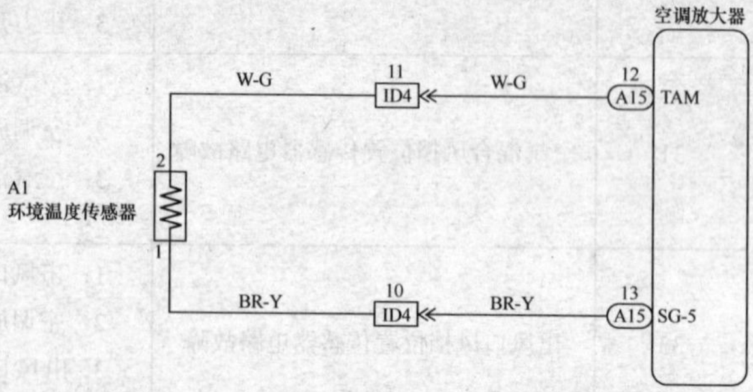

图 2-43　故障码 12 检查电路

c. 检查环境温度传感器与空调放大器间的配线和连接器。若正常，检查并更换空调放大器；若不正常，修理或更换配线和连接器。

③ 故障码 13 检查。故障码 13 电路检查步骤如下。

a. 检查空调放大器。拆下空调放大器但连接器仍连接，将点火开关转至 ON 位置，检测空调放大器连接器端子 A14-13（TE）与 A14-15（SG-4）间的电压，如图 2-44 所示。0℃时应为 2～2.4V，15℃时应为 1.4～1.8V。若正常，按故障症状表进行下一个电路检查；若不正常，进行下一步检查。

b. 检查蒸发器温度传感器。拆下蒸发器温度传感器，检测蒸发器温度传感器连接器端子 1 与 2 间的电阻。温度与电阻的关系如图 2-45 所示，蒸发器温度传感器连接器，如图 2-44 中的 A18 所示。若正常，进行下一步检查；若不正常，更换蒸发器温度传感器。

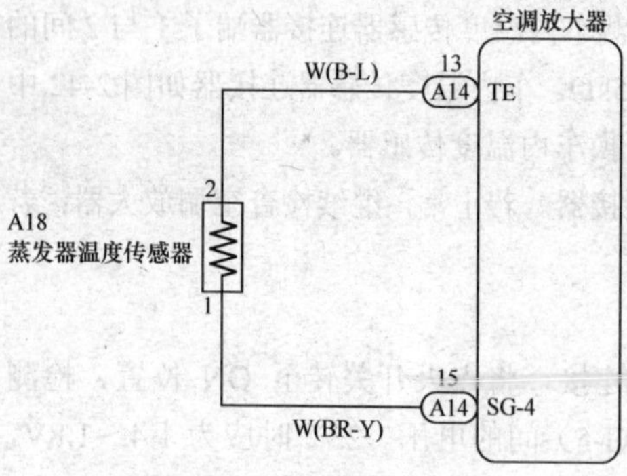

图 2-44　故障码 13 检查电路

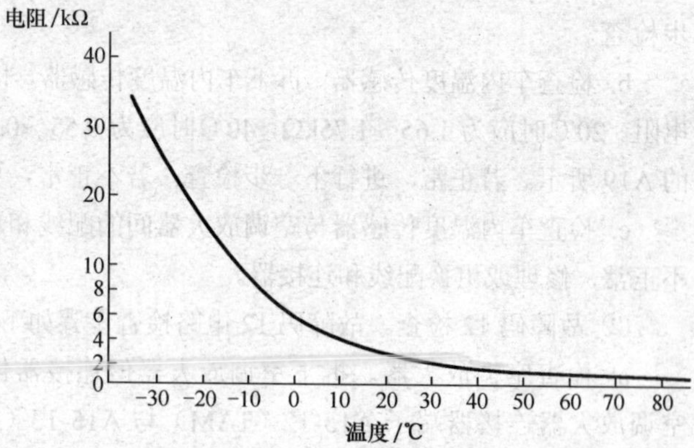

图 2-45　蒸发器温度传感器温度与电阻的关系

c. 检查蒸发器温度传感器与空调放大器间的配线和连接器。若正常，检查并更换空调放大器；若不正常，修理或更换配线和连接器。

④ 故障码 14 检查。故障码 14 电路如图 2-46 所示，检查步骤如下。

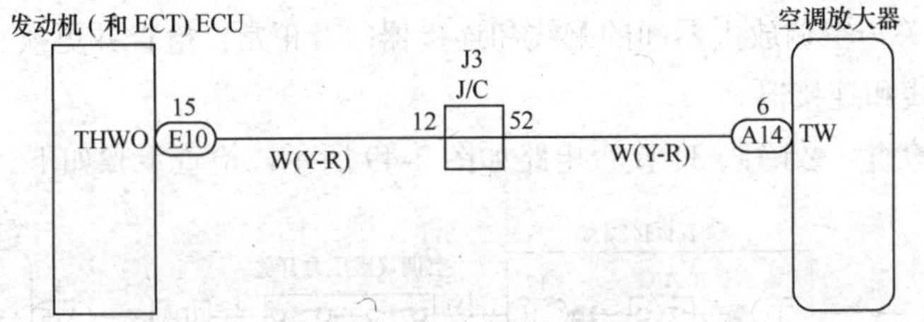

图 2-46 故障码 14 检查电路

a. 读取故障码，如无故障码，进行下一步检查；若有故障码 P0115，则应检查发动机控制系统。

b. 检查发动机和 ECT、ECU 与空调放大器间的配线和连接器。若正常，检查空调放大器；若不正常，修理或更换配线和连接器。

⑤ 故障码 21 检查。故障码 21 检查电路如图 2-47 所示，检查步骤如下。

a. 检查空调放大器。拆下空调放大器但连接器仍连接，将点火开关转至 ON 位置，检测空调放大器连接器端子 A14-11（TS）与 A14-10（SG-3）间的电压。用灯光照射日光传感器时电压应小于 4V，用布罩住日光传感器时电压应为 4～4.5V。若正常，按故障症状表进行下一个电路检查；若不正常，进行下一步检查。

b. 检查日光传感器。拆下日光传感器，用布遮住日光传感器，检测日光传感器端子 1 与 2 间的导通性。用灯光照射日光传感器，检测日光传感器端子 1 与 2 间的电阻，约为 10kΩ。日光传感器连接器如图 2-47 中的 A20。若正常，进行下一步检查；若不正常，更换日光传感器。

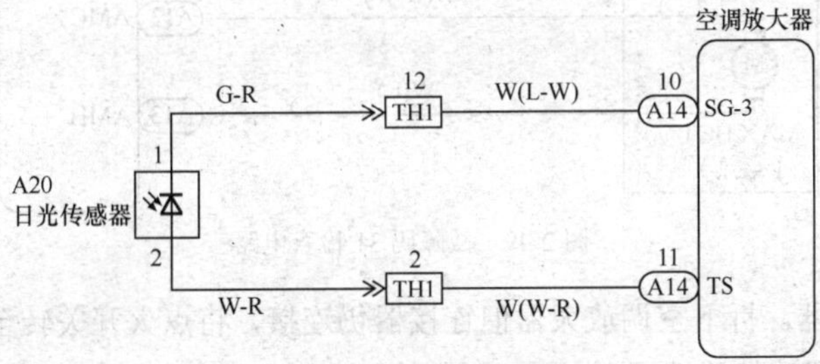

图 2-47 故障码 21 检查电路

c. 检查日光传感器与空调放大器间的配线和连接器。若正常，更换空调放大器；若不正常，修理或更换配线和连接器。

⑥ 故障码 23 检查。故障码 23 检查电路如图 2-48 所示，检查步骤如下。

a. 检查空调放大器。安装歧管测试表，将点火开关转至 ON 位置。制冷压力变化时，检查空调放大器连接器端子 A15-4（PSW）与车身间的电压。低压侧压力降至 196kPa 时电压应为 12V，压力升至 225kPa 时电压应为 0V。高压侧压力降至 2250kPa 时电压应为 0V，压力升至 3140kPa 时电压应为 12V。若正常，按故障症状表进行下一个电路检查；若不正常，进行下一步检查。

b. 检查压力开关。将点火开关转至 ON 位置。制冷压力变化时，检查压力开关端子 1 与 4 间的导通性。低压侧压力降至 196kPa 时应不导通，压力升至 225kPa 时应导通；高压侧压力降至 2250kPa 时应导通，压力升至 3140kPa 时应不导通。压力开关连接器如图 2-48 中的 A4 所示，若正常，进行下一步检查；若不正常，更换压力开关。

c. 检查压力开关与空调放大器间的配线和连接器。若正常，检查并更换空调放大器；若不正常，修理或更换配线和连接器。

⑦ 故障码 31 检查。故障码 31 检查电路如图 2-49 所示，检查步骤如下。

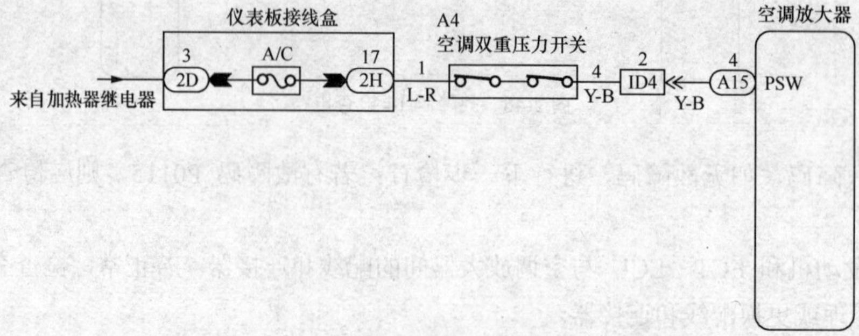

图 2-48　故障码 23 检查电路

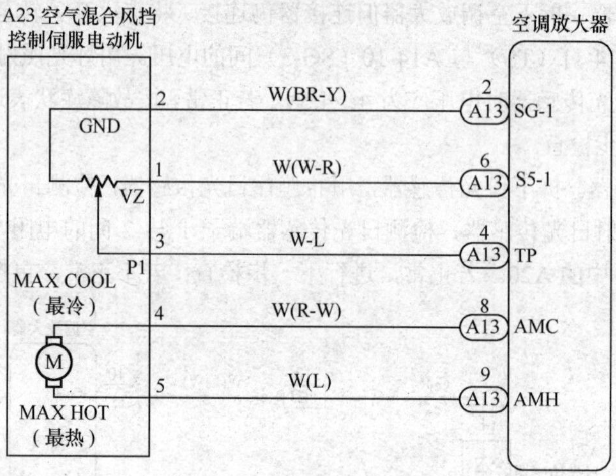

图 2-49　故障码 31 检查电路

a. 检查空调放大器。拆下空调放大器但连接器仍连接，将点火开关转至 ON 位置，改变设定温度，检查空调放大器连接器端子 A13-4（TP）与 A13-2（SG-1）间的电压。温度开关在最冷位置时应为 3.5～4.5V，温度开关在最热位置时应为 0.5～1.8V。若正常，按故障症状表进行下一个电路检查；若不正常，进行下一步检查。

b. 检查空气混合风挡控制伺服电动机。拆下空气混合风挡控制伺服电动机，检测空气混合风挡控制伺服电动机连接器端子 1 与 2 间的电阻，应为 4.8～7.2kΩ；检测空气混合风挡控制伺服电动机连接器端子 1 与 3 间的电阻，风挡在最冷位置时应为 3.8～5.8kΩ，风挡在最热位置时应为 0.95～1.45kΩ。空气混合风挡控制伺服电动机连接器如图 2-49 中的 A23。若正常，进行下一步检查；若不正常，更换空气混合风挡控制伺服电动机。

c. 检查空气混合风挡控制伺服电动机与空调放大器间的配线和连接器。若正常，检查并更换空调放大器；若不正常，修理或更换配线和连接器。

⑧ 故障码 33 检查。故障码 33 检查电路如图 2-50 所示，检查步骤如下。

a. 检查空调放大器。拆下空调放大器但连接器仍连接，将点火开关转至 ON 位置，检查空调放大器连接器端子 A13-5（TPM）与 A13-3（SG-2）间的电压。出风口在面部（FACE）位置时应为 3.5～4.5V，出风口在除雾（DEF）位置时应为 0.5～1.5V。若正常，按故障症状表进行下一个电路检查；若不正常，进行下一步检查。

b. 检查出风口风挡控制伺服电动机。拆下出风口风挡控制伺服电动机，检测出风口风挡控制伺服电动机连接器端子 1 与 2 间的电阻，应为 4.2～7.8kΩ；检测出风口风挡控制伺服电动机连接器端子 1 与 3 间的电阻，风挡在FACE位置时应为0.5～1.1kΩ，风挡在DEF位置时应为3.6～6.8kΩ。出风口风挡控制伺服电动机连接器如图 2-50 所示中的 A24 所示。若正常，进行下一步检查；若不正常，更换出风口风挡控制伺服电动机。

c. 检查出风口风挡控制伺服电动机与空调放大器间的配线和连接器。若正常，检查并更换空调放大器；若不正常，修理或更换配线和连接器。

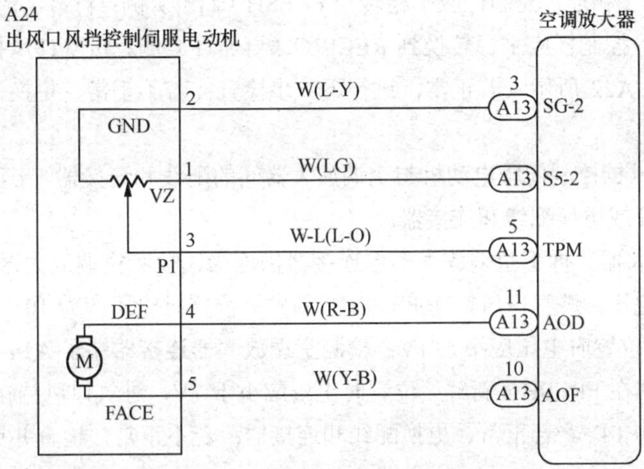

图 2-50　故障码 33 检查电路

⑨ 故障码 41 检查。故障码 41 检查电路可参见图 2-49 故障码 31 检查电路，检查步骤如下。

a. 检查调节器。设定为调节器检查模式，按下 DEF 开关，转到分步操作模式，用手感觉空气温度。若正常，按故障症状表进行下一个电路检查；若不正常，进行下一步检查。

b. 检查空气混合风挡控制伺服电动机。拆下空气混合风挡控制伺服电动机，将蓄电池正极与端子 4 相连，负极与端子 5 相连，控制杆应平稳转至 COOL（冷）侧；将蓄电池正极与端子 5 相连，负极与端子 4 相连，控制杆应平稳转换到 WARM（暖）侧。空气混合风挡控制伺服电动机连接器如图 2-49（故障码 31 检查电路）中的 A23 所示。若正常，进行下一步检查；若不正常，更换空气混合风挡控制伺服电动机。

c. 检查空气混合风挡控制伺服电动机与空调放大器间的配线和连接器。若正常，检查并更换空调放大器；若不正常，修理或更换配线和连接器。

⑩ 故障码 43 检查。故障码 43 检查电路可参见图 2-50 故障码 33 检查电路，检查步骤如下。

a. 检查调节器。设定为调节器检查模式，按下 DEF 开关，转到分步操作模式，用手感觉出风情况。若正常，按故障症状表进行下一个电路检查；若不正常，进行下一步检查。

b. 检查出风口风挡控制伺服电动机。拆下出风口风挡控制伺服电动机，将蓄电池正极与端子 4 相连，负极与端子 5 相连，控制杆应平稳转至 DEF（除雾）位置；将蓄电池正极与端子 5 相连，负极与端子 4 相连，控制杆应平稳转换到 FACE（面部）位置。出风口风挡控制伺服电动机连接器如图 2-50 所示中的 A24 所示。若正常，进行下一步检查；若不正常，更换出风口风挡控制伺服电动机。

c. 检查出风口风挡控制伺服电动机与空调放大器间的配线和连接器。若正常，检查并更换空调放大器；若不正常，修理或更换配线和连接器。

⑪ 进气口风挡控制伺服电动机电路。进气口风挡控制伺服电动机电路如图 2-51 所示，检查步骤如下。

a. 检查调节器。拆下杂物箱并检查进气口风挡的工作情况，设定为调节器检查模式，按下 DEF 开关，转到分步操作模式，检查进气口风挡。若正常，按故障症状表进行下一个电路检查；若不正常，进行下一步检查。

b. 检查进气口风挡控制伺服电动机。拆下进气口风挡控制伺服电动机，将蓄电池正极与端子 1 相连，负极与端子 2 相连，控制杆应平稳转至 FRESH（新鲜）侧；将蓄电池正极与端子 2 相连，负极与端子 1 相连，控制杆应平稳转换到 RECIRC（再循环）侧。进气口风挡控制伺服电动机连接器如图 2-51 中的 A22 所示。若正常，进行下一步检查；若不正常，更换进气口风挡控制伺服电动机。

c. 检查进气口风挡控制伺服电动机与空调放大器间的配线和连接器。若正常，进行下一步检查；若不正常，修理或更换配线和连接器。

d. 检查空调放大器。拆下空调放大器但连接器仍连接，检测空调放大器连接器端子 A14-16（AIF）与车身间的电压，进气口风挡在 FRESH（新鲜）位置时电压应为 10～14V，进气口风挡在 RECIRC（再循环）位置时电压应小于 1V；检测空调放大器连接器端子 A14-17（AIR）与车身间的电压，进气口风挡在 FRESH（新鲜）位置时电压应小于 1V，进气口风挡在 RECIRC（再循环）位置时电压应为 10～14V。若正常，更换配线和连接器；若不正常，检查并更换空调放大器。

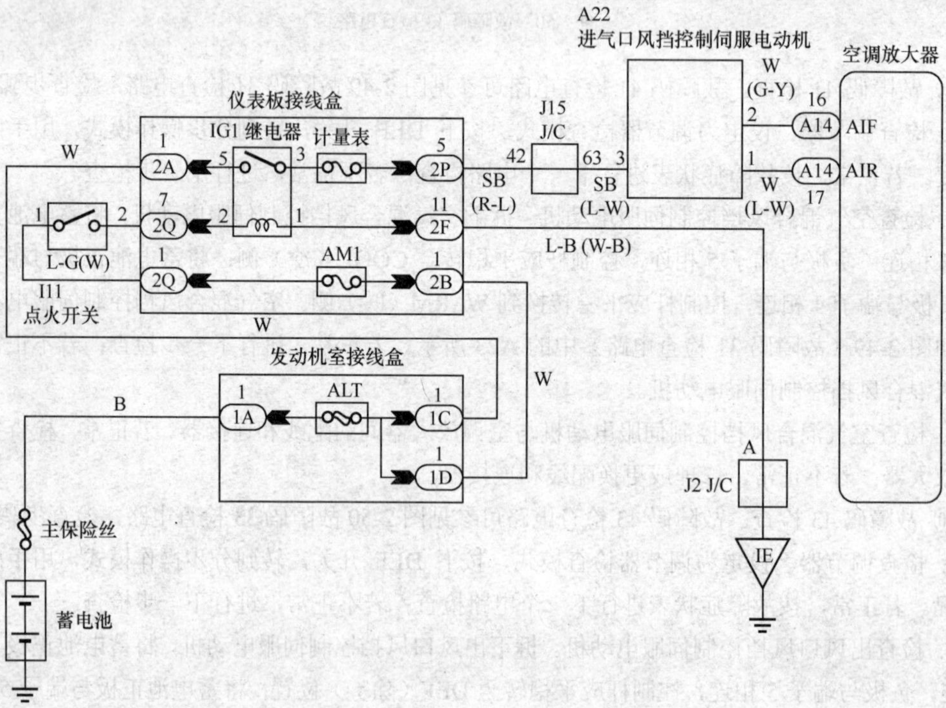

图 2-51 进气口风挡控制伺服电动机电路

⑫ 备用电源电路。备用电源电路如图 2-52 所示，检查步骤如下。

a. 检查 DOME 保险丝。拆下发动机室接线盒内的 DOME 保险丝，检查 DOME 保险丝的导通性，应导通。若正常，进行下一步检查；若不正常，更换DOME保险丝。

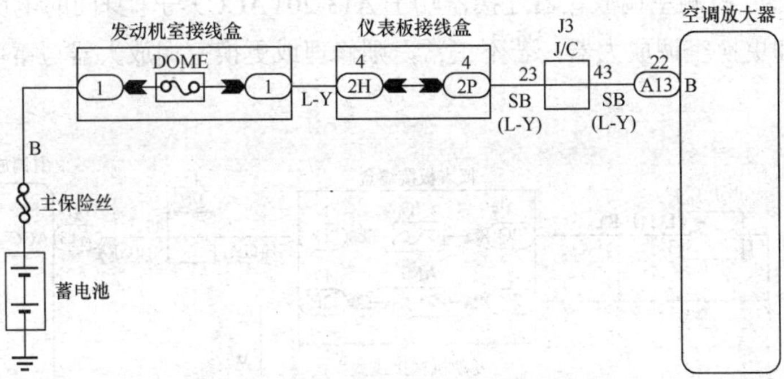

图 2-52 备用电源电路

b. 检查空调放大器。拆下空调放大器但连接器仍连接，检测空调放大器连接器端子 A13-22（B）与车身间的电压，应为 10～14V。若正常，按故障症状表进行下一个电路检查；若不正常，修理或更换配线和连接器。

⑬ IG 电源电路。IG 电源电路如图 2-53 所示，检查步骤如下。

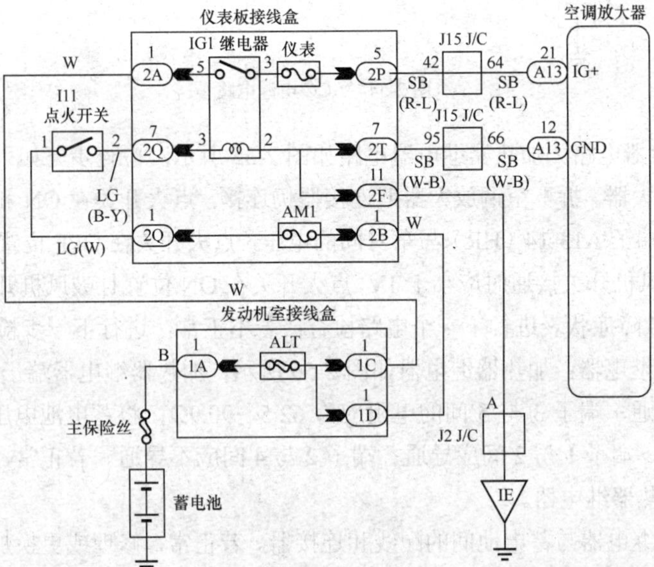

图 2-53 IG 电源电路

a. 检查仪表保险丝。拆下发动机室接线盒内的仪表保险丝，检查仪表保险丝的导通性，应导通。若正常，进行下一步检查；若不正常，更换仪表保险丝。

b. 检查空调放大器。拆下空调放大器但连接器仍连接，检测空调放大器连接器端子 A13-21（IG+）与 A13-12（GND）间的电压，应为 10～14V。若正常，进行下一步检查；若不正常，修理或更换配线和连接器。

c. 检查空调放大器与车身间的配线和连接器。若正常，进行下一步检查；若不正常，修理或更换配线和连接器。

d. 检查空调放大器与蓄电池间的配线和连接器。若正常，检查和更换空调放大器；若不正常，修理或更换配线和连接器。

⑭ ACC 电源电路。ACC 电源电路如图 2-54 所示。拆下空调放大器但连接器仍连接，将点火开关转至 ACC 位置，检测空调放大器连接器端子 A13-20（ACC）与车身间的电压，应为 10～14V。若正常，则检查和更换空调放大器；若不正常，则修理或更换空调放大器与蓄电池间的配线和连接器。

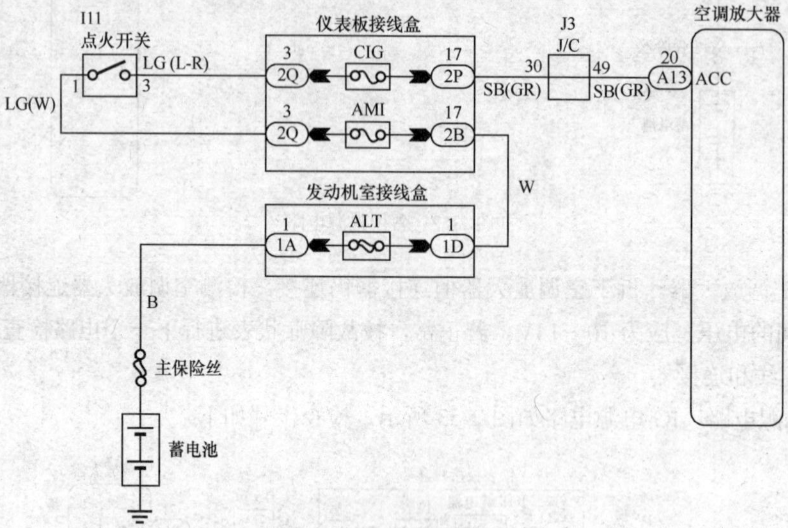

图 2-54　ACC 电源电路

⑮ 加热器继电器电路。加热器继电器电路如图 2-55 所示，检查步骤如下。

a. 检查空调放大器。拆下空调放大器但连接器仍连接，点火开关在 ON 和 OFF 位置时，检查空调放大器连接器端子 A13-14（HR）与车身间的电压，点火开关在 OFF 位置时应为 0V，点火开关在 ON 位置且鼓风机开关接通时应小于 1V，点火开关在 ON 位置且鼓风机开关断开时应为 10～14V。若正常，按故障症状表进行下一个电路检查；若不正常，进行下一步检查。

b. 检查加热器继电器。加热器继电器如图 2-56 所示，加热器继电器端子 1 与 4 间应不导通，端子 2 和 4 间应导通，端子 3 与 5 间的电阻应为 62.5～90.9Ω；将蓄电池电压施加在加热器继电器端子 3 与 5 间时，端子 1 与 2 间应导通，端子 2 与 4 间应不导通。若正常，进行下一步检查；若不正常，更换加热器继电器。

c. 检查加热器继电器与蓄电池间的配线和连接器。若正常，修理或更换加热器继电器与空调放大器间的配线和连接器；若不正常，更换加热器继电器。

⑯ 鼓风机电动机电路。鼓风机电动机电路如图 2-57 所示，检查步骤如下。

a. 检查鼓风机电动机。拆下鼓风机电动机，将蓄电池正极与鼓风机电动机端子 2 相连，负极与端子 1 相连，鼓风机电动机应平稳转动。若正常，进行下一步检查；若不正常，修理鼓风机电动机。

b. 检查蓄电池与鼓风机电动机线性控制器间的配线和连接器。若正常，进行下一步检查；若不正常，修理或更换配线和连接器。

c. 检查鼓风机电动机线性控制器与空调放大器间的配线和连接器。若正常，检查并更换鼓风机电动机线性控制器；若不正常，修理或更换配线和连接器。

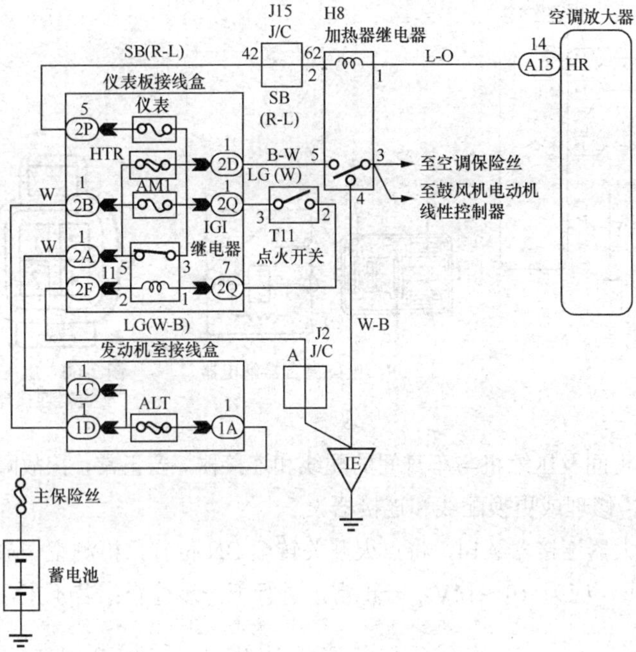

图 2-55　加热器继电器电路

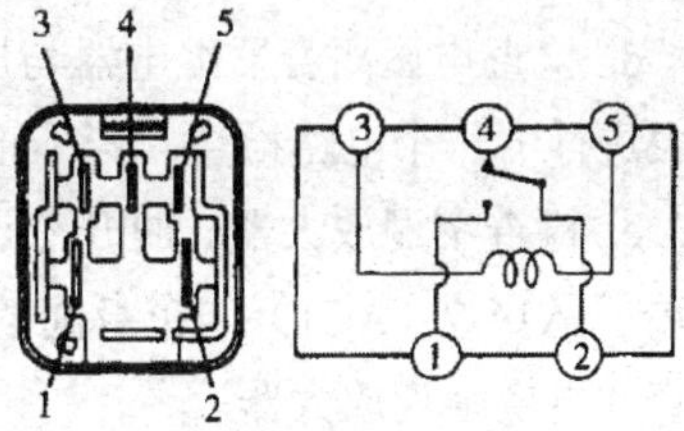

图 2-56　加热器继电器

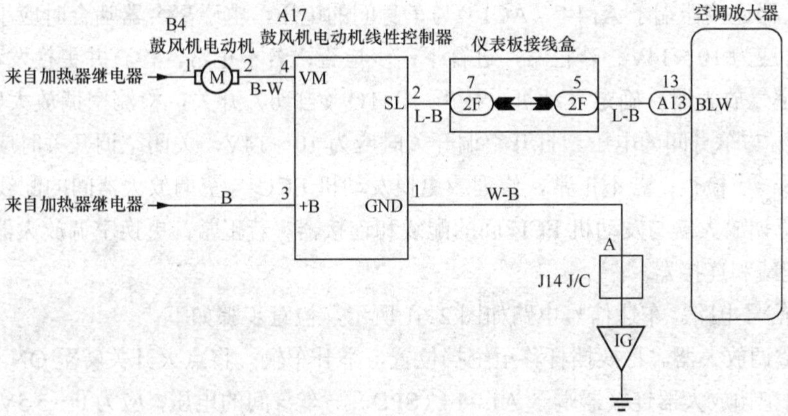

图 2-57　鼓风机电动机电路

⑰ 压缩机电路。压缩机电路如图 2-58 所示，检查步骤如下。

a. 检查空调放大器。拆下空调放大器但连接器仍连接，起动发动机并按下 ATUO（自动）开关，检测空调放大器连接器端子 A15-1（MGC）与车身间的电压，打开空调开关时应小于 1V，关闭空调开关时应为 10～14V。若正常，进行下一步检查；若不正常，进行第 5 步检查。

b. 检查电磁离合器继电器。拆下发动机室继电器盒内的电磁离合器继电器，如图 2-59 所示。电磁离合器继电器端子 1 与 2 间的电阻应为 62.5～90.9Ω，端子 3 与 5 应不导通；将蓄电池电压施加在电磁离合器继电器端子 1 与 2 间，端子 3 与 5 应导通。若正常，进行下一步检查；若不正常，更换电磁离合器继电器。

c. 检查电磁离合器。脱开压缩机电磁离合器连接器，如图 2-60 所示。将蓄电池正极与电磁离合器端子 1 相连，负极与车身相连，电磁离合器应啮合。若正常，进行下一步检查；若不正常，更换电磁离合器继电器。

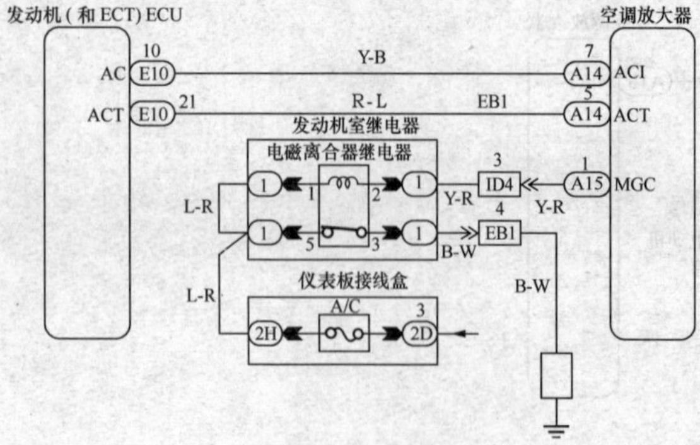

图 2-58　压缩机电路

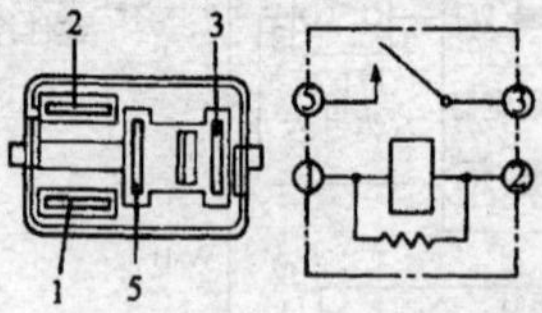

图 2-59　电磁离合器继电器

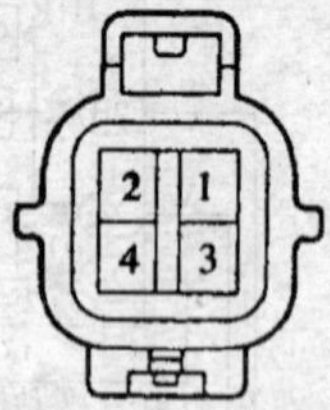

图 2-60　电磁离合器连接器

d. 检查电磁离合器继电器与压缩机间及压缩机与车身间的配线和连接器。若正常，按故障症状表进行下一个电路检查；若不正常，修理或更换配线和连接器。

e. 检查空调放大器。脱开空调放大器连接器 A14，将点火开关转至 ON 位置，检测空调放大器端子 A14-7（AC1）与车身间的电压，应为 10～14V。若正常，进行下一步检查；若不正常，检查并更换空调放大器。

f. 检查空调放大器。插回空调放大器连接器 A14，起动发动机，按下 AUTO（自动）开关，检测空调放大器连接器端子 A14-7（AC1）与车身间的电压，电磁离合器啮合时应小于 1V，电磁离合器打开时应为 10～14V。若正常，进行下一步检查；若不正常，检查并更换发动机 ECU。

g. 检查空气放大器。确定发动机，按下 AUTO（自动）开关，检测空调放大器连接器端子 A14-5（ACT）与车身间的电压，打开空调开关时应为 10～14V，关闭空调开关时应小于 1V。若正常，进行下一步检查；若不正常，修理或更换发动机 ECU 与空调放大器间的配线和连接器。

h. 检查空调放大器与发动机 ECU 间的配线和连接器。若正常，更换空调放大器；若不正常，修理或更换配线和连接器。

⑱ 车速信号电路。车速信号电路如图 2-61 所示，检查步骤如下。

a. 检查空调放大器。将换挡杆移至空挡位置，举升车辆，将点火开关转至 ON 位置，缓慢转动车轮，检测空调放大器连接器端子 A14-14（SPD）与车身间的电压，应为 0～5.5V 的矩形电压。若正常，按故障症状表进行下一个电路检查；若不正常，进行下一步检查。

b. 检查组合仪表。若正常，按故障症状表进行下一个电路检查；若不正常，检查并更换组合仪表与空调放大器间的配线和连接器。

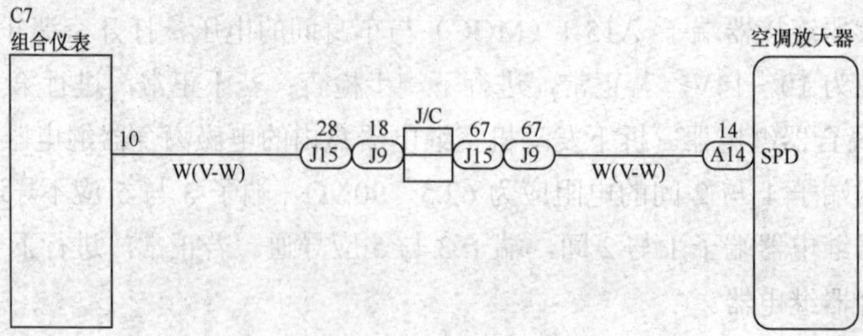

图 2-61　车速信号电路

⑲ 冷凝器风扇电路。冷凝器风扇电路如图 2-62 所示，检查步骤如下。

a. 检查风扇工作情况。若风扇不工作，则进行下一步检查；若风扇速度不变化，进行第 h 步检查。

b. 检查空调放大器。拆下空调放大器但连接器仍连接，检查空调放大器连接器端子 A15-2（CFN+）与车身间的电压。点火开关在 ON 位置时应小于 1V，点火开关在 OFF 位置时应为 10～14V。若正常，进行第 f 步检查；若不正常，进行下一步检查。

c. 检查 1 号风扇继电器。电磁离合器继电器 1 号风扇继电器端子 1 与 2 间应导通，端子 3 与 5 间应不导通。将蓄电池电压施加在 1 号风扇继电器端子 1 与 2 间，端子 3 与 5 间应导通。若正常，进行下一步检查；若不正常，更换 1 号风扇继电器。

d. 检查风扇电动机工作情况。若正常，进行下一步检查；若不正常，更换风扇电动机。

e. 检查 1 号风扇继电器与空调放大器间及风扇电机与 1 号风扇继电器间的配线和连接器。若正常，检查并更换空调放大器；若不正常，修理或更换配线和连接器。

f. 检查 2 号风扇继电器。如图 2-63 所示，2 号风扇继电器端子 1 与 2 间应导通，端子 3 与 4 间应导通，端子 3 与 5 间应不导通；将蓄电池电压施加在 2 号风扇继电器端子 1 与 2 间，端子 3 与 4 间应不导通，端子 3 与 5 间应导通。若正常，进行下一步检查；若不正常，更换 2 号风扇继电器。

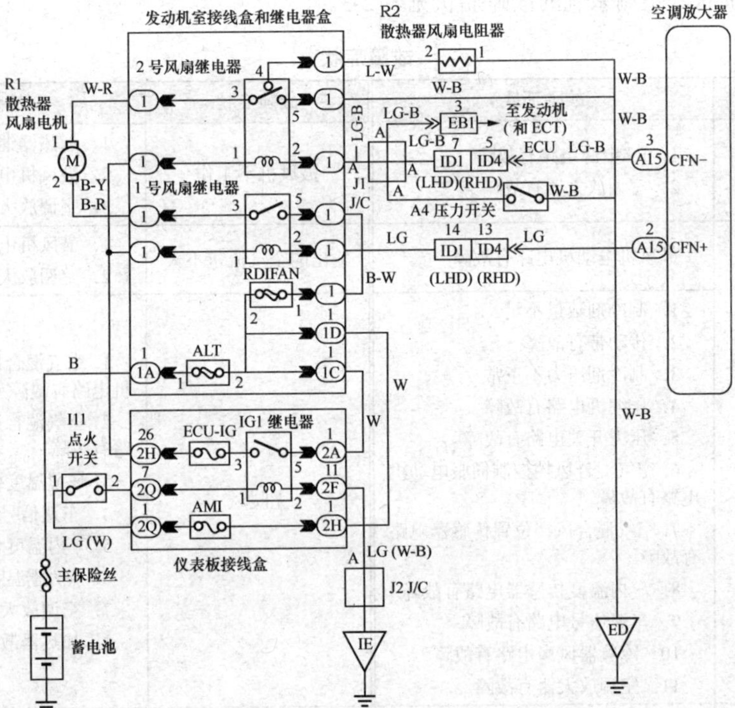

图 2-62 冷凝器风扇电路

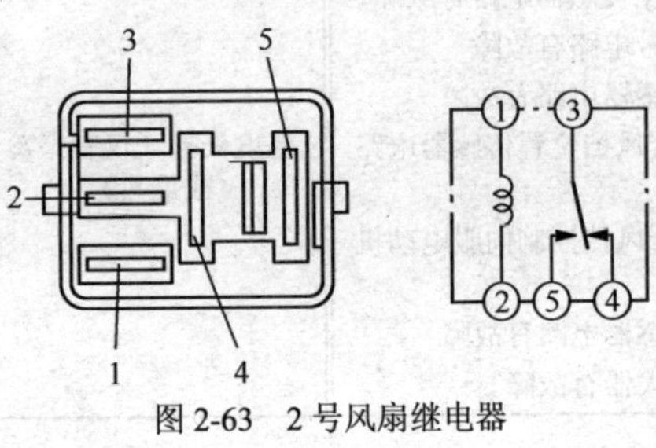

图 2-63 2 号风扇继电器

g. 检查2号风扇继电器与风扇电动机间及2号风扇继电器与车身间的配线和连接器。若正常，按故障症状表进行下一步电路检查；若不正常，修理或更换配线和连接器。

h. 检查空调放大器。拆下空调放大器但连接器仍连接，检查空调放大器连接器端子 A15-2（CFN+）与车身间的电压。风扇低速运转时应为10～14V，风扇高速运转时应小于1V。若正常，进行第1步检查；若不正常，进行下一步检查。

i. 检查冷却风扇2号继电器。若正常，进行下一步检查；若不正常，更换2号风扇继电器。

j. 检查压力开关。安装歧管压力测试表，将万用表正极与压力开关端子2相连，负极与端子3相连，压力升至1520kPa时导通，压力降至1226kPa时应不导通。若正常，进行下一步检查；若不正常，更换2号风扇继电器。

k. 检查压力开关与空调放大器间的配线和连接器。若正常，检查并更换空调放大器；若不正常，修理或更换配线和连接器。

l. 检查风扇电阻器。若正常，进行下一步检查；若不正常，更换风扇电阻器。

m. 检查 2 号风扇继电器与风扇电阻器间及风扇电阻器与车身间的配线和连接器。若正常，按故障症状表进行下一步电路检查；若不正常，修理或更换配线和连接器。

（11）故障症状。空调系统的故障症状见表2-3。

表2-3　　故障症状

故障症状	故障部件	故障症状	故障部件
空调系统的所有功能都失效	1．IG电源电路有故障 2．空调放大器有故障	鼓风机不工作	1．加热器继电器电路有故障 2．鼓风机电机电路有故障 3．空调放大器有故障
鼓风机失控	鼓风机电动机电路有故障	输出的空气流量不大	1．鼓风机电动机电路有故障 2．空调放大器有故障
无冷气	1．制冷剂数量不足 2．传动带有故障 3．制冷剂压力不正常 4．压缩机电路有故障 5．压力开关电路有故障 6. 空气混合风挡控制伺服电动机电路有故障 7. 空气混合风挡位置传感器电路有故障 8．车内温度传感器电路有故障 9．车速信号电路有故障 10．冷凝器风扇电路有故障 11．空调放大器有故障	无暖风	1. 空气混合风挡控制伺服电动机电路有故障 2. 空气混合风挡位置传感器电路有故障 3. 环境温度传感器电路有故障 4．车速信号电路有故障 5. 车内温度传感器电路有故障 6．蒸发器温度传感器电路有故障 7．空调放大器有故障 8．加热器散热器
输出空气的温度比设定温度更高或更低或反应慢	1．车内温度传感器电路有故障 2．环境温度传感器电路有故障 3．车速信号电路有故障 4．日光传感器电路有故障 5. 空气混合风挡位置传感器电路有故障 6. 空气混合风挡控制伺服电动机电路有故障 7．水温传感器电路有故障 8．空调放大器有故障	温度失控（仅有最冷或最热）	1. 空气混合风挡控制伺服电动机电路有故障 2. 空气混合风挡位置传感器电路有故障 3．空调放大器有故障

续表

故障症状	故障部件	故障症状	故障部件
无进气控制	1. 进气口风挡控制伺服电机电路有故障 2. 空调放大器有故障	无出气控制	1. 出风口风挡位置传感器电路有故障 2. 出风口风挡控制伺服电动机电路有故障 3. 空调放大器有故障
发动机怠速转速不能升高或一直不变	1. 压缩机电路有故障 2. 空调放大器有故障	显示的温度与设定的温度不一致	空调放大器有故障
灯控开关变化时照明灯亮度不变	1. 照明系统有故障 2. 空调放大器有故障	冷凝器风扇不能工作	1. 冷凝器风扇电路有故障 2. 发动机和ECT、ECU有故障 3. 空调放大器有故障
不能进入诊断模式	空调放大器有故障	故障码没有被记录，点火开关关闭时设定模式被消除	1. 备用电源电路有故障 2. 空调放大器有故障

（12）空调放大器端子电压。检测空调放大器端子间的电压，检查结果应符合表2-4中的要求，否则应检查相关传感器和电气配线。空调放大器连接器如图2-64所示。

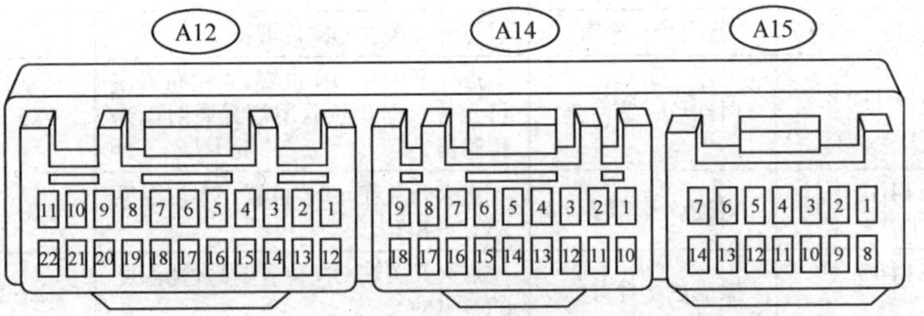

图2-64　空调放大器连接器

表2-4　　　　　　　　　　　　**空调放大器端子电压**

测试端子	配线颜色	测试条件	标准值
TP—SG-1（A12-4—A12-12）	白蓝色—棕黄色	点火开关在ON位置，温度开关最冷位置→最热位置	3.5～4.5V→0.5～1.5V
TPM—SG-2（A12-5—A12-3）	蓝橙色—蓝黄色	点火开关在ON位置，出风口FACE→DEF位置	3.5～4.5V→0.5～1.5V
S5-1—SG-1（A12-6—A12-2）	白红色—棕黄色	点火开关在ON位置	4.5～5.5V
S5-2—SG-2（A12-7—A12-3）	淡绿色—蓝黄色	点火开关在ON位置	4.5～5.5V
AMC—GND（A12-8—A12-12）	红白色—白黑色	点火开关在ON位置，温度开关最冷位置→最热位置	10～14V→小于1V
AMH—GND（A12-9—A12-12）	蓝色—白黑色	点火开关在ON位置，温度开关最冷位置→最热位置	小于1V→10～14V
AOF—GND（A12-10—A12-12）	黄黑色—白黑色	点火开关在ON位置，出风口FACE→DEF位置	10～14V→小于1V
AOD—GND（A12-11—A12-12）	红黑色—白黑色	点火开关在ON位置，出风口FACE→DEF位置	小于1V→10～14V
GND—车身（A12-10—车身）	白黑色—车身	始终	导通
BLW—GND（A12-13—A12-12）	蓝黑色—白黑色	点火开关在ON位置，鼓风机电动机运转	脉冲电压

续表

测试端子	配线颜色	测试条件	标准值
HR—GND（A12-14—A12-12）	蓝橙色—白黑色	点火开关在ON位置，鼓风机开关OFF→ON位置	10～14V→小于1V
RDFG—GND（A12-15—A12-12）	黑色—白黑色	点火开关在ON位置，后除雾器开关OFF→ON位置	10～14V→小于1V
WARN—GND（A12-16—A12-12）	蓝红色—白黑色	点火开关在ON位置，座椅安全带插口开关OFF→ON位置	10～14V→小于1V
ACC—GND（A12-20—A12-12）	灰色—白黑色	点火开关在 LOCK 位置→ACC位置	0V→10～14V
IG—GND（A12-21—A12-12）	红蓝色—白黑色	点火开关在LOCK位置或ACC位置→ON位置	0V→10～14V
B—GND（A12-22—A12-12）	蓝黄色—白黑色	始终	10～14V
ACT—GND（A14-5—A12-12）	红蓝色—白黑色	空调电磁离合器断开→啮合	10～14V→小于1V
ACI—GND（A14-7—A12-12）	黄黑色—白黑色	空调电磁离合器断开→啮合	10～14V→小于1V
TW—GND（A14-6—A12-12）	黄红色—白黑色	点火开关在START位置	脉冲电压
S5-3—车身（A14-10—车身）	蓝白色—车身	点火开关在ON位置	4.5～5.5V
TS—S5-3（A14-11—A14-10）	白红色—紫白色	点火开关在ON位置，先用布罩住日光传感器，然后用灯光照射日光传感器	4.5～5.5V→小于4V
TR—SG-3（A14-12—A14-14）	灰色—棕黄色	点火开关在 ON 位置，车内温度25℃～40℃	1.8～2.2V→1.2～1.6V
TE—SG-4（A14-13—A14-15）	黑蓝色—棕黄色	点火开关在ON位置，蒸发器温度0℃～15℃	2～2.4V→1.4～1.8V
AIF—GND（A14-16—A12-12）	绿黄色—白黑色	点火开关在 ON 位置，进气口FRESH位置→RECIRC位置	10～14V→小于1V
AIR—GND（A14-17—A12-12）	蓝白色—白黑色	点火开关在 ON 位置，进气口FRESH位置→RECIRC位置	小于1V→10～14V
SPD—GND（A14-18—A12-12）	紫白色—白黑色	点火开关在ON位置，慢慢转动前轮	脉冲电压
MGC—GND（A15-1—A12-12）	黄红色—白黑色	点火开关在START位置，空调电磁离合器断开→啮合位置	10～14V→小于1V
CFN+—GND（A15-2—A12-12）	淡绿色—白黑色	点火开关在OFF位置→ON位置	10～14V→小于1V
CFN_—GND（A15-3—A12-12）	淡绿黑色—白黑色	点火开关在START位置，散热器风扇电动机速度低速→高速	10～14V→小于1V
PWS—GND（A15-4—A12-12）	黄黑色—白黑色	点火开关在START位置，制冷剂压力由正常变至小于 0.19MPa 或高于1.34MPa	小于1V→10～14V
TAM—SG-5（A15-12—A15-13）	白绿色—棕黄色	点火开关在 ON 位置，环境温度25℃～40℃	1.4～1.8V→0.9～1.3V

3. 手动空调部件检查和维修数据

（1）检查手动空调部件

① 检查空调放大器电路。不要脱开空调放大器连接器，按表 2-5，检测空调放大器配线侧连接器端子间的电压，检查结果应符合表中的要求，否则应检查相关传感器和电气配线。

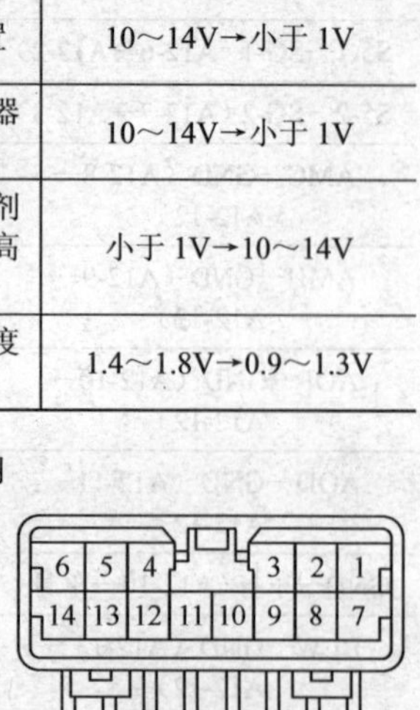

图 2-65　空调放大器连接器

空调放大器连接器如图 2-65 所示。

表 2-5 空调放大器端子电压

测试端子	测试条件	标准值
1—车身	起动发动机且空调开关在 ON 位置，发动机怠速运转	无电压
	起动发动机且空调开关在 ON 位置，发动机转速由怠速转速提高到某一转速	小于 1V
2—车身	起动发动机且空调开关在 ON 位置，制冷剂压力小于 196kPa 或大于 3140kPa	小于 1V
	起动发动机且空调开关在 ON 位置，制冷剂压力为 196～3140kPa	蓄电池电压
4—车身	起动发动机	脉冲电压
6—车身	起动发动机且空调开关在 ON 位置，电磁离合器啮合	小于 2V
	起动发动机且空调开关在 ON 位置，电磁离合器未啮合	蓄电池电压
	起动发动机且空调开关在 ON 位置，制冷剂压力小于 1226kPa	蓄电池电压
	起动发动机且空调开关在 ON 位置，制冷剂压力大于 1520kPa	小于 1V
7—车身	起动发动机且空调开关在 ON 位置，电磁离合器啮合	小于 1V
	起动发动机且空调开关在 ON 位置，电磁离合器未啮合	无电压
10—车身（1ZZ-FE 和 3ZZ-FE 发动机	起动发动机且空调开关在 ON 位置	小于 4V
	起动发动机且空调开关在 OFF 位置	无电压
14—车身（1ZZ-FE 和 3ZZ-FE 发动机	起动发动机且空调开关在 ON 位置，电磁离合器啮合	脉冲电压

② 检查鼓风机开关。检查鼓风机开关的导通性。如图 2-66 所示，鼓风机开关在 OFF 位置时，端子间不导通；鼓风机开关在 LO 位置时，端子 1 与 8 间应导通；鼓风机开关在 M1 位置时，端子 1、6、8 三者间应导通；鼓风机开关在 M2 位置时，端子 1、5、8 三者间应导通；鼓风机开关在 HI 位置时，端子 1、4、8 三者间应导通。若导通性不符合要求，则应更换鼓风机开关。

将蓄电池正极与鼓风机开关端子 2 相连，负极与端子 3 相连，照明灯应亮。

③ 检查空调开关。检查空调开关的导通性。如图 2-67 所示，按下空调开关时，端子 2 与 5 间应导通。若导通性不符合要求，则应更换空调开关。

将蓄电池正极与空调开关端子 4 相连，负极与端子 3 相连，照明灯应亮。若照明灯不亮，则应更换空调开关。

将蓄电池正极与空调开关端子 2 相连，负极与端子 1 相连，按下空调开关，A/C 指示器应亮。若 A/C 指示器不亮，则应更换空调开关。

按下空调开关时，将蓄电池正极与空调开关端子 2 相连，负极与端子 1 相连，再将蓄电池正极与空调开关端子 4 相连，A/C 指示器亮度应变化。若不变光，则应更换空调开关。

④ 检查鼓风机电阻器。检测鼓风机电阻器端子间的电阻，端子 1 与 2 间的电阻为 1.398～1.605Ω，端子 1 与 3 间的电阻为 0.465～0.535Ω，端子 1 与 4 间的电阻为 3.069～3.531Ω。鼓风机电阻器连接器如图 2-68 所示。

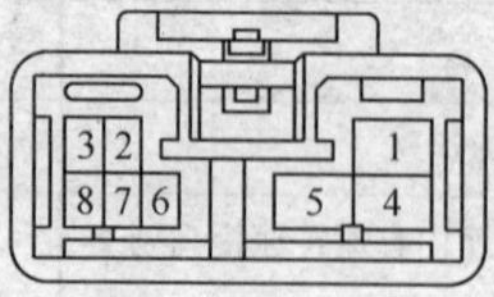

图 2-66　鼓风机开关

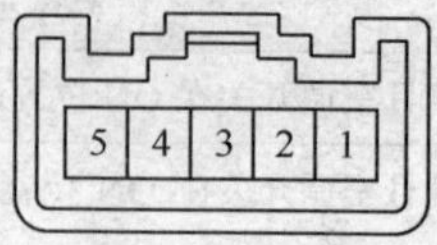

图 2-67　空调开关

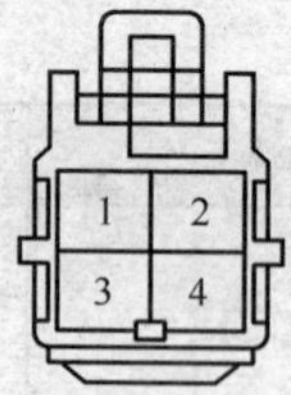

图 2-68　鼓风机电阻器连接器

（2）维修数据

部件维修数据见表 2-6。

表 2-6　　部件维修数据

维修项目		维修数据	
空调压缩机总成电阻	标准值	165～205Ω	
制冷剂冲入量	标准值	500～560g	
拧紧部件	拧紧力矩/N．m	拧紧部件	拧紧力矩/N．m
蒸发器×膨胀器×空调器管路	3.5	压缩机×制冷剂排放软管	9.8
压缩机×制冷剂吸入软管	9.8	压缩机×发动机	24.5
冷凝器×制冷剂液体管路	5.4	冷凝器×制冷剂排放软管	5.4

二、汽车空调的检查方法

汽车空调在检查过程中，要做到一听、二看、三摸、四检查。

起动发动机并稳定在 1500r/min 左右，将空调系统的鼓风机起动并置于高速挡，功能键置于 A/C 挡。并移动调温键从冷至热，再由热至冷慢慢移动，测定或手感空调出风口的温度变化以及各控制键的操纵是否灵活、轻便。

1. 一听

从压缩机的运行声音状况来判断其运转状况。

（1）听到压缩机传出轻脆而均匀的阀片跳动声，即为正常。

（2）听到有敲击声，即表明制冷剂有“液击”声或者奔油（油量过多）敲缸等故障。

（3）听到机体内有较严重的摩擦声，以及离合器时而发出摩擦声，表明压缩机负荷太重，润滑油不足以及离合器打滑。

（4）听到外部有拍击声，是 V 带太松或者严重磨损。

（5）听一下空调器内的风扇转动是否有响声。如果风扇有响声，表明是叶片碰击异物、风扇轴承磨损或者缺油。

（6）当在停机过程中，更清晰地听到机体内运动部件的连续撞击声，则是内部的运动部件磨损严重引起的轴与轴承之间，活塞与缸体之间，连杆与轴之间间隙过大或者松动。

2. 二看

（1）观察冷凝器表面是否清洁，因为杂物和泥土附在冷凝器上，会影响制冷效果。平时要经常用水清洗冷凝器。但是应注意，在清洗冷凝器时，不要损伤翅片。对于已变形的翅片，应细心地用尖嘴钳矫正过来。

（2）汽车空调器的蒸发器进风处，一般汽车都装有空气过滤网。所以要定期观察空气过滤网。

（3）观察空调制冷系统的所有连接部位是否有油渍。一旦有油渍，说明此处有制冷剂渗漏，此时应用电子检漏仪或其他类检漏装置进行检查。一旦发现或确定有制冷剂泄漏，必须马上排除故障。

（4）检查压缩机轴封是否渗漏。

（5）仔细检查各软管有无磨损、老化、鼓泡、裂纹和渗漏等现象。由于汽车的冷、暖系统采用了大量的橡胶管，在汽车行驶过程中易与汽车车身摩擦产生磨损，在发动机室内因经受高温容易老化，制冷管遇低温容易龟裂，结果导致制冷剂和冷冻润滑油泄漏，使水分、空气、和灰尘渗入制冷系统，使压缩机及各个部件受到损害。因此，一旦发现橡胶管和发动机接触，要及时隔开并固定好橡胶管。胶管穿过金属板，一般都应有防护套，并注意防护套要牢固，否则金属会割破胶管。

3. 三摸

用手触摸正在运行中的空调系统管路和各部件的温度。一般在正常情况下，高压端的管路温度应在55℃以下，而低压端管路因处于低温状态，所以低压端的部件和管路，连接部分表面都会结有水雾。

（1）用手小心摸触高压区，特别是高压端金属部件，如压缩机的出口阀、冷凝器、储液干燥器等。这些部分应都是热的，正常为手感觉热而不烫手。若感觉烫手，则应先检查冷凝器的冷却是否良好，冷凝器表面是否清洁而无杂物，风扇的风量是否过小。此时可以试用大风扇对着冷凝器吹，若还是烫手，则可能是制冷剂过多。若高压端手感热度不够，则为制冷剂过少；若没有温度，则为制冷剂漏光。

（2）低压管的手感为冰凉，有水露，但不应该有霜。若有霜说明系统有故障，可能是膨胀阀的故障也可能是制冷剂充注太多，需要放掉一些；或者是蒸发器的温度传感器或恒温器出现了故障。

（3）如果在储液干燥器上出现霜或水露，这说明干燥剂已破碎堵住了制冷剂流动管道，而且此处的前端高压区表现为热度是很烫手的。此时必须尽快排除堵塞问题，换上一只新的储液干燥器。

（4）膨胀阀的手感温度是比较特殊的，它的制冷剂进口连接处是热的，而其出口连接处是凉的，有水露。

（5）用双手触摸压缩机的进气口和排气口，手感温度应该有明显的差别。若没有温度差别，则说明制冷剂已经全部漏光；若差别不大，则说明制冷剂不足。

（6）用手触摸各个接头，检查是否已经松动等。特别是一些电器插接器的连接是否松动，这些对空调系统的正常工作都有极大的影响。所以，正常的检查必须包括对电器连接件的固定、紧固和清洁等。

4. 四检查

对系统进行了上述3个步骤的初检后，还需做进一步的检查，以准确判断空调系统的故障所在。

（1）检查V带的张力：空调带轮直径不同，中心距不同，所要求的张力也不同；新、旧V带的张力也不同；即使是新V带，用上5min后，其张力也会发生较大的变化。所以对新安装的V带必须进行两次调整。第一次为新安装后，调整到规定值。运行30min后新V带两边的毛边已经磨去，再进行第二次调整。

（2）检查电磁离合器：接通离合器电源开关，此时压缩机应马上运行；断开电源，压缩机应立即停止运行。若不是这样，应先检查开关是否损坏，再检查电磁线圈是否正常。

（3）检查风扇电动机的调速器：打开风扇电动机开关后，从低挡到高挡进行转速调节，以检查其送出的风量是否有变化，若没有变化，则可能是调速器的电阻损坏。

（4）检查高、低压保护开关和过热保护器：高、低压保护开关和过热保护器的功能是在制冷系统发生故障时，保护压缩机和制冷系统不会损坏。它们都和空调开关、风扇开关串联在一起。当系统工作压力太高，或者当环境温度太低，制冷剂泄漏过多。高、低压力开关便会切断压缩机离合器电路。

（5）检查供暖系统：首先应保证有足够的冷却液，冷却液若不干净或有铁锈，液色变黄，都应该将冷却液放掉，再用化学清洗剂清洗冷却系统，用清水清洗干净，然后加满冷却液。起动发动机至冷却液温度正常。拨动调温键至取暖位置，这时出风口应有温暖空气吹出。

（6）检查膨胀阀：膨胀阀的毛细管应牢固地夹紧和用绝缘布包捆在蒸发器出口处，有的毛细管应准确地插入制冷管路的插孔中，并用感温包包裹。

（7）检查视液镜：汽车空调一般装配有视液镜，来观察制冷系统内部制冷剂的流动情况，大多数轿车的视液镜设置在储液干燥器的出口处，只有个别轿车或大、中型客车视液镜设置在储液干燥器和膨胀阀之间的管道上。视液镜的设置为保养汽车空调带来了许多方便。在检查汽车空调时，可以通过观察视液镜中制冷剂的流动状况来确定制冷系统的制冷工况是否正常。通过视液镜来检查制冷系统制冷工况的步骤如下：起动发动机，并将转速稳定在1500～1700r/min，让制冷压缩机运行5min；擦干净视液镜的玻璃，把空调功能选择键置于最大制冷状态，且使送风机（包括空调器和冷凝器送风机）达到最高转速。这时可以通过视液镜观察到以下几种情况，如图2-69所示。

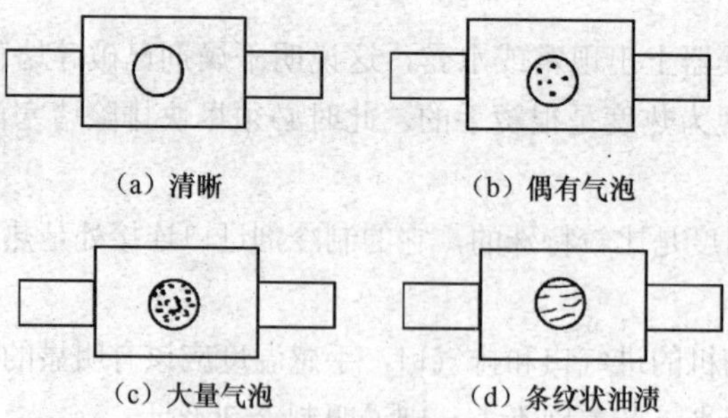

（a）清晰　（b）偶有气泡

（c）大量气泡　（d）条纹状油渍

图2-69　制冷剂状态

① 清晰：图2-69（a）所示的视液镜内没有气泡出现，也看不见液体流动。这种状况表明系统有以下3种故障。

a. 表示系统内制冷剂已全部泄漏。这时若用手触摸压缩机进、排气口，没有温度差异，空调器出风口的空气温度也不低。这时应立即关闭制冷系统，检查制冷系统制冷剂泄漏的原因，并进行维修。

b. 制冷剂过多。两手分别触摸压缩机进气管和排气管口，温差明显，而且高压侧有烫手感，低压侧能看到冰霜；空调器出风口的温度比正常制冷剂量时高 3℃～5℃；关闭空调系统压缩机 45s 以后，视液镜内仍然清晰无气泡流过，便可以判断是系统内制冷剂量过多，此时必须把多余的制冷剂排出。否则，会出现制冷性能降低、能耗上升等故障。此时用压力表测量高压端，其压力超过正常值。

c. 制冷剂适量。此时的现象和制冷剂量过多时相比较，首先是高压不烫手，出风口的温度较低。

② 偶有气泡。图 2-69（b）所示为偶尔或者缓慢地看到有少量气泡流过，此状态说明制冷剂量稍有不足或制冷系统的干燥剂已经饱和，制冷剂内有水分混入。区分上述情况的方法如下。

a. 当膨胀阀有结霜现象出现，并且视液镜有时能看到变颜色的干燥剂，则说明系统制冷剂含有水分，应马上更换干燥瓶。

b. 当膨胀阀没有结霜现象出现，说明制冷剂量不足，必须加入适量的制冷剂，并检查有无泄漏之处。

③ 有大量气泡或泡沫状。如图 2-69（c）所示，此状态说明系统内制冷剂量严重不足，并伴有大量水分和空气进入系统。此时必须采用制冷剂检测仪查漏维修。然后将制冷系统抽真空，加入足量的冷冻润滑油和制冷剂。

④ 视液镜的玻璃上有条纹状的油渍或黑油状泡沫。如图 2-69（d）所示，表明系统有以下 3 种故障。

a. 如果压缩机进、排气管有明显温差，此时关闭空调系统压缩机，视液镜内玻璃的油渍干净，说明系统制冷剂量略少，而冷冻润滑油量过多。此时应从系统内释放一些冷冻润滑油，再加入适量的制冷剂。

b. 如果压缩机进、排气管有明显温差，此时关闭空调系统压缩机，玻璃上留下的油渍是黑色的或有其他杂物，则说明空调系统内的冷冻润滑油已变质、受污染。此时在清洗制冷系统后，应重新注入冷冻润滑油和制冷剂。

c. 如果压缩机进、排气阀门没有明显的温差，空调器出口也没有冷气出来，则说明制冷剂已全部漏完，视液镜上的是冷冻润滑油。

三、汽车空调系统的定期维护

（1）制冷循环系统

① 检视高、低压管道。高低压管道的管类码应齐全，螺栓紧固不松动。软管表面无起泡、老化或破损现象；硬管焊接处无裂纹或渗漏现象。没有与其他机件发生碰擦干涉现象。用检漏仪检测各管道接头处有无泄漏。

② 检视膨胀阀。膨胀阀应无堵塞，感温包作用正常，膨胀阀能根据温度的变化而自动调节制冷剂的供给量。

③ 检视储液干燥过滤器。在制冷系统正常工作时，其表面应无露珠或挂霜现象。更换干燥剂（可拆式）或根据需要更换储液干燥过滤器总成（不可拆式）。

④ 检查、清洁蒸发器和冷凝器，检查全部固定螺栓、螺母。蒸发器、冷凝器应无渗漏，散热片应无折弯、无尘土杂物堵塞现象，蒸发器、冷凝器座应无裂纹，各固定螺栓、螺母应齐全、紧固、可靠。

⑤ 检视制冷剂量。制冷系统工作时，观察视液镜，应无气泡流动现象。发动机转速为2000r/min，送风机以最高速旋转和制冷选用最强挡的条件下，系统的工作压力应为低压侧0.147～0.2MPa，高压侧1.4～1.5MPa。

（2）压缩机

① 更换压缩机润滑油，并清洁或更换油滤网。压缩机润滑油面高度应达到视液镜的上部边缘或原厂规定标准，油滤网应清洁，无杂物堵塞或缺损现象。

② 检视进、排气阀。进、排气阀开闭灵活，作用正常。

③ 检视轴衬。轴衬处不应有渗漏现象。

（3）电器系统

① 检视冷凝器和蒸发器的风机。各风机工作正常无异响，叶片无裂损，固定螺栓、螺母齐全、牢固、有效。冷凝器风机与冷凝器散热片无干涉现象。

② 检视高、低压压力开关。高压开关在压力大于2.2MPa时应能切断通向电磁离合器的供电，当压力小于2MPa时能自动复位；低压开关在压力小于0.2MPa时应能切断通往电磁离合器的供电，当压力大于0.2MPa时能自动复位。

③ 检视电磁离合器。电磁离合器应离合良好，无打滑现象，离合器轴承在旋转时无偏摆拖滞现象。

④ 检查送风机工作是否正常、可靠。

（4）其他

① 紧固件：检查有无损伤，如发现松动则要加以紧固。

② V带：检查其张力和磨损程度。

③ V带张紧轮：检查能否圆滑旋转。

④ 空气过滤网：如发现堵塞应更换空气过滤网。

空调系统检修的注意事项

四、汽车空调系统故障检测

（1）利用解码器对汽车空调系统进行故障检测并读取故障码。

（2）根据故障码对所测得的故障内容进行分析。

（3）根据维修手册进行故障排除。

五、汽车空调控制系统的故障案例诊断过程

连接车辆故障诊断仪后进行测试。测试过程中发现间歇性不制冷时压缩机没有吸合。根据别克轿车自动空调的控制原理分析，造成压缩机不吸合的原因除压缩机本身故障以外，还有可能是动力系统控制单元PCM、空调开关的请求信号、压力传感器信号以及室内/室外温度传感器等部件出现故障。

连接空调压力表，测量空调管路压力，结果显示高压为2000 kPa，低压为350 kPa左右，这说明空调系统压力正常。打开发动机舱内右侧的继电器盒，找到压缩机继电器。检查继电器的吸

合线圈未发现异常。用万用表检测压缩机继电器的控制线（继电器吸合时为低电位，断开时为高电位），发现当空调不制冷时从控制单元 PCM 到压缩机继电器的控制线没有低电位。因而可以认定该车空调系统间歇性不制冷的故障并非由执行部分所引起，故障原因可能是 PCM 本身故障、空调相关信号或线路不正常。

检测 PCM 到压缩机继电器之间的相关线路，发现故障出现时 PCM 第 39 号线没有低电位信号。接上诊断仪监测空调系统的空调开关请求信号、压力传感器信号以及室内/室外温度传感器信号，结果发现在有故障现象出现时压力传感器数据异常，而其他传感器数据没有明显变化。根据检测结果判断该故障为压力开关出现间歇性卡滞，导致 PCM 控制压缩机离合器间断吸合。更换压力开关，间歇性不制冷故障消失，系统恢复正常。

习题测试

一、填空题

1．衡量汽车空调的主要指标有________、________、________和________4 项。

2．汽车空调系统主要由________、________、________、________、________和________组成。

二、简答题

1．说明汽车空调系统的分类。

2．看图回答问题。

（1）说明图 2-70 所示为哪种形式的膨胀阀？

（2）图 2-71 所示为哪种形式的空调压缩机？

3．请演示空调系统压力的检查方法。

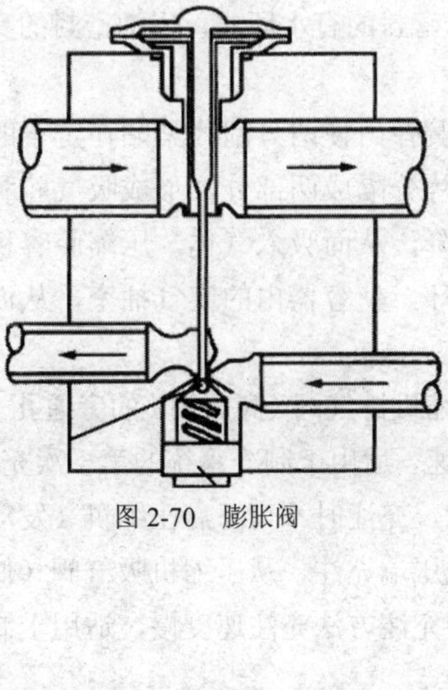

图 2-70　膨胀阀

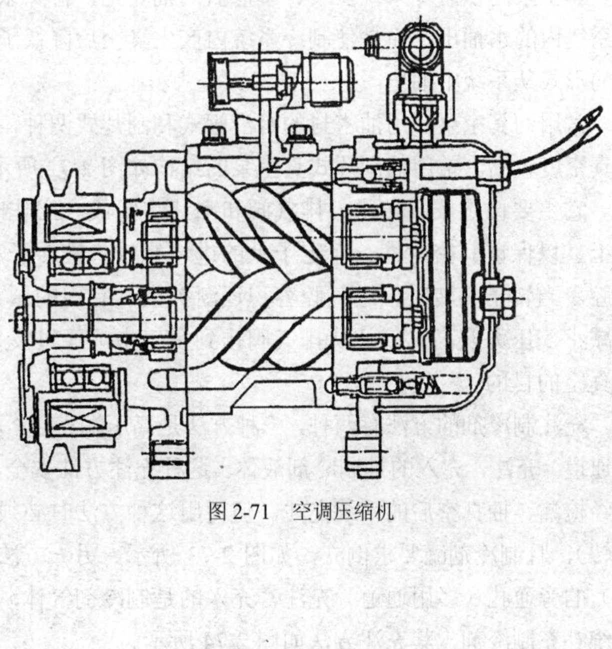

图 2-71　空调压缩机

任务四 充注与回收汽车空调制冷剂

【学习目标】

知识要求：掌握汽车空调制冷剂的基础知识。

能力要求：

1. 汽车空调制冷剂的充注与回收方法；
2. 汽车空调制冷剂的充注与回收工具的使用。

任务导入

一辆大众迈腾轿车，该车配备自动空调，开启空调后空调出风口温度不太冷。

知识准备

安装、检修空调制冷系统时，会有一定量的空气进入制冷系统，空气中含有的水蒸气会导致制冷系统的膨胀阀冰堵、冷凝压力升高、系统零部件发生腐蚀等。因此，在加注新制冷剂之前，必须先对制冷系统抽真空然后再加注制冷剂。

一、充注汽车空调系统制冷剂

当制冷系统抽真空达到要求，并且经检漏确定制冷系统不存在泄漏部位后，才能向制冷系统充注制冷剂。

真空泵用于制冷系统安装、维修后的抽真空，排除系统内的空气和水分。抽真空并不能将制冷系统内的水抽出，而是使制冷系统内产生真空后降低了水的沸点，水在较低温度下沸腾，以蒸气的形式从系统中抽出。

常用的真空泵，用油密封的有滑阀式和刮片式两种，用水密封的有水环式，用油密封的真空泵真空度较高。常用的刮片式真空泵的结构如图 2-72 所示。

它主要由定子、转子、排气阀和刮片等组成。工作时弹簧弹力使两只刮片紧贴在定子的缸壁上，以保证其密封性，而定子上的进、排气口被转子和刮片分隔成两部分，形成吸气腔和压缩腔。当转子旋转时，进气腔容积逐渐扩大，腔内的压力下降，从而吸入气体，压缩腔容积逐渐减小，压力升高，气体从排气阀排到空气中。经过反复循环，使容器内的空气抽空，从而达到真空的目的。

充注制冷剂的方法有两种，一种方法是高压端充注，从压缩机排气阀（高压阀）的旁通孔（多用通道）充注，充入的是制冷剂液体。这种充注方法安全、快速，适用于制冷系统的第一次充注，即经检漏、抽真空后的系统充注。但使用这种方法时必须注意，充注时不可开启压缩机（发动机停转），且制冷剂罐要求倒立，如图 2-73 所示。另一方法是低压端充注，从压缩机吸气阀（低压阀）的旁通孔（多用通道）充注，充入的是制冷剂气体，这种充注方法充注速度慢，适用于制冷系统补充制冷剂，其充注方法如图 2-74 所示。

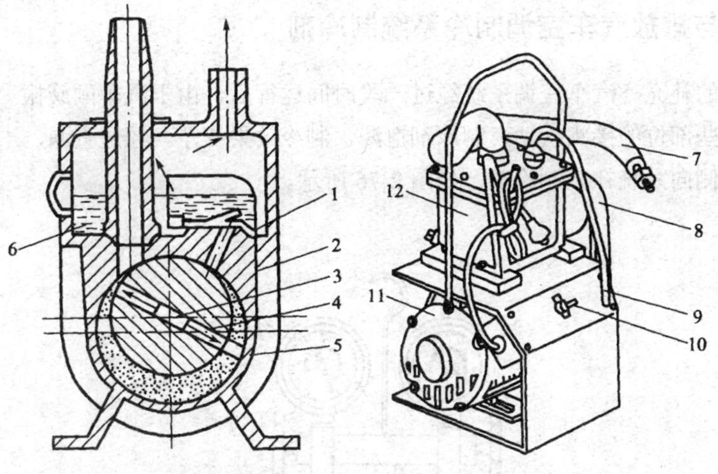

（a）剖视图　　（b）外形

图 2-72　刮片式真空泵结构

1—排气阀　2—转子　3—弹簧　4—刮片　5—定子　6—润滑油　7—吸气管　8—传动带保护罩　9—排气嘴　10—开关　11—真空泵　12—电动机

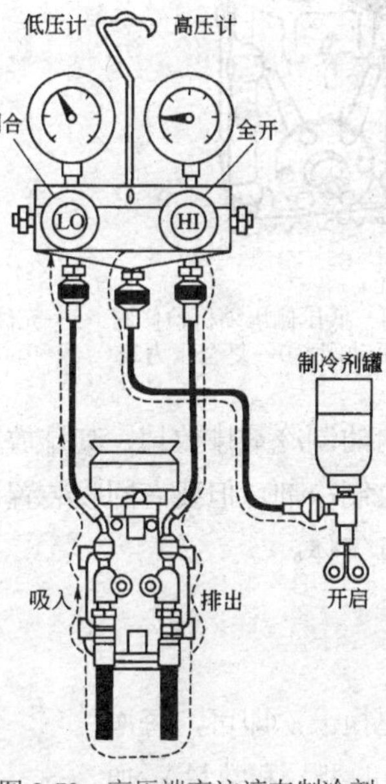

图 2-73　高压端充注液态制冷剂

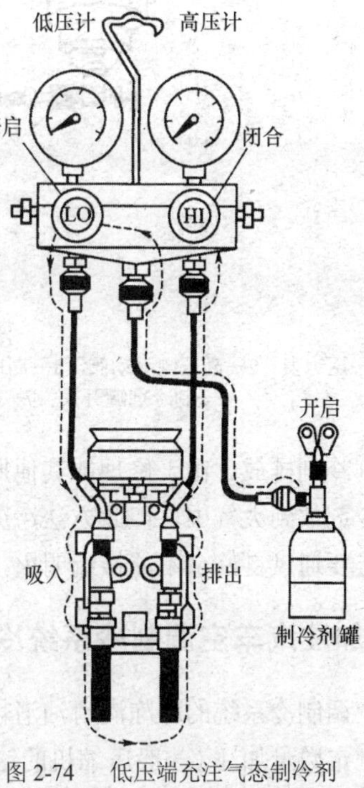

图 2-74　低压端充注气态制冷剂

充注前，须先确定注入制冷剂的数量，充注量过多或过少，都会影响空调制冷效果。压缩机的铭牌上一般都标有所用的制冷剂的种类及其充量。

为便于维修汽车空调和随车携带，制冷剂厂商制作了一种小罐制冷剂（一般为 400g 左右），如果要将制冷剂注入汽车空调制冷系统中，就必须使用注入阀。

如图 2-75 所示，制冷剂注入阀利用蝶形手柄前部的针阀刺破制冷剂罐，通过螺纹接头把制冷剂引入歧管压力表组。

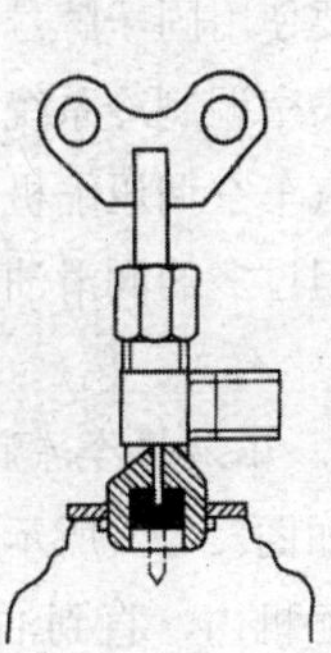

图 2-75　制冷剂注入阀结构

二、补充与排放汽车空调制冷系统制冷剂

手动低压端加注制冷剂

（1）制冷剂的补充。汽车空调系统经过一段时间运行后，由于汽车颠簸振动等原因，使某些部位的接头松动，制冷剂泄漏，制冷效果变差。经过查漏、排漏后，从低压侧向系统补充制冷剂，如图 2-76 所示。

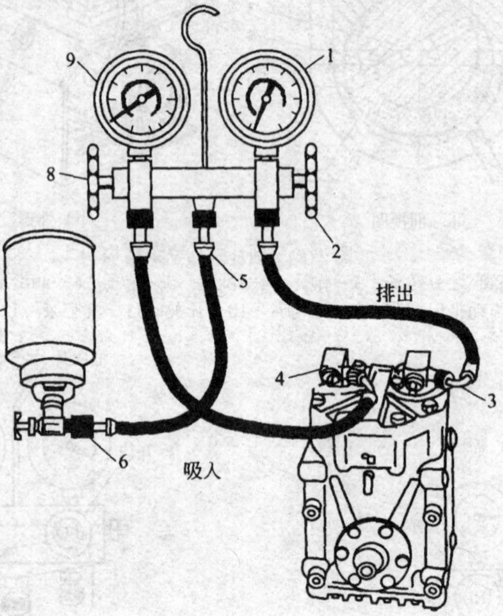

图 2-76 制冷剂的补充

1—压力表 2—高压侧手动阀 3—高压侧压缩机检修阀 4—低压侧压缩机检修阀 5—充注软管 6—制冷剂罐开关 7—制冷剂 8—低压侧手动阀 9—复合压力表

（2）制冷剂排放。由于修理或其他原因，需将系统内的制冷剂排放掉，其排放方法有两种：一是将制冷剂放到大气中，但此方法污染环境；二是回收制冷剂，但要有回收装置。排放时，周围环境一定要通风良好，不能接近明火，否则会产生有毒气体。

三、加注汽车空调制冷系统冷冻润滑油

加注制冷剂和冷冻油

汽车空调制冷系统的冷冻润滑油消耗很少，每两年更换一次即可，每次更换应按规定数量加注（一般压缩机的铭牌上标注润滑油的型号和数量）。加注时要使用同一牌号的冷冻润滑油，不同牌号的冷冻润滑油混用会生成沉淀物污染空调制冷系统。

汽车空调压缩机是高速运转装置，其工作是否正常，取决于润滑是否充分，但过多的润滑油会影响制冷效果。当更换压缩机和制冷系统某一部件时，需检查压缩机内的油量。

1. 压缩机冷冻润滑油量的检查

如图 2-77 所示，卸下加油塞，通过加油塞孔察看并旋转离合器前板，把油尺擦干净，插入压缩机内，直到油尺端部碰到压缩机内壳体为止，取出油尺，观察油尺浸入深度。冷冻润滑

油量合适时，压缩机内油面应在前 4～6 格之间，如果少需加入，如果多需放出，然后拧紧加油孔塞。

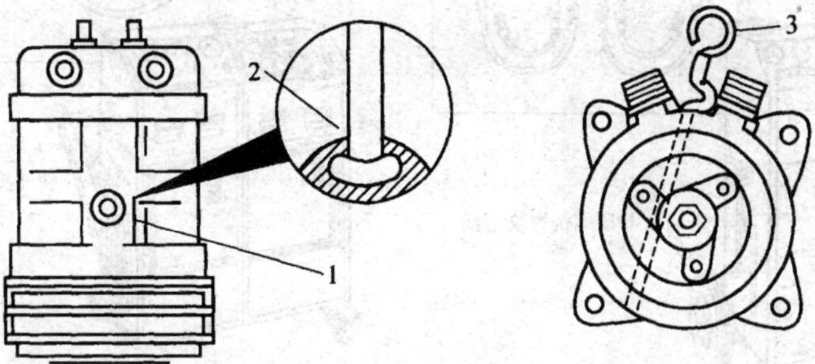

图 2-77 空调压缩机冷冻润滑油油量的检查
1—加油塞 2—加油孔 3—油尺

2. 冷冻润滑油加注

维修汽车空调制冷系统时不需加注冷冻润滑油，但在更换制冷系统部件以及发现系统有严重泄漏时，必须补充冷冻润滑油，更换系统部件时冷冻润滑油的补充量见表 2-7。

表 2-7 更换制冷系统部件时冷冻润滑油的补充量

更换的部件	冷凝器	蒸发器	储液干燥器	制冷管路
冷冻润滑油的补充量/mL	40～50	40～50	10～20	10～20

补充冷冻润滑油的方法有以下两种。

（1）利用压缩机本身的抽吸作用，将冷冻润滑油从低压阀处吸入，这时发动机要保持低速运转。

（2）利用抽真空加注冷冻润滑油，按抽真空的方法加注冷冻润滑油。

四、回收制冷剂

制冷剂本身对于人类来说是无毒无害的，但对于环境来说却是一个重要的污染源。R-12 就是导致全球臭氧空洞的罪魁祸首，它的代替产品 R-134a 虽然在对臭氧层的破坏上不如 R-12 那样严重，但也会污染大气。

回收装置体积小，使用轻便，只用于为其设计的那些制冷剂。它的润滑油、软管和密封适合用于有限范围的制冷剂。如果用于不匹配的制冷剂，回收设备就会被损坏。R-12 和 R-134a 两种回收装置如图 2-78 所示。

回收制冷剂的方法有冷却法、压缩法两种。

（1）冷却法。冷却法是使制冷剂蒸气冷却液化，回收 R-12 时，可利用干冰等使制冷剂冷却、液化后回收，回收容器需冷却到−30℃，这种方法适合于干净的制冷剂，图 2-79 所示为冷却法回收装置的示意图。冷却法有一套独立的冷冻循环系统，回收容器中的制冷剂在蒸发器中冷凝成液体。从汽车空调系统排出的制冷剂通过过滤干燥器，除去水分和杂质；通过分油器除去制冷剂中的润滑油。对于制冷剂纯度要求不太严格的场合，被回收的制冷剂可重新加到制冷系统。

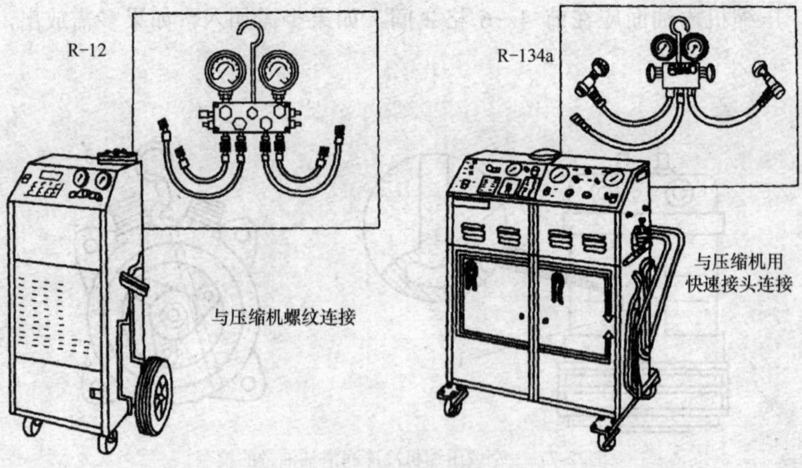

(a) R-12 回收装置　　(b) R-134a 回收装置

图 2-78　制冷剂回收装置

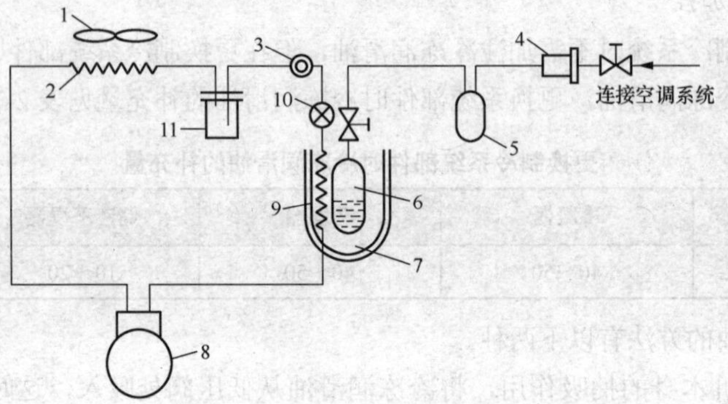

图 2-79　冷却法回收装置

1—风机　2—冷凝器　3—视液窗　4—过滤干燥器　5—分油器　6—回收容器　7—隔热容器
8—压缩机　9—蒸发器　10—膨胀阀　11—储液干燥器

(2) 压缩法。压缩法是用压缩的方法将制冷剂蒸发变成液体，其工作原理如图 2-80 所示。从空调系统排出的制冷剂通过过滤干燥器，除去水分和杂质，受吸气压力调节阀控制，部分液态制冷剂存留在储液罐中，气态制冷剂进入压缩机被压缩成高温高压气体，通过分油器时，与制冷剂混合的冷冻润滑油被分离出来，流回压缩机，制冷剂则进入冷凝器被冷却，通过气液分离器，被冷凝的液态制冷剂流到回收容器，回收容器中的气态制冷剂通过毛细管部分的被压缩机吸入。

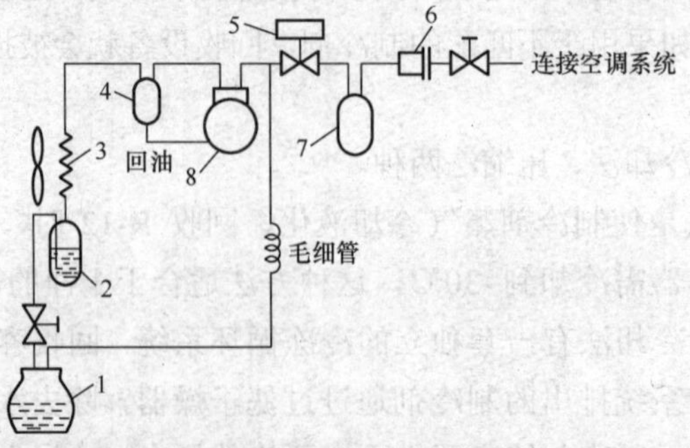

图 2-80　压缩法回收装置

1—回收容器　2—气液分离器　3—冷凝器　4—分油器　5—吸入压力调节器
6—过滤干燥器　7—储液罐　8—压缩机

任务实施

一、操作注意事项

1. 汽车空调制冷系统的冷冻润滑油消耗很少，每两年更换一次即可，充注制冷剂时要按照压缩机的铭牌上标注的制冷剂的种类及其充量进行加注。

2. 如果要将制冷剂注入汽车空调制冷系统中，就必须使用注入阀。

3. 制冷剂排放时，周围环境一定要通风良好，不能接近明火，否则会产生有毒气体。

二、操作步骤

1. 放空制冷剂

（1）准备工作

① 将压力表组接入系统。

② 起动发动机，运行汽车空调系统

③ 将发动机转速调至 1000～1200r/min，并运行 5min。

（2）制冷剂的排放

① 恢复发动机正常转速，然后关闭发动机。

② 慢慢打开手动高压阀，让制冷剂经过中间软管排出，中间软管开口端应裹上白抹布，如果有冷冻油排出，应调整手动阀，至刚好无冷冻润滑油排出。

③ 当压力表读数降到 0.35MPa 以下时，慢慢打开低压手动阀，让制冷剂从高、低压两侧同时排出。

④ 观察压力表读数，随着压力下降，逐渐开大手动高、低压阀，直至高、低压表的读数指示为零。

2. 加注冷冻润滑油

选择一个有刻度的量筒，盛入比要补充的冷冻润滑油还要多的冷冻润滑油；将连接在压缩机上的低压软管从歧管压力计上拧下来，将其插入盛有冷冻润滑油的量筒内，如图 2-81 所示；起动真空泵，打开歧管压力计上的手动高压阀，补充的冷冻润滑油从压缩机的低压侧进入压缩机中，当冷冻滑油量达到规定量时，停止真空泵的抽吸，并关闭手动高压阀。

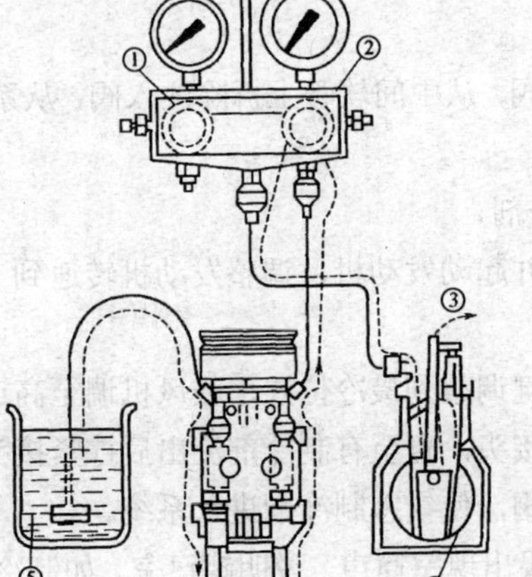

图 2-81 抽真空法加注冷冻润滑油

1—手动低压阀关闭 2—手动高压阀开启 3—排出空气 4—真空泵 5—冷冻润滑油

3．系统抽真空

手动抽真空

（1）准备工作

① 打开压力表组上的高、低压手动阀，中间软管连接到真空泵进口上。

② 拆除真空泵排气口护盖。

（2）系统抽真空

① 起动真空泵。

② 观察压力表，表针应向下偏摆，显示略有真空。

③ 真空泵运转过 10min 之后，检查低压表读数是否高于 79.8kPa 真空度。如果真空度低于 79.8kPa，应关闭高、低压手动阀，使真空泵停转，检查系统是否有泄漏，根据情况修理。

④ 放置 5～10min，如果压力上升则说明系统有泄漏，应检查排除后，再进行抽真空工序。

⑤ 如果低压表指针保持不动，继续进行抽真空 30min 以上，关闭高、低压手动阀后，再关闭真空泵。

4．加注制冷剂

（1）准备工作

① 在制冷剂罐安装制冷剂注入阀之前，先以逆时针方向旋转蝶形手柄，直到阀针退回为止，再以逆时针方向旋转板状螺母直到最高位置。

② 将注入阀装到制冷剂罐顶部的螺纹槽内，然后将制冷剂注入阀顺时针拧动，直到注入阀嵌入制冷剂密封塞。

③ 将盘形螺母按顺时针方向旋转到底，再将歧管压力计上的中间软管固定到注入阀的接头上。

④ 拧紧盘形螺母。

（2）系统停止时充注制冷剂

① 顺时针方向旋转手柄，使阀针刺穿密封塞，再逆时针方向旋转手柄，使阀针抬起。

② 松开表座上中间软管接头，直至有制冷剂流出后拧紧接头（将中间软管中的空气排出）。

③ 打开表座上高压侧手阀，观察低压表，表针应从真空范围转至压力范围。

④ 倒置制冷剂罐，使液态制冷剂进入系统。

⑤ 用手指敲击罐底，如果出现空筒声，说明罐已空。如制冷剂不足，第二罐应从低压侧进行加注。

⑥ 关闭表座上高压侧手阀，从中间软管上拆除注入阀，从系统上拆除压力表组，重新盖上所有的盖和帽。

（3）系统运行时充注制冷剂

① 将压力表组接入系统并起动发动机，调整发动机转速到 1250r/min，保证表座上高低压阀均处于关闭状态。

② 将空调控制板上温度键调整到最冷位置，鼓风机调至高速。

③ 松开表座上中间软管接头，直至有制冷剂流出后拧紧接头（将中间软管中的空气排出）。

④ 打开表座上低压侧手阀，使气态制冷剂进入系统。

⑤ 用手指敲击罐底，如果出现空筒声，说明罐已空。如制冷剂不足，可按上述步骤再注入另一罐，直到达到规定压力为止。

⑥ 关闭表座上低压侧手阀，从中间软管上拆除注入阀；从系统拆除压力表组，重新盖上所有的盖和帽。

5. 空调系统加注制冷剂后的性能测试

（1）如图 2-82 所示，将压力表组接入系统。连接时,先关闭高、低压手动阀,并在接好管后,排除管内的空气（否则管内空气会跑到制冷系统内）。

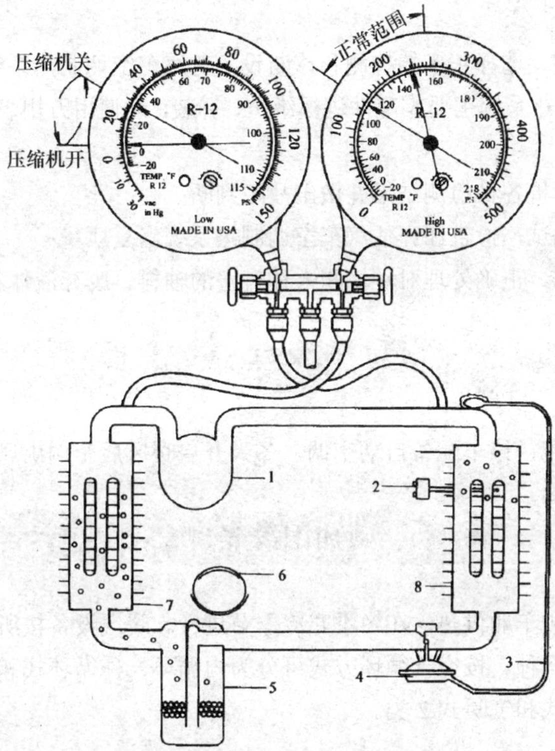

图 2-82　空调制冷系统高低压力正常值

1—压缩机　2—恒温器　3—温包毛细管　4—膨胀阀　5—储液干燥器

6—视液镜　7—冷凝器　8—蒸发器

（2）起动发动机，打开空调，将空调控制板上的温度键调至最冷位置，鼓风机调至高速。

（3）将发动机的转速保持在 2000r/min。

（4）将温度计放在空调出风口。

（5）干湿温度计放在车内空气循环进气口处（注：湿温度计的球都要覆盖饱蘸水的棉花）。

（6）观察温度计和干湿温度计来检测空调系统的工作性能。

习题测试

简答题

1. 制冷系统抽真空采用何设备？如何进行抽真空？

2. 怎样进行充注制冷剂？

3. 如何加注冷冻润滑油？

任务五　汽车空调制热系统的检修

【学习目标】

知识要求：掌握汽车空调制热系统的结构、原理、故障诊断的思路及方法。

能力要求：

1．能根据维修计划，选择正确的检测和诊断设备对汽车空调制热系统进行故障诊断；

2．能对汽车空调制热系统主要零部件进行维护、拆装，能使用万用表及常用检测设备对空调制热系统进行检测；

3．能正确记录、分析各种检测结果并做出故障判断；

4．能对车辆进行测试，检查和评估汽车空调制热系统修复质量；

5．能根据环保要求，正确处理对环境和人体有害的辅料、废弃液体和损坏的零部件。

任务导入

一辆大众帕萨特轿车，该车配备自动空调，冬天开启暖风后空调出风口无热风吹出。

知识准备

汽车暖气是指向驾驶车厢供热，在冬季寒冷季节进行。暖气设备按所使用的热源可分为发动机余热式和独立热源式两种。按空气循环方式可分为内循环、外循环式和内、外混合式 3 种。按照热载体又可分为水暖式和气暖式 2 类。

一、发动机余热式暖气装置

1．气暖式暖气装置

气暖式暖气系统是利用发动机的排气余热进行车厢采暖。在汽油机中，发动机排气带走的热量约占 36%，在柴油发动机中，则占有 30%左右。气暖式暖气系统是最早采用的空调形式之一，它是让排气管通过驾驶室直接供暖，例如，早期的北京吉普车，以及北方寒冷地带的长途客车。

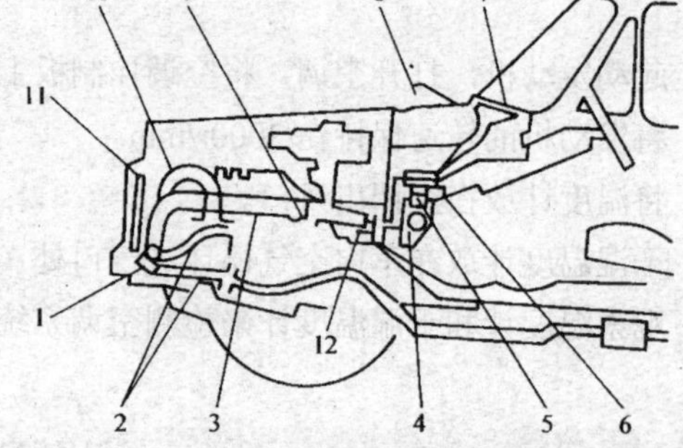

图 2-83　轿车空调余热气暖式暖风装置布置

1—热交换器　2—专用排气管（除霜、去雾）　3—热排风管　4—转换阀　5—鼓风机　6—电动机　7—除霜器　8—通风口　9—夏季用热风泄出阀　10—进气管　11—挡风栅　12—截止阀

图 2-83 所示为轿车气暖式暖气装置布置。热交换器 1 接在发动机后，由进气管 10 将混合气引入热交换器加热，加热的空气通过热排风管 3，由鼓风机 5 将加热的空气送入车厢内采暖。

控制板在仪表板上，它可改变风门位置使部分热风进入除霜器 7，对车前窗玻璃除霜。若需要，可通过专用排气管 2 对后窗玻璃、侧位玻璃、脚下等部位供暖。夏季空调制冷时，从蒸发器吹出的冷风温差较大，会使人感到不舒服，这时可通过其与热风泄出阀 9 吹出的热风相混合，混合比例可根据舒适度要求由风门控制冷热风量，这样就可以得到舒适的凉风。截止阀 12 是用来关闭热风的。

热交换器的热源为空冷后的热风，分流进入热交换器空气侧，热交换器管侧空气加热后送入车厢。气暖式暖气的传热效果是随车速变化而变化的。车速高，传热效果好；车速低，传热效果差，如图 2-84 所示。

热交换器铸成带散热翅片的管子装在发动机排气管上，一方面内腔作排气管用，另一方面外侧加热空气并将加热后的空气汇集起来，送到车内供暖，热交换器的结构如图 2-85 所示。

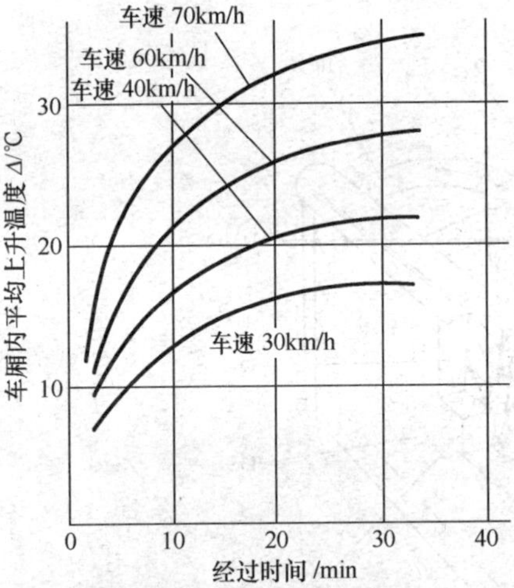

图 2-84　气暖式暖气效果

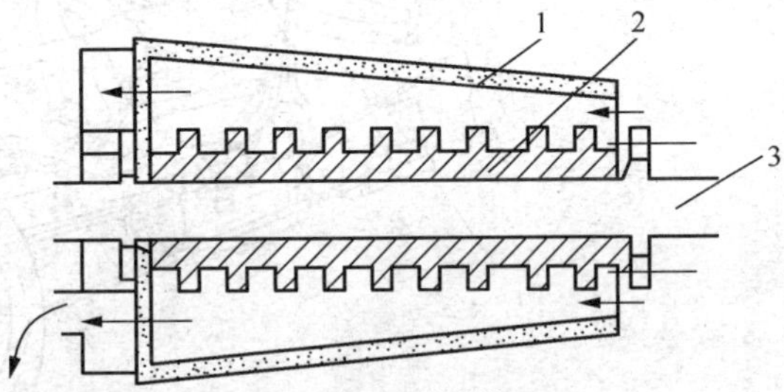

图 2-85　气暖式热交换器
1—空气保温管　2—热变换管　3—排气管

气暖式暖风装置示意图如图 2-86 所示。它是在发动机的排气管上安装一个热交换器用于加热空气。工作时，将通往消声器的阀门关闭，汽车废气就进入热交换器内，用于加热交换器外的冷空气，冷空气通过热交换器吸收热量后温度升高，由风机吹入车厢内用于采暖和除霜。

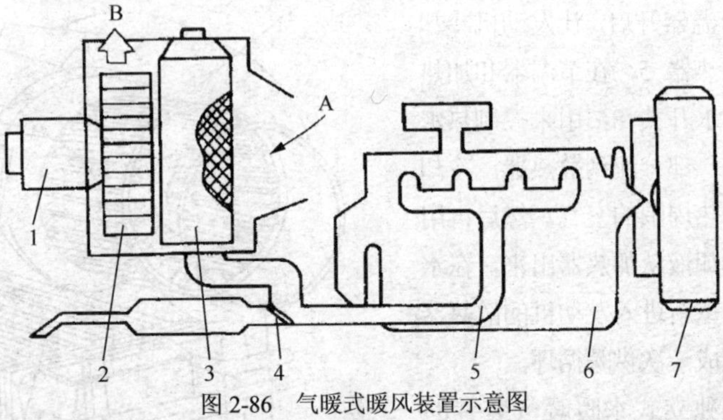

图 2-86　气暖式暖风装置示意图
1—鼓风机电动机　2—暖风鼓风机　3—热交换器　4—废气阀门　5—发动机排气管
6—发动机　7—发动机散热器　A—新鲜空气　B—暖风

由于发动机的废气含热量较高，能够提供足够暖气来调节车内的温度，所以特别适合于北方寒冷地方解决车内供暖问题。但它的供热效果受车速、发动机工况的影响，供暖温度不稳定。其次，由于废气中含腐蚀性气体以及有毒气体和微粒，这种取暖器必须采用耐腐蚀材料，连接的密封性必须可靠，否则一旦穿孔，后果不堪设想。另外，在排气管道中加装的换热装置使排气阻力加大，对发动机工况有一定的影响。而且，这种装置的结构比较复杂，体积较大，在一定程度上限制了它的应用。

2. 水暖式暖气装置

水暖式暖气装量一般以水冷式发动机冷却系统中的冷却液作为热源，将冷却液引入车辆内的热交换器中，使鼓风机送来的车厢内空气（内气式）或外部空气（外气式）与热交换器中的冷却液进行热交换，鼓风机将加热后的空气送入车厢内。

轿车、载货车和中小型客车，需要的热量较少，可以用发动机冷却液的余热来直接供暖。余热供暖设备简单，使用安全，运行经济。但其缺点是热量较小，受汽车运行工况的影响，发动机停止运行时，即没有暖气提供。

水暖式暖气系统工作原理如图 2-87 所示。

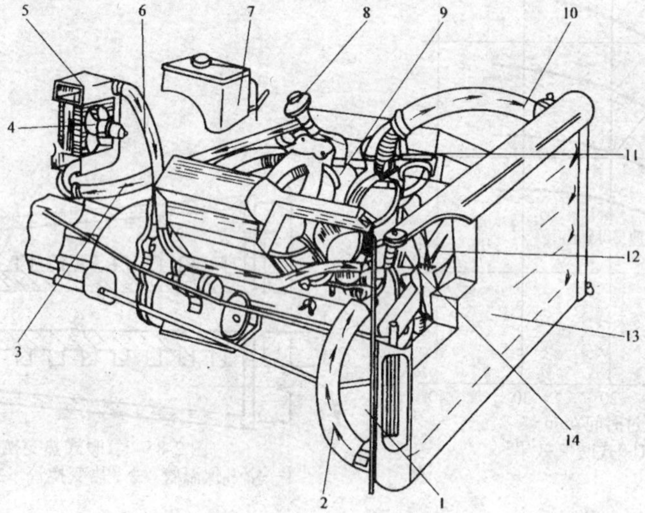

图 2-87　水暖式暖气系统工作原理

1—溢流管　2—回液管　3—加热器送水管　4—风扇　5—加热器芯　6—加热器出水管　7—溢流罐（副水箱）　8—热水开关　9—发动机　10—出液管　11—节温器　12—风扇　13—散热器　14—水泵

从发动机出来的冷却液经过节温器 11，在温度达到 80℃时，节温器开启，让发动机冷却液流到供暖系统的加热器 5，在节温器和加热器之间设置了一个热水开关 8，用来控制热水的流动，冷却液的另一部分流到散热器。冷却液在加热器散热，加热周围的空气，然后再用风扇 4 送到车内；冷却液从加热器出来，在水泵 14 的泵吸下，又重新进入发动机的散热器内，冷却发动机，完成一次供暖循环。

图 2-88 所示为独立式水暖暖气装置的结构，它由暖风热交换器、风机及外壳组成一个完整的总成。壳体上有吹向脚部、前部的出风口及吹向车窗起除霜作用的出风口。此种结构通常用于普通轿车、货车和小型客车。

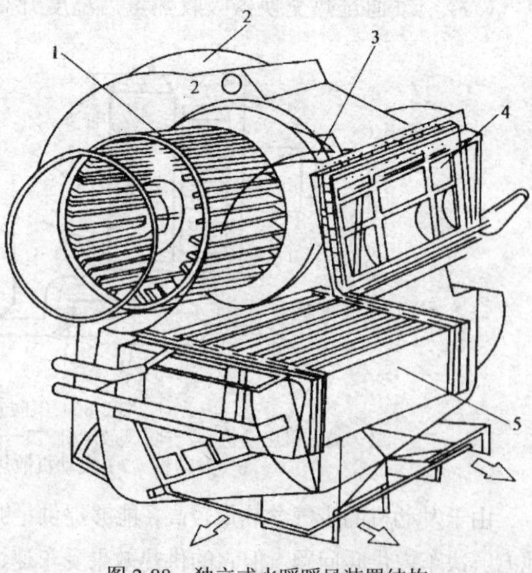

图 2-88　独立式水暖暖风装置结构

1—风机叶轮　2—壳体　3—电动机　4—暖风加热器　5—调节风门

暖风加热器目前结构形式主要有管片式和管带式两种。管带式的加热器散热效率高、体积小、重量轻，但其制造工艺要复杂些；现在用得最多的还是管片式加热器，可以采取减小管壁、在散热翅片上开槽等措施，以提高其传热效率。

图 2-89 所示为水暖式内外混合循环暖风装置。由外部空气吸入口 7 吸进新鲜空气，内部空气吸入口 5 吸入内部空气，它们在混合室 4 混合后，由风机 8 送入热交换器 1 空气侧，热交换器管内侧由发动机循环水提供热源，混合气体被加热后被送往前座脚下，通过前窗、侧窗除霜的连接管输送到前窗除霜或除雾。这种结构的暖风装置效果较好，一般用在中、高档轿车上。

另一种结构形式如图 2-90 所示，它是将加热器和蒸发器组装在一个箱体内，共用一个风机和壳体，可以实现全功能空调，大多数高级豪华轿车采用这种结构形式。

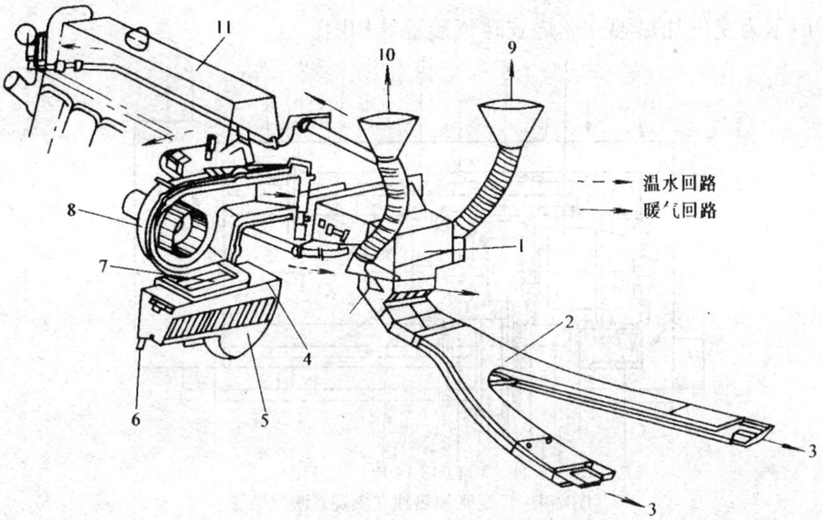

图 2-89 水暖式内外混合循环暖风装置

1—热交换器 2—后座导管 3—管道 4—混合室 5—内部空气吸入口 6—风门操纵杆 7—外部空气吸入口 8—鼓风机 9—前窗除霜 10—侧窗除霜 11—发动机

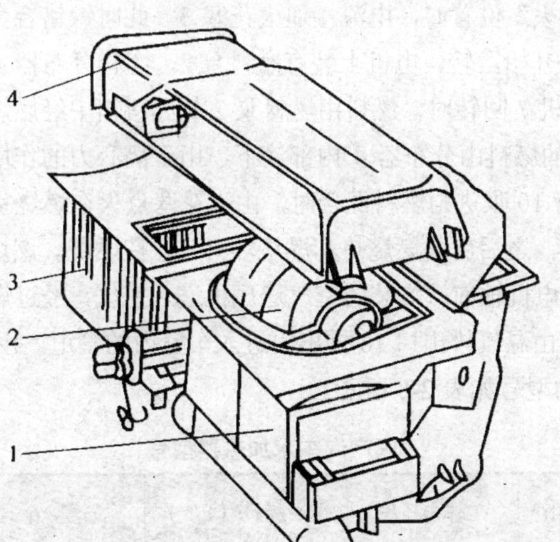

图 2-90 整体式空调器

1—加热器芯 2—轴流风机 3—蒸发器 4—进风口

二、独立热源式暖气装置

旅游车、高寒地区用车等，常常采用专用燃烧式暖气装置。它供热量大，不受发动机功率影响，其燃烧物质为汽油、煤油、轻油等，在热交换器中加热空气或水（暖气装置也分为空气加热式和热水加热式），燃烧后的气体在热交换后排出车外，对车内空气没有污染。

1. 热水加热式暖气装置

这种装置也称沸水式，先作为发动机的预热器，加热发动机的冷却水，提高发动机的起动性和耐久性；然后又作为暖气装置。这种热水加热式仅在发动机功率小时作用良好，其燃料费用较少，一般使用煤油、轻油作燃料，发热量为 1512～23260W，送风量为 80～800m^3/h。

2. 空气加热式暖气装置

图 2-91 所示为空气加热独立燃烧式暖气装置结构图。

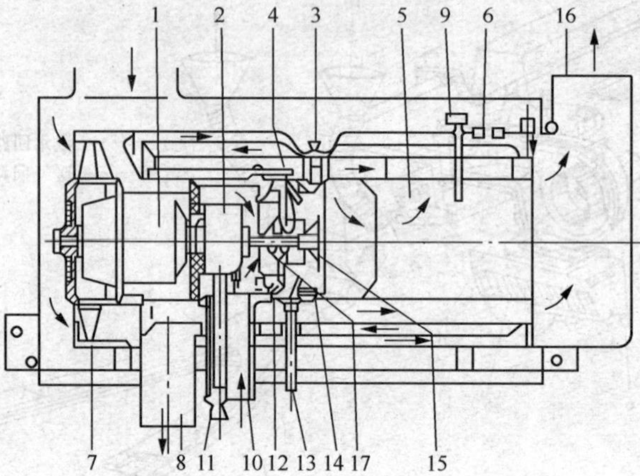

图 2-91　空气加热独立燃烧式暖气装置

1—电动机　2—燃料泵　3—火花塞　4—燃料分布器　5—燃烧室　6—热保险丝　7—暖房空气送风机　8—排气管　9—燃烧指示器　10—燃烧室空气吸入管　11—燃烧吸入管　12—燃烧空气送风机　13—排气管　14—燃烧环　15—分布器帽　16—温气排出口　17—油分布器管

当运转开关接通“点火”位置时，电流接通火花塞 3，此时镍铬合金线前端加热变红，接着加热器开始燃烧，电动机 1 开始运转。电机上装有燃料泵 2，燃料分布器 4，燃烧空气送风机 12，暖房空气送风机 7。当送风机 7 回转时，燃料由燃料泵 2 从燃料箱中经燃烧过滤器、电磁阀吸入燃料管 11 吸出，燃料泵吸出的燃料由分布器 4 内部滴下，由于离心力的作用使其分散雾化，当送风机 12 将被燃烧空气由吸入管 10 吸进与燃料混合时，由火花塞点火在燃烧室 5 中进行燃烧。一旦燃烧开始，电火花塞即行断电，之后就是燃烧热和燃烧环 14 保持燃烧。燃烧后的高温气体由排气管 8 作为废气排到大气中；而电机轴前端安装的空气送风机送入空气，经过燃烧室和外筒间壁以及外筒外侧被加热，加热的空气由温气排出口 16 排出而进入车室内的管道，由管道通入各喷口供暖。

国产汽车水加热器的型号如表 2-8 所示。

表 2-8　　国产汽车水加热器型号

国产汽车水加热器型号	发热量/（kJ/h）	工作电压/V	燃油耗量/（L/h）	质量/kg	外形尺寸（长×宽×高）/mm
YJ-Q12/2	58520	24	2.05	35	830×240×380
YJD12/2	58520	24	2.05	27	650×240×380
YJD7/1	29260	12	1.1	15	540×180×270
120ZJQ	50162	12	2.0	10	518×200×275

3. 加热器的日常维护

进入冬季，开始使用加热器之前应对以下项目进行检查后再投入使用。

（1）燃油箱内是否有燃油。

（2）暖气空气吸进口和车内暖气输送管出口是否堵塞。

（3）燃油系统内是否有漏气现象。如有，燃油泵吸进燃油时，空气会从漏气处混进，引起燃油中断。检查泄漏现象时，应仔细检查燃油系统各连接部分是否拧紧，管道有无破裂现象。

（4）燃油箱是否有泄漏现象。油箱盖、油计软管、排泄栓等是否漏油。如有，应及时修理，以免发生火灾。

（5）检查燃油滤清器。视其内部是否有积水和杂物。如有，应拆除滤清器玻璃杯清洗或更换滤清器元件。玻璃杯如有损坏则应更换。密封圈老化应予更换。

（6）检查电气线路。打开配线盖，观察线路是否损坏或脱落。如有，则应修理。旋出电热塞，用钢丝刷清除积炭，防止因积炭过多点火不良、绝缘不良，使电热塞寿命缩短。

（7）检查燃烧空气系统。必须经常检查该系统的燃烧空气吸进管及排气管，是否因泥沙灰尘堵塞而造成燃烧空气减少或燃烧不良。

任务实施

一、帕萨特暖风装置的结构

在所有电气设备进行修理工作之前，先调取收音机的防盗密码，然后将蓄电池的接地线断开。在重新接上蓄电池的时候要对汽车的设备（收音机、时针、电动摇窗机）进行检验。

帕萨特暖风装置的结构如图 2-92 所示。

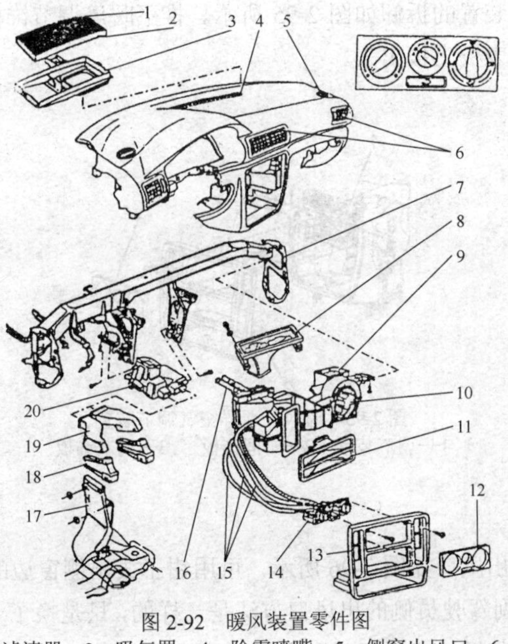

图 2-92　暖风装置零件图

1—夹子　2—灰尘和花粉滤清器　3—吸气罩　4—除霜喷嘴　5—侧窗出风口　6—出风口　7—仪表板横梁　8—除霜器中间件　9—暖风装置　10—新鲜空气鼓风机 V2　11—中间件　12—调节饰板　13—中间饰板　14—暖风和新鲜空气的调节　15—拉索　16—热交换器　17—后座左侧通道　18—下方的连接件　19—上方的连接件　20—脚部空间出风口

二、帕萨特暖风装置的拆卸与装配

1．拆卸新鲜空气鼓风机

新鲜空气鼓风机 V2 的拆卸如图 2-93 所示，先拆卸副驾驶员侧的杂物盒，然后拆下鼓风机。

2．暖风和新鲜空气调节装置的拆装

暖风和新鲜空气调节装置的组成如图 2-94 所示。

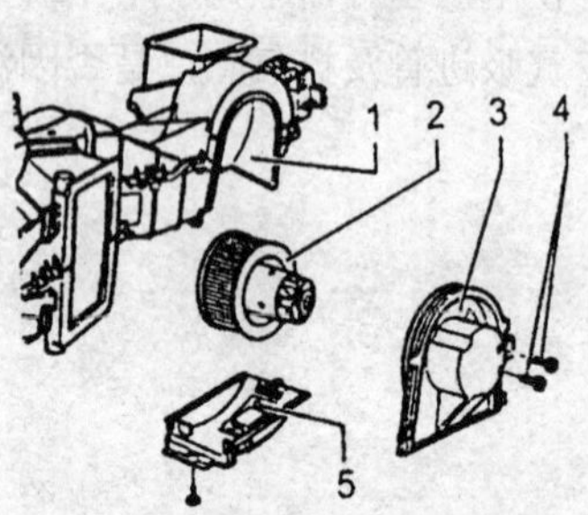

图 2-93　新鲜空气鼓风机

1—暖风机　2—新鲜空气鼓风机 V2　3—新鲜空气鼓风机壳体　4—螺栓　5—新鲜空气鼓风机串联电阻器（带有过热保险丝）N24

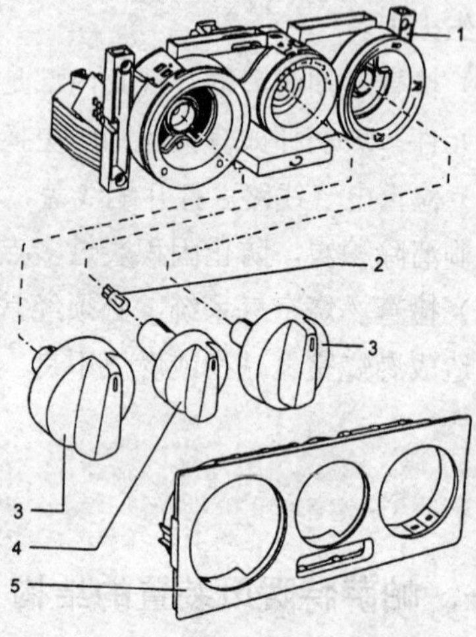

图 2-94　暖风和新鲜空气装置

1—新鲜空气调节装置　2—照明灯　3、4—旋钮　5—饰板

暖风和新鲜空气调节装置的拆卸如图 2-95 所示。推下暖风调节饰板 3；卸下中间饰板 2；将调节装置 1 连同拉索从仪表板上拔出来。

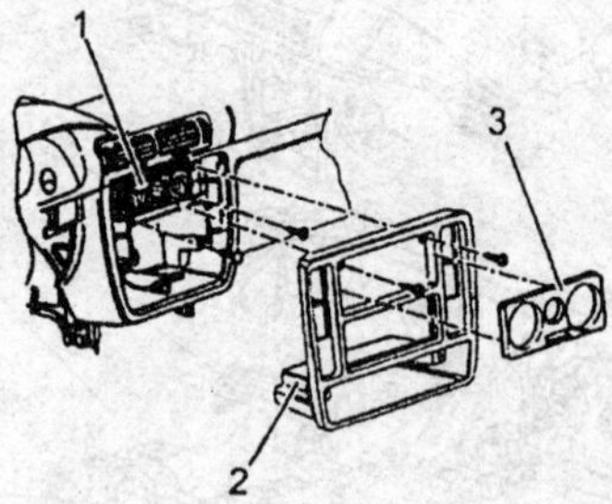

图 2-95　暖风和新鲜空气调节装置

1—调节装置　2—中间饰板　3—调节饰板

3．出风口的拆装

（1）拆卸对侧窗边的出风口如图 2-96 所示，可用钳子拔出侧窗边的出风口。

（2）拆卸驾驶员侧和副驾驶员侧的出风口方法是一样的，只是换了一个侧面，如图 2-97 所示，仪表板侧面的盖板用适当的螺丝刀撬开后取出。

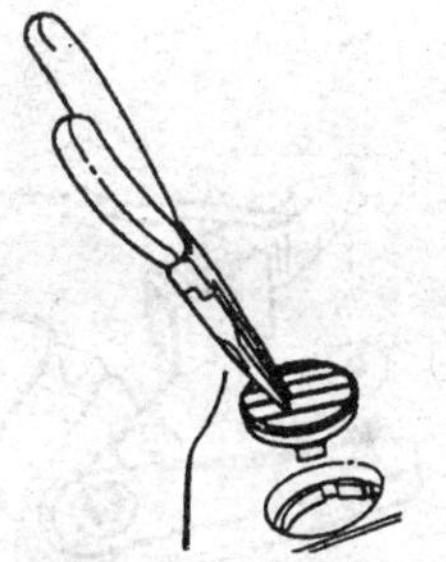

图 2-96　拆卸对侧窗边的出风口

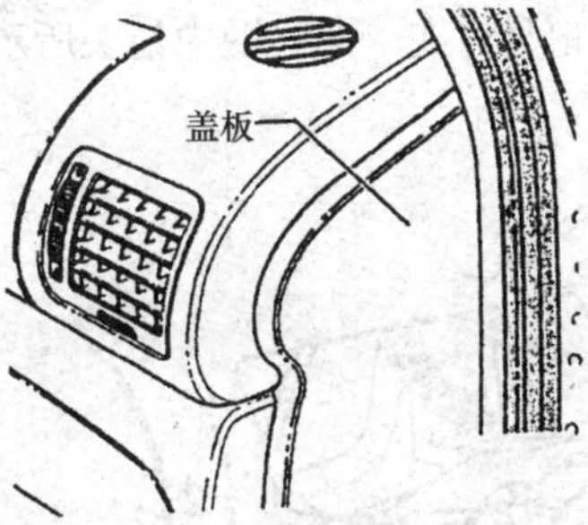

图 2-97　拆卸盖板

如图 2-98 所示，将一把适用的一字螺丝刀，交替通过侧面的孔 A 和 B 插入出风口与密封件之间，用螺丝刀交替沿 C 的方向向外撬出水平出风口 1。

如图 2-99 所示，在沿着 C 的方向取出出风口 1 时，分开背面的插接器 2。

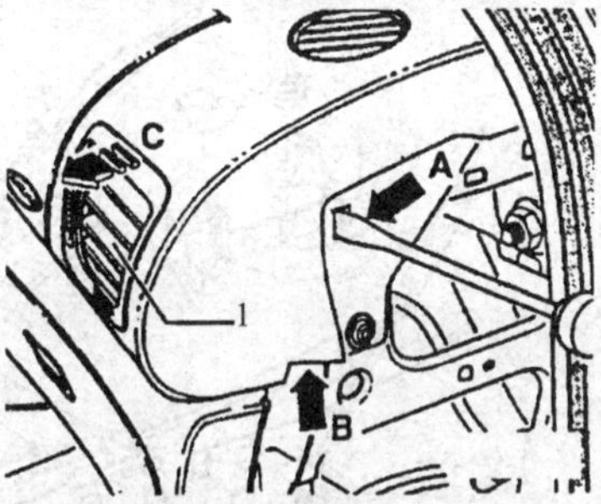

图 2-98　拆卸水平出风口
1—水平出风口　A、B—出风口

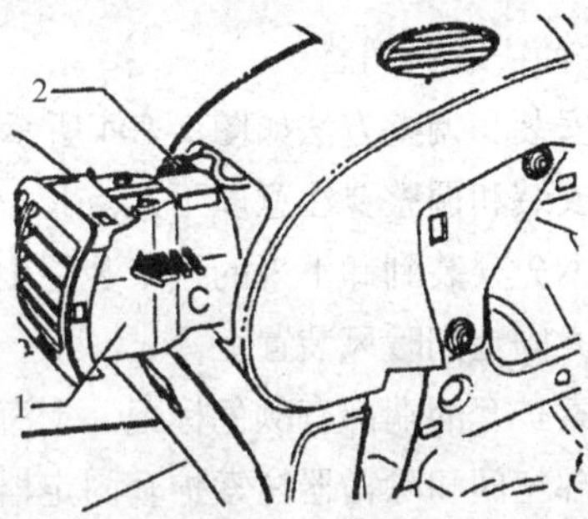

图 2-99　取出出风口
1—出风口　2—插接器

（3）拆卸中央出风口的方法如图 2-100 所示，双手的手指放到最下面的横条 A 上，用力往下压中央出风口 1，使定位钩 B 从其固定位上脱开。

如图 2-101 所示，中央出风口 1 被从仪表板上拔出一点后，两手就抓在 C 点上。沿着 D 的方向压中央出风口，使下方的定位钩脱开，然后将出风口稍拔出一点。

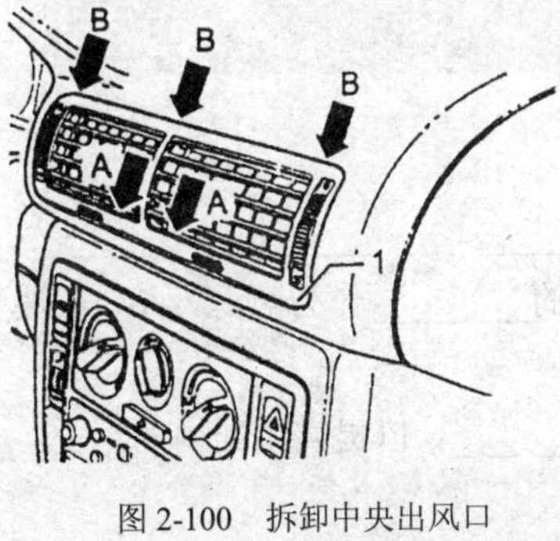

图 2-100　拆卸中央出风口
1—中央出风口　A—横条　B—定位钩

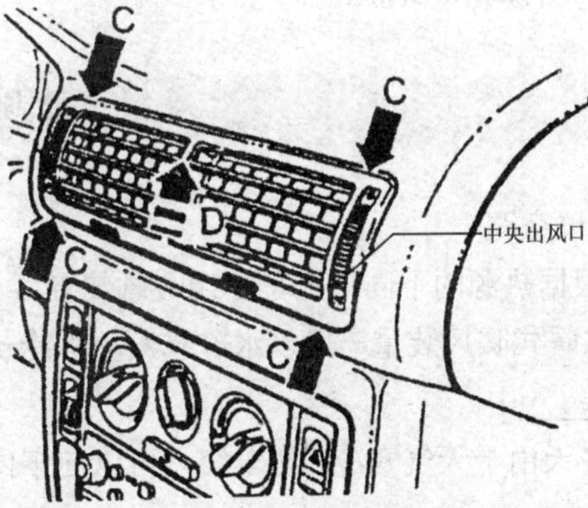

图 2-101 拔出中央出风口

如图 2-102 所示，在沿箭头方向取出出风口之前，先将背面中央出风口的插接器分开。

4. 中央活门杠杆的安装和调节

如图 2-103 所示，中央活门小齿轮上有一个调整记号，在安装杠杆时注意让杠杆的调整记号与小齿轮上的调整记号对在一起（图中箭头所示）。

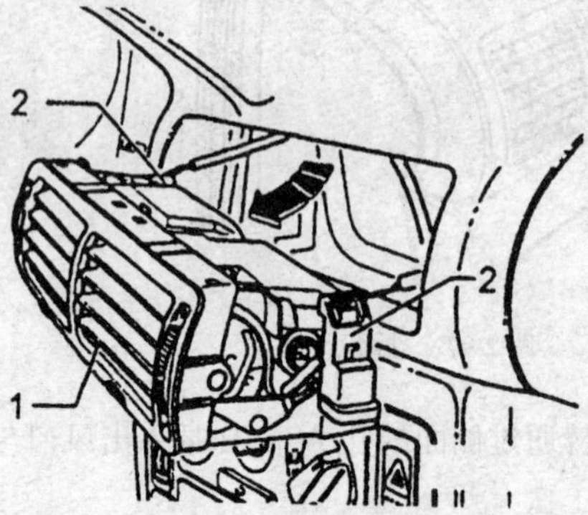

图 2-102　分开中央出风口插接器
1—中央出风口　2—插接器

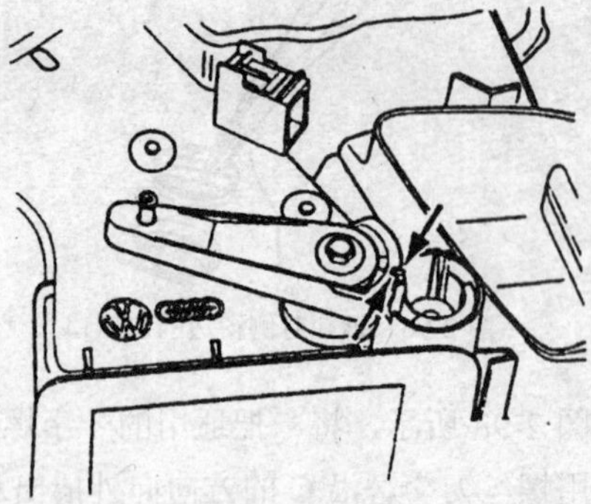

图 2-103　中央活门杠杆的安装

5. 拉索的安装和调整

拉索的安装和调整方法如图 2-104 所示。

拉索的安装和调整要注意以下几点。

（1）拉索先安装到卸下来的调节装置上，然后再把拉索固定到暖风装置上。

（2）拉索护套的端部有颜色标记。上海帕萨特 B5 脚部空间和除霜器拉索护套固定器为白色；中央活门拉索护套固定器为黑色；温度活门拉索护套固定器为红色。

（3）旋转旋钮时，所有的活门都必须能听出达到止挡位。

（4）在插入调节装置拉索芯线时，将线的端部箭头对着调节杠杆压入。

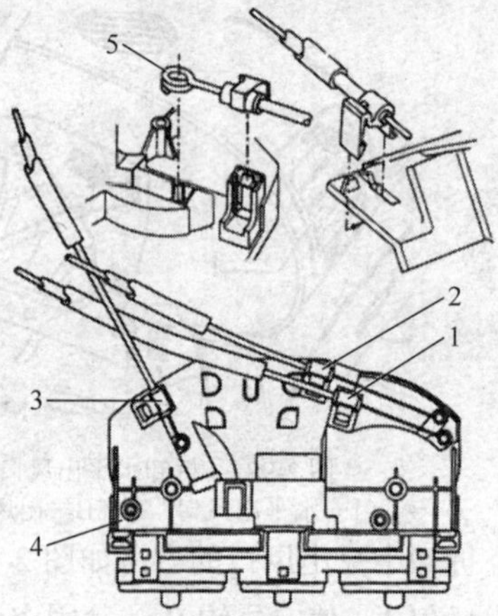

图 2-104　拉索的分解图
1—脚部空间和除霜器拉索　2—中央活门拉索
3—温度活门拉索　4—暖风和新鲜空气的调节装置
5—调节装置拉索的芯线

习题测试

一、填空题

1．根据热源的不同，汽车空调暖风装置可分为________、________和________。

2．水暖式暖风装量一般以水冷式发动机冷却系统中的________作为热源，将冷却液引入车辆内的________中。

3．冬天由于天气寒冷，汽车空调可以向车内提供________，以提高车厢内的________，使乘员感觉到________。

二、判断题

1．热水阀（部分车型装有）一般装在暖风加热器的回水管上，控制冷却液的流量。（　）

2．独立燃烧式取暖系统的优点是取暖快，不受汽车行驶工况的影响。（　）

3．发动机余热式取暖系统普遍用在轿车、载货汽车和小型客车上。（　）

三、选择题

1．下列汽车空调部件中，不是热交换器的是（　　）。

A．供暖水箱　　B．冷凝器　　C．蒸发器　　D．鼓风机

2．小轿车采暖量的强度调节一般是通过（　　）进行调节的。

A．风量大小　　B．发动机水温　　C．暖水阀　　D．真空膜盒

四、简答题

1．简述汽车空调供暖系统的主要作用。

2．简述汽车空调供暖系统的分类。

3．简述气暖式加热装置的优缺点。

项目小结

汽车空调故障现象可能会出现很多种，主要由制冷剂故障（包括制冷剂加注过多或过少、制冷剂存在水分或加注存在空气等）、管路系统故障（包括管路泄漏、管路堵塞）、压缩机和蒸发器故障等原因引起。在处理各种汽车空调故障时可以检查各个系统来进行排除。

在汽车空调系统使用过程中，由于部件损坏或管路泄漏等原因，使系统内的制冷剂排空或存量不足，需要重新加注或补充制冷剂，以恢复汽车空调系统正常工作性能。在汽车空调制冷系统具体的检修过程中，离不开制冷剂的排放或回收、抽真空与加注等基本操作。

不同于一般家用或商用空调，汽车空调的使用环境要复杂恶劣得多，高温、油、气、水的污染，颠簸振动，这些因素都会导致汽车空调制冷剂的泄漏和污染，因而制冷剂的加注是每家维修厂在夏季的重要业务。对于拆开修理的空调系统或者发现其制冷剂太少的空调系统，在添加新的制冷剂之前用真空泵完全抽空空调系统，清除空调系统内的空气和水分。完成抽真空后，在确认系统无泄漏的情况下，对空调系统进行定量充注。

汽车空调制热系统故障现象可能会出现很多种，主要由供暖源故障（包括发动机冷却液温度过低、发动机冷却系统水泵故障）、管路系统故障（包括管路泄漏、管路堵塞）等原因引起。在处理空调制暖系统故障时可以依次检查来进行故障排除。

项目习题测试

一、判断题

1．空调制冷系统中，制冷剂越多，制冷能力越强。（　　）

2．蒸发器表面的温度越低越好。（　　）

3．如果制冷系统内有水分，将造成系统间歇制冷。（　　）

4．如果汽车空调系统膨胀阀的感温包暴露在空气中，将使低压管表面结霜。（　　）

5．制冷系统工作时，压缩机的进、出口应无明显温度差。（　　）

6．使用 R-12 制冷剂的汽车空调制冷系统，可直接换用 R-134a 制冷剂。（　　）

7．储液干燥器一定要垂直安装。（　　）

8．恒温器是用来控制电磁离合器通断的。（　　）

9．汽车空调系统内，凡是有堵塞的地方，外表处均会结霜。（　　）

二、选择题

1．当空调系统改换了制冷剂时，甲说：用于 R-12 的 O 形圈不须更换；乙说：用于 R-134a 系统的 O 形圈也可用于 R-12 系统。谁的说法正确？（　　）

A．甲正确　　B．乙正确　　C．两人均正确　　D．两人均不正确

2．甲说：真空泵用来清除系统中的湿气；乙说：真空泵用来抽出系统中的空气。谁的说法正确？（　　）

A．甲正确　　B．乙正确　　C．两人均正确　　D．两人均不正确

3．当空调系统内有空气时，甲说：空气不会被冷凝；乙说：当空调循环停止时空气会聚集在蒸发器内。谁正确？（　　）

A．甲正确　　B．乙正确　　C．两人均正确　　D．两人均不正确

4．讨论空调系统所用的 O 形圈时，甲说：R-134a 的 O 形圈通常都是黑色的；乙说：R-12 的 O 形圈是蓝色的或绿色的。谁的说法正确？（　　）

A．甲正确　　B．乙正确　　C．两人均正确　　D．两人均不正确

5．甲说：空调系统抽真空时间最少要 30min；乙说：如果抽真空时间为 1～2h，则抽真空效果会更好。谁的说法正确？（　　）

A．甲正确　　B．乙正确　　C．两人均正确　　D．两人均不正确

6．甲说：POE 润滑剂适用于 R-134a 系统；乙说：用于 R-134a 系统的 XH9 干燥剂不能用于 R-12 系统。谁的说法正确？（　　）

A．甲正确　　B．乙正确　　C．两人均正确　　D．两人均不正确

7．在给空调系统加注制冷剂时，如压缩机不循环，甲说：可用一搭接线并联温度开关；乙说：可用一搭接线并联低压开关。谁的说法正确？（　　）

A．甲正确　　B．乙正确　　C．两人均正确　　D．两人均不正确

8．甲说：空调系统的问题能引起冷却系统问题；乙说：冷却系统问题能引起空调系统的问题。谁的说法正确？（　　）

A．甲正确　　B．乙正确　　C．两人均正确　　D．两人均不正确

9．若有液态制冷剂溅入人的眼睛，则应立即采取的安全措施是（　　）。

A．立即召集有关人员开现场会说明意外事故确实会发生

B．保持受伤者情绪稳定并使其确信事故不严重

C．批评受伤者太不小心

D．立即将大量的冷水清洗受伤者的眼睛

10．使用 R-12 的空调系统，低压侧压力表读数为 379kPa，高压侧表读数为 896kPa。甲说：空调系统缺少制冷剂；乙说：可能是压缩机前垫圈或排放阀损坏。谁的说法正确？（　　）

A．甲正确　　B．乙正确　　C．两人均正确　　D．两人均不正确

11．空调系统工作时，若蒸发器内制冷剂不足，会导致空调系统（　　）。

A．高于正常压力，温度较低　　B．低于正常压力，温度较高

C．高于正常压力，温度较高　　D．低于正常压力，温度较低

12．甲说：空调系统电路中可变电阻的作用是使鼓风机能无级变速；乙说：可变电阻的作用是能为鼓风机提供几个挡位的速度控制。谁的说法正确？（　　）

A．甲正确　　B．乙正确　　C．两人均正确　　D．两人均不正确

三、简答题

1．空调系统的主要部件有哪些？

2．空调系统的工作原理是什么？

3．压力检漏法向系统内充入什么气体？

4．空调制热系统的工作原理是什么？

项目三 汽车电子控制被动安全系统的检修

项目导读

当汽车车速低于 30km/h 发生碰撞时，碰撞产生的减速度和惯性力较小，安全传感器和中央传感器将此信号送到安全气囊 ECU，安全气囊 ECU 判断结果为不引爆安全气囊，只引爆安全带收紧器的点火器。与此同时，向左、右安全带点火器发出点火指令使安全带收紧，防止驾驶员和乘客受伤。

当汽车车速高于 30km/h 发生碰撞时，碰撞产生的减速度和惯性力较大，安全传感器和中央传感器将此信号送到安全气囊 ECU，安全气囊 ECU 判断结果为需要引爆安全气囊和安全带收紧器共同保护驾驶员和乘员。与此同时，向左、右安全带点火器和安全气囊点火器发出点火指令，在安全带收紧的同时，驾驶员侧气囊和乘员侧气囊同时打开，达到保护驾驶员和乘员的目的。

前碰撞传感器、安全传感器与点火器都是串联的，安全传感器控制点火器的电源侧电路，前碰撞传感器控制点火器的搭铁侧电路，点火器引爆气囊的条件是前碰撞传感器与安全气囊 ECU 内的安全传感器必须同时接通。当汽车发生碰撞时，前碰撞传感器、安全传感器送给安全气囊 ECU 一个闭合信号，这时安全气囊 ECU 再综合中央传感器、SRS 检测电路，最后发出点火指令，通过点火驱动电路控制点火器的最终搭铁，点火器中电热丝迅速通电，引爆充气剂，充气剂受热分解产生大量氮气，充入气囊。

任务一 汽车电子控制被动安全系统识别

【学习目标】

知识要求：掌握汽车电子控制被动安全系统的作用、组成及基本原理。

能力要求：能够在实车上识别汽车电子控制被动安全系统的各组成部件。

任务导入

汽车电子控制被动安全系统对行车安全非常重要，大家能否在车上找到各组成部件？

知识准备

发生交通事故时，汽车不可避免地会发生碰撞。汽车发生碰撞分为两个阶段：没有人参与的汽车与汽车或汽车与障碍物之间的碰撞作为碰撞的第一阶段。碰撞第一阶段必然导致汽车产生减速度，车内人员由于惯性就会以一定的加速度向撞击发生的方向运动，如果这个加速度足够大，将造成人员与车内构件相碰，把这个碰撞称为碰撞的第二阶段，即伤人阶段。安全气囊的作用即在碰撞的第一阶段和第二阶段之间，迅速在车内人员与汽车构件之间产生一个充满气体的气垫，在碰撞过程中通过气囊的阻尼排气等过程吸收乘员的动能，使碰撞的第二阶段得以减缓，以减轻碰撞对人员的伤害程度。安全气囊属于汽车乘员"被动安全性保护装置"。其中，安全带在被动保护过程中起主要作用，而安全气囊属于辅助约束系统（Supplemental Restraint System，SRS）。

气囊作为车身被动安全性的辅助配置，日渐受到人们的重视。当汽车碰撞后，乘员与车内构件尚未发生"二次碰撞前"迅速在两者之间打开一个充满气体的气垫，使乘员因惯性而移动时"扑在气垫上"从而缓和乘员受到的冲击并吸收碰撞能量，减轻乘员的伤害程度。

一、作用

当汽车以大于 30km/h 的速度发生碰撞时，安全气囊就会自动充气弹开，瞬间在驾驶员和转向盘之间充起一个很大的气囊，减轻驾驶员头部及胸部的伤害。

驾驶员侧气囊组件位于转向盘中心处，乘员侧气囊组件位于仪表板右侧杂货箱上方。

驾驶员侧的气囊多采用尼龙布涂氯丁橡胶或有机硅制成。橡胶涂层起密封和保护作用，气囊背面有 2 个泄气孔。乘客侧气囊没有涂层，靠尼龙布本身的孔隙泄气。

安全气囊系统各部件在车辆上的安装位置及线路连接如图 3-1 所示。

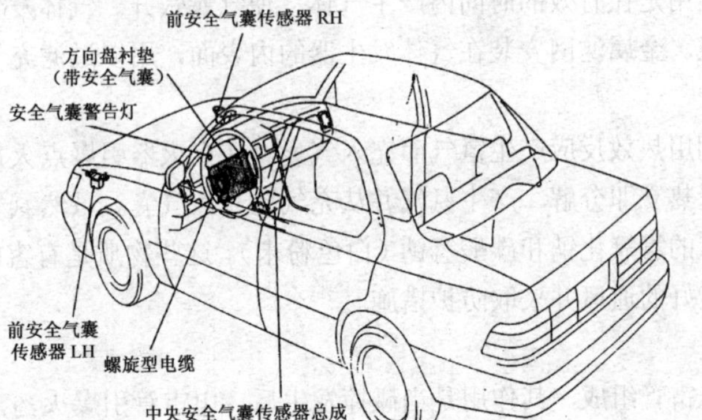

图 3-1　系统的布置

二、结构分类

1. 碰撞传感器

检测汽车碰撞强度的信号，并将信号输入安全气囊 ECU，安装于汽车前部的碰撞传感器称为前碰撞传感器；安装于安全气囊 ECU 内部的碰撞传感器称为中央传感器。

（1）偏心锤式前碰撞传感器

偏心锤式前碰撞传感器安装在保险杠与挡泥板之间，装在一个防振保护盒内，用来感测低速碰撞信号。

（2）应变仪式传感器

应变仪式传感器是汽车悬臂减速度产生的惯性力引起动态应变仪输出电压的变化一种传感器。碰撞的惯性力越大，输出电压越高。

（3）阻尼式传感器

强烈冲击时钢球传感器的使触点闭合，发出碰撞信号。

2. 安全传感器

安全传感器用来防止系统在非冲撞时引起气囊的误动作。它们一般装在中央控制器内，是一个水银常开开关。当发生冲撞时，足够大的减速度力将水银上抛，接通电雷管电路。安全传感器传送的不是信号，它直接控制气囊展开时所需要的电源电路的通断。

三、组成及基本原理

安全气囊系统主要由传感器、气体发生器、点火器、安全气囊 ECU 和安全气囊 SRS 指示灯等部件组成。传感器和微处理器用以判断撞车程度，传递及发送信号；气体发生器根据信号指示产生点火动作，点燃固态燃料并产生气体向气囊充气，使气囊迅速膨胀。气囊装在转向盘毂内紧靠缓冲垫处，其容量为 50～90L，做气囊的布料具有很高的抗拉强度，多以尼龙材质制成，折叠起来的表面附有干粉，以防安全气囊黏着在一起在爆发时被冲破；为了防止气体泄漏，气囊内层涂有密封橡胶；同时气囊设有安全阀，当充气过量或囊内压力超过一定值时会自动泄放部分气体，避免将乘客挤压受伤；气囊中所用的气体多是氮气。

SRS 控制原理

1. 气体发生器

气体发生器的作用是在有效的时间内产生气体，使气囊张开。气体发生器由上盖、下盖、充气剂和金属滤网组成。金属滤网安装在气体发生器的内表面，用以过滤充气剂和点火剂燃烧产生的渣粒。

气体发生器是利用热效反应产生氮气而充入气囊。在点火器引爆点火剂瞬间，点火剂会产生大量热量，充气剂受热立即分解，产生氮气并从充气孔充入气囊。虽然氮气是无毒气体，但是充气剂的副产品有少量的氢氧化钠和碳酸氢钠（白色粉末）。这些物质是有害的，因此在清洁膨胀后的气囊时，应保持良好的通风并采取防护措施。

2. 点火器

点火器主要由电雷管组成，其作用是当碰撞发生后，电雷管引爆火药，产生大量高温气体，冲撞或粉碎气体发生剂（叠氮化钠），同时使高温气体降温并继续产生气体。

3. 安全气囊 ECU

安全气囊 ECU 由中央处理器 CPU、只读存储器 ROM、随机存储器 RAM、I/O 接口、驱动器等电子电路组成，如图 3-2 所示。同时，安全气囊 ECU 内部还有安全传感器、备用电源、稳压电路、故障自诊断电路、四路连接器、逻辑模块和插接器等。安全气囊 ECU 电控系统的原理如图 3-3 所示。

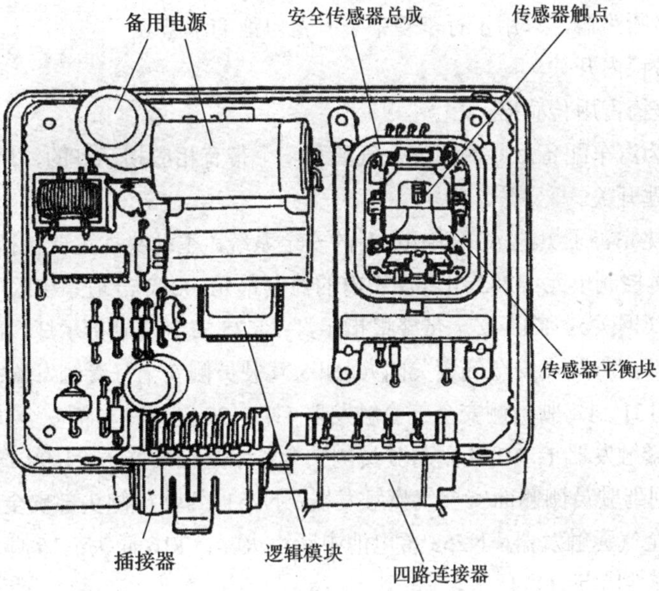

图 3-2 安全气囊 ECU 结构

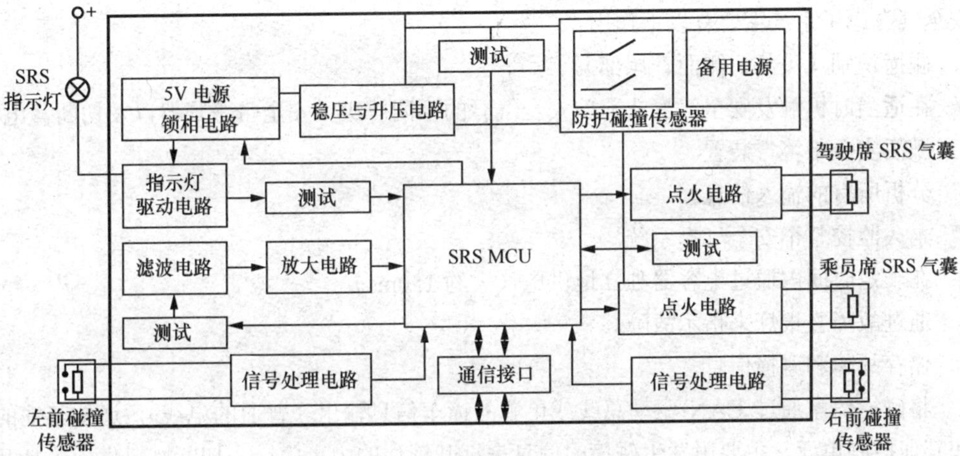

图 3-3 安全气囊 ECU 电控系统的原理

4. 安全气囊 SRS 指示灯

SRS 指示灯位于仪表板上，接通点火开关时，诊断单元对系统进行自检，若点亮 6s 后熄灭，表示安全气囊系统正常；若 6s 后 SRS 指示灯依然闪烁或一直不熄灭，表示安全气囊系统有故障。

5. 奥迪 A3 Sportback 的安全系统组成

- 安全气囊控制单元。
- 驾驶员和副驾驶员双级安全气囊。
- 前部侧面安全气囊。
- Sideguards（头部安全气囊）。
- C 柱上的侧面碰撞识别传感器。
- 前车门中的侧面碰撞识别传感器。
- 前部碰撞传感器，即前上方传感器。
- 前座安全带张紧器。

- 蓄电池电路断路器，只用于行李箱中装有蓄电池的车型。
- 前座安全带锁内开关。
- 副驾驶员座椅占用传感器。

此外，还可以为汽车配备后座侧面安全气囊和一个带有相应指示灯的，用于关闭副驾驶员侧前部安全气囊的钥匙开关。

前座的主动头枕完善了奥迪 A3 Sportback 的安全系统。主动头枕主要包括：J220 发动机控制单元；J234 安全气囊控制单元；J285 组合仪表内的控制单元；J393 舒适系统的中央控制单元；J533 数据总线诊断接口（网关）；K19 安全带警报指示灯；K75 安全气囊指示灯；K145 副驾驶员侧安全气囊关闭指示灯（副驾驶员安全气囊关闭）；N95 驾驶员侧安全气囊触发器；N250 驾驶员侧安全气囊触发器 2；N131 副驾驶员侧安全气囊触发器 1；N132 副驾驶员侧安全气囊触发器 2；N153 驾驶员侧安全带张紧触发器 1；N154 副驾驶员侧安全带张紧触发器 1；N199 驾驶员侧侧面安全气囊触发器；N200 副驾驶员侧侧面安全气囊触发器；N251 驾驶员侧头部安全气囊触发器；N252 副驾驶员侧头部安全气囊触发器；N253 蓄电池中断点火器；T16 插头；16 脚自诊断接口。

（1）安全气囊控制单元 J234

安全气囊控制单元连接在 CAN 驱动数据总线上，如图 3-4 所示。

安全气囊电子系统主要有以下作用。

- 碰撞识别（头部、侧面、尾部）。
- 在适当时机触发安全气囊或前部安全气囊的不同等级、安全带张紧器以及切断蓄电池。
- 激活安全带警告装置。
- 分析所有的输入信息。
- 永久监控整个安全气囊系统。
- 在一定时间内通过电容器独立地供电（大约 150ms）。
- 通过故障警报灯来指示故障。
- 储存故障和碰撞信息。
- 将碰撞信息通过 CAN 驱动总线或单独的撞车信息输出（普通的电线），通知其他的系统部件和其他控制单元，主要用发生碰撞的信息来打开锁住的中央门锁、切断燃料供应、打开警告闪光灯等。

（2）侧面防护系统碰撞传感器

侧面安全气囊碰撞传感器 G179、G180（在前门）如图 3-5 所示。

图 3-4 安全气囊控制单元

图 3-5 侧面安全气囊碰撞传感器

在奥迪 A3 Sportback 的两个前门内，首次安装了压力传感器。如果发生侧面碰撞，在车门内由于汽车的变形将会产生短暂的气压升高。传感器采集到压力升高的信息，传输给安全气囊控制单元。

侧后安全气囊碰撞传感器 G256、G257（C 柱）分别安装在 C 柱左部和右部，侧后安全气囊碰撞传感器 G256、G257 是传统的照明传感器，在 3 门型奥迪 A3 上也安装了该型传感器。

（3）驾驶员安全气囊

驾驶员安全气囊上使用了双级式气体发生器。安全气囊是呈辐射状弹开的，与点火触发的时间是错开的，这样在发生交通事故时，作用到驾驶员身上的负荷也就减小了。根据事故的严重程度和种类不同，安全气囊控制单元控制两次点火的时间间隔。两次点火的时间间隔可能在 5～40ms。

安全气囊控制单元激活第 1 个充气器的电子触发器，如图 3-6 所示。这样就点燃了点火器，再重新通过喷嘴孔触发自身的充气器。充气器点燃使气体发生器内产生压力。如果气体压力超过设定的界限，气体发生器变形，穿过金属过滤器通向气囊的通路打开。第 2 个充气器点燃，将安全气囊展开和充气。在确定的一段时间后，安全气囊控制单元向第 2 个电子点火器供电，点火器直接点燃第 2 个充气器，如图 3-7 所示。超过一定压力后，产生的气体将第 2 级的盖子抬起，流入第 1 级的燃烧室，从这里通过过滤器进入气囊。

（4）副驾驶员安全气囊

与驾驶员安全气囊相反，副驾驶员安全气囊中的气体发生器是按混合气体技术原理工作的，如图 3-8 所示。该气体发生器由内置在一个高压气瓶中的两个烟火式充气器组成。安全气囊控制单元激活触发器，再通过点火装置点燃第 1 个充气器。如果气瓶中产生的压力超过一个设定值，则安全膜片断裂，混合气体可以充满气囊。第 2 个充气器点燃后产生的气体会给安全气囊再次充气。螺旋弹簧的作用是按照设定压力点燃充气器。

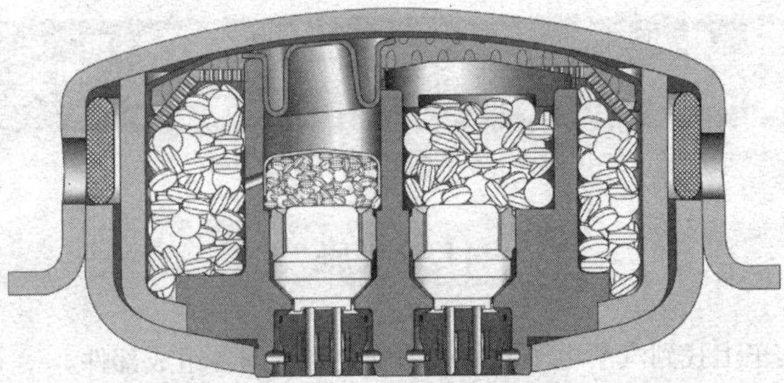

图 3-6　第 1 个充气器触发

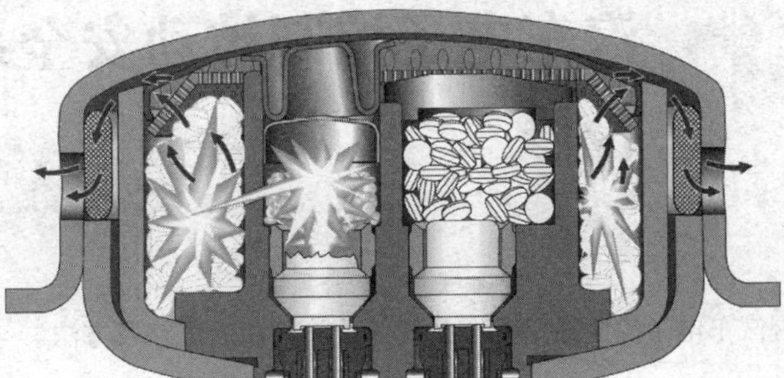

图 3-7　第 2 个充气器触发

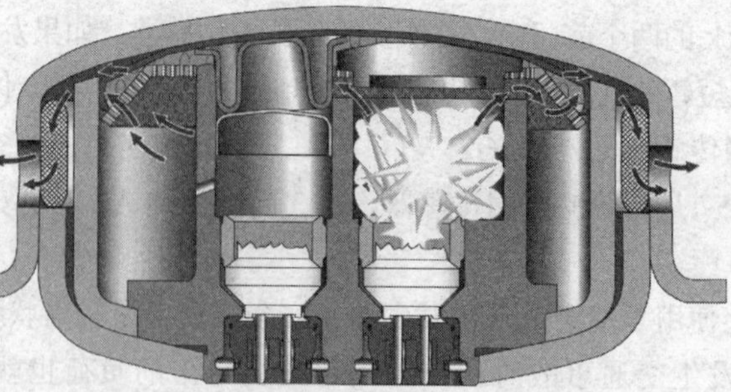

图 3-8　副驾驶员安全气囊 N131、N132

（5）侧面安全气囊

侧面安全气囊使用烟火式管道气体发生器作为气体发生器。如果安全气囊控制单元检测到一个足以触发气囊的侧面碰撞，就向相应的侧面安全气囊触发器供电，通过点火器触发主充气器，产生的气体通过过滤器流入安全气囊。侧面安全气囊如图 3-9 所示。

（6）头部安全气囊

头部安全气囊挡住几乎整个侧面玻璃，如图 3-10 所示。该车型的混合气发生器安装在车顶后部，通过一个喷气管向气囊充气。通过点燃充气器，用机械方法将支柱从其位置上射出。以 600 MPa 压力储存在高压气瓶中的氦气使安全膜片破裂。气体通过过滤器流入连接气囊与气体发生器的喷气管。

图 3-9　侧面安全气囊 N199、N200

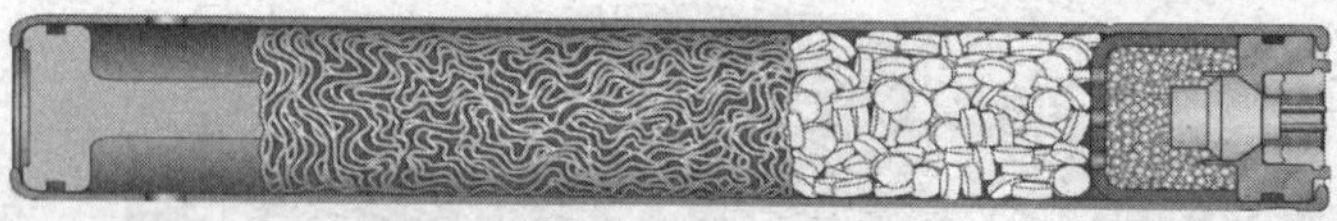

图 3-10　头部安全气囊 N251、N252

任务实施

分组训练，在实车上找到汽车电子控制被动安全系统的各组成部件。

任务二　汽车电子控制被动安全系统的检修

【学习目标】

知识要求：掌握汽车电子控制被动安全系统的故障诊断的思路及方法。

能力要求：

1．能使用万用表、故障诊断仪、示波器及常用检测和诊断设备对汽车电子控制被动安全系统传感器、控制器、执行器进行检测；

2．能正确记录、分析各种检测结果并做出故障判断；

3．能按照正确操作规范进行传感器、执行器和控制器的更换，并能进行系统匹配设定；

4．能对车辆进行测试，检查和评估汽车电子控制被动安全系统修复质量；

5．能根据环保要求，正确处理对环境和人体有害的辅料、废气液体和损坏零部件。

任务导入

一辆广州本田 2.3L 雅阁轿车安全气囊指示灯常亮不熄，行驶里程 3.2 万 km。

知识准备

安全气囊系统的所有线束都套装在黄色的波纹管内，并与车颈线束连成一体，以便于区别。为了保证转向盘具有足够的转动角度而又不致损伤驾驶员气囊组件的连接线束，在转向盘与转向柱管之间采用了螺旋线束，即将线束安装在螺旋形弹簧内，再将螺旋弹簧放到弹簧壳体内。

电喇叭线束也安装在螺旋弹簧内，螺旋弹簧安装在转向盘与转向柱之间，安装时应注意其安装位置和方向，否则将导致螺旋线束和电喇叭线束折断、转向盘转向角度不足或转向沉重。

螺旋电缆用于保证电源连线的连接。安全气囊系统的所有线束都套装在黄色的波纹管内，并与车颈线束连成一体，以便于区别。

任务实施

一、安全气囊系统的检修

安全气囊应注意日常的检修。安全气囊的一般检查，应按故障代码显示的故障进行检修，可以由驾驶员或专业修理工严格按照维修手册操作规程进行。不允许非专业人员对安全气囊系统进行拆开和检修。

1．检修安全气囊的安全规则

安全气囊的检测、安装和维修工作必须由专业人员来进行。检测时不可使用检测灯、电压表和欧姆表。安全气囊只可在安装好后用 V.A.G1551/1552 来检查。检查安全气囊时，必须断开蓄电池地线。断开蓄电池后不需等待。将安全气囊与电源相连时，车内不可有人。安全气囊从运输器具内取出后必须马上装车。如需中止工作，应将安全气囊放回运输器具内。不可将安全气囊放到无人照管的地方。存放拆开的安全气囊时，起缓冲作用的面应朝上。安全气囊不可打开及修理，必须使用新件。掉到过坚硬地面上的或有损伤的安全气囊不可再用。

2．更换安全气囊的步骤

更换安全气囊的步骤：拆下旧安全气囊，缓冲面朝上放置；从运输器具中取出新安全气囊，缓冲面朝上放置；将旧安全气囊装入运输器具；将新安全气囊装到车上。

安全气囊有一定的使用寿命（见 B 柱上不干胶标签）。如更换安全气囊，应将新标签取下并贴到 B 柱的旧标签上面。每 14 年必须更换安全气囊和不干胶标签。如果车的 B 柱上无标签，应在保养手册中注明更换安全气囊的时间。

安全气囊上不能沾油脂、清洁剂等，也不能置于温度在 100℃以上的地方（短时间也不可）。

安全气囊组件更换

3. 事故后安全气囊的处理

（1）事故后触发了的安全气囊的更换

在车辆发生交通事故，安全气囊和安全带张紧器工作后，车辆的显示屏会显示“安全气囊，前部和侧面”或“安全气囊，前面和头部”的警告信息。安全气囊控制单元最多可用于控制 3 个侧面/头部安全气囊和/或张紧器的触发。

3 次触发后，故障阅读仪上显示“控制单元损坏”。在下述情况下必须更换安全气囊控制单元。

① 驾驶员/副驾驶员安全气囊触发一次。

② 壳体损坏。

③ 控制单元周围 200mm 内通道变形。

④ 安全气囊触发 3 次后。

⑤ 所有已触发的安全气囊总成。

⑥ 如果副驾驶员安全气囊已触发，还要更换仪表板。

⑦ 副驾驶员一侧的支架已变形（不允许二次变形）。

⑧ 横向加速度传感器故障（如果传感器周围地板已变形）。

⑨ 驾驶员安全气囊触发后，要更换带滑环的回位弹簧和张紧器已触发的安全带。

（2）触发的安全气囊控制单元

对于前座张紧器，读取显示组 001 的测量数据块。屏幕显示：

读取测量数据块 1			→
1	2	3	4

对于已触发的前座张紧器，显示屏显示“zu groβ”（电阻过大）。

对于后座张紧器，读取显示组 002 的测量数据块。屏幕显示：

读取测量数据块 2			→
1	2	3	4

对于已触发的后座张紧器，显示屏显示“zu groβ”（电阻过大）。

（3）更换了安全气囊控制单元

查询故障存储器。对于已触发的张紧器，故障记录为“张紧触发器—电阻过大”。如需要（目视检查），还要更换所有损伤件。

（4）事故后未触发安全气囊的处理

如果安全气囊报警灯 K75 未指示故障，那么就不必更换安全气囊部件，单独检查安全带即可。

4. 安全气囊的存放和运输

安全气囊是用一级聚乙烯制成的烟火式装置，其存放和运输应按易爆危险品对待（炸药管理规定）。安全气囊存放时间不可超过 3 个月。

5. 安全气囊的报废

安全气囊报废前，应按相应的安全规程使其触发。

6. 安全气囊部件的拆装

（1）安全气囊安装位置

安全气囊主要部件的安装位置如图 3-11 所示。

（2）驾驶员安全气囊的拆装

驾驶员侧安全气囊的分解如图 3-12 所示。

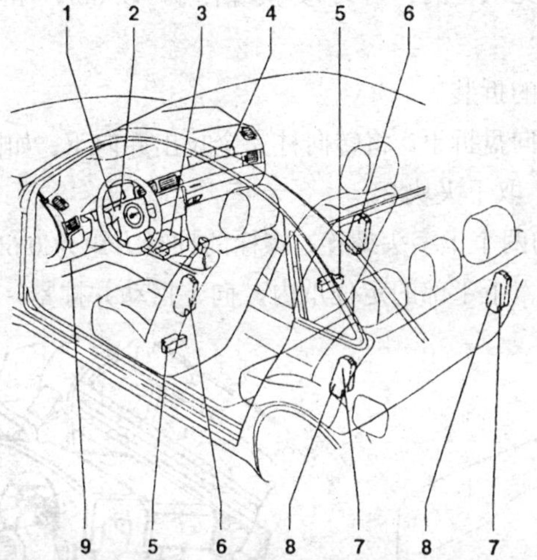

图 3-11　安全气囊部件安装位置示意图

1—驾驶员安全气囊　2—驾驶员安全气囊（转向盘）　3—安全气囊控制单元　4—副驾驶员安全气囊　5—横向加速度传感器　6—侧面安全气囊　7—后座侧面安全气囊（折叠式靠背）　8—后座侧面安全气囊（固定式靠背）　9—自诊断插头

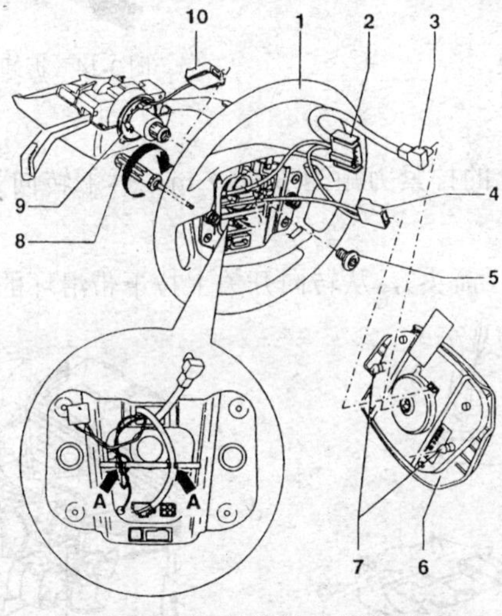

图 3-12　驾驶员侧安全气囊分解

1—转向盘（将松开的线固定到箭头，A 所示的位置）　2—螺旋弹簧插头　3—安装气囊插头　4—除静电插头　5—内多角螺栓（60N・m）　6—安全气囊　7—定位爪　8—Torx 扳手（T30）　9—带滑环的回位弹簧　10—转向盘加热插头

① 驾驶员侧安全气囊的拆卸。松开转向柱调节装置。向上尽量拉出转向盘。将转向盘置于垂直位置。按图 3-12 所示箭头方向转动 Torx 扳手（T30）90°（从前看为顺时针），以松开定位爪 7。将转向盘回转半圈，以松开另一个定位爪。拔下安全气囊插头 3 和插头 4，缓冲面朝上放置安全

气囊。

② 驾驶员侧安全气囊的安装。安装驾驶员侧安全气囊时要保证插头和安全气囊正确入位（可听见入位的声音），注意车内不可有人。最后，打开点火开关并接上蓄电池地线。

③ 转向盘的拆装。拆卸转向盘时，先拆下安全气囊，将转向盘置于中央位置（车轮摆正），拧下螺栓 5，拔下插头 2 和插头 10。安装转向盘时，使转向盘在中央位置时（车轮摆正）装上。要确保插头正确入位（可听见入位的声音）。更换螺栓 5，以 60N·m 的拧紧力矩拧紧，最后装上安全气囊。

（3）带滑环的回位弹簧的拆装

将驾驶员安全气囊和转向盘拆下。将转向柱完全拉出并向下。如图 3-13 所示，拧下螺栓 1（2 个，拧紧力矩为 2.8N·m），取下夹块 2。

拧下图 3-14 箭头所示的两个十字头螺栓，螺栓的拧紧力矩为 0.6N·m。拆下转向开关上部装饰件。安装时，将上半部插入下半部的定位爪内，向下摆动并拧紧，如图 3-14 所示。

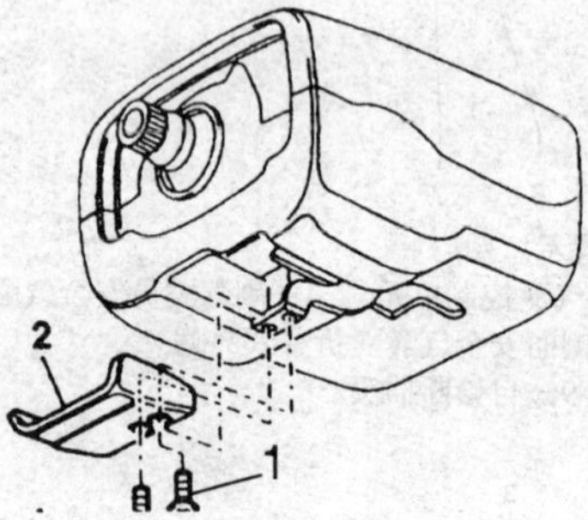

图 3-13　拆卸夹块
1—螺栓　2—夹块

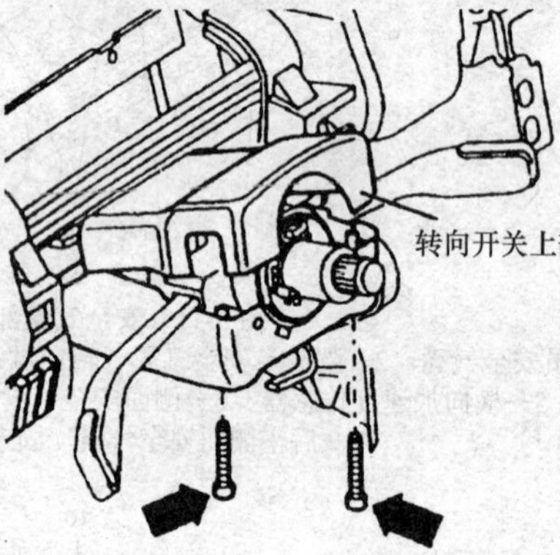

图 3-14　拆卸转向开关上部装饰件

拧下螺栓 2（2 个），螺栓的拧紧力矩为 0.6N·m。拆下转向开关下部装饰件 3，如图 3-15 所示。

拔下插头 1，松开定位爪（箭头），从转向开关上拉下带滑环的回位弹簧，如图 3-16 所示。

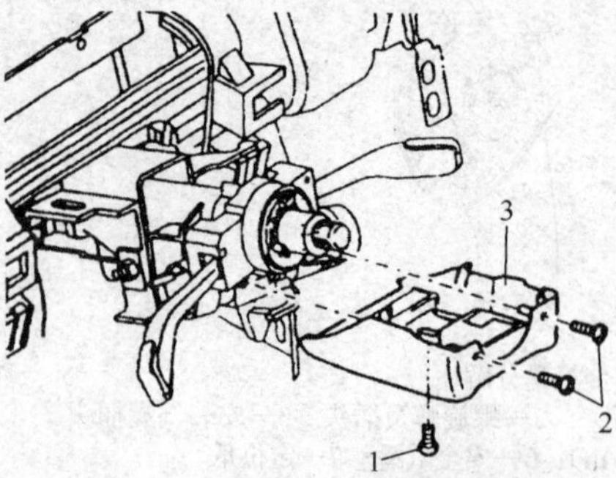

图 3-15　拆卸转向开关下部装饰件
1、2—螺栓　3—转向开关下部装饰件

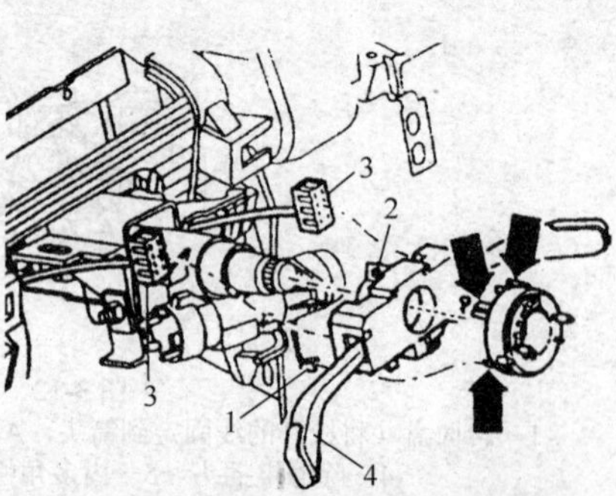

图 3-16　拆卸带滑环的回位弹簧
1、3—插头　2—螺栓　4—转向开关

（4）副驾驶员安全气囊的拆装

副驾驶员安全气囊分解如图 3-17 所示。副驾驶员安全气囊有不同型号，仪表板与副驾驶员安全气囊应匹配。

拆卸副驾驶员安全气囊时，要断开蓄电池地线，拆下杂物箱，拔下插头 6。注意千万不要拔下副驾驶员安全气囊上的红色脚插头。拧下螺母 4（4 个），拆下安全气囊，要将缓冲面朝上放置安全气囊。

安装副驾驶员安全气囊时确保插头 6 入位（可听见入位的声音），装上安全气囊。打开点火开关，接上蓄电池地线。注意操作过程中车内不得有人。安全气囊触发后必须更换的部件有支架 2、螺母 3 和螺母 4、螺栓 5、安全气囊支架 7。

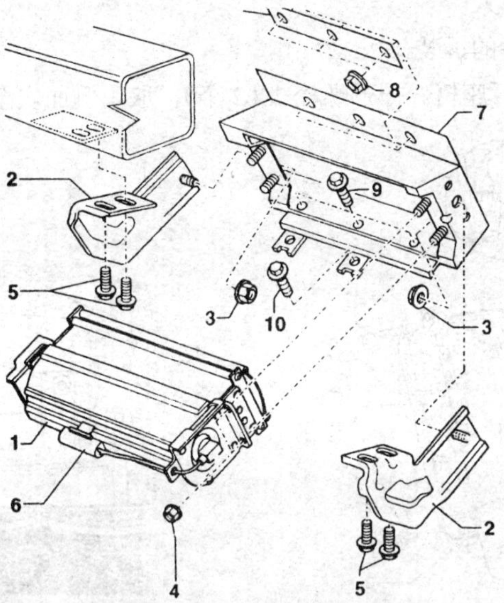

图 3-17 副驾驶员安全气囊分解图

1—副驾驶员安全气囊 2—支架 3—螺母（2 个，18N • m） 4—螺母（4 个，9 N • m）
5—螺栓（4 个，9 N • m） 6—插头 7—安全气囊支架 8—螺母（3 个，4.5N • m）
9—螺栓（3 个，4.5 N • m） 10—螺栓（1 个，4.5N • m） 11—垫板

如图 3-18 所示，用螺丝刀撬起插头 1 的定位凸起 2，按箭头 3 方向拔下插头。断开蓄电池地线。拆下中央副仪表板前部。

拆下左后和右后脚下出风口导流板的插入件。如图 3-19 所示，松开插头 2 的定位卡夹，从控制单元 1 上拔下插头 2，拧下螺栓 3（3 个），拆下控制单元。更换控制单元后需重新编码。

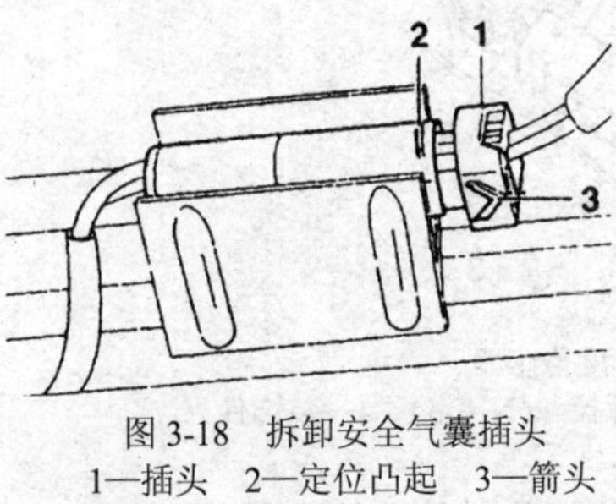

图 3-18 拆卸安全气囊插头

1—插头 2—定位凸起 3—箭头

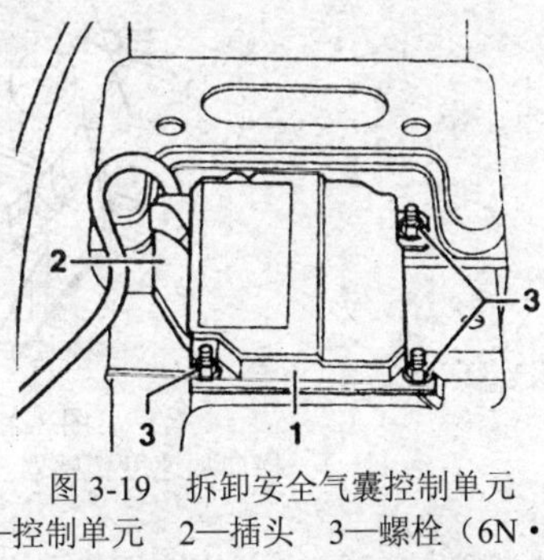

图 3-19 拆卸安全气囊控制单元

1—控制单元 2—插头 3—螺栓（6N • m）

（5）侧面安全气囊的拆装

侧面安全气囊的分解如图 3-20 所示。拆卸驾驶员/副驾驶员侧面安全气囊时，断开蓄电池地线，拆下靠背装饰件，松开侧面安全气囊 1 周围的面罩，松开插头 3 的定位，从侧面安全气囊 1

上拔下插头 3，拧下两个螺栓 2。为了表达清楚，图 3-20 中未画消音垫。小心地松开侧面安全气囊的定位爪 5，拆下侧面安全气囊 1，缓冲面向上放置安全气囊。

安装驾驶员/副驾驶员侧面安全气囊时，不要切开定位爪 5 周围的消音垫，抬起消音垫，将安装孔扩大 5.5mm，将消音垫铺到靠背支架上，将侧面安全气囊 1 固定到消音垫上，插入螺栓 2，抬起消音垫，装上螺母并拧至 5.5N·m。从安全气囊上揭下标有使用寿命的标签，并将其贴到 B 柱的旧标签上面。从安全气囊上揭下数据标签，将其贴到座椅的标签上。最后接上蓄电池地线。注意操作过程中车内不得有人。

（6）后座侧面安全气囊的拆装

如图 3-21 所示，拆下后座椅。拧下螺栓 2（2 个），取下侧面安全气囊 1。

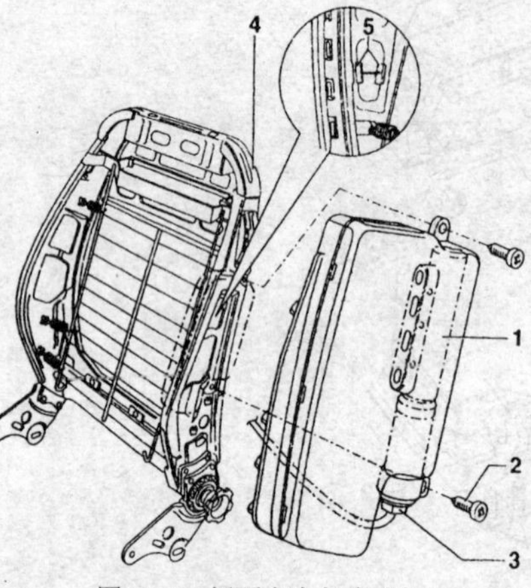

图 3-20 侧面安全气囊分解
1—驾驶员/副驾驶员侧面安全气囊 2—螺栓（5.5N·m）
3—插头 4—靠背框架 5—定位爪

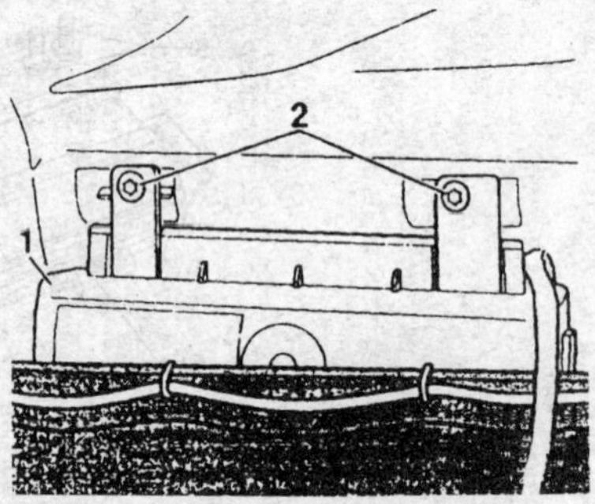

图 3-21 后座侧面安全气囊的拆装
1—侧面安全气囊 2—螺栓

（7）横向加速度传感器的拆装

横向加速度传感器装在前座椅上，左右各安装一个，两个传感器是相同的。

断开蓄电池地线，拆下前座椅，拆下 A 柱下部装饰板，松开门槛内侧装饰件，拔下横向加速度传感器 1 的插头 2，拧下螺栓 3（2 个），拆下横向加速度传感器，如图 3-22 所示。

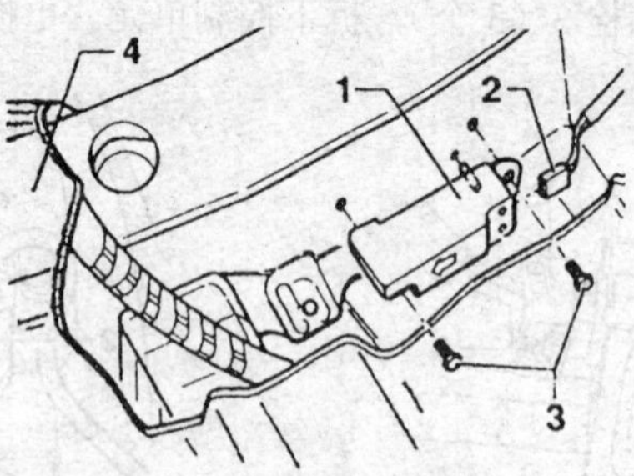

图 3-22 拆卸横向加速度传感器
1—横向加速度传感器 2—插头 3—螺栓（6N·m） 4—装饰件

横向加速度传感器的安装按拆卸的相反顺序进行。安装时箭头指向外侧。打开点火开关，关上车门，接上蓄电池地线。注意车内不可有人。

（8）后座侧面安全气囊的断开/接通

① 后座侧面安全气囊的断开。拆下后座椅，左右侧面安全气囊只能同时切断，单独切断一个

是不可能的。左右C柱上各有一个插头，拔下定位凸起2，按箭头方向拔下插头1，如图3-23所示。用扎带固定松开的插头。装上后座椅，贴上已断开的侧面安全气囊标签。将安全气囊控制单元编码从204或206改为104或106。填上登记卡，并将卡交给经销商存档。将登记卡第三联交给用户，放在随车文件里。

② 后座侧面安全气囊的接通。拆下后座椅，左、右侧面安全气囊只能同时接通，单独接通一个是不可以的。左、右C柱各有一个插头均应接通。割断插头扎带。

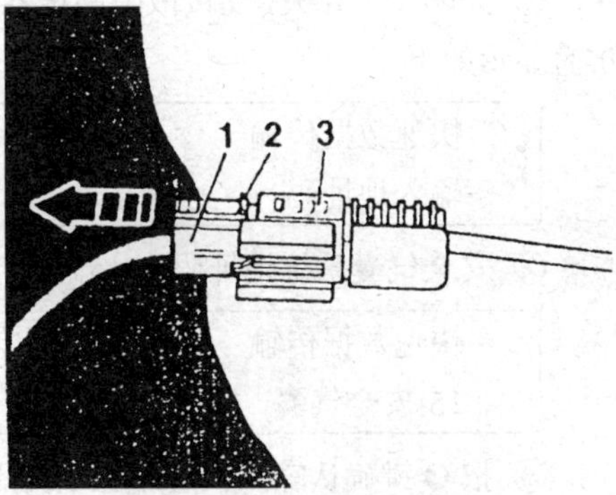

图3-23　断开后座侧面安全气囊
1—插头　2—定位凸起　3—插座

二、奥迪A6安全气囊系统自诊断

1. 概述

奥迪A6安全气囊系统包括驾驶员安全气囊、副驾驶员安全气囊、2个前座安全带张紧器、2个前座侧面安全气囊、2个后座侧面安全气囊、2个或3个后座安全带张紧器。在撞车时，如达到给定的条件，以上装置由安全气囊控制单元（J234）来触发。可以通过自诊断来关闭或接通副驾驶员安全气囊。

安全气囊和安全带张紧器触发后，控制单元将记录故障“已存入撞车数据”，这时需更换控制单元。根据撞车性质和强度，安全气囊控制单元向中央门锁控制单元发送一个“撞车信号”。该功能具有被动安全特点，即当一个安全气囊触发后，中央门锁机构将车门锁和行李箱锁进行锁止，并锁止车内开关，车内照明灯被接通。可用执行元件诊断来检查“撞车信号”。

使用新的安全气囊控制单元前，需要进行编码。安全气囊控制单元（J234）在驾驶员或副驾驶员安全气囊触发一次后、前座安全带张紧器或侧面安全气囊触发3次后，必须更换。

1998年第36周以前生产的车带安全气囊8，在第3次触发后，用V.A.G1551无法清除撞车信息。控制单元识别出安全气囊系统故障后，将其存入永久式存储器内。打开点火开关后，安全气囊警告灯（K75）亮约4s后又熄灭。如果该指示灯又闪亮了约12s，这说明已通过自适应关闭了副驾驶员安全气囊。如果警告灯K75在4s后仍不熄灭，这说明安全气囊控制单元J234供电有故障。如果警告灯K75熄灭后又亮了，这说明控制单元未编码，或所装控制单元型号不对或有故障。

注意，安全气囊只可目视检查导线，不可对触发线路进行电气检测。检查导线时必须关闭点火开关。

2. 自诊断功能

（1）自诊断条件

进行安全气囊系统自诊断时应满足以下条件。

① 相关系统的供电及保险丝正常。

② 故障阅读器V.A.G1551已接好。

③ 点火开关已打开。

（2）自诊断功能

短时出现的故障是偶然故障，在显示屏上用“/SP”提示。为了排除这些故障，修理前应清除故障码。

① 关闭点火开关，连接故障阅读器 V.A.G1551，打开点火开关，按 1 键选择“快速数据传输”。屏幕显示如下。

快速数据传输　　　帮助 输入地址码××

② 安全气囊系统地址码为 15。按 1 和 5 键，屏幕显示如下。

快速数据传输　　　Q 15-安全气囊

③ 按 Q 键确认输入，屏幕显示如下。

快速数据传输 检测仪表发送地址码 15

④ 5s 后屏幕显示前侧的安全气囊。

4B0959655G 安全气囊 前+侧　　0001　　→ 编码 01106　　　　　　服务站代码 06812

⑤ 按→键，屏幕显示如下。

快速数据传输　　　帮助 选择功能××

⑥ 按 HELP 键可打印出可选功能一览表。安全气囊的自诊断功能见表 3-1。

表 3-1　自诊断功能表

代码	功能
02	查询故障码
03	执行元件诊断
05	清除故障码
06	结束输出
07	确定控制单元编码
08	读取测量数据块
10	自适应

（3）查询故障代码

按 print 键接通打印机（键内指示灯亮）。执行功能：“02 查询故障码”。

① 屏幕显示如下。

快速数据传输　　　帮助 选择功能××

② 按 0 和 2 键，屏幕显示如下。

快速数据传输　　　Q 02-查询故障代码

③ 按 Q 键确认输入，屏幕显示存储的故障数量。

有 X 个故障　→

无故障　→

④ 如果出现“无故障”，按→键后回到初始状态。屏幕显示如下。

快速数据传输　帮助 选择功能××

⑤ 如显示其他内容，清除故障代码（功能 05），结束输出（功能 06），拔下自诊断线。安全气囊系统（基本触发单元）故障码见表 3-2。

表 3-2 列出了可由安全气囊控制单元 J234 识别的故障，这些故障按故障码排列。只有接通打印机后才可打印出带 5 位故障码的故障。

如果出现故障，安全气囊系统故障警告灯就会点亮，排除故障并清除故障码后该灯才会熄灭。如果查出某一部件有故障，必须按电路图检测该件的导线是否断路或短路。

表 3-2　奥迪 A6 安全气囊故障码

V.A.G1551 打印输出	可能的故障原因	故障排除
00532 供电电压过低	蓄电池无电/损坏 电器系统短路	充电或更换蓄电池 排除电器系统短路处
00588 驾驶员一侧安全气囊触发器 N95 电阻过大	导线断路 螺旋弹簧损坏 驾驶员一侧安全气囊损坏 安全气囊控制单元 J234 损坏	按电路图查寻故障 检查螺旋弹簧 更换驾驶员一侧安全气囊 更换安全气囊控制单元 J234
00588 驾驶员一侧安全气囊触发器 N95 电阻过小	导线断路 螺旋弹簧损坏 驾驶员一侧安全气囊损坏 安全气囊控制单元 J234 损坏	按电路图查寻故障 检查螺旋弹簧 更换驾驶员一侧安全气囊 更换安全气囊控制单元 J234
00589 副驾驶员一侧安全气囊触发器 1-N131 电阻过大	导线断路 副驾驶员一侧安全气囊损坏 安全气囊控制单元 J234 损坏	按电路图查寻故障 更换副驾驶员一侧安全气囊 更换安全气囊控制单元 J234
00589 副驾驶员一侧安全气囊触发器 1-N131 电阻过小	导线断路 副驾驶员一侧安全气囊损坏 安全气囊控制单元 J234 损坏	按电路图查寻故障 更换副驾驶员一侧安全气囊 更换安全气囊控制单元 J234
00594 安全气囊触发线路对正极短路或对地短路	导线损坏 螺旋弹簧损坏 驾驶员一侧安全气囊损坏 安全气囊控制单元 J234 损坏	按电路图查寻故障 检查螺旋弹簧 更换驾驶员一侧安全气囊 更换安全气囊控制单元 J234
00595 存储了撞车数据	正面碰撞 侧面碰撞	更换安全气囊触发器、安全气囊或安全带张紧器及损坏部件
00654 驾驶员一侧安全带张紧触发器 N153 电阻过大	导线断路 安全带张紧器导线插头已断开 安全带张紧触发器损坏 安全气囊控制单元 J234 损坏	按电路图查寻故障 接上插头 更换驾驶员一侧安全带张紧器 更换安全气囊控制单元 J234

续表

V.A.G1551 打印输出	可能的故障原因	故障排除
00654 驾驶员一侧安全带张紧触发器 N153 电阻过小	导线短路 驾驶员一侧安全带张紧触发器损坏 安全气囊控制单元 J234 损坏	按电路图查寻故障 更换驾驶员一侧安全带张紧器 更换安全气囊控制单元 J234
00654 驾驶员一侧安全带张紧触发器 N153 对正极短路	导线损坏 安全气囊控制单元 J234 损坏	按电路图查寻故障 更换安全气囊控制单元 J234
00654 驾驶员一侧安全带张紧触发器 N153 对地短路	导线损坏 驾驶员一侧安全带张紧触发器损坏 安全气囊控制单元 J234 损坏	按电路图查寻故障 更换驾驶员一侧安全带张紧器 更换安全气囊控制单元 J234
00655 副驾驶员一侧安全带张紧触发器 N154 电阻过大	导线断路 副驾驶员一侧安全带张紧器导线插头已断开 安全带张紧触发器损坏 安全气囊控制单元 J234 损坏	按电路图查寻故障 接上插头 更换副驾驶员一侧安全带张紧器 更换安全气囊控制单元 J234
00655 副驾驶员一侧安全带张紧触发器 N154 电阻过小	导线短路 副驾驶员一侧安全带张紧触发器损坏 安全气囊控制单元 J234 损坏	按电路图查寻故障 更换副驾驶员一侧安全带张紧器 更换安全气囊控制单元 J234
00655 副驾驶员一侧安全带张紧触发器 N154 对正极短路	导线损坏 安全气囊控制单元 J234 损坏	按电路图查寻故障 更换安全气囊控制单元 J234
00655 副驾驶员一侧安全带张紧触发器 N154 对地短路	导线损坏 副驾驶员一侧安全带张紧触发器损坏 安全气囊控制单元 J234 损坏	按电路图查寻故障 更换副驾驶员一侧安全带张紧器 更换安全气囊控制单元 J234
01044 控制单元编码错误	控制单元编码与车不相匹配	按规定给安全气囊控制单元 J234 编制代码
01211 左后座安全带张紧触发器 N196 电阻过大	导线损坏 安全带张紧触发器 N196 损坏 安全气囊控制单元 J234 损坏	按电路图查寻故障 更换安全带张紧触发器 N196 更换安全气囊控制单元 J234
01211 左后座安全带张紧触发器 N196 电阻过小	导线损坏 安全带张紧触发器 N196 损坏 安全气囊控制单元 J234 损坏	按电路图查寻故障 更换安全带张紧触发器 N196 更换安全气囊控制单元 J234
01211 左后座安全带张紧触发器 N196 对正极短路	导线损坏 安全气囊控制单元 J234 损坏	按电路图查寻故障 更换安全气囊控制单元 J234
01211 左后座安全带张紧触发器 N196 对地短路	导线损坏 安全带张紧触发器 N196 损坏 安全气囊控制单元 J234 损坏	按电路图查寻故障 更换安全带张紧触发器 N196 更换安全气囊控制单元 J234
01211 左后座安全带张紧触发器 N196 断路	导线损坏 安全带张紧触发器 N196 损坏 安全气囊控制单元 J234 损坏	按电路图查寻故障 更换安全带张紧触发器 N196 更换安全气囊控制单元 J234

续表

V.A.G1551 打印输出	可能的故障原因	故障排除
01212 右后座安全带张紧触发器 N197 电阻过大	导线损坏 安全带张紧触发器 N197 损坏 安全气囊控制单元 J234 损坏	按电路图查寻故障 更换安全带张紧触发器 N197 更换安全气囊控制单元 J234
01212 右后座安全带张紧触发器 N197 电阻过小	导线损坏 安全带张紧触发器 N197 损坏 安全气囊控制单元 J234 损坏	按电路图查寻故障 更换安全带张紧触发器 N197 更换安全气囊控制单元 J234
01212 右后座安全带张紧触发器 N197 对正极短路	导线损坏 安全气囊控制单元 J234 损坏	按电路图查寻故障 更换安全气囊控制单元 J234
01212 右后座安全带张紧触发器 N197 对地短路	导线损坏 安全带张紧触发器 N197 损坏 安全气囊控制单元 J234 损坏	按电路图查寻故障 更换安全带张紧触发器 N197 更换安全气囊控制单元 J234
01212 右后座安全带张紧触发器 N197 断路	导线损坏 安全带张紧触发器 N197 损坏 安全气囊控制单元 J234 损坏	按电路图查寻故障 更换安全带张紧触发器 N197 更换安全气囊控制单元 J234
01217 驾驶员侧面安全气囊触发器 N199 电阻过大	导线断路 驾驶员侧面安全气囊损坏 安全气囊控制单元 J234 损坏	按电路图查寻故障 更换驾驶员侧面安全气囊 更换安全气囊控制单元 J234
01217 驾驶员侧面安全气囊触发器 N199 电阻过小	导线短路 驾驶员侧面安全气囊损坏 安全气囊控制单元 J234 损坏	按电路图查寻故障 更换驾驶员侧面安全气囊 更换安全气囊控制单元 J234
01217 驾驶员侧面安全气囊触发器 N199 对正极短路	导线损坏 安全气囊控制单元 J234 损坏	按电路图查寻故障 更换安全气囊控制单元 J234
01217 驾驶员侧面安全气囊触发器 N199 对地短路	导线损坏 驾驶员侧面安全气囊损坏 安全气囊控制单元 J234 损坏	按电路图查寻故障 更换驾驶员侧面安全气囊 更换安全气囊控制单元 J234
01218 副驾驶员侧面安全气囊触发器 N200 电阻过大	导线断路 副驾驶员侧面安全气囊损坏 安全气囊控制单元 J234 损坏	按电路图查寻故障 更换副驾驶员侧面安全气囊 更换安全气囊控制单元 J234
01218 副驾驶员侧面安全气囊触发器 N200 电阻过小	导线短路 副驾驶员侧面安全气囊损坏 安全气囊控制单元 J234 损坏	按电路图查寻故障 更换副驾驶员侧面安全气囊 更换安全气囊控制单元 J234
01218 副驾驶员侧面安全气囊触发器 N200 对正极短路	导线损坏 安全气囊控制单元 J234 损坏	按电路图查寻故障 更换安全气囊控制单元 J234
01218 副驾驶员侧面安全气囊触发器 N200 对地短路	导线损坏 副驾驶员侧面安全气囊损坏 安全气囊控制单元 J234 损坏	按电路图查寻故障 更换副驾驶员侧面安全气囊 更换安全气囊控制单元 J234
01219 左后座侧面安全气囊触发器 N201 电阻过大	导线断路 左后座侧面安全气囊损坏 安全气囊控制单元 J234 损坏	按电路图查寻故障 更换左后座侧面安全气囊 更换安全气囊控制单元 J234

续表

V.A.G1551 打印输出	可能的故障原因	故障排除
01219 左后座侧面安全气囊触发器 N201 电阻过小	导线短路 左后座侧面安全气囊损坏 安全气囊控制单元 J234 损坏	按电路图查寻故障 更换左后座侧面安全气囊 更换安全气囊控制单元 J234
01219 左后座侧面安全气囊触发器 N201 对地短路	导线损坏 左后座侧面安全气囊损坏 安全气囊控制单元 J234 损坏	按电路图查寻故障 更换左后座侧面安全气囊 更换安全气囊控制单元 J234
01219 左后座侧面安全气囊触发器 N201 对正极短路	导线损坏 安全气囊控制单元 J234 损坏	按电路图查寻故障 更换安全气囊控制单元 J234
01220 右后座侧面安全气囊触发器 N202 电阻过大	导线断路 右后座侧面安全气囊损坏 安全气囊控制单元 J234 损坏	按电路图查寻故障 更换右后座侧面安全气囊 更换安全气囊控制单元 J234
01220 右后座侧面安全气囊触发器 N202 电阻过小	导线短路 右后座侧面安全气囊损坏 安全气囊控制单元 J234 损坏	按电路图查寻故障 更换右后座侧面安全气囊 更换安全气囊控制单元 J234
01220 右后座侧面安全气囊触发器 N202 对正极短路	导线损坏 安全气囊控制单元 J234 损坏	按电路图查寻故障 更换安全气囊控制单元 J234
01220 右后座侧面安全气囊触发器 N202 对地短路	导线损坏 右后座侧面安全气囊损坏 安全气囊控制单元 J234 损坏	按电路图查寻故障 更换右后座侧面安全气囊 更换安全气囊控制单元 J234
01221 驾驶员侧面安全气囊碰撞传感器 G179（横向加速度传感器）断路	导线断路 驾驶员一侧碰撞传感器导线插头已断开 碰撞传感器损坏 安全气囊控制单元 J234 损坏	按电路图查寻故障 插上插头 更换碰撞传感器 G179 更换安全气囊控制单元 J234
01221 驾驶员侧面安全气囊碰撞传感器 G179（横向加速度传感器）短路	导线对地或正极短路 碰撞传感器损坏 安全气囊控制单元 J234 损坏	按电路图查寻故障 更换碰撞传感器 G179 更换安全气囊控制单元 J234
01221 驾驶员侧面安全气囊碰撞传感器 G179（横向加速度传感器）未授权	安全气囊控制单元 J234 编码错误 控制单元相碰撞传感器不相配	更换控制单元 J234 更换碰撞传感器 G179
01222 副驾驶员侧面安全气囊碰撞传感器 G180（横向加速度传感器）断路	导线断路 副驾驶员一侧碰撞传感器插头已断开 碰撞传感器损坏 安全气囊控制单元 J234 损坏	按电路图查寻故障 插上插头 更换碰撞传感器 G180 更换安全气囊控制单元 J234
01222 副驾驶员侧面安全气囊碰撞传感器 G180（横向加速度传感器）短路	导线对正极或地短路 碰撞传感器损坏 安全气囊控制单元 J234 损坏	按电路图查寻故障 插上插头 更换碰撞传感器 G180 更换安全气囊控制单元 J234

续表

V.A.G1551 打印输出	可能的故障原因	故障排除
01222 副驾驶员侧面安全气囊碰撞传感器 G180（横向加速度传感器）未授权	安全气囊控制单元 J234 编码错误 控制单元和碰撞传感器不相配	更换控制单元 J234 更换碰撞传感器 G180
01223 打开中央门信号	安全气囊控制单元 J234 损坏	更换安全气囊控制单元 J234
01280[①] 副驾驶员安全气囊已关闭	副驾驶员安全气囊已由自适应关闭	按规定进行安全气囊控制单元 J234 的自适应
65535[②] 控制单元损坏	—	更换安全气囊控制单元 J234

注：① 仅指安全气囊 7 和安全气囊 8。该故障记录只出现在“副驾驶员安全气囊已锁止”的自适应中。
② 如果控制单元已触发 3 次，也出现该故障记录。

（4）查询安全气囊控制单元版本号

① 关闭点火开关，连接故障阅读仪 V.A.G1551，打开点火开关，按 1 键选择“快速数据传输”。屏幕显示如下。

快速数据传输　　　帮助
选择功能××

② 按 0 和 1 键。屏幕显示如下。

快速数据传输　　　　　Q
01-查询控制单元版本号

③ 按 Q 键确认输入，5s 后屏幕上显示如下内容。

4B0959655G 安全气囊 前+侧　0001→
编码 00204　　　服务站代码 06812

其中，4B0959655G 表示控制单元备件号（前面和侧面安全气囊）；0001 表示奥迪车控制单元软件版本号；00204 表示控制单元的编码；06812 表示服务站代码。

按→键回到基本功能状态，屏幕显示如下。

快速数据传输　　　　帮助
选择功能××

（5）执行元件诊断

执行元件诊断是用来检查碰撞输出信号的功能的。安全气囊触发的同时，中央门锁就切换到“ON”（打开）状态，车内开关也锁止。警告灯和车内灯亮。

进行执行元件诊断前，通过车内开关将中央门锁设到“geschlossen”（锁止）位置并起动发动机。将车内灯开关设到“DOOR”（车门接触）位置。执行元件诊断完成后，清除中央门锁控制单元故障存储器，中央门锁机构即可恢复正常功能。

① 关闭点火开关，连接故障阅读仪 V.A.G1551，打开点火开关，按 1 键选择“快速数据传输”。屏幕显示如下。

快速数据传输　　　　帮助 选择功能××

② 按 0 和 3 键。屏幕显示如下。

快速数据传输　　　　　　Q 03-执行元件诊断

③ 按 Q 键确认输入。屏幕显示如下。

执行元件诊断　　　　　　→ 打开中央门锁信号

④ 此时发动机应熄火。中央门锁应切换到“ON”（打开）状态。警告灯和车内灯应亮。操纵车内开关。中央门锁不应回到“zu”（关闭）状态。注意该步骤完成后，中央门锁控制单元故障存储器内存有故障码 01366。结束执行元件诊断后，应读出中央门锁控制单元故障存储器中的内容并清除该故障。屏幕显示如下。

执行元件诊断　　　　　　→ 结束

⑤ 按→键。屏幕显示如下。

快速数据传输　　　　　　帮助 选择功能××

（6）确定安全气囊控制单元编码

安全气囊控制单元在供货时未编制代码。未编制代码的控制单元会使安全气囊故障警告灯一直亮着。如果在进行检测过程中，V.A.G1551 上未出现编码或装上了一个新的控制单元，按下述步骤进行编码。

① 关闭点火开关，连接故障阅读仪 V.A.G1551，打开点火开关，按 1 键选择“快速数据传输”。屏幕显示如下。

快速数据传输　　　　帮助 选择功能××

② 按 0 和 7 键，屏幕显示如下。

快速数据传输　　　　　　Q 07-确定控制单元编码

③ 按 Q 键确认输入，屏幕显示如下。

确定控制单元编码 输入编码×××××（0～32000）

④ 参照表 3-3，通过键盘输入安全气囊控制单元编码（以 00104 为例），屏幕显示如下。

确定控制单元编码　　　　　　Q 输入 00104（0～32000）

⑤ 按 Q 键确认输入，屏幕显示控制单元备件号及输入的编码（00104）如下。

4B0959655G 安全气囊　前+侧　　0001→ 编码 00104　　　　服务站代码 06812

⑥ 按→键，屏幕显示如下。

快速数据传输　　　　　　帮助 选择功能××

⑦ 按 0 和 6 键结束，屏幕显示如下。

快速数据传输　　　　　Q 06-结束输出

⑧ 按 Q 键确认输入，屏幕显示如下。

快速数据传输　　　　　　帮助 输入地址码××

表 3-3　　安全气囊控制单元编码

安全气囊系统	编码
安全气囊 8：车上装两个前座安全气囊，两个前座安全带张紧器，两个后座安全带张紧器	00004
安全气囊 8：车上装有两个前座安全气囊，两个前座侧面安全气囊，前座安全带张紧器，两个后座安全带张紧器	00104
安全气囊 8：车上装有两个前座安全气囊，两个前座侧面安全气囊，两个后座侧面安全气囊，前座安全带张紧器，两个后座安全带张紧器	00204

（7）读取测量数据块

“读取测量数据块”功能可用来确定安全气囊系统当前状态。读取测量数据块的步骤如下。

① 关闭点火开关，连接故障阅读仪 V.A.G1551，打开点火开关，按 1 键选择“快速数据传输”。屏幕显示如下。

快速数据传输　　　帮助 选择功能××

② 按 0 和 8 键，屏幕显示如下。

快速数据传输　　　　　Q 08-读取测量数据块

③ 按 Q 键确认输入，屏幕显示如下。

读取测量数据块 输入显示组号×××

④ 输入显示组号 001，按 Q 键确认输入。所选测量数据块将以标准形式出现。测量数据块见表 3-4。

表 3-4　　　　　　　　　　　　测量数据块一览

<table>
<tr><th>屏幕显示</th><th>显示区</th><th>含义</th><th colspan="2">显示内容</th></tr>
<tr><td rowspan="4">读取测量数据块 1
1　2　3　4</td><td>1</td><td>驾驶员安全气囊</td><td rowspan="4">richtig
zu klein
zu gro β
nach Masse
nach Plus</td><td rowspan="4">电阻正常
电阻过小
电阻过大
对地短路
对正极短路</td></tr>
<tr><td>2</td><td>副驾驶员安全气囊</td></tr>
<tr><td>3</td><td>驾驶员安全带张紧器</td></tr>
<tr><td>4</td><td>副驾驶员安全带张紧器</td></tr>
<tr><td rowspan="4">读取测量数据块 2
1　2　3　4</td><td>1</td><td>左后座安全带张紧器</td><td rowspan="4">richtig
zu klein
zu groβ
nach Masse
nach Plus</td><td rowspan="4">电阻正常
电阻过小
电阻过大
对地短路
对正极短路</td></tr>
<tr><td>2</td><td>右后座安全带张紧器</td></tr>
<tr><td>3</td><td>后座中间安全带张紧器</td></tr>
<tr><td>4</td><td>不考虑</td></tr>
<tr><td rowspan="3">读取测量数据块 4
1　2　3</td><td>1</td><td>左后座安全带正在使用</td><td rowspan="3">Gurt:ja
Gurt:nein
richtig
zu klein
zu groβ
nach Masse
nach Plus</td><td rowspan="3">

电阻正常
电阻过小
电阻过大
对地短路
对正极短路</td></tr>
<tr><td>2</td><td>右后座安全带正在使用</td></tr>
<tr><td>3</td><td>后座中间安全带正在使用</td></tr>
<tr><td rowspan="4">读取测量数据块 6
1　2　3　4</td><td>1</td><td>驾驶员侧面安全气囊触发器</td><td rowspan="4">richtig
zu klein
zu groβ
nach Masse
nach Plus</td><td rowspan="4">电阻正常
电阻过小
电阻过大
对地短路
对正极短路</td></tr>
<tr><td>2</td><td>副驾驶员侧面安全气囊触发器</td></tr>
<tr><td>3</td><td>左后座侧面安全气囊触发器</td></tr>
<tr><td>4</td><td>右后座侧面安全气囊触发器</td></tr>
</table>

（8）自适应（关闭和接通副驾驶员侧安全气囊）

自适应功能可用来关闭并再接通副驾驶员侧安全气囊。自适应的步骤如下。

① 查询副驾驶员侧安全气囊的状态。

a. 关闭点火开关，连接故障阅读仪 V.A.G1551，打开点火开关，按 1 键选择“快速数据传输”。屏幕显示如下。

快速数据传输　　　　　帮助
选择功能××

b. 按 1 和 0 键，屏幕显示如下。

快速数据传输　　　　　Q
10-自适应

c. 按 Q 键确认输入，屏幕显示如下。

自适应 输入通道号××

d．按 0 和 1 键，屏幕显示如下。

自适应 输入通道号 01

e．按 Q 键确认输入，屏幕显示如下。

通道 1　　自适应 1　　→ 副驾驶员侧安全气囊已关闭 WSC 06812　〈-12-〉

屏幕上显示的是副驾驶员侧安全气囊的当前状态（关闭）。其中，自适应值 0 表示副驾驶员安全气囊已接通，1 则表示副驾驶员侧安全气囊已关闭。

f．按→键。

② 关闭副驾驶员侧安全气囊。按备件目录订购带登记卡的不干胶标签。

a．屏幕显示如下。

通道 1　　自适应 0 输入自适应值×××××

b．输入自适应值 00001，屏幕显示如下。

通道 1　　自适应 0　　Q 输入自适应值 00001

c．按 Q 键确认输入，屏幕显示如下。

通道 1　　自适应 1　　Q 副驾驶员侧安全气囊已关闭 WSC 06812〈-12-〉

d．按 Q 键确认输入，屏幕显示如下。

通道 1　　自适应 1　　Q 是否存储新值？

e．按 Q 键确认输入，屏幕显示如下。

通道 1　　自适应 1　　→ 新值已被存储

f．按→键中止自适应，屏幕显示如下。

快速数据传输　　帮助 选择功能××

g．关闭点火开关，拔下 V.A.G1551 插头。打开点火开关，警告灯（K75）亮 4s 后又闪烁约 12s。这说明副驾驶员安全气囊已关闭。将标签（副驾驶员安全气囊已断开）贴到杂物箱盖上。

副驾驶员安全气囊关闭后，应填写标签和登记卡，由服务站将副驾驶员安全气囊关闭后，还应将其记录在保养手册中。第二份登记卡在接通副驾驶员安全气囊前，应由用户保管（随车文件）。

③ 接通副驾驶员安全气囊。

a．屏幕显示如下。

通道 1　　自适应 1
输入自适应值×××××

b．按 0 键 5 次，屏幕显示如下。

通道 1　　自适应 1　　　　　　Q
输入自适应值 00000

c．按 Q 键确认输入，屏幕显示如下。

通道 1　　自适应 0　　　　　　Q
驾驶员安全气囊接通　　　WSC 06812

d．按 Q 键确认输入，屏幕显示如下。

通道 1　　自适应 0　　　　　　Q
是否存储新值？

e．按 Q 键确认输入，屏幕显示如下。

通道 1　　自适应 0　　　　　　→
新值已被存储

f．按→键中止自适应，屏幕显示如下。

快速数据传输　　　　　帮助
选择功能××

g．从杂物箱盖上取下标签（副驾驶员安全气囊关闭）。

三、汽车电子控制被动安全系统的故障案例诊断过程

1．读取故障码

将安全气囊短路插头与仪表板左侧维修插头连接。安全气囊指示灯不显示任何故障码，指示灯常亮不熄。

安全气囊指示灯常亮不熄，通常是因为仪表总成中安全气囊指示灯电路故障或者插头之间线路短路或断路。另外结合该车症状，安全气囊装置本身或其电源电路装置出现故障导致故障灯常亮不熄的可能性极大。

2．清除故障码

接通点火开关，如果指示灯亮并在 6s 后熄灭，说明只是间歇性故障，结果灯不熄灭。关闭点火开关，检查驾驶席仪表板下熔断丝/继电器盒内 2 号保险丝 10A 是否熔断，结果没问题。该车因 SRS 事故后只换安全气囊没换 SRS 装置，新的安全气囊组件与原来的 SRS 装置在程序设定上不相匹配，从而可能会导致该车在不该引爆时，安全气囊起爆伤人。不换 SRS 装置有时可能会侥幸消掉故障码，但这样具有极大的安全隐患。经更换匹配的 SRS 装置，故障灯熄灭，SRS 恢复正常。

习题测试

一、填空题

1．汽车安全气囊系统由________、________、________和________等组成。

2．碰撞传感器有________式、________式和________式。

二、简答题

1．简述安全气囊系统的作用。

2．说明图 3-24 所示的是为什么元件。

3．演示安全气囊系统各部件的拆装方法。

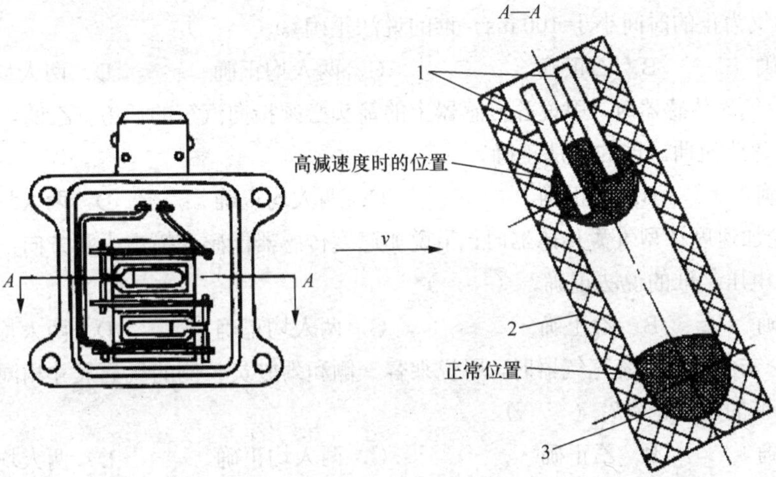

图 3-24　简答题 2 题图
1—接点　2—壳体　3—水银

项目小结

随着科技的发展和人们对汽车安全重视程度的提高，汽车被动安全技术中的安全气囊技术发展得很快，新的技术可以更好地识别乘客类型，采取不同的保护措施。系统采用重量、红外、超声波等传感器来判断乘客与仪表板远近、重量、身高等因素，进而在碰撞时判断是否点爆气囊、采用 1 级点火还是多级点火、点爆力有多大，并与安全带形成总体控制。通过传感器，安全气囊系统还可以判断出车辆当前经历的碰撞形式，是正面碰撞还是角度碰撞，侧面碰撞还是整车的翻滚运动，以便驱动车身不同位置的气囊，形成对乘客的最佳保护。智能化、多安全气囊是今后安全气囊系统发展的必然趋势。

项目习题测试

一、填空题

1．汽车的安全系统可分为两大类，第一类制动系统属于________安全系统；第二类安全气囊系统属于________安全系统。

2．安全气囊系统必须与________配合使用，才能有效地保护乘员的安全。

3．拆下来的安全气囊总成放置时必须使________面朝上。

4．气囊点火器的电阻值为________Ω。

二、判断题

1．安全气囊只能一次性工作，而座椅安全带收紧器却可以多次重复使用。（　）

2．当有几个拆下来的安全气囊放置在一起时应堆放整齐。（　　）

3. 安全气囊点火器的引线连接器内一般都设有短路片，是为了防止静电或误通电而造成气囊误爆。（　　）

三、选择题

1．在讨论气囊胀开时，甲说气囊胀开后，驾驶员一侧的气囊在 1s 后瘪掉；乙说从撞击瞬间起到气囊充满气为止的时间小于 100 ms。谁的说法正确？（　　）

A．甲正确　　B．乙正确　　C．两人均正确　　D．两人均不正确

2．在讨论气囊传感器时，甲说各传感器上的箭头必须指向汽车的后方；乙说一定不要将气囊传感器托架弄弯或扭曲。谁的说法正确？（　　）

A．甲正确　　B．乙正确　　C．两人均正确　　D．两人均不正确

3．在讨论加速度计型气囊传感器时，甲说加速度传感器能感受撞击力和方向；乙说加速度传感器产生数字电压。谁的说法正确？（　　）

A．甲正确　　B．乙正确　　C．两人均正确　　D．两人均不正确

4．在讨论安全气囊系统充气器时，甲说乘客一侧和驾驶员一侧的气囊尺寸相同；乙说气囊是用塑料做的。谁的说法正确？（　　）

A．甲正确　　B．乙正确　　C．两人均正确　　D．两人均不正确

5. 在讨论钟表发条式电气接线器时，甲说发条式电气接线器在保持充气器与气囊电气系统之间电接触的条件下，使转向盘仍能转动；乙说发条式电气接线器装在转向盘的上方。谁的说法正确？（　　）

A．甲正确　　B．乙正确　　C．两人均正确　　D．两人均不正确

6．在讨论气囊控制模块（ACM）时，甲说 ACM 模块在点火开关开通时监测气囊系统；乙说 ACM 模块控制仪表板上的气囊警告灯。谁的说法正确？（　　）

A．甲正确　　B．乙正确　　C．两人均正确　　D．两人均不正确

7. 在讨论气囊系统警告灯时，甲说有些系统的这种警告灯，在发动机起动后应闪烁 7～9 次，然后熄灭；乙说有些系统的这种警告灯在发动机起动时应该发亮。谁的说法正确？（　　）

A．甲正确　　B．乙正确　　C．两人均正确　　D．两人均不正确

8．在讨论气囊胀开回路时，甲说如果起爆传感器触点闭合，该传感器就接通充气器到地线的电路；乙说如果两个传感器的触点闭合，气囊就胀开。谁的说法正确？（　　）

A．甲正确　　B．乙正确　　C．两人均正确　　D．两人均不正确

9. 在讨论充气器的工作时，甲说氮气是气囊胀开的主要产物；乙说在气囊胀开期间，发热剂中的氧化铜产生氢气。谁的说法正确？（　　）

A．甲正确　　B．乙正确　　C．两人均正确　　D．两人均不正确

项目四 汽车电子控制悬架系统的检修

项目导读

悬架的作用是缓冲和吸收来自车轮的振动，在汽车行驶过程中还传递车轮与路面间产生的驱动力和制动力。传统悬架由于只能被动地承受地面对车身的各种作用力，无法对各种情况做自动调节所以具有一定的局限性。

随着人们对汽车操纵性和舒适性要求的不断提高，以及电子技术的飞速发展，电子控制技术被有效应用于现代汽车悬架系统。电子控制悬架系统的最大优点就是它能使悬架随不同的路况和行驶状态做出不同的反应。既能使汽车的乘坐舒适性达到令人满意的状态，又能使汽车的操纵稳定性达到最佳状态。

电控悬架系统能够根据车身高度、车速、转向角度、速频、制动等信号，由电子控制单元（ECU）控制悬架执行机构，使悬架系统的刚度、减振器的阻尼力及车身高度等参数得以改变，从而使汽车具有良好的乘坐舒适性和操纵稳定性。

任务一 汽车电子控制悬架系统识别

【学习目标】

知识要求：掌握汽车电子控制悬架系统的功能、组成及基本原理。

能力要求：能够在实车上识别汽车电子控制悬架系统的各组成部件。

任务导入

了解汽车电子控制悬架系统在汽车行驶过程中起到的辅助作用，找出电子控制悬架系统与传统悬架从结构上有哪些不同。

知识准备

汽车悬架类型可分为被动悬架、半主动悬架和主动悬架。其中，被动悬架是由弹簧和减振器组成的机械式悬架系统，半主动悬架是由可变特性的弹簧和减振器组成的悬架系统，主动悬架是可主动调节悬架的刚度和阻尼力的系统。半主动悬架和主动悬架系统都属于电子控制悬架系统，目前，电子控制悬架系统主要有 4 种结构形式：空气悬架、液压悬架、电磁悬架以及电子液力悬架。电子控制悬架系统包括动力源（液压泵或空气压缩机等）、产生力和扭矩的主动作用器（油缸、气缸、伺服电机、电磁阀等）、测量元件（如加速度传感器、位移传感器和力传感器等）和控制系统等。

汽车车架与悬架概述

非独立悬架与独立悬架

一、电子控制悬架系统的功能

电子控制悬架系统的基本作用是通过控制悬架的刚度和阻尼力来突破传统被动悬架的局限性，使汽车的悬架特性与道路状况和行驶状态相适应，从而保证汽车行驶的平顺性和操纵的稳定性要求都能得到满足。其基本功能有以下几方面。

1. 车高调整

无论车辆的负载多少，都应使汽车的高度保持一定，车身保持水平，从而使前照灯光束方向保持不变；当汽车在坏路面上行驶时，可以使车高升高，防止车桥与路面相碰；当汽车高速行驶时，又可以使车高降低，以便减少空气阻力，提高操纵稳定性。

2. 减振器阻尼力控制

通过对减振器阻尼系数的调整，防止汽车急速起步或急加速时车尾下蹲，防止紧急制动时的车头下沉，防止汽车急转弯时车身横向摇动，防止汽车换挡时车身纵向摇动等，提高行驶平顺性和操纵稳定性。

3. 弹簧刚度控制

与减振器一样在各种工况下，通过对弹簧弹性系数的调整，来改善汽车的乘坐舒适性与操纵稳定性。

有些车型只具有其中的一个或两个功能，而有些车型同时具有以上 3 个功能。

二、电子控制悬架系统的种类

现代汽车装用的电子控制悬架系统种类很多。

1. 按传力介质不同分类

按传力介质的不同，电子控制悬架系统可分为气压式和油压式两种。

2. 按控制理论不同分类

按控制理论不同，电子控制悬架系统可分为半主动式、主动式两大类。其中，半主动式又分为有级半主动式（阻尼力有级可调）和无级半主动式（阻尼力连续可调）两种；主动式悬架根据频带和能量消耗的不同，分为全主动式（频带宽大于 15 Hz）和慢全主动式（频带宽 3～6Hz）；而根据驱动机构和介质的不同，可分为电磁阀驱动的油气主动式悬架和由步进电动机驱动的空气主动式悬架。

无级半主动悬架可以根据路面的行驶状态和车身的响应对悬架阻尼力进行控制，并在几毫秒内由最小到最大，使车身的振动响应始终被控制在某个范围内。但在转向、起步、制动等工况时不能对阻尼力实施有效的控制。它比全主动式悬架优越的地方是不需要外加动力源，消耗的能量很小，成本较低。

主动式悬架是一种能供给和控制动力源（油压、空气压）的装置。根据各种传感器检测到的汽车载荷、路面状况、行驶速度、起动、制动、转向等状况的变化，自动调整悬架的刚度、阻尼力以及车身高度等。它能显著提高汽车的操纵稳定性和乘坐舒适性。

三、电子控制悬架系统的组成与工作原理

电子控制悬架系统由传感器、电子控制单元（ECU）、执行器 3 部分组成，如图 4-1 所示。传感器将汽车行驶的路面情况（汽车的振动）和车速及起动、加速、转向、制动等工况转变为电信号，输送给 ECU，ECU 将传感器送入的电信号进行综合处理，输出对悬架的刚度、阻尼力、车身高度进行调节的控制信号。执行器按照 ECU 的控制信号，准确地动作，及时地调节悬架的刚度、阻尼力及车身的高度。

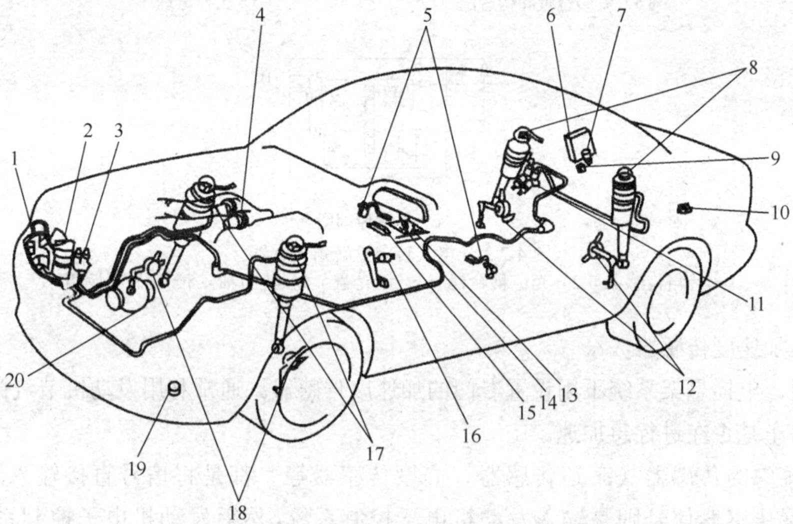

图 4-1　电子控制悬架系统元件在车上的位置

1—干燥器和排气阀　2—高度控制压缩机　3—1 号高度控制阀　4—节气门位置传感器　5—门控灯开关　6—悬架 ECU　7—2 号高度控制继电器　8—后悬架控制执行器　9—高度控制连接器　10—高度控制开关　11—2 号高度控制阀和溢流阀　12—后车身高度传感器　13—模式开关　14—高度控制开关　15—转向传感器　16—制动灯开关　17—前悬架控制执行器　18—前车身高度传感器　19—1 号高度控制继电器　20—IC 调节器

1. 传感器

传感器的作用是将汽车行驶的速度、起动、加速度、转向、制动、路面状况、汽车振动状况、车身高度等信号输送给悬架 ECU。汽车悬架系统所用的传感器主要有转向盘转角传感器、车身加速度传感器、车身高度传感器、车速传感器。下面具体介绍这几种传感器。

（1）转向盘转角传感器

转向盘转角传感器用于检测转向盘的中间位置、转动方向、转动角度和转动速度。在电控悬架中，悬架 ECU 根据车速传感器信号和转向盘转角传感器信号，判断汽车转向时侧向力的大小，以控制车身的倾斜。

光电式转向盘转角传感器是电控悬架中比较常用的转向盘转角传感器，其结构和工作原理如图 4-2 所示。在压入转向轴的遮光盘上有一定数量的窄槽，遮光盘的两端分别有两个发光二极管和两个光敏三极管，组成两对光电耦合器（信号发生器）。当转动转向盘时，转向轴带动

遮光盘旋转，当转到窄槽处时，光敏三极管感受到发光二极管发出的光，就会输出“ON”信号；当遮光盘转到除窄槽以外的其他位置时，光敏三极管感受不到发光二极管的光线，就会输出“OFF”信号。这样随着转向盘的转动，两个光电耦合器的输出端就形成“ON/OFF”的变换。悬架 ECU 根据两个光电耦合器输出“ON/OFF”变换的速度，检测出转向轴的转向速度。此外由于两个光电耦合器变换的相位错开约 90°，所以通过判断哪个遮光盘首先转变为“ON”状态，就可以检测出转向轴的转动方向。

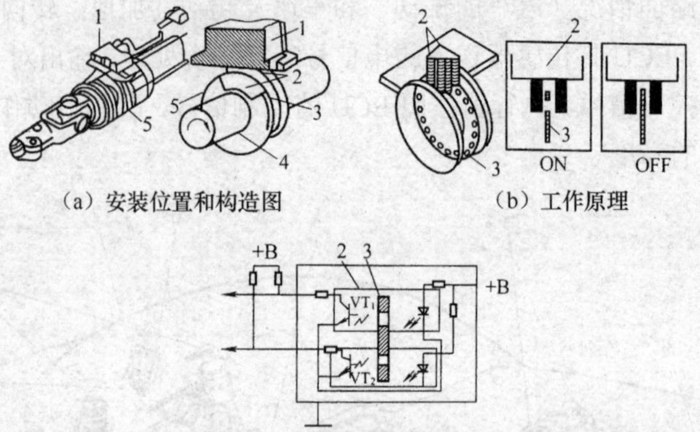

（a）安装位置和构造图　（b）工作原理

（c）电路原理图

图 4-2　光电式转向盘转角传感器

1—转角传感器　2—光电耦合器　3—遮光盘　4—转向轴　5—传感器圆盘

（2）车身加速度传感器

一般来说，电控悬架系统不用设置专门的加速度传感器。通常利用发动机节气门位置传感器信号来判断汽车是否在进行急加速。

悬架系统中的传感器（车速传感器、高度传感器等）都是将信号直接输入悬架 ECU，但节气门位置传感器信号则是输入发动机电子控制系统，然后发动机电子控制系统再将此信号输入悬架 ECU。当汽车起动或突然加速时，动力传动控制模块根据节气门位置传感器信号（探测到节气门开度超过 90%）或质量式空气流量传感器信号生成加速信号，然后将加速信号提供给悬架 ECU，悬架 ECU 控制执行器使其转换到硬阻尼状态，以便减少汽车“抬头”（“后坐”）。

少数情况下也采用加速度传感器来采集加速度信号，如车轮打滑时。加速度传感器一般有差动变压式和钢球位移式两种。

（3）车身高度传感器

车身高度传感器的作用是把车身高度（汽车悬架装置的位置量）转换为电信号送给悬架 ECU。高度传感器的数量与车上装备的电控空气悬架系统的类型有关。高度传感器的一端与车架连接，另一端装在悬架系统上。在电控悬架上，高度传感器用于采集车身高度信息；在某些行驶平顺性控制系统上，高度传感器还用来探测悬架运动情况以确定是否需要硬阻尼。

车身高度传感器可以是模拟式，也可以是数字式；可以是线位移式，也可以是角位移式。下面详细介绍模拟式高度传感器和数字式高度传感器。

① 模拟式高度传感器。模拟式高度传感器给悬架 ECU 提供与车身高度相关的、连续的电压信号。每个高度传感器在悬架 ECU 内都设定有一个基准电压值，该基准值是高度传感器在汽车处于正常行驶高度时传给悬架 ECU 的电压。悬架 ECU 将高度传感器的实际电压信号与设定的基准

值比较，并根据此比较进行调整。模拟式传感器有一个三线连接器，三线分别是地线、电源线和信号线。

福特轿车电控空气悬架系统的模拟式高度传感器上端有一个磁性滑阀，当汽车的车身高度发生变化时，磁性滑阀就在传感器的阀壳内上下运动。传感器的阀壳内有两个电控开关（超高开关和欠高开关），电控开关通过线束与悬架 ECU 连接。图 4-3 所示为后悬架高度传感器在车身上的安装位置。模拟式高度传感器的工作过程如下。

- 汽车高度正常时，电控开关关闭，悬架 ECU 接收到汽车高度为正常的信号。
- 当汽车高度增加时，磁性滑阀上移，超高开关打开，并向悬架 ECU 输送车身高度增加的信号。悬架 ECU 收到此信号后，控制空气弹簧电磁阀和排气电磁阀打开，使空气弹簧放气，以降低车身高度，使其达到标准高度（即平衡高度，是指汽车正常行驶时车身应该保持的高度）。
- 当车身高度降低时，磁性滑阀下移，欠高开关打开，并向悬架 ECU 输送车身高度降低的信号（即欠高信号），悬架 ECU 收到欠高开关的信号后，控制空气压缩机继电器接通，使空气压缩机工作，同时悬架 ECU 控制空气弹簧电磁阀打开，使空气压缩机产生的压缩空气充入空气弹簧，从而使车身高度增加，直至达到标准高度。

② 数字式高度传感器。现在应用最广泛的是光电式数字车身高度传感器。在传感器内部有一个传感器轴，轴外端安装的连接杆与悬架臂相连接，轴上固定一个开有一定数量窄槽的遮光盘。遮光盘两侧对称安装有 4 组发光二极管和光敏三极管，组成 4 对光电耦合器（信号发生器）。当车身高度变化时，车身与悬架臂做相对运动，连接杆带动传感器轴和遮光盘一起转动。当遮光盘上的槽对准耦合器时，光敏三极管通过该槽感受到发光二极管发出的光线，光电耦合器输出导通（ON）信号，反之则输出截止（OFF）信号。只要使遮光盘上的槽适当分布，就可以利用这 4 对光电耦合器导通和截止的组合，把车身高度的变化分成 16 个区域进行检测。这种高度传感器有一个六线连接器，包括电源线、地线及 4 个信号线。

悬架 ECU 根据传感器输入的“ON”“OFF”信号得到车身位移信息。根据车身高度变化的幅度和频率，可以判断车身的振动情况，根据一段时间（一般为 10 ms）车身高度在某一区域的百分比来判断车身高度。

（4）车速传感器

悬架 ECU 可从车速传感器、各种其他模块或多路传输网络接收车速信号输入，用于实现系统的各种控制功能。

变速器、驱动轴或分动箱的输出通过齿轮驱动车速传感器。车速传感器信号是交流波形信号，其频率和电压随车速提高而增加，由信号频率便可获知车速。

车速信号也可以由其他模块直接提供给悬架 ECU（直接连接），此信号为直流变化信号。

车速信号还可以以数据信号形式从汽车多路传输网络提供给悬架 ECU。

（5）车门信号

悬架 ECU 利用车门信号实现系统的某些功能，如在车门打开时防止排气或保持目前行驶高度等。当车门关闭时，系统恢复正常工作状态。

（6）制动信号

当汽车制动时，制动开关给悬架 ECU 一个制动信号，悬架 ECU 收到制动信号后，控制执行器将悬架由软转换到硬的状态，以防止汽车“点头”（“翘尾”）。

（7）悬架控制开关

悬架控制开关包括悬架刚度和阻尼选择（LRC）开关、高度控制开关和锁止开关（高度控制ON/OFF 开关），前两个开关一般都装在驾驶室内选挡操纵手柄旁边（见图 4-3），锁止开关一般装在行李箱内（见图 4-4）。

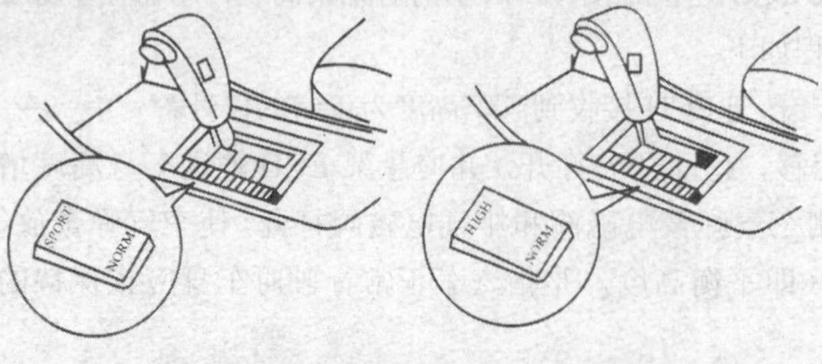

图 4-3 悬架刚度和阻尼选择开关（LRC）开关和高度控制开关的安装位置

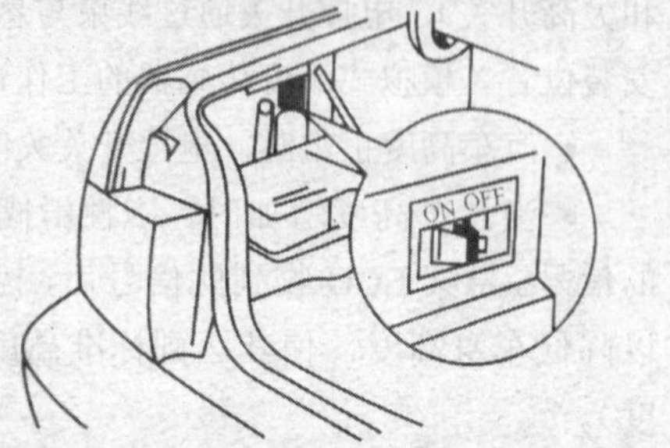

图 4-4 锁止开关（高度控制 ON/OFF 开关）的安装位置

① 悬架刚度和阻尼选择（LRC）开关。LRC 开关用于选择悬架的刚度和阻尼力参数，它有两个挡位：当 LRC 开关处于“NORM”（软）位置时，系统进入“常规行驶自动控制”；当 LRC 开关处于“SPORT”（硬）位置时，系统进入“高速行驶自动控制”。每一种模式下按照刚度与阻尼力的大小依次又有低、中、高 3 种状态。当“NORM”（软）和“SPORT”（硬）模式通过 LRC 选定后，就由悬架 ECU 根据传感器的输入信号在低、中、高 3 种状态间自动调节刚度和阻尼力。

② 高度控制开关。高度控制开关也有两种控制模块，即“NORM”和“HIGH”，按照车身的高度从低到高的顺序，每一种模式又有低、中、高 3 种状态。在“NORM”模式时，车身高度常处于“低”状态，系统对车身高度进行“常规值自动控制”；在“HIGH”模式时，车身高度常处于“高”状态，系统对车身高度进行“高值自动控制”。

③ 锁止开关（高度控制 ON/OFF 开关）。锁止开关（高度控制 ON/OFF 开关）一般装在行李箱内。当锁止开关位于“ON”时，系统按照驾驶员通过高度控制开关选定的模式进行车身高度控制；当锁止开关位于“OFF”时，系统不进行车身高度的调节。

2. 电子控制单元 ECU

（1）电子控制单元 ECU 的功能

控制悬架系统的电子控制模块（悬架 ECU）是悬架控制系统的中枢，它具有多种功能。

① 传感器信号放大。用接口电路将输入信号（如传感器的信号、开关信号）中的干扰信号除去，然后放大、变换极值、比较极值，变换为适合输入悬架 ECU 的信号。

② 输入信号的计算。悬架 ECU 根据预先写入只读存储器 ROM 中的程序对各输入信号进行计算，并将计算结果与内存中的数据进行比较后，向执行器（电机、电磁阀、继电器等）发出控制信号。输入悬架 ECU 的信号除了开关信号外，还有电压值，还应进行 A/D 变换。

③ 驱动执行器。悬架 ECU 用输出驱动电路将输出驱动信号放大，然后输送到各执行器，如电机、电磁阀、继电器等，以实现对汽车悬架参数的控制。

④ 故障检测。悬架 ECU 用故障检测电路来检测传感器、执行器和线路的故障，当发生故障时将信号送入悬架 ECU，目的在于即使发生故障，也能使悬架系统安全工作，另外在维修时容易确定故障所在位置。

（2）电控空气悬架系统电子控制模块（悬架 ECU）的结构

电控空气悬架系统悬架 ECU 同时给出了所有的输入和输出信号。悬架 ECU 包括一个 8 位微处理器、输入接口和输出驱动电路，同时还包括一个失效保护电路，也用于诊断模块的接口。悬架 ECU 根据接收的各传感器信号，选择一个预先编好的控制模式。

① 输入处理电路。ECU 的输入信号主要有 3 种形式，模拟信号、数字信号（包括开关信号）、脉冲信号。模拟信号通过 A/D 转换为数字信号提供给微处理器。控制系统要求模拟信号转换具有较高的分辨率和精度（>10 位）。为了保证测控系统的实时性，采样间隔一般要求小于 4 ms。数字信号需要通过电平转换，得到计算机接收的信号。对超过电源电压、电压在正负之间变化、带有较高的振荡和噪声、带有波动电压等输入信号，输入电路也对其进行转换处理。

② 微处理器。微处理器首先完成传感器信号的 A/D 转换、周期脉冲信号测量和其他有关汽车行驶状态信号的输入处理，然后计算并控制所需的输出值，按要求适时地向执行机构发送控制信号。过去微处理器多数是 8 位和 16 位的，也有少数采用 32 位的。现在多用 16 位和 32 位。

③ 输出处理电路。微处理器输出的信号往往用作控制电磁阀、指示灯、步进电机等。微处理器输出信号功率小，使用+5V 的电压，汽车上执行机构的电源大多数是蓄电池，需要将微处理器的控制信号通过输出处理电路处理后再驱动执行机构。

（3）电控空气悬架系统电子控制模块（悬架 ECU）的工作原理

预先将悬架 ECU 的控制程序写入只读存储器 ROM，悬架控制过程中，按控制程序规定的顺序进行计算、分析和比较。

系统起动后，首先对悬架 ECU 内存储器 RAM、执行器进行初始化，然后读取各种传感器输入信号和各种开关信号，根据驾驶员所选择的系统控制模式，对输入信号进行计算、分析，并发出控制信号进行汽车行驶姿态控制，随后再读取各种输入信号，如此反复循环。

悬架 ECU 对信号的处理速度快于汽车的运动，以微秒级进行 1 次运算，所以，按照以上顺序进行处理，在控制上没有任何问题。

3. 电控空气悬架系统执行器

（1）执行器作用

悬架执行器的作用是驱动主、副气室的空气阀阀芯和减振器阻尼孔的回转阀，使其转动，从而实现对悬架刚度和阻尼力参数的控制，如图 4-5 所示。

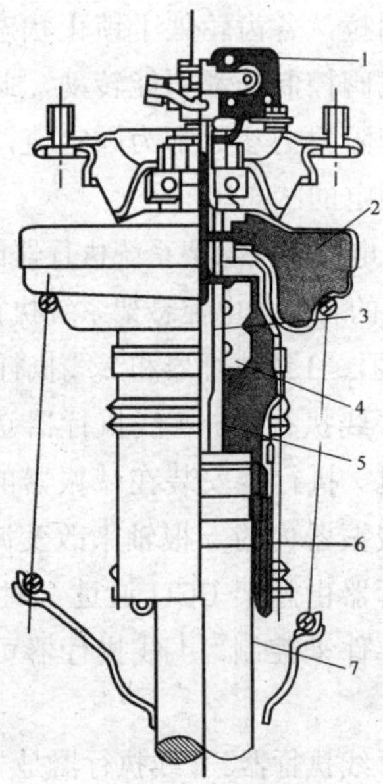

图 4-5　电控悬架的组成

1—执行器　2—副气室　3—减振器调整杆　4—主气门　5—减振器活塞杆　6—滚动膜　7—减振器

电控空气悬架系统的控制功能主要包括以下 3 方面的控制。

① 车速与路面感应控制。这种控制主要是随着车速和路面的变化，改变悬架的刚度和阻尼力，使之处于低、中、高 3 种状态。车速和路面感应主要有以下 3 种。

a. 高速感应。当车速很高时，控制模块输出控制信号，使悬架的刚度和阻尼力相应增大，以提高汽车高速行驶时的操纵稳定性。

b. 前后车轮关联感应。当汽车前轮在遇到路面单个的凸起时，控制模块输出控制信号，相应减少后轮悬架的刚度和阻尼力，以减小车身的振动和冲击。

c. 差路面感应。当汽车进入差路面行驶时，为了控制车身产生大的振动，控制模块输出控制信号，相应增大悬架的刚度和阻尼力。

② 车身姿态控制。当汽车起步，制动和转向时，会造成车身姿态的急剧改变。这种车身姿态的改变既降低了汽车的乘坐舒适性，又由于车身的过度倾斜容易使汽车失去稳定性，所以应该对其进行控制。这种控制主要包括以下 3 个方面。

a. 转向时车身的倾斜控制。

b. 制动时车身的点头控制。

c. 起步或者加速时车身的后坐控制。

③ 车身高度控制。车身高度控制是在汽车行驶车速和路面变化时，悬架 ECU 对执行元件输出控制信号，控制调节车身的高度，以确保汽车行驶的稳定性和通过性。

（2）电控空气悬架系统执行器的结构、工作原理

电控悬架系统执行器的结构如图 4-6 所示。当悬架 ECU 控制步进电动机动作时，带动小齿轮转动，小齿轮驱动扇形齿轮转动。与扇形齿轮同轴的阻尼调节杆带动回转阀旋转，从而使阻尼孔开闭的数量发生变化，达到调节减振器阻尼力的目的。同时阻尼调节杆上通过齿轮带动空气阀控制杆转动，使空气阀阀芯转动，随着阀芯转动角度的改变，使空气弹簧的刚度也得到调节。

悬架系统执行器上还有一个电磁线圈，当电磁线圈不通电时，由它控制的制动开关松开，制动杆处于扇形齿轮的滑槽内，扇形齿轮可以转动；当电磁线圈通电而吸合制动开关时，制动杆往回拉，各齿轮处于锁止状态，阻尼调节杆和空气阀控制杆都不能转动，此时悬架的刚度参数和阻尼力参数都为固定值，悬架系统处于相对稳定的状态。

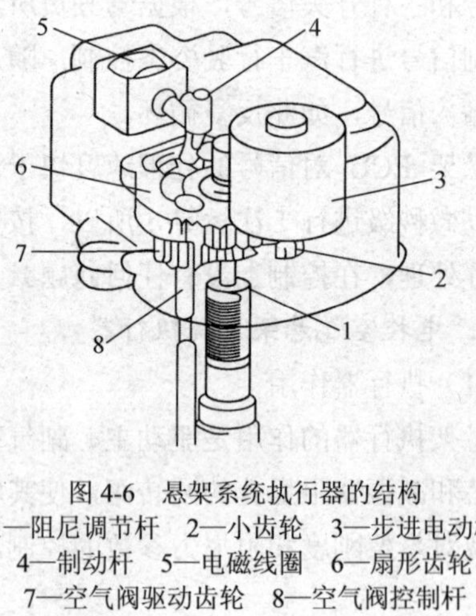

图 4-6　悬架系统执行器的结构
1—阻尼调节杆　2—小齿轮　3—步进电动机
4—制动杆　5—电磁线圈　6—扇形齿轮
7—空气阀驱动齿轮　8—空气阀控制杆

（3）电控空气悬架系统执行器的分类

常见的有 3 种电控悬架系统执行器，分别为 4 线执行器、3 线执行器和 2 线执行器。

① 4 线执行器。4 线执行器是一个双向直流电动机。执行器安装在减振器的顶部，执行器驱动减振器内的一根轴来改变减振器阀门。这类执行器由悬架 ECU 通过一对称为硬/软继电器的部件来控制。4 线执行器可以从减振器总成上取下单独更换，4 线执行器内带位置传感器。

② 2 线执行器。2 线执行器是一个 ON/OFF 电磁阀。如果电磁阀处于 OFF 位置，减振器处于硬阻尼状态；如果电磁阀处于 ON 位置，减振器处于软阻尼状态。2 线执行器与减振器为一体式，不可单独维护。

③ 3 线执行器。3 线执行器是一个直流电动机，位于减振器顶部，只能单向旋转。电动机转动时，通过减速齿轮总成带动减振器活塞杆改变减振阻尼。

任务实施

学生分组训练，在实车上找出电子控制悬架系统与传统悬架在结构上的不同之处。

任务二　汽车电子控制变高度悬架系统检修

【学习目标】

知识要求：

1. 了解汽车电子控制变高度悬架系统的作用、分类、组成；
2. 掌握汽车电子控制变高度悬架系统的结构、原理与检修；
3. 理解汽车电子控制变高度悬架系统的故障诊断的思路及方法。

能力要求：

1. 能通过与客户交流、查阅相关维修技术资料等方式获取车辆信息；
2. 能根据故障现象制订正确的维修计划；
3. 能根据维修计划，选择正确的检测和诊断设备对汽车电子控制变高度悬架系统进行故障诊断；
4. 能使用万用表、故障诊断仪、示波器及常用检测和诊断设备对汽车电子控制悬架系统传感器、控制器、执行器进行检测；
5. 能正确记录、分析各种检测结果并做出故障判断；
6. 能按照正确操作规范进行传感器、执行器和控制器的更换，并能进行系统匹配设定；
7. 能对车辆进行测试，检查和评估汽车电子控制变高度悬架系统修复质量；
8. 能根据环保要求，正确处理对环境和人体有害的辅料、废气液体和损坏零部件。

任务导入

有一辆凌志 LS400 轿车仪表板灯光系统警告灯点亮，中央控制面板的悬架升高按键上的 LED 灯不停闪烁，电控空气悬架升高系统不工作。

知识准备

一、车身高度控制系统功用及分类

车身高度控制系统的主要功用是当车身载荷变化或车辆行驶速度变化时，自动调节车身高度，使汽车行驶姿态稳定，从而提高乘坐舒适性和安全性。

1. 自动水平调节

系统可以把车辆保持在一个不变的高度面，与乘员及重量无关，把车辆高度置于正常或高位置。

2. 高速时的调节

把车辆悬挂高度开关置于 SPORT 位置时，车高略低于正常时的位置。该位置可改善高速行驶的稳定性和空气动力性。

3. 点火开关关闭时的悬架位置调节

为防止在点火开关关闭后改变乘客人数和行李重量而引起的车辆高度的变化，可调节车高到所设置的位置，该功能可改善汽车行车时的车辆姿态。

车身高度控制系统分为两大类型，一类是仅对两个后轮悬架进行控制；另一类是对全部 4 个车轮的悬架进行高度控制。两种类型的控制原理基本相同。

二、变高度控制悬架系统的组成

最早也是最简单的微机控制悬架系统是福特汽车公司生产的轿车上采用的电子控制变高度空气弹簧悬架系统。该系统仅对两个后轮悬架进行控制，主要由一只高度传感器、电控单元、空气压缩机、空气压缩机驱动电动机、空气压缩机继电器、空气干燥器、排气电磁阀、空气软管、后轮空气减振器等组成。高度传感器采用磁感应式传感器，安装在后车架与悬架控制臂之间，用以检测车身后部高度的变化。

目前，汽车普遍采用的车身高度控制系统由 4 只高度传感器（每个减振器下面各设 1 只）、控制开关、电控单元 EMS ECU、高度调节执行器（包括 4 个气压缸、两只高度控制电磁阀、空气压缩机、干燥器和空气管路）等组成。

三、变高度控制悬架系统的控制过程

变高度控制悬架系统在汽车乘员或载荷变化时，能够自动调节车身高度。当乘员或载荷增加时，系统将自动调高车身高度；反之，当乘员或载荷减小时，系统将自动调低车身高度。

1. 车身高度不变时悬架系统的控制过程

当车身高度传感器输入电控单元 ECU 的信号表示车身高度在设定高度范围内时，ECU 将发出指令使空气压缩机停止转动，空气减振器内空气量保持不变，车身高度保持在正常位置。

2. 车身高度降低时悬架系统的控制过程

当汽车乘员或载荷增加使车身高度“偏低”或“过低”时，高度传感器将向悬架控制电控单元 EMS ECU 输入车身“偏低”或“过低”的信号。EMS ECU 接收到车身高度降低的信号时，立即向压缩机继电器和高度控制电磁阀发出电路接通指令，在接通高度控制空气压缩机继电器电路使压缩机运转的同时，接通高度控制电磁阀线圈电路使电磁阀打开，压缩空气进入空气弹簧的气压腔（气室），气压腔充气量增加便使车身高度上升。

空气压缩机继电器触点接通时，直流电动机带动空气压缩机运转，从压缩机输出的压缩空气进入干燥器干燥后进入储气罐；储气罐的气体压力由调压阀进行调节。

3. 车身高度升高时悬架系统的控制过程

当汽车乘员或载荷减少使车身高度“偏高”或“过高”时，高度传感器将向悬架控制电控单元 EMS ECU 输入车身升高的信号。EMS ECU 接收到车身高度升高的信号时，立即向空气压缩机继电器发出电路切断指令，并向排气阀和高度控制电磁阀发出电路接通指令，压缩机继电器触点迅速断开使电动机电路切断而停止运转，排气阀和高度控制电磁阀线圈电路接通使电磁阀打开，空气从减振器气压腔，经高度控制电磁阀、空气软管、干燥器、排气阀排出，气压腔空气量减少使车身高度降低。

4. 系统保护措施

从减振器中放出的空气经过干燥器时，带走了干燥剂中的湿气。这样，干燥剂经过一段时间使用后不会被湿气浸透。这种保护干燥剂的再生干燥系统为许多电控悬架系统所采用。干燥器中空气的压力保持在 55～165kPa，从而保证系统中有一定量的空气。这样在乘员或载荷减少使减振器伸长时，空气弹簧的气压腔不致凹瘪。

任务实施

一、电子控制变高度悬架系统检修

1. 检修调高后电控悬架的故障

故障检修时使用能够显示和翻译故障码的专用数字检测仪。将专用检测仪连接在悬架控制和转向动力控制模块的检测接口上，可接收系统控制模块自检系统传输的故障码，可完成以下诊断检测。

① 自动/手工故障检查。

② 故障码显示。

③ 详细检查。

④ 功能检查。

在自动/手工检查中，控制模块自检系统检测系统元件是否有故障。检查元件故障后，控制器升起和降低车辆以检查 3 个高度传感器状态。高度传感器检查完成后为手工检查。此过程中，使车门打开数次、转向盘向左右两边分别转动半圈，控制模块监测到车门开关和转向传感器工作。

在生产厂家提供的维修信息中，给每种故障码均提供详细检查。详细检查是用电压表和电阻表检查，而且确定故障码是由哪种故障产生的。

功能检查用在自动/手工检查的最后，以找出故障码所代表的元件。除非详细检查指出需要进行功能检查，否则不进入功能检查。如果没有这种专门指导而进行功能检查，会造成控制模块损坏。生产厂家维修手册提供了详细检查的步骤。

2. 空气弹簧的充气操作步骤

① 用起重机吊起车架，缓慢降下起重机，直到轻微的车重作用在悬架上。

② 使电控悬架系统的控制开关至打开状态。

③ 使点火开关从断开到接通保持 5s，并使驾驶员一侧车门打开，其他车门关闭，断开点火开关。

④ 将系统检测诊断引线接搭铁（接地）。

⑤ 踩下制动踏板，并使点火开关在接通状态。

⑥ 给后悬架弹簧充气时，关闭、打开驾驶员侧车门各一次，延时 6s 后，后悬架弹簧充气。

⑦ 给前悬架弹簧充气时，关闭、打开驾驶员侧车门各两次，延时 6s 后，前悬架弹簧充气。

⑧ 当前后悬架弹簧均需充气时，先充后悬架弹簧。后悬架弹簧充气后，再关闭、打开驾驶员侧的车门各一次，使前悬架弹簧开始充气。

⑨ 如果诊断引线与搭铁脱离，弹簧充气状态停止。如果点火开关断开，或制动踏板踩下，也会停止充气。

二、电子控制变高度悬架系统的故障案例诊断过程

连接故障检测仪对空气悬架系统进行检测，发现了故障为加注中央蓄压器时间异常。利用故障检测仪的动作测试功能为中央蓄压器充气，发现控制单元的指令可以发出但充气泵不工作。根据动作测试结果可以判定造成该故障的原因既可能是线路问题，也有可能是元件问题。首先用万用表电压挡检查充气泵的电源线，测试结果为无工作电压。对照电路图进行线路检查发现，提供电源的 40A 熔丝已经熔断。但继续检查充气泵及线路发现无短路现象。于是更换熔断的熔丝后起动发动机进行试车，但进行试车后故障还是存在。于是又用导线直接将蓄电池的正负极电源引至充气泵，发现充气泵不工作。根据以上检查结果，可以确定充气泵损坏。在更换新的充气泵后悬架系统升降功能恢复，升降开关上的 LED 灯在车辆悬架达到预定高度后 LED 灯熄灭，电控空气悬架系统恢复正常。

习题测试

一、填空题

1. 车轮和车身状态只能被动地取决于路面及行驶状况以及汽车的弹性支撑元件、减振器和导向机构的悬架是________悬架。

2. 根据行驶条件，随时对悬架系统的刚度、减振器的阻尼力以及车身的高度和姿态进行调节，使汽车的有关性能始终处于最佳状态的悬架是________悬架。

3. 仅对减振器的阻尼力进行调节，有些还对横向稳定器的刚度进行调节的悬架是________悬架。

4. 悬架系统的调节方式有________和________两种。

二、选择题

1. 全主动式悬架的频带宽为（　　）。

A. 大于 5Hz　　B. 大于 15 Hz　　C. 小于 15 Hz　　D. 小于 5 Hz

2. 慢全主动式悬架的频带宽为（　　）。

A. 大于 6Hz　　B. 3～6 Hz　　C. 小于 3 Hz　　D. 以上均不正确

三、判断题

1. 无级半自主动悬架在转向、起步、制动等工况时能对阻尼力实施有效的控制。（　　）

2. 转向盘转角传感器用于检测转向盘的中间位置、转动方向、转向角度和转动速度。（　　）

3. 在电子控制悬架系统中，电子控制单元根据车速传感器和转角传感器的信号，判断汽车转向时侧向力的大小和方向，以控制车身的侧倾。（　　）

4．在车轮打滑时，能以转向角和汽车车速正确判断车身侧向力的大小。（　　）

5．当选择手动挡时，悬架系统的阻尼力只有标准（中等）和运动（硬）两种状态的转换。（　　）

6．为改变汽车的侧倾刚度，可通过改变纵向稳定杆的扭转刚度来实现。（　　）

7．在检测汽车电子控制空气悬架时，当用千斤顶将汽车顶起时，应将高度控制 ON/OFF 开关拨到 ON 位置。（　　）

8．在检测汽车电子控制空气悬架时，在开动汽车之前，应起动发动机将汽车的高度调整到正常状态。（　　）

四、简答题

1．操纵高度控制开关检查汽车高度变化情况的步骤是怎样的？

2．如何调整汽车高度？

任务三　汽车电子控制变刚度悬架系统检修

【学习目标】

知识要求：理解汽车电子控制变刚度悬架系统的故障诊断的思路及方法。

能力要求：

1．能根据维修计划，选择正确的检测和诊断设备对汽车电子控制变刚度悬架系统进行故障诊断；

2．能使用万用表、故障诊断仪、示波器及常用检测和诊断设备对汽车电子控制变刚度悬架系统传感器、控制器、执行器进行检测；

3．能正确记录、分析各种检测结果并做出故障判断；

4．能按照正确操作规范进行传感器、执行器和控制器的更换，并能进行系统匹配设定；

5．能对车辆进行测试，检查和评估汽车电子控制变刚度悬架系统修复质量；

6．能根据环保要求，正确处理对环境和人体有害的辅料、废气液体和损坏零部件。

任务导入

一辆马自达轿车的悬架系统，无论在什么车况，都只能以一种模式运行，不能根据行驶路况进行调节。该车装有马自达电控悬架系统 TEMS。正常情况下，驾驶员可根据行车状况选择悬架的控制方式，从而决定衰减力的大小，而该车却只能在“正常手动状态”运行。

知识准备

一、电子控制变刚度悬架系统的功用

影响汽车乘坐的舒适性和行驶安全性的一个主要因素就是汽车悬架弹性元件的刚度，悬架

弹性元件的刚度将直接影响车身的振动强度和对路况及车速的感应程度。目前，中、高档汽车倾向于利用可调刚度的空气弹簧或油气弹簧，通过调节这些元件的空气压力的办法来调整弹性元件的刚度。

二、电子控制变刚度悬架系统的组成

电子控制变刚度悬架系统也是由高度传感器、控制开关、EMS ECU、刚度调节执行器（气压缸、高度控制电磁阀、空气压缩机、干燥器和空气管路）等组成的。

三、空气弹簧悬架刚度的调节原理

在汽车行驶过程中，为了防止或抑制车身出现“点头”“侧倾”“后坐”等现象，需要调节相应悬架的高度和减振器的阻尼力。例如，当汽车紧急制动时，为了抑制点头现象，悬架控制电控单元 EMS ECU 将根据制动灯开关接通信号和车速传感器提供的车速高低信号，向前空气弹簧执行元件发出指令使其气压升高，增大前空气弹簧的刚度，同时控制后空气弹簧执行元件使后空气弹簧放气，减小其刚度。当控制单元计算的车速变化量表明无须抑制点头控制时，就使前、后空气弹簧恢复到原来的压力。

在部分小轿车、越野汽车和大型豪华客车上采用的电子控制悬架系统中，每个车轮上都采用了空气弹簧和普通减振器。改变空气弹簧气压腔中压缩空气的压力（实际上是改变空气密度），即可改变空气弹簧悬架的刚度。

空气弹簧由封入低压惰性气体和阻尼力可调的减振器、旋转式膜片、主气室、副气室和悬架执行元件组成。主气室的容积是可变的，在它的下部有一个对向伸展的隔膜、压缩空气进入主气室后可以升高悬架的高度，反之使悬架高度下降，主、副气室设计为一体既节省空间，又减轻了重量。悬架的上方与车身相连，下方与车轮相连，如图 4-7 所示，随着车身与车轮的相对运动，主气室的容积在不断变化。主气室与副气室之间通过一个通道，气体可相互流通。改变主、副气室间的气体通道的大小，就可以改变电控悬架的刚度。减振器的活塞通过中心杆（阻尼调整杆）和齿轮系与直流步进电动机相连接。步进电动机转动可改变活塞阻尼孔的大小，从而改变减振器的阻尼力。

悬架刚度的自动调节原理：主、副气室间的气阀体上有大小两个通道。步进电动机带动空气阀控制杆转动，使空气阀阀芯转过一个角度，改变气体通道的大小，就可以改变主、副气室之间的气体流量，使悬架的刚度发生变化。

悬架刚度可以在低、中、高 3 种状态下改变。

当阀芯的开口转到对准图 4-8 所示的低位置时，气体通道的大孔被打开。主气室的气体经过阀芯的中间孔、阀体侧面通道与副气室的气体相通，两气室之间空气流量越大，相当于参与工作的气体容积增大，悬架刚度处于低状态。

当阀芯的开口转到对准图 4-8 所示的中间位置时，气体通道的小孔被打开，两气室之间的流量小，悬架刚度处于中间状态。

当阀芯的开口转到对准图 4-8 所示的高位置时，两气室之间的气体通道全部被封住，两气室之间的气体相互不能流动，压缩空气只能进入主空气室，悬架在振动过程中，只有主气室的气体单独承担缓冲工作，悬架高度处于高状态。

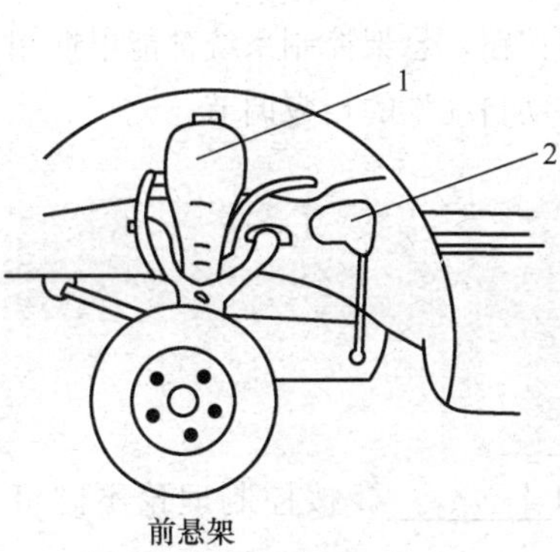

图 4-7 悬架安装位置

1—空气悬架 2—车身高度传感器

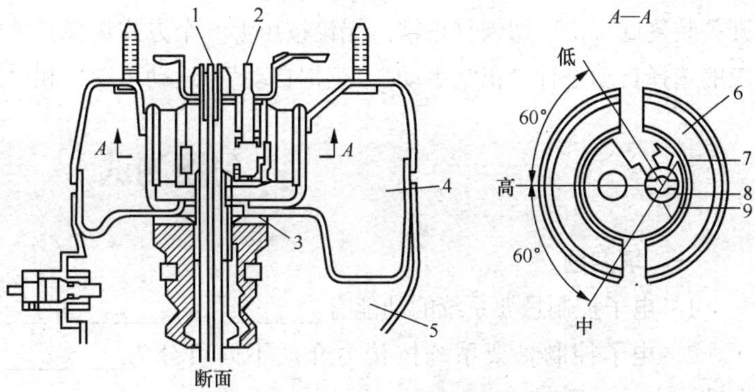

图 4-8 悬架刚度的自动调节原理

1—阻尼调节杆 2—空气阀控制杆 3—主、副气室通道 4—副气室 5—主气室 6—气阀体 7—气体小通道 8—阀芯 9—气体大通道

任务实施

一、空气弹簧的拆卸和安装

空气弹簧的拆装应参考生产厂家的维修手册进行，一般的操作步骤如下。

① 断开电控悬架开关。

② 吊起车辆后悬架自然下垂，或用千斤顶起车辆并将千斤顶支架放在车架下，使车辆降在架上，并使悬架自然下垂。

③ 从空气弹簧的电磁阀上拆下尼龙空气管路。将阀门旋转至第一挡，使空气从弹簧中完全排出，空气排完之前不要将阀门旋至第二挡。

④ 卸下空气弹簧下的保持架，将弹簧从车架上拆下。

⑤ 在空气弹簧安装前，应将其正确折叠在皮腔底部活塞上。仍将空气弹簧安在车架上，并安上弹簧下的保持架。确保弹簧顶部正确安装在弹簧内，安装悬架或悬架弹簧时，弹簧必须正确放置。

注意：*在修理系统元件时，系统控制开关必须在断开状态。*

拆卸空气弹簧阀门时旋转阀门至第一挡，直到空气弹簧内的空气完全排放。弹簧未完全排放之前，不要将阀门旋至第二挡。

电控空气悬架系统中许多零件，如减振器、横向稳定杆等的诊断和维修与普通悬架系统中的方法相同。

二、电子控制变刚度悬架系统的故障案例诊断过程

在检修过程中发现该车刚刚铺设了地胶。而车辆的模式选择开关在自动变速器选挡杆的前方，如果要铺地胶就需要揭开模式选择开关附近的胶皮，并且拆下开关护板。所以怀疑造成故障的原因是在拆装过程中，模式选择开关的接线受到损伤。将方式选择开关拆下，开关有 4 根引线，其中有两根分别通向悬架控制系统电控单元的 A1 脚和 A13 脚，一根线搭铁，另外一根通向 TEMS 电源的 20A 熔断丝。这根线在点火开关打开之后一直有电，但用万用表测量后发现该线电压始终为 0V。仔细检查各插脚，发现该线伸入插头内的部分已经脱开。将该线接好，将方式选择

开关装复试车，一切恢复正常。无论按压哪一个方式选择开关的按钮，悬架控制系统都能根据相应的选择自动进行“正常手动”“正常自动”“运动手动”和“运动自动”的相应调节。

习题测试

一、填空题

1．电子控制悬架系统的功能有________、________和________。

2．电子控制悬架系统按传力介质不同可分为________和________。按控制理论不同可分为________和________。

3．主动悬架根据频带和能量消耗的不同，可分为________和________。按驱动机构和介质的不同可分为____________________________和____________________________。

4．汽车电子控制悬架系统主要由感应汽车运行状况的各种传感器、开关、________及________组成。

5．汽车电子控制悬架系统应用的传感器有________、________、________、________等。

二、判断题

1．主动悬架可以根据路面的行驶状态和车身的响应对悬架阻尼力进行控制，并在几秒内由最小到最大，使车身的振动响应始终被控制在某个范围之内。（　　）

2．主动悬架需要外加动力源，消耗的能量多。（　　）

3．主动悬架在转向、起步、制动等工况时能对阻尼力实施有效的控制。（　　）

4．转向盘转角传感器用于检测转向盘的中间位置、转动方向、转向角度和转动速度。（　　）

5．在电子控制悬架系统中，电子控制单元根据车速传感器和转角传感器的信号，判断汽车转向时侧向力的大小和方向，以控制车身的侧倾。（　　）

6．在车轮打滑时，能以转向角和汽车车速正确判断车身侧向力的大小。（　　）

7．当选择手动挡时，悬架系统的阻尼力只有标准（中等）和运动（硬）两种状态的转换。（　　）

8．为改变汽车的侧倾刚度，可通过改变纵向稳定杆的扭转刚度来实现。（　　）

三、简答题

汽车电子控制悬架系统的一般工作原理是怎样的？

任务四　汽车电子控制变阻尼悬架系统的检修

【学习目标】

知识要求：理解汽车电子控制变阻尼悬架系统的故障诊断的思路及方法。

能力要求：

1．能根据维修计划，选择正确的检测和诊断设备对汽车电子控制变阻尼悬架系统进行故障诊断；

2．能使用万用表、故障诊断仪、示波器及常用检测和诊断设备对汽车电子控制变阻尼悬架系统传感器、控制器、执行器进行检测；

3．能正确记录、分析各种检测结果并做出故障判断；

4．能按照正确操作规范进行传感器、执行器和控制器的更换，并能进行系统匹配设定；

5．能对车辆进行测试，检查和评估汽车电子控制变阻尼悬架系统修复质量；

6．能根据环保要求，正确处理对环境和人体有害的辅料、废气液体和损坏零部件。

任务导入

某电动汽车在行驶时，悬架刚度和阻尼力不随着行驶状况、路况、汽车姿态变化而调节。

知识准备

一、变阻尼悬架系统的功用及控制方式

在电子控制悬架系统中，最常用的是变阻尼悬架系统。改变减振器阻尼的悬架系统相对于使用空气弹簧的悬架系统有许多优点，最突出的优点是质量轻，因为空气弹簧悬架系统需要空气压缩机和干燥器，使整车质量大大增加，而变阻尼悬架系统只增加了电子控制元件和改变减振器阻尼的执行元件的质量。

变阻尼悬架系统采用的控制方式分为以下 3 种。

① 根据汽车行驶状况进行控制。

② 根据驾驶员选择的运行模式进行控制。

③ 根据汽车行驶状况和驾驶员选择的运行模式进行控制。

二、减振器阻尼控制机构的结构特点

1．运行模式选择开关

电子控制悬架系统减振器阻尼的工作模式选择开关又称为运行模式选择开关，用于选择减振器阻尼的工作模式。驾驶员选择的工作模式不同，减振器阻尼的状态也不相同。减振器阻尼的状态一般设有“标准”“中等”和“坚硬”3 种。

2．变阻尼执行元件

丰田汽车电子调节悬架系统的执行元件安装在减振器支柱的顶部。

三、减振器阻尼调整的控制过程

1．阻尼“标准”的控制过程

当 EMS ECU 根据传感器和控制开关信号确定阻尼为“标准”状态时，控制单元向步进电动机发出控制指令使其沿顺时针方向旋转，因此小齿轮驱动扇形齿轮沿逆时针方向转动，直到扇形齿轮凹槽的一边靠在挡块上为止。

2．阻尼“中等”的控制过程

当 EMS ECU 根据传感器和控制开关信号确定阻尼为“中等”状态时，控制单元向步进电动机发出控制指令使其沿逆时针方向旋转，因此小齿轮便驱动扇形齿轮沿顺时针方向转动，直到扇

形齿轮凹槽的另一边靠在挡块上为止（从“标准”位置开始计算，其转角约为 120°）。与此同时，扇形齿轮带动回转阀控制杆和回转阀旋转，回转阀上的阻尼孔与活塞杆上的减振油液孔的相对位置。由于只有第二个截面上的阻尼孔打开，允许减振油液流过活塞的流动速度不快也不慢，因此减振器能以缓慢速度伸缩，使阻尼处于“中等”状态。

3. 阻尼“坚硬”的控制过程

当 EMS ECU 根据传感器和控制开关信号确定阻尼为“坚硬”状态时，控制单元将同时向步进电动机和电磁线圈发出控制指令，使步进电动机和扇形齿轮从阻尼“柔软”或“中等”的极限位置旋转约 60°（从“标准”的极限位置顺时针旋转 60°，从“中等”的极限位置逆时针旋转 60°），接通电磁线圈电流，其电磁吸力将挡块吸出，使挡块进入扇形齿轮凹槽中间部位的一个凹坑内。与此同时，扇形齿轮带动回转阀控制杆和回转阀旋转，回转阀上的阻尼孔与活塞杆上的减振油液孔的相对位置。由于 3 个阻尼孔全部关闭，减振油液不能流动，因此减振器伸缩非常缓慢，使阻尼处于“坚硬”状态。

4. 变阻尼悬架系统指示灯的控制

电控单元除了向执行元件发出控制信号外，同时还向汽车仪表盘上的 3 只悬架系统指示灯发出控制指令。当减振器处于“标准”阻尼状态时，控制左边一只指示灯点亮；当减振器处于“中等”阻尼位置时，控制左边和中间共两只指示灯点亮；当减振器处于“坚硬”阻尼位置时，控制 3 只指示灯全部点亮。悬架系统指示灯在接通点火开关时，大约点亮 2s 后熄灭，以便驾驶员检查指示灯及其线路是否完好。如果控制单元发现系统有故障，将使这些指示灯闪烁提示驾驶员系统有故障。

电控悬架的电控模块内部一般都有自诊断检测功能，检修时，需要按照对应车型的维修手册，对照检测流程进行检测维修。除此之外，还需要一些基本工具，如常用五金工具、千斤顶、千斤顶支架、尺子等。

任务实施

一、电子控制变阻尼悬架系统诊断基本步骤

如果电控悬架的警告灯在发动机运转条件下亮了，说明控制模块检测出电控悬架系统有故障。电控悬架系统的故障诊断和维修步骤由于车辆型号的不同而不同，应按生产厂家提供的维修手册中所述步骤进行维修。

林肯大陆轿车中的电控悬架系统，当电控悬架警报灯显示系统有故障时，诊断步骤如下。

（1）确保电控悬架系统开关在开的位置。

（2）打开点火开关，5s 后关闭。驾驶员一侧车门打开，其他车门关闭。

（3）将控制模块附近的诊断引线搭铁接地，关闭驾驶员一侧车门，并将车窗玻璃降下。

（4）打开点火开关，警告灯会以 1.8 次/s 连续闪烁，表示系统进入故障诊断状态。

二、电子控制变阻尼悬架系统维修与检测

1. 试车检测

试车检测可显示出上一次行车时的故障码。试车检测可检测出在其他检查中不能被检测出的

故障（有的故障是中断性的）。

试车应在不同车速、不同道路状况的条件下进行，行驶最少 5km 或仪表板内的模式信号灯亮为止。经过试车后，应将车直接开至维修地点，停下后断开点火开关。故障码就储存在电控悬架的控制模块中，存储时间为点火开关断开后 1h 以内（或直到再次接通点火开关）。如在 1h 后接通点火开关，故障码会被从电控悬架控制模块的内存中删除。在检测中，电控悬架的开关必须保持在“接通”的状态。

将能进行电控悬架检测的检测仪连接到控制模块附近的诊断接口上。应按汽车生产厂家维修手册和检测仪操作说明的程序进行检测。检测仪会显示一个“通过”代码或显示一个或多个故障码。记下故障码以备故障排除时应用。

2. 分级诊断检测

（1）自动/手动诊断检测

在自动/手动检测中，电控悬架控制模块进行自我检测，并检查其他系统零件。检查后，手动检查是让维修人员检查控制模块的各种输入。

（2）故障码显示

完成自动/手动检查后，故障码可通过按下相应的检测仪按钮来显示。每个故障码大约显示 15s，并且此故障码会持续显示下去，直到下一检测模式的输入。要将试车检测中得到的故障信号与维修间检测中的故障码进行对比。当一种信号在两种状态下均出现时，表明此故障为“实”故障；如果故障信号仅在行车、试车检测时出现，此故障为“时有时无”类型的故障。

（3）详细检测

许多故障码由 2 个字母代替详细检测的步骤。详细检测步骤必须按生产厂家的维修手册进行。详细检测用来查出故障代码的确切原因。例如，得到“40”故障码，表明左前空气弹簧电磁的电路出现故障。详细检测在标有“EA”字样的相关栏目会告诉维修人员如何进行专门检查，以查明故障是出现在电磁阀、连接导线还是在控制模块内。

详细检测是一个具体排除故障的过程，应按照优先级从高到低的顺序进行。故障码按优先级提供，排除一项故障后，一定要重新检查系统。有的系统模块中的计算机可能只能按优先级存储一定数量的代码。如果只显示了一个故障码，在系统中可能存在优先级更低的另一个故障代码。

3. 弹簧充气诊断

弹簧的充气诊断允许维修人员利用电控悬架控制模块给每个空气弹簧充气或排气。

此过程可显示已经失效的零件，如空气弹簧电磁阀或对应的触发电路。在弹簧充气过程中，维修人员可检测空气管路是否泄漏。

习题测试

一、填空题

1. 汽车电子控制悬架系统应用的开关有________、________、________和________等。
2. 汽车电子控制悬架系统的执行机构有________，可调节弹簧高度和弹性大小的弹性元件等。
3. 加速度传感器常用的有________和________两种。
4. 车身高度传感器常用的有________、________、________。
5. 悬架电子控制单元的 ECU 一般由________、________、输出电路和电源电路等组成。

6．可调阻尼减振器主要由________、________、________、________等构成。

二、判断题

1．在车轮打滑时，能以转向角和汽车车速正确判断车身侧向力的大小。（　）

2．当选择手动挡时，悬架系统的阻尼力只有标准（中等）和运动（硬）两种状态的转换。（　）

3．为改变汽车的侧倾刚度，可通过改变纵向稳定杆的扭转刚度来实现。（　）

4．在检测汽车电子控制空气悬架时，当用千斤顶将汽车顶起时，应将高度控制 ON/OFF 开关拨到 ON 位置。（　）

三、简答题

悬架电子控制单元的功能有哪些？

项目小结

电子控制悬架可以提高车辆的乘坐舒适性、行驶平顺性和操纵稳定性，代表了目前汽车悬架的发展方向。随着人们生活水平的提高，对汽车舒适性的要求也越来越高。被动悬架在一定的时间内仍将是应用最广泛的悬架系统，通过进一步优化悬架结构和参数可以继续提升悬架性能。主动悬架性能优越，出于成本原因还只能成为高级轿车和赛车的装备。它的研究重点在于高性能的执行器和基于神经网络的控制策略方面。半主动悬架性能优于被动悬架，成本比主动悬架低得多，应该是今后悬架系统的主要发展方向。研究性能可靠、调节方便的可调阻尼减振器和算法简单有效的控制策略将是半主动悬架走向大众的必经之路。

项目习题测试

一、填空题

1．电子控制悬架系统的功能有________、________、________。

2．电子控制悬架系统按传力介质不同可分为________和________。按控制理论不同可分为________和________。

3．主动悬架根据频带和能量消耗的不同，可分为________和________。按驱动机构和介质不同可分为________和________。

4．汽车电子控制悬架系统主要由感应汽车运行状况的各种传感器、开关、________及________组成。

二、判断题

1．装有电子控制悬架系统的汽车无论车辆负载多少，都可以保持汽车高度一定，车身保持水平。（　）

2．装有电子控制悬架系统的汽车在高速行驶时，可以使车高降低，以减少空气阻力，提高操纵的稳定性。（　）

3．装有电子控制悬架系统的汽车可以防止汽车急转弯时车身横向摇动和换挡时车身纵向摇动。（　）

三、选择题

1．关于电控空气悬架系统，甲认为：当车速高于 110km/h 时，ECU 控制执行器使悬架刚度和阻尼力调至中间值；乙认为：当车速处于 40～100km/h 范围内，前轮车身高度传感器检测出车身颠簸时，ECU 通过执行器使悬架刚度和阻尼力变换到高（硬）值。你认为（　　）。

A．甲正确　　B．乙正确　　C．甲乙均正确　　D．甲乙均不正确

2．关于主动式空气悬架系统，甲认为：主、辅气室之间的气阀体的大通孔打开时，悬架刚度处于高状态。乙认为：主、辅气室之间的气阀体的大通气孔打开时，悬架刚度处于低状态。你认为（　　）。

A．甲正确　　B．乙正确　　C．甲乙均正确　　D．甲乙均不正确

3．关于 LEXUSLS400 电控悬架系统，当车身高度需上升时，甲认为 ECU 的 RCMP 端子发出信号，使 1 号高度控制继电器接通，压缩机运转；乙认为 ECU 使高度控制电磁阀通电打开，将压缩空气引入气压缸，使车身上升。你认为（　　）。

A．甲正确　　B．乙正确　　C．甲乙均正确　　D．甲乙均不正确

项目五 汽车防盗系统的检修

项目导读

随着人们生活水平的不断提高，汽车已经成为人们生活中不可缺少的一部分。随着汽车数量的增多，车辆被盗的数量也逐年上升，广大汽车用户对汽车防盗性能方面有更高的需求。

汽车防盗系统就是一种安装在车上，用来增加盗车难度，延长盗车时间的装置。随着科学技术的进步，为对付不断升级的盗车手段，人们研制出各种方式、不同结构的防盗器。另一方面各国政府也针对汽车防盗性能制定了严格的法律。同时微电子技术的进步也推动了汽车制造厂商对汽车防盗技术进行研究和升级。

任务一 汽车防盗系统的认知

【学习目标】

知识要求：了解汽车防盗系统的种类和功能。

能力要求：能够在实车上识别各种类型的防盗系统。

任务导入

汽车防盗系统的种类有哪些？各车系的防盗系统有何不同？

知识准备

目前汽车防盗装置已经由初期的机械控制，发展成为电子密码、遥控呼救、信息报警等高科技产品，早期的防盗装置主要用于控制门锁、门窗、起动器、制动器，切断供油等联锁机构，以及为防止盗贼拆卸零件而设计的专用套筒扳手。随着科技的发展，汽车防盗装置日趋严密和完善，目前防盗器按其结构与功能可分为五大类：机械式、电子式、网络式、生物识别式和芯片式，各有优劣，但汽车防盗的发展方向是向智能程度更高的芯片式和网络式发展。

一、机械式防盗装置

机械式防盗装置是采用金属材料制作的各种防盗锁具，包括转向柱锁、转向盘锁、变速杆锁、踏板锁（离合器踏板锁、制动踏板锁）、车轮锁等，这些防盗锁是锁住汽车的操纵部件，使盗窃者无法将汽车开走。

早期的汽车防盗器材主要是机械式的防盗锁，它主要是靠锁定离合、制动、节气门或转向盘、变速挡来达到防盗的目的，但只防盗不报警。其优点是价格低，安装简便；缺点是体积较大，需随身携带钥匙，防盗不彻底，每次拆装比较麻烦，不用时还需找地方放置。机械锁发展至今经过了数次技术升级，目前已有了较可靠的转向盘锁和排挡锁等。有时车主会给车辆装上数种机械式的防盗器，虽然这样做可以在一定程度上影响盗窃者，增加盗窃者实施盗窃的时间，增加盗车行为被发现的可能性。但是破解的手段众多，另外钥匙的丢失也会造成很大麻烦。

1. 转向盘锁

所谓转向盘锁就是大家熟悉的拐杖锁，它将转向盘与制动踏板连接在一起，或者直接在转向盘上加上限位铁棒使转向盘无法转动。目前市场上推出一种护盘式转向盘锁，以覆盖的方式，将镍铝高强度合金钢横跨在转向盘上，在锁头上再接一根钢棒，防止盗窃者使用暴力窃车。这种锁为隐藏式，有一层钢板保护，另外材质也比较坚固，锁芯也设计得更加精密。

2. 排挡锁

排挡锁简便又坚固，采用特殊高硬度合金钢制造，防撬、防钻、防锯，且采用镍银合金锁芯和钥匙，如没有原厂配备钥匙则无法打开锁具，钥匙丢失后，可使用原厂计算机卡复制钥匙。

二、电子式防盗装置

电子式防盗装置主要有插片式、按键式和遥控式等种类。该防盗装置安装隐蔽，功能齐全，无线遥控，操作简便。

1. 防盗报警功能

电子式防盗装置通过电子设备控制汽车的起动、点火等电路，当整个系统开启之后，如果有非法移动汽车、开启车门、油箱门、发动机盖、行李箱盖、连接点火线路时，防盗装置立刻进入警报状态，控制车辆灯光闪烁、鸣响喇叭，同时切断起动电路、点火电路、喷油电路、供油电路，甚至切断自动变速器电路，使汽车处于完全瘫痪状态。更有双向报警系统，比单纯的灯光闪烁和声响报警系统多了一个通知车主的功能，当汽车遭到外界侵扰时，在附近的车主能通过随身携带的液晶显示钥匙知道汽车的状态。

电子式防盗器系统的缺点是误报率较高，特别是大车经过、鞭炮响起、雷雨交加时，刺耳的报警声会影响居民的休息。而且警报声很容易听不到，将车停在地下停车场或距离停车位置较远时，还接收不到反馈信号。

2. 车门未关安全提示功能

行车时车门未关妥，警告灯会连续闪烁数秒。汽车熄火遥控锁门后，若车门未关妥，车灯会不停闪烁，喇叭鸣叫，直至车门关好为止。

3. 寻车功能

车主用遥控器寻车时，喇叭断续鸣叫，同时伴有车灯闪烁提示。

4. 遥控中央门锁

当遥控器发射正确信号时，中央门锁自动开启或关闭。电子遥控防盗装置的遥控器、电子钥匙都有相对应的密码。遥控器发射部分采用微波/红外线系统，利用遥控器将密码信号发送至车辆，车辆门锁系统工作。

三、网络式防盗系统

网络式汽车防盗系统是目前国际上比较流行而且比较先进和实用的一种新型的防盗方式。其主要有两种：一种是GPS卫星定位防盗系统，另外一种是GSM移动防盗器。

1. GPS卫星定位防盗系统

GPS即全球卫星定位系统，在20世纪70年代，美国耗资130亿美元研制开发出来的，最初只使用于军事领域。1993年后，美国宣布GPS向全球免费开放使用，很快就被广泛用于交通行业。

GPS卫星定位汽车防盗系统属网络式防盗器，是一种主动监护式防盗器，它主要靠锁定点火或起动达到防盗的目的。GPS的工作原理是利用接收卫星发射信号与地面监控设备和GPS信号接收机组成全球定位系统，卫星连续不断地发送动态目标的三维位置、速度和时间信息，保证车辆在地球上的任何地点、任何时刻都能收到卫星发出的信号。它通过GPS卫星定位系统，确定车辆的位置，再将位置和报警信息传送到报警中心。GPS防盗器不仅可以实时监测车辆位置，还可以通过车载移动电话查询车内实时图像、实时监听车内声音，还可以关闭油路、电路并锁死门窗，如果GPS防盗器被非法拆卸，还会发出报警信息，与此同时，还可以对汽车进行实时跟踪和定位，利用GPS定位功能，能迅速准确地找到被盗车辆的位置。

GPS卫星定位防盗系统缺点是价格较高，需要经常支付服务费，系统运行的功率较大，隐私性会受到侵扰，车辆长期放置不使用会耗尽蓄电池电量。汽车停在地下停车场时GPS系统不起作用。另外目前盗窃者也常使用信号干扰器，阻断车辆与报警中心的联系，使防盗系统失效。

2. GSM移动防盗器

GSM移动防盗器依托GSM通信网络，进行手机与汽车的智能联动防盗，具有防盗、监控、远程控制、远程报警、定位、反劫持等多种功能，是维护社会治安、保护车主利益的有效手段。与同类产品相比，该系统还具有安装更隐蔽、技术更先进、性能更可靠等特性。GSM移动防盗器具有不需建基站、报警不受距离限制的优点。

GSM移动防盗器的缺点是需要缴纳GSM号码的月租费，依赖GSN网的覆盖。盗窃者的手段也是使用信号干扰器，阻断车辆与报警中心的联系，使防盗系统失效。

四、生物识别式防盗器

生物识别式防盗系统现在应用在车辆上的是汽车指纹识别防盗系统，也是防盗效果最好的防盗系统。它通过人体指纹的生物特征，利用人体指纹所携带的大量信息，以及每个人的指纹的重合率几乎为零的特性，在该系统中事先存放车主指纹的信息，通过指纹的比对核实身份后控制汽车的电路、油路，起动机等，从而达到防盗的目的。它多采用物理连接，没有空间信号的传递，从而具有防屏蔽等功能。活体指纹的不可复制性以及复杂性，可以做到防解码等特点。指纹识别技术分为光学指纹识别技术、半导体电容式活体指纹识别技术。其中半导体电容式活体指纹识别技术的精确性更高，当然也取决于芯片本身的制造工艺。

生物识别式防盗器的缺点是价格较高，而且起动汽车之前多一个比对指纹的动作。

五、芯片式防盗器

芯片式数码防盗器是现在汽车防盗器领域发展的重点，大多数轿车均采用这种防盗方式作为原装防盗器。芯片式防盗器的基本原理是锁住汽车发动机的电路和油路，在没有芯片钥匙的情况下无法起动车辆。数字化的密码重码率极低，而且要用密码钥匙接触车上的密码识别线圈才能开锁，杜绝了被扫描的可能。现在很多中高档车型已装有原厂的芯片防盗系统。

任务实施

学生分组识别各种车型防盗系统类型。

任务二　汽车防盗系统的检修

【学习目标】

知识要求：

1．了解汽车防盗系统的作用、分类、组成；

2．掌握汽车防盗系统的结构、原理与检修；

3．理解汽车防盗系统的故障诊断的思路及方法。

能力要求：

1．能通过与客户交流、查阅相关维修技术资料等方式获取车辆信息；

2．能根据故障现象制订正确的维修计划；

3．能根据维修计划，选择正确的检测和诊断设备对汽车防盗系统进行故障诊断；

4．能使用万用表、故障诊断仪及常用检测和诊断设备对汽车防盗系统传感器、控制器、执行器进行检测；

5．能正确记录、分析各种检测结果并做出故障判断；

6．能按照正确操作规范进行传感器、执行器和控制器的更换，并能进行系统的匹配设定；

7．能对车辆进行测试，检查和评估汽车防盗系统修复质量；

8．能根据环保要求，正确处理对环境和人体有害的辅料、废弃液体和损坏零部件。

任务导入

一辆丰田卡罗拉轿车无法起动，打开点火开关观察各仪表及警告灯工作正常，但是起动时检测发动机无点火和喷油，同时发现防盗系统安全指示灯点亮。根据此现象，基本确定该故障为车辆防盗系统的故障。

知识准备

一、汽车防盗系统类型

目前汽车防盗系统已经发展到第五代，最新面世的第五代防盗系统具有特殊的诊断功能，即已获授权者在读取钥匙保密信息时，能够得到该防盗系统的历史信息，系统中经授权的备用钥匙数目、时间以及其他背景信息，成为安全性的组成部分。第五代防盗系统除了比以往的防盗系统更有效地起到防盗效果外，还具有其他先进之处，独特的射频识别技术可以保证系统在任何情况下都能正确地识别驾驶者，在驾驶者接近或远离车辆时可以自动识别其身份，自动打开或关闭车辆。

第一代防盗系统：1993 年（固定码）。

第二代防盗系统：1997 年（固定码＋可变码）。

第三代防盗系统：1998 年（固定码＋可变码），发动机控制单元参与防盗码的计算。

第四代防盗系统：在线进行匹配。

第五代防盗系统：在售后服务方面与第四代无明显区别，使用诊断仪进行防盗系统方面的工作得到极大的简化，许多操作步骤更倾向于自动化。

二、汽车防盗系统的组成

第二、三代防盗系统由点火钥匙（送码器）、点火开关上的识别线圈（天线）、仪表内的防盗系统控制单元、发动机控制单元（只有在第三代系统上才参与防盗码的计算）、仪表板上的故障警告灯组成，如图 5-1 所示。

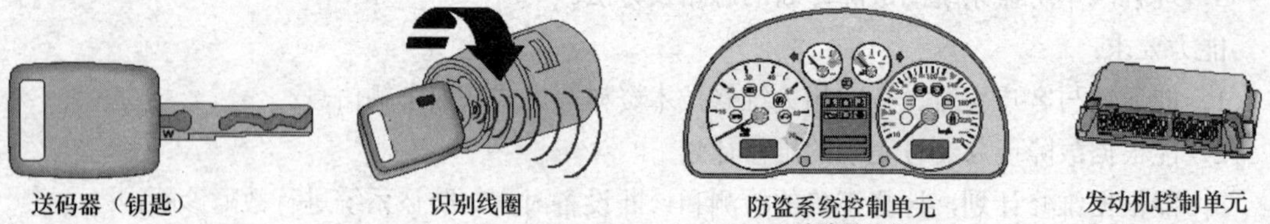

图 5-1　防盗系统的组成

单独防盗系统控制单元的结构如图 5-2 所示。

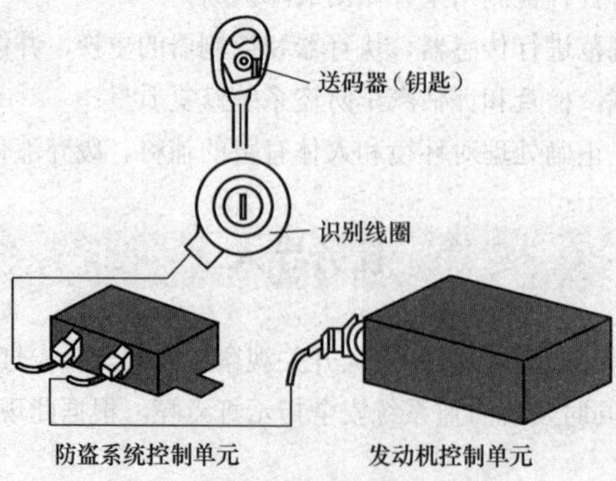

图 5-2　单独防盗系统控制单元

防盗系统控制单元可集成在组合仪表内，如图 5-3 所示。

防盗系统控制单元也可集成在舒适系统控制单元内，如图 5-4 所示。

图 5-3　防盗系统控制单元集成在组合仪表内

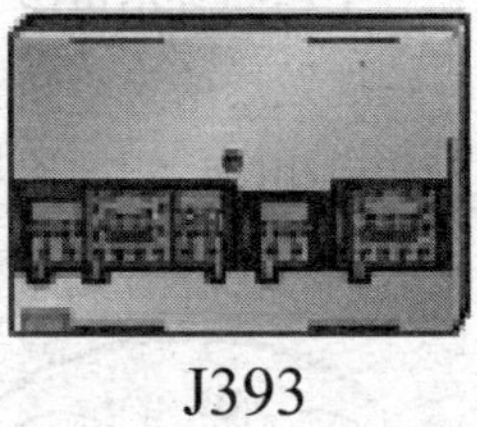

图 5-4　防盗系统控制单元集成在舒适系统控制单元内

三、第三代防盗系统特点

第三代防盗系统的发动机控制单元是防盗系统的一部分，在自适应后的钥匙被锁止，不能再用于其他车辆。第三代防盗系统提供对第二代防盗系统的功能支持，由 CAN 总线进行数据传递。

四、第三代防盗系统的工作原理

防盗器控制单元与组合仪表一体，该控制单元如损坏，必须更换组合仪表。其中的脉冲转发器编码是由一个固定码和一个可变码组成的。该码每次起动都变化，这样可防止他人复制钥匙。此外，每个防盗器还有一套可变码的计算规则，该规则在使用寿命内保持不变。在适配车钥匙时，防盗器将计算规则写入钥匙的脉冲转发器，同时学习相应的脉冲转发器的固定码。固定码可识别各个不同的钥匙，因此丢失的钥匙可被锁止。每次打开点火开关时，防盗器读出线圈读取钥匙中的脉冲转发器固定码，紧接着又读取可变码并检查这把钥匙是否有资格来起动。

在使用已授权的钥匙时，警告灯短时亮（最长 3 s），然后熄灭。当使用未经授权的钥匙或系统有故障时，如打开点火开关，警告灯就一直亮着。

1. 固定码传输（从钥匙到防盗系统控制单元）

如图 5-5 所示，点火开关打开后，防盗系统控制单元通过改变天线中的磁场能量，向送码器（钥匙）传输数据提出质询。此时，钥匙发送回来它的固定码（首次匹配的这个固定码就存储在防盗系统控制单元中）。传送回来的固定码与存储在防盗系统控制单元中的码进行比较，如果相同则开始传输可变码。

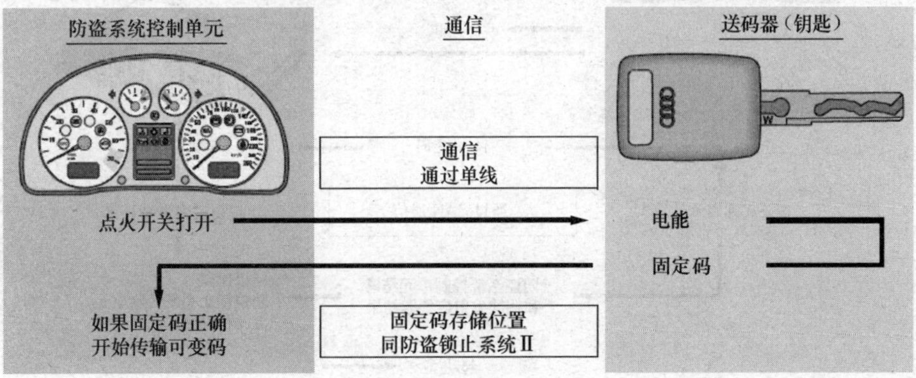

图 5-5　固定码传输

2. 可变码传输（从防盗系统控制单元到钥匙）

如图 5-6 所示，防盗系统控制单元随机产生一可变码。在钥匙内和防盗系统控制单元内有一套公式列表和一个相同且不可改写的 SKC（隐秘的钥匙代码）。在钥匙和防盗系统控制单元中分别计算结果，钥匙发送结果给防盗系统控制单元，防盗系统控制单元把这个结果和自己的计算结果进行比较。如果相同，钥匙确认完成。

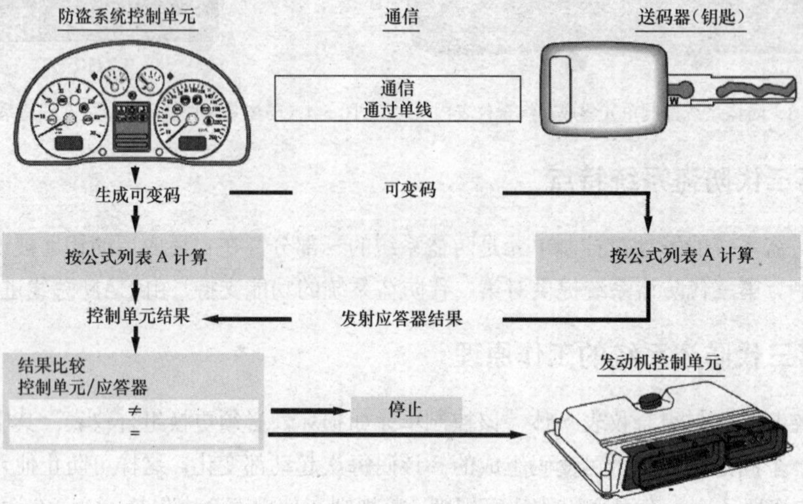

图 5-6　可变码传输（1）

3. 可变码传输（从发动机控制单元到防盗系统控制单元）

如图 5-7 所示，发动机控制单元随机产生一变码。在发动机控制单元和防盗系统控制单元内有另一套公式列表和一个相同的 SKC。防盗系统控制单元返回这个计算结果到发动机控制单元内与其计算结果进行比较。这个数据也由 CAN 总线传输。如果结果相同，发动机被允许起动。这个数据由 CAN 总线传输。发动机控制单元每次起动后按照随机选定原则产生一变码，并把这个变码储存在发动机控制单元和防盗系统控制单元内，用于下次发动机起动时计算。

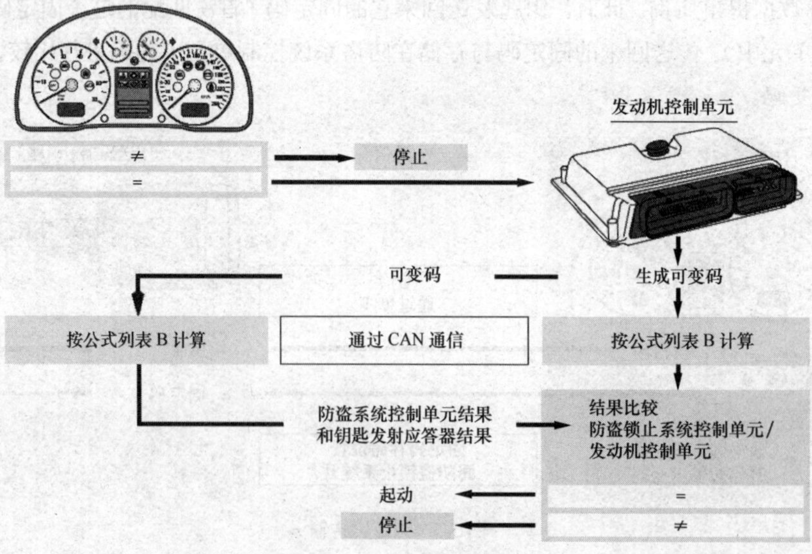

图 5-7　可变码传输（2）

五、第四代防盗系统的工作原理

第四代防盗系统并不是一个常规、简单的车辆防盗控制系统，而是一种具有网络数据交换功能的防盗系统，如图 5-8 所示。第四代防盗系统最重要的组成部分是中央数据库（Fahrzeugauskunft- und Zentrales Identifikations-Tool，FAZIT）。FAZIT 是汽车信息查询和中央识别工具的缩写。在这个数据库内，存有车辆控制单元中所有与防盗有关的数据，相关控制单元与 FAZIT 的匹配只有通过在线连接才能实现。对具体车辆来说，如果不是处于在线联网状态，那么相关的控制单元就无法与中央数据库 FAZIT 进行数据交换。

1. 第四代防盗系统的特点

（1）功能形式与第三代防盗器一致，只是所有与防盗器有关的元件均需在线进行匹配。

（2）只能通过诊断仪“在线查询”，可确保安全、快速并可靠地将数据传送至车辆。通过传真来查询防盗器部件 PIN 码已经不存在。

（3）所有车钥匙（包括补订的）在出厂前均已针对某一辆车编制了代码，因此这些钥匙只能与该车进行适配。

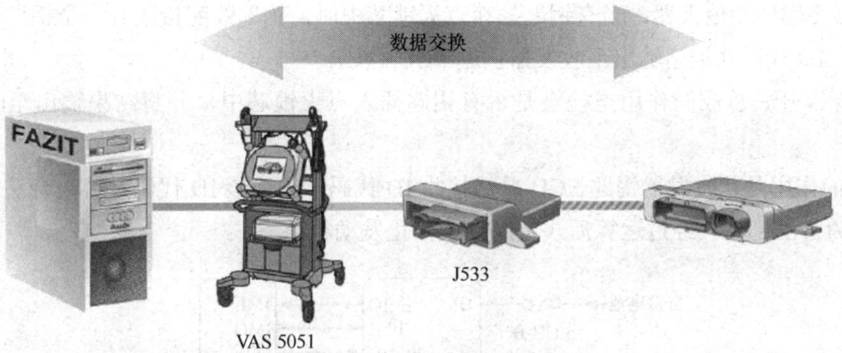

图 5-8 第四代防盗系统

2. 第四代防盗系统的组成

（1）防盗系统控制单元

目前，一般车辆防盗系统控制单元有的是配备独立的，有些则将安装在组合仪表总成中。第四代防盗系统则是两者的结合。

（2）发动机控制单元

所有发动机控制单元都是防盗系统的组成部分，必须在线接通。

（3）车钥匙

钥匙带有一个经过机械编码处理的钥匙齿，它只能用于（驾驶员车门、行李箱盖）锁芯处。钥匙发射器与电子部件连成一体，并且在钥匙电池无电压的情况下也能工作。这种高级钥匙增设了一个电子部件，该电子部件可以实现与进入和起动许可控制单元之间的无线双向通信。该系统最多可配 8 把钥匙。对于每辆车来说，第四代 WFS 防盗系统的车钥匙都将在制造厂以电子和机械的方式预先设置密码。这就是说对钥匙的内齿进行特殊加工，并设置基础编码，使该钥匙只能用在被指定的车上。

（4）进入和起动许可开关

第四代防盗轿车上配用的是一种不同寻常的点火开关。进入和起动许可开关不是机械编码钥匙。开关装有读取线圈，它可以将点火钥匙传输的密码数据经由双向数据电缆传送到进入和起动控制单元。进入和起动许可开关不需要匹配到防盗系统中。

（5）转向盘锁执行元件

转向盘锁执行元件受进入和起动许可开关的控制。它对转向盘进行闭锁或开锁。

（6）其他部件

所有其他电子部件，如车门把手、天线，起动/停止按钮等都没有安装微型控制装置，它们不属于 WFS 防盗系统和部件保护系统。

任务实施

卡罗拉防盗系统（发动机停机系统）是为了防止车辆被盗而设计的。该系统使用收发器钥匙 ECU 总成来存储经授权的点火钥匙代码。如果试图使用未经授权的钥匙起动发动机，收发器钥匙 ECU 将向发动机计算机 ECM 发送信号以禁止供油和点火，从而有效地禁止发动机工作。

卡罗拉防盗系统如图 5-9 所示。

收发器钥匙线圈放大器：当有钥匙插在点火锁芯中时，钥匙线圈接收到一个钥匙代码。然后放大器放大 ID 代码并把它输出至收发器钥匙 ECU 总成。

解锁警告开关总成的作用是检查是否有钥匙插入点火锁芯中，并将结果输出至收发器钥匙 ECU 总成。

ECM 的作用是从收发器钥匙 ECU 总成接收 ID 代码，验证该 ID 代码是否为合法代码；验证 ECU 是否为合法部件；经过运算后决定起动或停止发动机。

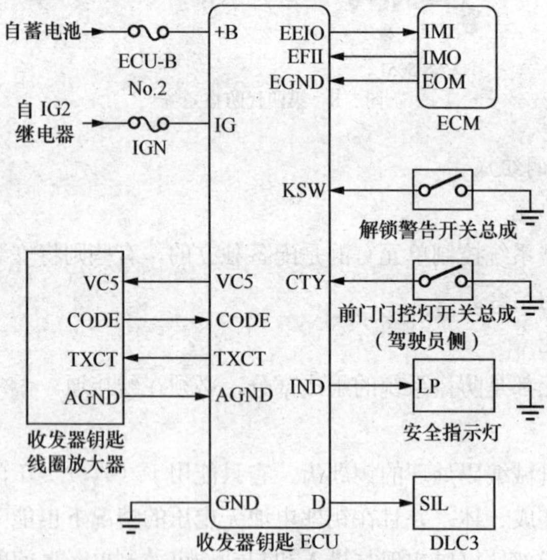

图 5-9　卡罗拉防盗系统

根据收发器钥匙 ECU 总成的操作，车内安全指示灯亮起或开始闪烁。当收发器钥匙 ECU 总成检测到钥匙解锁警告开关置于 ON 位置时，ECU 向发射器钥匙线圈提供电流并产生一个电波。钥匙柄中的发射应答芯片接收到电波后，发射应答芯片输出一个钥匙识别码信号。该信号通过收发器钥匙放大器放大，由发射器钥匙线圈接收，并被发送到 ECU。

ECU将钥匙识别码与先前在ECU中注册的车辆识别码匹配，并将结果发送到ECU。在识别结果显示钥匙识别码与车辆识别码匹配，且ECU已确认二者匹配后，发动机起动控制进入准备模式（燃油喷射控制和点火控制）。同时ECU发送一个指示灯熄灭指令使安全指示灯熄灭。

一、维修注意事项

故障诊断仪的连接顺序为将诊断仪OBD2插头连接到车辆诊断座上，打开点火开关，打开诊断仪电源开关。钥匙为精密装置，所以在操作过程中切勿掉落或敲击钥匙，并将钥匙远离高温、磁铁或磁化物体。操作时按维修手册的规定进行。

二、技术要求

通过实习了解防盗系统的组成部件、安装位置及工作情况，熟悉系统检测方法。掌握诊断仪提取故障码、清除故障码和数据流的操作方法，并根据诊断仪提供的信息参阅维修手册提供的检测方法，准确地排除故障。

三、卡罗拉防盗系统检修

1. 故障诊断仪的使用

在仪表台左下侧找到车辆诊断座，如图5-10所示。

将诊断仪诊断接头连接到车辆诊断座，如图5-11所示。

打开诊断仪电源开关，选择车系，如图5-12所示。

选择“车型系统”选项，如图5-13所示。

图5-10　车辆诊断座

图5-11　连接车辆诊断座

图5-12　选择车系

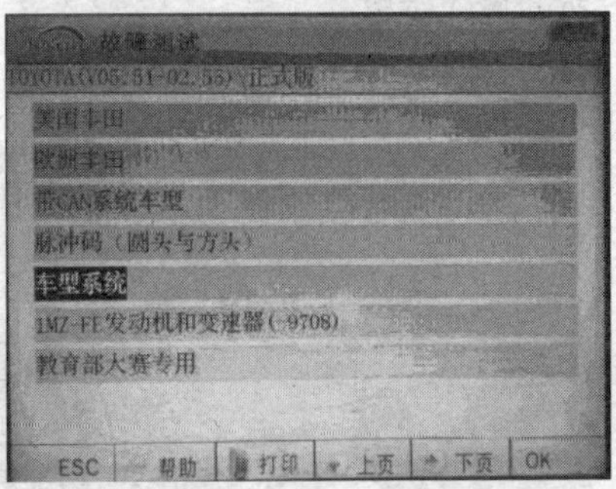

图5-13　车型系统

选择“防盗系统”选项，如图5-14所示。

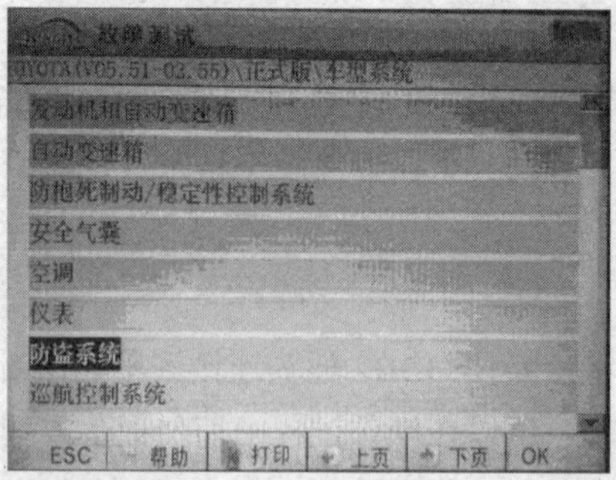

图 5-14　防盗系统

使用“读取故障码”功能读取故障码，如图 5-15 所示。

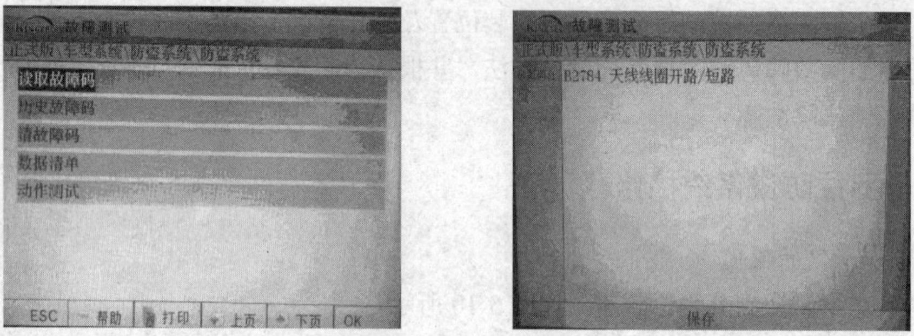

图 5-15　读取故障码

选择“数据清单”读取数据流，如图 5-16 所示。

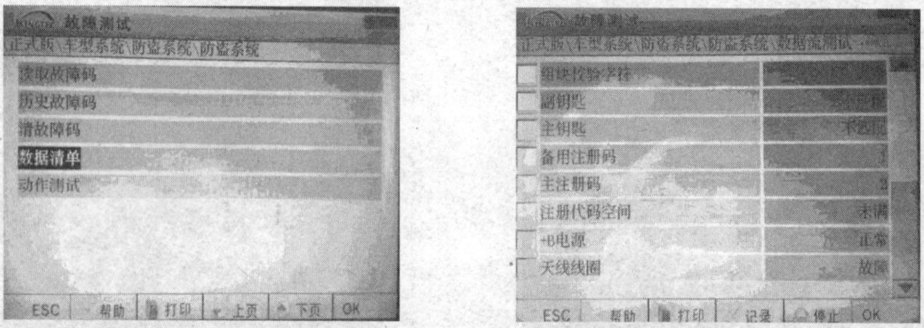

图 5-16　读取数据流

2. 拆卸操作步骤

拆卸转向柱衬套，如图 5-17 所示。

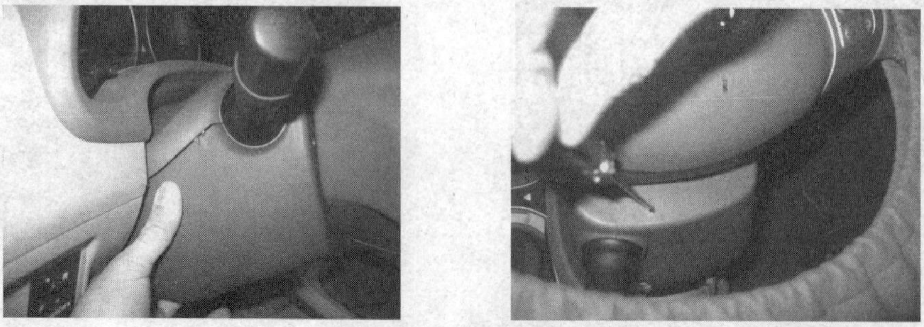

图 5-17　拆卸转向柱衬套

拆下点火开关下部的收发器钥匙线圈放大器的线束插接器，如图 5-18 所示。

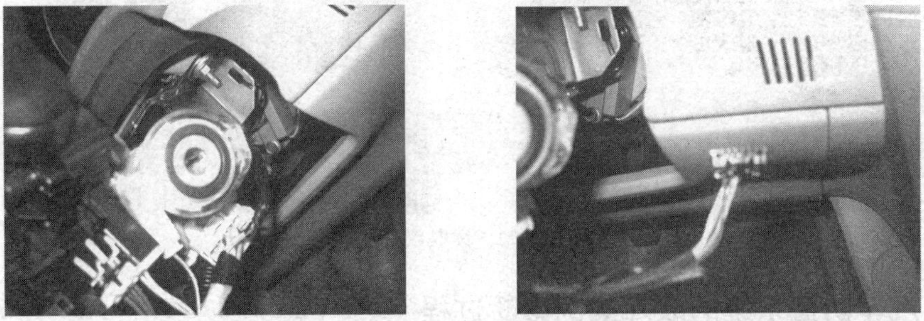

图 5-18　收发器钥匙线圈放大器的线束插接器

3．检测方法

检测收发器钥匙线圈放大器，如图 5-19 所示。

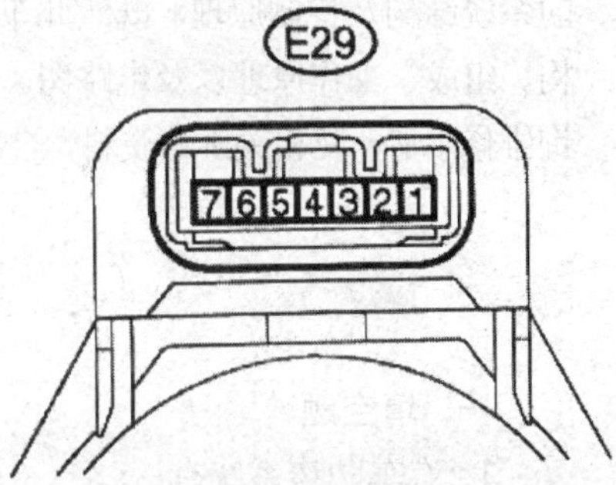

图 5-19　收发器钥匙线圈放大器

检测 E29-7#—车身搭铁之间电阻始终小于 1Ω。如果检测结果不符合规定，则可能是线束侧有故障。下一步重新连接收发器钥匙线圈放大器连接器 E29 根据以下数值检测。

E29-1#—E29-7#钥匙不在点火锁芯中时电压低于 1V，钥匙在点火锁芯中时电压为 4.6～5.4V。

E29-4#—E29-7#钥匙不在点火锁芯中时电压低于 1V。

E29-5#—E29-7#钥匙不在点火锁芯中时电压低于 1V。

使用“清故障码”功能，清除故障码如图 5-20 所示。

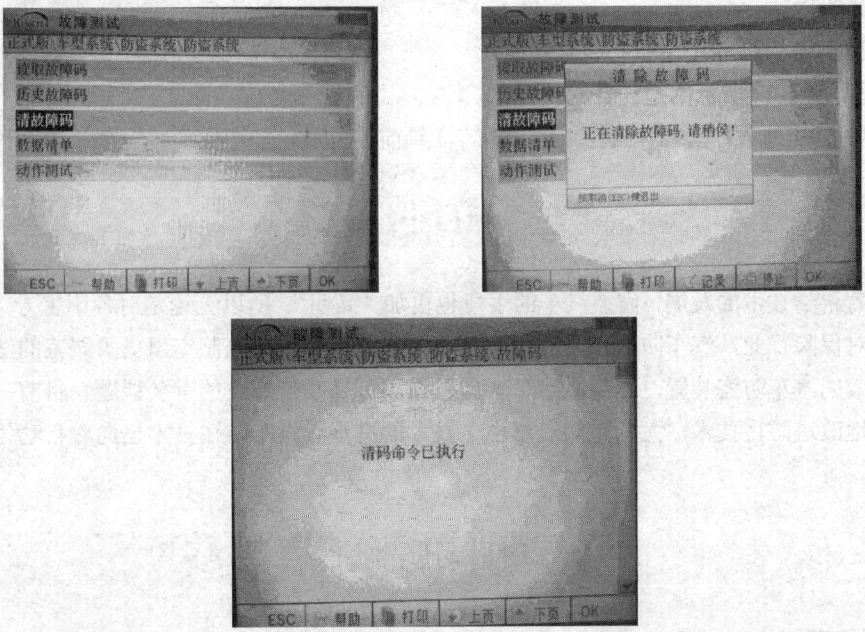

图 5-20　清除故障码

选择“数据清单”读取数据流，确认故障排除，如图 5-21 所示。

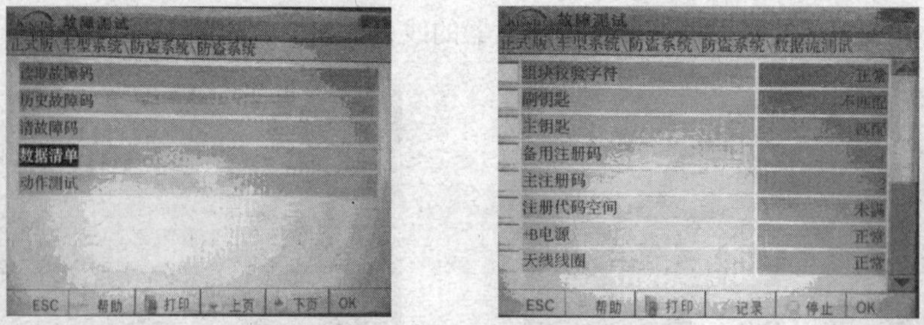

图 5-21　读取数据流

四、汽车防盗系统的故障案例诊断过程

通过故障现象，确定故障范围后，要准确地分析、诊断故障，就必须全面深入地了解出现故障的系统结构及控制原理。既然此车故障现象表明由防盗系统所致，那么必须了解此车的防盗系统结构、组成、工作原理以及电路图。这些都是在诊断此故障之前必须搞清楚的。在维修过程中通过查询维修手册，及相关维修资料，合理使用故障诊断仪和检测工具，就可以快速、准确地确定故障点。

习题测试

一、填空题

1．汽车防盗系统有________式、________式、________式和________式。

2．网络式防盗系统由________和________组成。

二、简答题

1．奥迪 A3 防盗系统由哪些装置组成？

2．说明图 5-22 所示的是什么元件。

3．试说明奥迪 A3 车内监控装置如何在汽车上锁前被关闭？

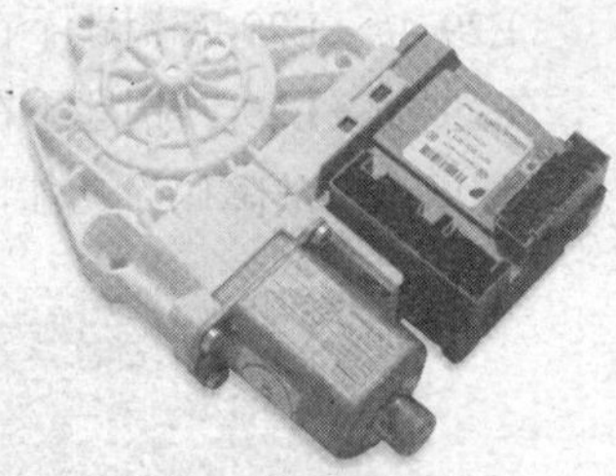

图 5-22　简答题 2 题图

项目小结

伴随着科学技术的发展，偷盗汽车的手段也更加“高明”。所以无论是对各国警方、汽车制造商，还是对保险行业，汽车防盗都具有极其重要的研究价值。如何制定出更为严范的法规，开发出更为有效的汽车防盗装置，尽量减少车辆的被盗，都是亟待解决的重要课题。目前，汽车制造商在不断地改进防盗技术，尤其是随着微电子技术的进步，汽车防盗技术已向着自动化、智能化方向发展。

项目习题测试

一、填空题

1．用 ECU 控制的中控门锁系统组成包括________、________和________。

2．信号输入装置包括______、______、______、______、______、______和______组成。

3．中控防盗系统分为________、________、________。

4．汽车防盗系统采用的传感器主要有________、________、________、________4 种。

5．汽车防盗的报警装置分为________和________两种。

6．点火锁匙主要有________、________、________和________。

7．钥匙遗忘电路包括________、________、________、________。

8．凌志 LS400 轿车点火钥匙的转发器所发的无线电波是通过__________的__________进入________的。

9．97 款凌志轿车的防盗系统由________、________、________和________组成。

10．凌志 LS400 的编码有________、________、________、________4 种模式。

二、选择题

1．凌志高级轿车的防盗报警装置属于（　　）式。

A．主动式　　B．被动式　　C．无线电遥控式　　D．电子式

2．汽车防盗器可分为（　　）。

A．机械式　　B．电子式

C．电子防盗式　　D．带密码锁的控制系统

3．汽车防盗系统的组成包括（　　）。

A．开关　　B．传感器　　C．防盗 ECU　　D．执行机构

4．增强汽车锁止功能的方法有（　　）。

A．使起动机无法工作　　B．使发动机无法工作

C．使 ECU 处于非工作状态参数　　D．采用电子式转向锁

5．凌志的防盗系统不能设定的原因有（　　）。

A．指示灯断路　　B．门控开关电路断开

C．位置开关电路断开　　D．起动继电器

6．凌志轿车的防盗 ECU 电源电路的检查的方法为（　　）。

A．用万用表检查顶灯的熔断器　　B．检查无线门锁 ECU 插接器的+B 与 E 之间的电压

C．检查无线门锁 ECU 接地电路　　D．检查无线门锁主开关电路

7．凌志轿车登录主钥匙后，应在（　　）之内登录副钥匙。

A．10s　　B．20s　　C．15s　　D．30s

8．凌志轿车在下列情况会锁上所车门，前照灯和尾灯闪烁（　　）。

A．不用钥匙开车门　　B．发动机罩被强制打开

C．蓄电池电缆被除数拆下　　D．以上都不对

9．无线遥控发射器的组成包括（　　）。

A．控制电路　　B．输出电路　　C．身份代码存储器　　D．以上都不对

10．全球卫星定位系统的英文为（　　）。

A．GPS　　B．ABV　　C．CBG　　D．GPC

三、简答题

1．什么是网络防盗系统？目前主要使用哪些网络？GPS 网络防盗系统的优缺点是什么？

2．什么是芯片式数码防盗器，其工作原理是什么？

3．什么是中控门锁？中控门锁的主要功能有哪些？

项目六 汽车定速巡航系统的检修

项目导读

近年来，随着高速公路的飞速发展，在世界各国特别是发达国家，无论是运输业还是个人，汽车都已成为长距离运输的主要交通工具。汽车在高速公路上长时间行驶时，驾驶员长时间操纵加速踏板，容易造成腿部肌肉疲劳。汽车定速巡航系统就是为解决此问题而诞生的。汽车定速巡航系统经历了机械控制系统、晶体管系统、模拟集成电路控制系统和微机控制系统等几个过程。微机控制的汽车定速巡航系统自从 1981 年开始应用于汽车后，发展迅速。现在新型汽车基本上都采用了微机控制的汽车定速巡航系统。

任务一 汽车定速巡航系统的结构与工作原理

【学习目标】

知识要求：了解汽车定速巡航系统的组成、结构及原理。

能力要求：能够在实车上识别定速巡航系统各组成部件。

任务导入

一台 2007 年制造的凯美瑞轿车，在按下定速巡航系统的开关后定速巡航系统 CRUISE 指示灯点亮，但是不能设定车速。

知识准备

一、定速巡航系统的分类与功能

汽车巡航控制系统（Cruise Control System，CCS）又称为定速巡航系统，是利用先进的电子技术对汽车的行驶速度进行自动调节，从而实现以事先设定速度行驶的一种电子控制装置。接通巡航控制开关，巡航控制系统将根据汽车行驶阻力的变化，自动加大或减小节气门开度，而不必控制加速踏板。采用这种装置后，在高速公路上长时间行车时，驾驶员不会因长时间控制加速踏板来稳定车速而产生疲劳，同时，使用这种速度稳定装置后由于是定速行驶，加速踏板及制动踏板的踩放次数减少，可使汽车燃油的供给与发动机功率间的配合处于最佳状态，有效降低燃油消耗，减少有害气体排放。

1. 分类

目前，CCS 一般分为两大类，一类是电子式巡航控制系统，另一类是电控真空控制式巡航控制系统。前者主要由指令开关、车速传感器、电子控制器和油门执行器 4 部分组成。后者一般由控制开关、真空系统和控制电路等组成。

2. 功能

（1）设定功能

当主开关接通，车辆在巡航控制车速范围（40～120km/h）内行驶时，若巡航控制开关接通后，巡航控制 ECU 便将此车速存储于 ECU 存储器内，并使汽车保持该速度行驶。

（2）手动取消功能

当汽车以巡航控制模式行驶时，如果步进电动机执行器切断电磁离合器，巡航控制模式即取消。

（3）自动取消功能

当汽车以巡航控制模式行驶时，踩下制动踏板或出现步进电动机驱动电流过大，步进电动机始终向节气门打开方向转动时，存储器中设置的车速被清除，巡航控制方式取消，主控开关同时关闭。

（4）恢复功能

当路面车流情况又可稳定运行时，可按“恢复”功能开关，这样汽车又自动按上述设定的车速稳定均匀运行。

（5）车速下限控制功能

车速下限是巡航控制所能设定的最低车速，其值为 40km/h，巡航控制不能低于这个速度。当汽车以巡航控制模式行驶时，若车速降至 40km/h 以下，巡航控制就会自动取消，设置在存储器内的车速也被清除。

（6）车速上限控制功能

车速上限是巡航控制所能设定的最高车速，一般不会超过 200km/h。汽车在巡航控制模式下行驶时，出于安全的需要，即使操作加速开关也不能使车速超过 200km/h。

（7）匀速控制功能

ECU 将实际车速与设定车速进行比较，若车速高于设定车速，控制执行器将节气门适当减小；若车速低于设定车速，控制执行器将节气门适当增大。

（8）设定车速调整功能

当车辆以巡航控制模式行驶时，若操作加速或减速开关，执行器就会将节气门适当增大或减小，使汽车改变车速。巡航控制 ECU 将记忆改变后的车速，并按改变后的车速进行巡航控制。

（9）自动变速器控制功能

当具有自动变速器的汽车以巡航控制模式行驶时，如果上坡时变速器在超速挡，车速降至比设定车速低 4km/h 以上时，巡航控制 ECU 将超速挡取消信号送至自动变速器 ECU，取消自动变速器超速挡；当车速升至比设定车速低 2km/h 时，巡航控制 ECU 将超速挡恢复信号送至自动变速器 ECU，恢复自动变速器超速挡。

二、定速巡航系统的工作原理与组成

定速巡航系统工作原理是由巡航控制组件读取车速传感器发来的脉冲信号，并与设定的速度进行比较，从而控制执行器来调整节气门开度的增大或减小，节气门位置传感器将节气门开度信号传给发动机 ECU，由发动机 ECU 控制喷油量，以使车辆始终保持所设定的速度。

定速巡航系统主要由电控单元（ECU）、传感器、控制开关以及执行器等组成。

1. 定速巡航 ECU

定速巡航 ECU 是控制系统的中枢，一般装在金属薄板制成的封闭壳体内。其主要作用是根据传感器、控制开关等输入的信号进行运算和判断。当定速巡航 ECU 判断实际车速偏离目标车速时，便向控制节气门开度的执行器（电动机或压力控制阀的电磁线圈）发出控制信号，控制执行器动作，调节节气门开度大小从而改变车速，最终将实际车速与目标车速的误差控制在许可范围内。CCS 系统采用的 ECU 可以是单独供巡航系统使用的，也可以是与其他控制系统共用一个 ECU。此外，定速巡航 ECU 还起着记忆设定的巡航车速、对定速巡航系统进行故障自诊断等作用。定速巡航 ECU 的原理框图如图 6-1 所示。

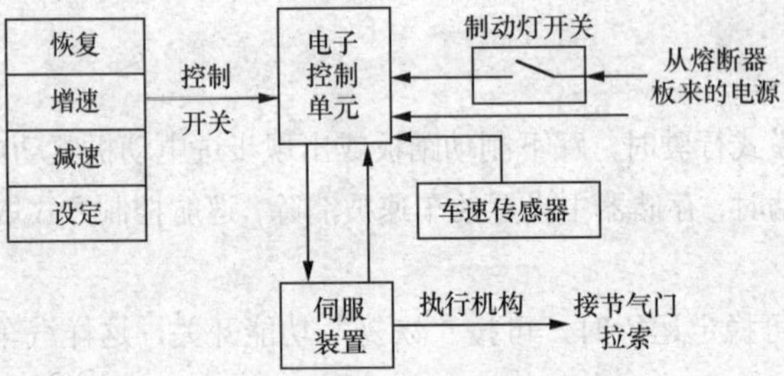

图 6-1　定速巡航 ECU 的原理框图

定速巡航 ECU 由线性放大器和积分放大器组成，如图 6-2 所示。它有两个输入信号，一个是实际车速的反馈信号，由车速传感器检测后反馈给控制器；另一个是驾驶员按要求直接设定车速，控制器检测辨别不同信号后，产生一个控制信号送至节气门执行器，节气门执行器根据所接收到的信号调节发动机节气门开度，从而保证车速稳定性。定速巡航 ECU 作为巡航控制系统的核心部件，其所采用的控制技术直接决定控制结果。

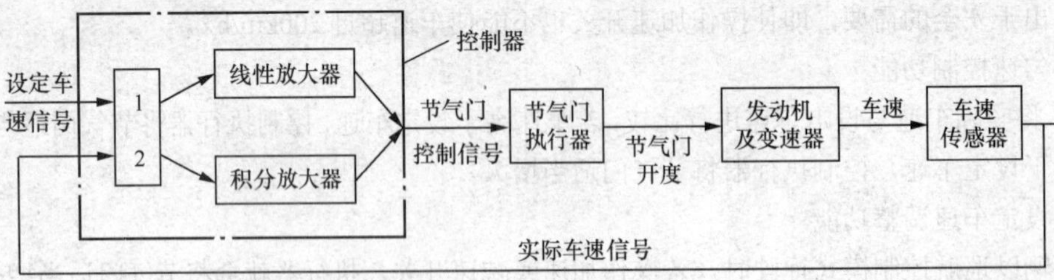

图 6-2　定速巡航 ECU 的组成

2. 定速巡航系统传感器

定速巡航系统采用的传感器主要有车速传感器、节气门位置传感器以及节气门控制摇臂位置传感器。定速巡航 ECU 根据这些信号控制节气门开度，稳定车速。

（1）车速传感器

车速传感器一般安装在变速器的输出轴上，这是因为实际车速与变速器输出轴转速成正比。

车速传感器有磁感应式、霍尔式、光电式等多种结构形式，常用的是磁感应式。车速传感器的作用是将汽车行驶的实际车速转变为电信号并输送给巡航控制系统的定速巡航 ECU。

（2）节气门位置传感器

节气门位置传感器的信号可同时用于发动机控制、自动变速器控制和定速巡航控制。对于定速巡航系统节气门位置传感器的作用是将节气门开度的变化转变为电信号并输送给定速巡航 ECU。

（3）节气门控制摇臂位置传感器

节气门控制摇臂位置传感器的作用是将节气门控制摇臂的位置转变成电信号并输送给定速巡航 ECU。

3. 定速巡航系统的控制开关

定速巡航系统的控制开关是由驾驶者用来操作车辆进入或者取消巡航系统的。它主要由主控开关、制动开关、空挡起动开关、驻车制动开关、离合器开关等组成，主要用来起动、关闭巡航控制系统，并调节巡航控制系统的工作状态。

（1）主控开关

巡航控制主控开关一般为杆式开关，安装在转向柱上驾驶员容易接近的地方，或将组合开关设计在转向盘上。大多数开关有 3 个挡位：设置/减速（SET/COAST）、取消（CAN，CEL）和恢复/加速（RES/ACC）挡。通常情况下，当车速超过 40km/h 时，只要按下设定键，车辆就会记住当前的车速并保持定速行驶，当按下取消键时，恒速行驶立即停止。“恢复/加速”挡用于制动或断开电路后，使车辆重新按设定速度行驶。汽车在自动巡航控制状态下，可以通过按加速键提高车速，或按减速键来降低车速。

（2）制动开关

制动开关用于向巡航控制 ECU 传送制动信号（即驾驶员踩下制动踏板的信号），以使汽车迅速退出巡航控制状态。

（3）空挡起动开关

空挡起动开关用于向巡航控制 ECU 传送空挡信号（即变速器操纵杆处于空挡位置的信号），以使汽车立即退出巡航控制状态。

（4）驻车制动开关

当拉起驻车制动操纵杆时，驻车制动开关就接通，接通信号传送至巡航控制 ECU，以使汽车退出巡航控制状态。

（5）离合器开关

当踩下离合器踏板时，开关即接通，接通信号传送至巡航控制 ECU，以使汽车退出巡航控制状态。

4. 执行器

执行器又称伺服器，其作用是受巡航控制 ECU 的控制驱动与节气门拉索并联的拉线盘，用于调整节气门的开度，使车辆做加速、减速及定速行驶。执行器常分为真空式（气动式）和电动式两种。

（1）真空式执行器

真空式执行器的结构如图 6-3 所示。密封圆筒内装有膜片、膜片弹簧、两个空气电磁阀和一个真空电磁阀。真空电磁阀和空气电磁阀的搭铁线分别接到巡航控制 ECU 的端子上，在 ECU 内部搭铁时，电磁阀起作用。真空电磁阀内部有一个真空管接头，通过一根橡皮管与进气歧管相连。在膜片的中间装有拉动节气门的拉索。真空式执行器是利用发动机进气歧管的真空度吸引膜片，通过节气门拉索，使节气门开度增大，并可保持固定位置不动。如果空气电磁阀打开，则由于膜片弹簧的弹力，使节气门拉索放松，节气门开度减小。

图 6-4 所示为真空式巡航控制系统的结构原理。在巡航控制系统未工作时，真空电磁阀保持关闭，空气电磁阀打开，密封圆筒与大气相通。当汽车加速时，真空电磁阀打开，与进气歧管相通，而两个空气电磁阀则关闭，密封圆筒内真空度增大，吸动膜片，克服弹簧力，通过拉索使节气门开度增大，车辆加速行驶。当加速到一定车速时，真空电磁阀与空气电磁阀同时关闭，此时密封圆筒内的真空度不变，汽车保持恒速行驶。当汽车减速时，空气电磁阀又恢复为打开状态，此时空气进入密封圆筒，膜片弹簧把膜片压回原位，节气门开度减小，汽车减速。

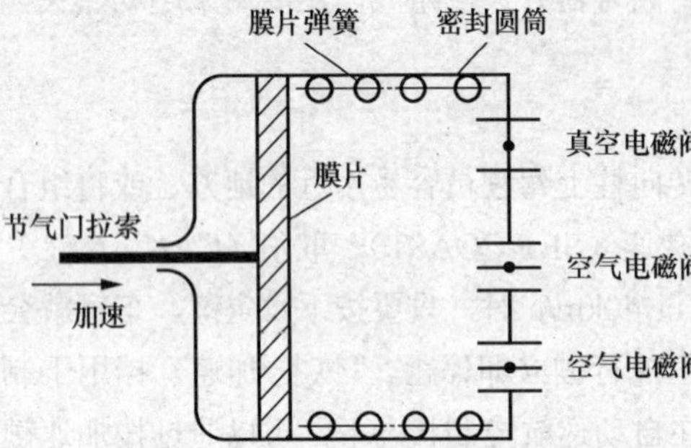

图 6-3　真空式执行器的结构

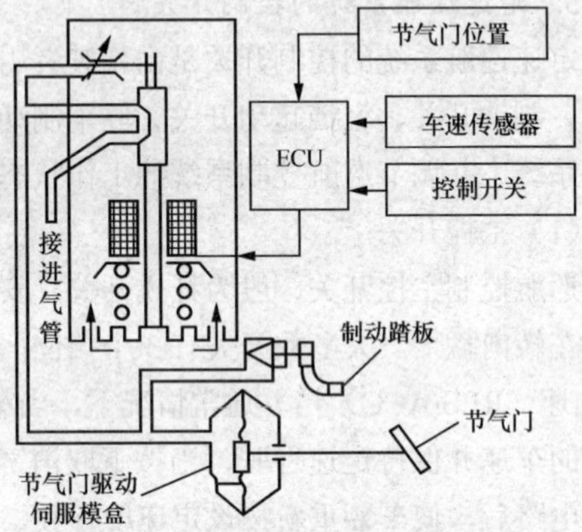

图 6-4　真空式巡航控制系统结构原理

（2）电动式执行器

电动式执行器主要由电动机、安全电磁离合器和位置传感器组成。电动机采用直流永磁式电动机，通过改变电动机中电流方向即可改变节气门转动方向。电动机转动时可带动执行元件控制臂转动，控制臂通过控制拉索改变节气门开度。为限定控制臂转动角度，电动机电路装有限位开关。在电动机与控制臂间装有安全电磁离合器。当进行巡航控制时，安全电磁离合器接合，此时电动机旋转可使节气门开度改变。若在巡航控制行驶阶段执行器或车速传感器发生故障，安全电磁离合器立即分离。在电动式执行器中还装有位置传感器，它是一个由滑动变阻器构成的电位计，用于检测执行器控制臂的转动位置，并将信号输入巡航控制 ECU 中。

任务实施

凯美瑞的定速巡航系统由车辆 ECM 控制。当定速巡航系统工作时，ECM 接收到定速巡航系统控制主开关的 ON 信号时，ECM 将点亮组合仪表内的 CRUISE 主指示灯，定速巡航系统开始工作。ECM 对车速传感器传送的行驶车速和通过定速巡航系统控制主开关设定的储存车速进行比较。当行驶速度大于储存车速时，ECM 控制节气门总成中的节气门马达减小节气门开度；当行驶速度小于储存车速时，ECM 控制节气门总成中的节气门马达增大节气门开度。如果在定速巡航系统工作中，变速器换挡杆的位置从 D 移动到 N，ECM 接收到驻车/空挡位置开关信号，ECM 将取消定速巡航系统的工作。

凯美瑞定速巡航系统的原理如图 6-5 所示。

（1）连接诊断仪检测到 P0571 故障码。

（2）查阅维修手册该故障码的含义为制动灯开关 A 电路，可能的故障部位为制动灯开关、制动灯电路或 ECM 故障。

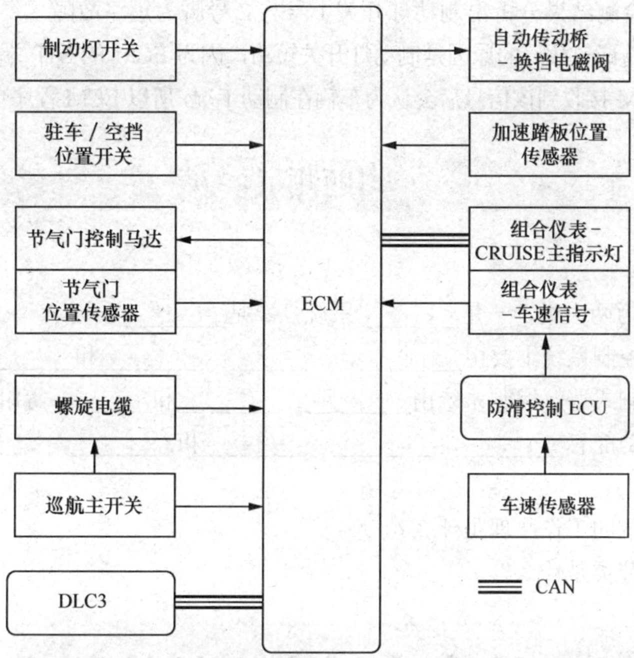

图 6-5 凯美瑞定速巡航系统原理

（3）根据维修手册分析制动开关电路图，如图 6-6 所示。当 ECM 的 STP 端子接收到 12V 电源时定速巡航系统将不工作。

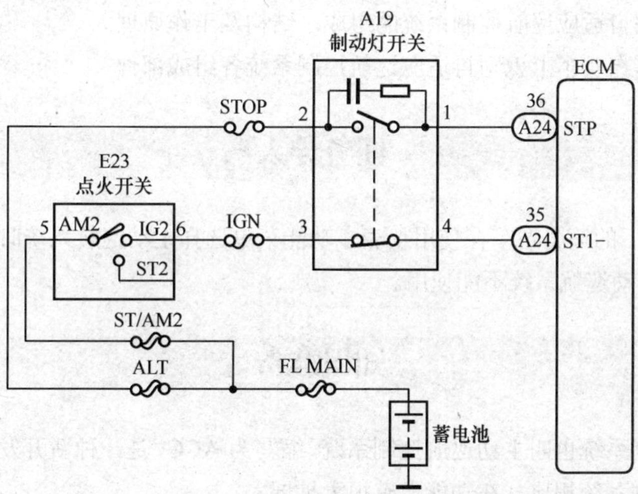

图 6-6 制动开关电路图

（4）进入诊断仪的数据流测试功能，发现在踩下和松开制动踏板时制动灯开关 S1 的信号一直为 ON。

（5）将 A19 号线束端子从制动灯开关上断开，用万用表电压挡检测 A19 号端子 2 号脚与车身负极之间电压为 12V。打开点火开关至 ON 挡检测 A19 号端子 3 号脚与车身负极之间电压为 12V。从检测结果分析出制动灯开关电源线路没有故障。

（6）拆卸制动灯开关，用万用表电阻挡检测制动灯开关 1 号与 2 号脚在开关销按下和未按下两种工况下电阻都为 0.8Ω。检测 3 号与 4 号脚在开关销未按下时电阻为无穷大，开关销按下时电阻为 0.6Ω。从检测结果分析出制动灯开关 1 号与 2 号脚为短路故障。

经以上检测确定造成该故障的原因是制动灯开关短路，因为 ECM 的 STP 端子一直接收到制动灯开关的 12V 电压，ECM 接收到该信号后会认为车辆在制动工况，所以 ECM 程序会取消定速巡航控制。

习题测试

一、填空题

1．CCS 大多分为两大类，一是________系统，二是________系统。

2．电子式巡航控制系统主要由________、________、________和________4 部分组成。

3．电控真空控制式巡航控制系统由________、________和________等组成。

4．巡航系统的功能有________、________、________和________。

二、简答题

1．定速巡航系统的工作原理是什么？

2．巡航系统的分类是什么？

任务二 汽车自适应巡航控制系统的检修

【学习目标】

知识要求：了解自适应巡航控制系统的组成、结构及工作原理。

能力要求：能够在实车上识别自适应巡航控制系统各组成部件。

任务导入

一辆 2010 年出厂的迈腾轿车在使用仪表多功能菜单选择主动巡航系统时，仪表提示“故障自适应巡航”，ACC 主动巡航系统不能使用。

知识准备

自适应巡航控制系统也叫主动巡航控制系统，缩写为 ACC，是一种新开发的驾驶员辅助系统，它与传统的车速控制系统相比，在功能上有很大扩展。

一、自适应巡航控制系统的优点

（1）通过车距传感器的反馈信号，ACC 控制单元可以根据靠近车辆物体的移动速度判断道路情况，并控制车辆的行驶状态；通过反馈式加速踏板感知的驾驶者施加在踏板上的力，ACC 控制单元可以决定是否执行巡航控制，以减轻驾驶者的疲劳。

（2）自适应巡航控制系统一般在车速大于 25 km/h 时才会起作用，而当车速降低到 25 km/h

以下时，就需要驾驶者进行人工控制。通过系统软件的升级，自适应巡航控制系统可以实现“停车/起步”功能，以应对在城市中行驶时频繁的停车和起步情况。自适应巡航控制系统的这种扩展功能，可以使汽车在非常低的车速时也能与前车保持设定的距离。当前方车辆起步后，自适应巡航控制系统会提醒驾驶者，驾驶者通过踩油门踏板或按下按钮发出信号，车辆就可以起步行驶。

（3）自适应巡航控制系统使车辆的编队行驶更加轻松。ACC 控制单元可以设定自动跟踪的车辆，当本车跟随前车行驶时，ACC 控制单元可以将车速调整为与前车相同。

（4）同时保持稳定的车距，而且这个距离可以通过转向盘附近的控制杆上的设置按钮进行选择。

二、自适应巡航控制系统的局限性

（1）自适应巡航控制系统是一个驾驶辅助系统，而不是安全系统。该系统不能实现全自动驾驶。　如果两车之间距离小于期望距离，那么车将通过降低功率、挡位变化及必要的行车制动来降低车速。出于舒适性的考虑，此处行车制动的最大减速度将被限制为制动系统所能提供的最大减速度的 25%。这种自动控制可以减轻驾驶员的驾驶强度，从而间接有助于提高驾车的安全性。尽管如此，在特定的情况下驾驶员的主动制动仍是必要的。

（2）自适应巡航控制系统只能够在 30～200km/h 的速度范围内发挥控制作用。

（3）自适应巡航控制系统不能感应静止物体。

（4）雷达的感应效果会因雨水花及融雪的影响而变差。

（5）在小转弯半径处由于雷达探测区域的限制，系统功能会受到影响

三、自适应巡航控制系统的工作原理

自适应巡航控制系统的基本功能是保持驾驶员所选定的与前车的距离。因此，自适应巡航控制系统就是定速巡航系统的进一步发展。车上装有一个雷达传感器，它用于测定与前车的车距和前车的车速。如果车距大于驾驶员设定的值，那么车就会加速，直至车速达到驾驶员设定的车速值。如图 6-7 所示蓝车的驾驶员激活自适应巡航控制，设定好期望速度 v 及期望距离 D_w。车辆一直加速到设定的期望速度。如果车距小于驾驶员设定的值，那么车就会减速，减速可通过降低输出功率、换挡或必要时施加制动来实现。如图 6-8 所示，蓝车识别出在前方同一车道内行驶的红车，系统通过减小油门及在必要情况下的制动使蓝车速度降低，使两车的距离调整到期望距离。出于舒适性的考虑，制动效果只能达到制动系统最大制动减速能力的 25%。当与前车的距离增加到安全距离时，ACC 控制单元控制车辆按照设定的车速行驶。如果需要更大的减速度时，ACC 控制单元会发出声光信号通知驾驶员主动采取制动操作。

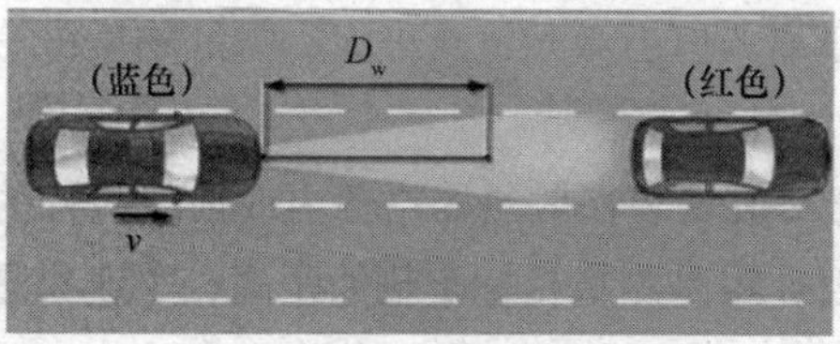

图 6-7　加速到设定的期望速度

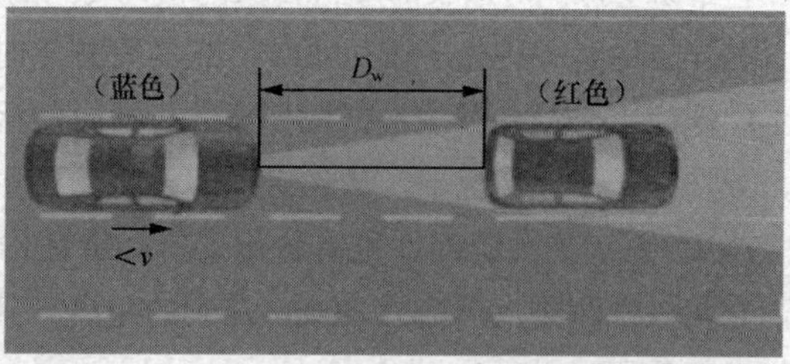

图 6-8　减速到设定的期望速度

虽然自适应巡航控制系统可以自动控制车速，但在任何时候驾驶员都可以主动进行加速或制

动。当驾驶员在巡航控制状态下进行制动后，ACC 控制单元就会终止巡航控制；当驾驶员在巡航控制状态下进行加速，停止加速后，ACC 控制单元会按照原来设定的车速进行巡航控制。这个调节过程可以减轻驾驶员的劳累程度，因此可以间接提高行车安全性。

四、自适应巡航控制系统的组成

自适应巡航控制系统主要由雷达传感器、轮速传感器、转向角传感器、ACC 控制单元、巡航控制开关、车速设定器、车距设定器、状态显示器、报警器等组成。在前后车轮上装有轮速传感器（与 ABS 系统共用），可以感知车辆的行驶速度；转向角传感器用来判断车辆行驶的方向。

1. 雷达传感器

雷达是一种给物体定位的电子手段。其基本原理很简单，就是物体表面会反射电磁波，反射回来的那部分电磁波就被当作一种“回声”而接收。ACC 系统对雷达的基本要求：外形体积（特别是天线）较小，适于在汽车上安装；测距范围大于 100m；测量精度小于 1m；接近速度在 100km/h 以上；能利用汽车的电源，消耗功率较小。

目前，测距雷达的使用主要集中在毫米波雷达和激光雷达上，如图 6-9 所示。

（a）毫米波雷达　　（b）激光雷达

图 6-9　雷达传感器

毫米波雷达是利用目标对电磁波反射来发现目标并测定其位置的。毫米波频率高、波长短，一方面可缩小从天线辐射的电磁波射束角幅度，从而减少由于不需要的反射所引起的误动作和干扰，相对速度的测量精度高。在汽车上应用毫米波雷达测距，具有探测性能稳定，环境适应性能好等特点，它不易受探测对象表面形状、颜色和大气流的影响，同时雨、雪、雾等对它干扰也较小。

激光雷达是一种光子雷达系统，它具有测量时间短、量程大、精度高等优点，在许多领域得到了广泛应用。激光雷达根据激光束的传播时间确定距离。但当激光镜头被泥、雪等物质覆盖住后，或在强光干涉情况下，激光雷达工作将受到影响。

ACC 系统的关键部件是雷达传感器，雷达传感器一般安装在散热器格栅内或前保险杠的内侧，它可以探测到汽车前方 200m 左右的距离。其主要作用是测量目标车辆的距离、车速和测定前方车辆位置。

（1）车距测量

发射信号和接收（反射）信号的频率差取决于物体之间的距离，如图 6-10 所示。物体之间的距离越大，反射信号被接收前所运行的时间就越长，于是发射频率和接收频率之间的差就越大。直接测量这个时间很复杂，因此实际采用的是一种间接测量法，称为调频连续波法。这种方法是将连续发射的超高频振荡波（其频率随时间变化）作为发射信号。频率变化（调频）速率为每毫秒 200MHz，作为运输工具的载波信号频率为 76.5GHz。通过这种方法就可以避免使用很复杂的直接测量时间的方式，如图 6-11 所示，只需简单地比较一下发射信号和接收（反射）信号的频率差就可以了。

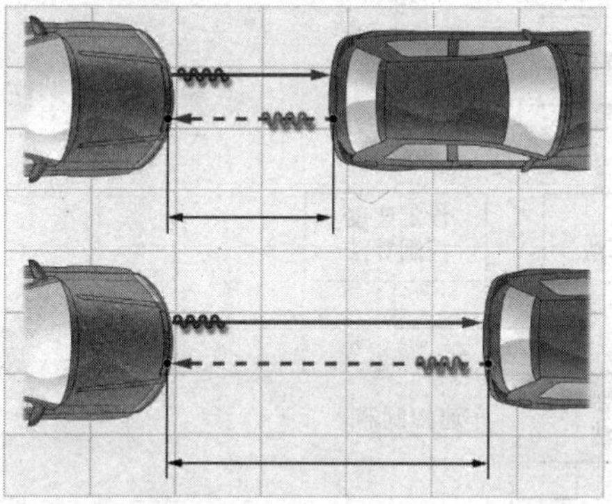

图 6-10　信号的频率差

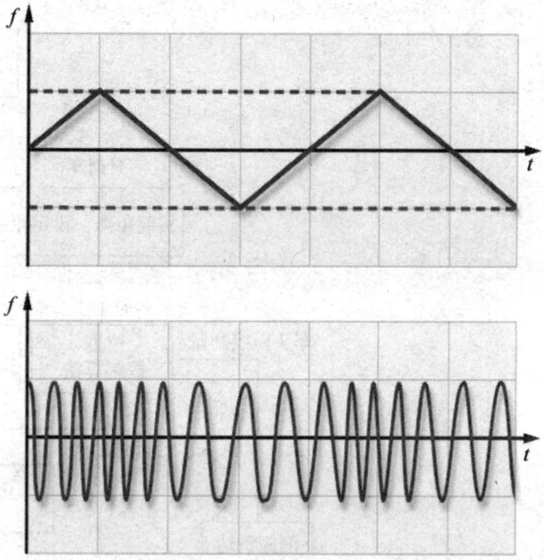

图 6-11　调频连续波测量方法

（2）车速测量

要想确定前车的车速，需要应用一种物理效应，这种效应被称为“多普勒效应”。对于反射波的物体来说，它相对于发射波的物体是处于静止状态还是运动状态，是有本质区别的。如果发射波的物体与反射波的物体之间的距离减小了，那么反射波的频率就提高了，反之若距离增大，那么这个频率就降低。电子装置会分析这个频率变化，从而得出前车的车速。

（3）测定前方车辆位置

雷达探测信号以波瓣状向外发射。信号强度随离发射器距离的增大而逐渐减弱，如图 6-12 所示。确认前方车辆的位置，必须附加一个信息，即前方车辆在本车前方以何种角度运动。此信息可通过运用三波束雷达探测技术来获得。通过每个雷达波瓣接收（反射）信号的振幅（信号强度）关系可确定角度信息，如图 6-13 所示。

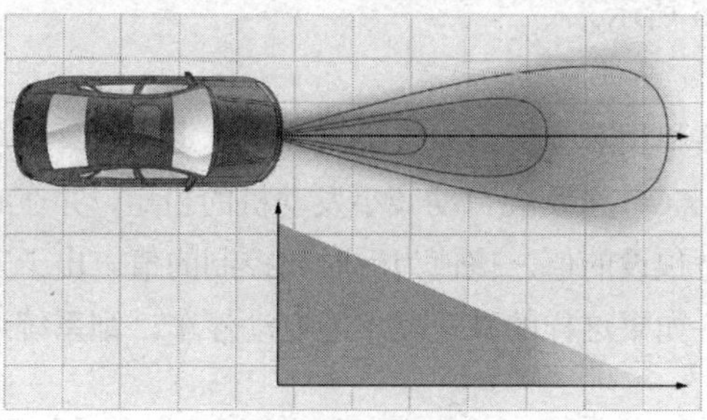

图 6-12　波瓣状探测信号

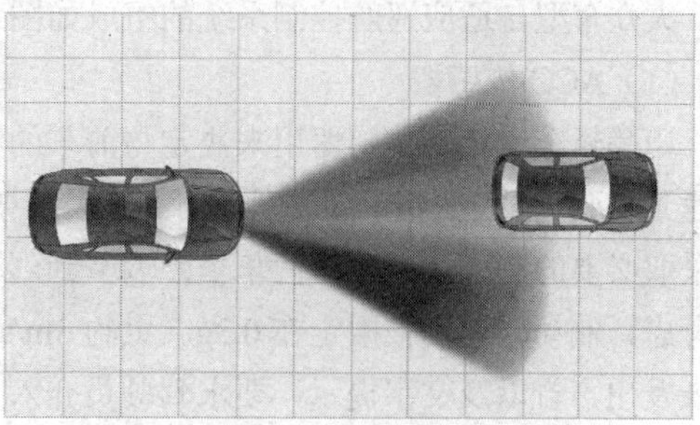

图 6-13　三波束雷达探测

2. ACC 控制单元

ACC 控制单元是 ACC 系统的中央处理器，是系统的核心部分。ACC 控制单元负责将传感器送来的数据（包括相对距离、相对速度）进行处理，然后按照控制算法进行计算，最后形成指令控制作动器工作。ACC 控制单元主要包含目标车头距离计算，决定自车与前车的距离；车头距控制器，它计算获得目标车头距的车速、加速度命令；车速控制器，它决定制动作动器和节气门作动器的工作。它的结构框图如图 6-14 所示。

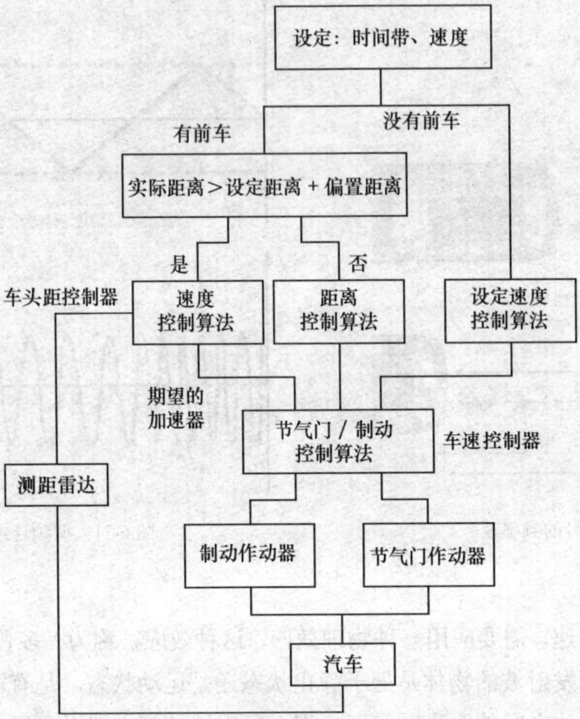

图 6-14 ACC 控制单元结构框图

任务实施

自适应巡航控制系统的故障诊断与修复

1. 自适应巡航控制系统的组成

大众车型自适应巡航控制系统的组成如图 6-15 所示。

（1）ACC 传感器

迈腾轿车 ACC 传感器用来决定与前车的距离和相对车速，如果距离大于设定的距离，车辆加速到驾驶员设定车速。如果距离小于设定距离，ACC 系统会自动减小发动机的扭矩，并在必要时采取必要的制动，以此将两车车距调节到驾驶员预设的值，该值为受时间控制的值。出于安全性考虑，制动减速度被限定在 0.3g（大约 $3m/s^2$）。如果这样的减速度不能制动停车，则系统通过仪表发出声音以及文字提示，要求驾驶员介入。

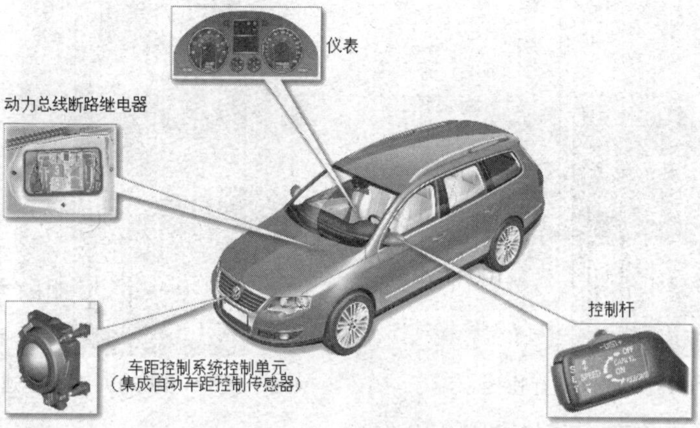

图 6-15　自适应巡航控制系统组成

ACC 传感器的发射频率为 76.5 GHz，可探测范围为 150m，水平视角为 12°，垂直视角为±4°，车速探测范围为 30～210km/h，如图 6-16 所示。

（2）ACC 控制杆

ACC 控制杆在不同的位置有不同的功能，如图 6-17 所示。ACC 控制杆在 ACC OFF 位置时代表 ACC 功能关闭。ACC 控制杆在 CANCEL 位置时代表“待命模式”，同时在存储器中保存期望车速值。ACC 控制杆在 ACC ON 位置时代表 ACC 总是处在“打开”状态，必须按 ON/OFF 按钮切换到“待命模式”。ACC 控制杆在 RESUME 位置时代表恢复到预定车速，每向后拉一次，车速增加 1km/h。

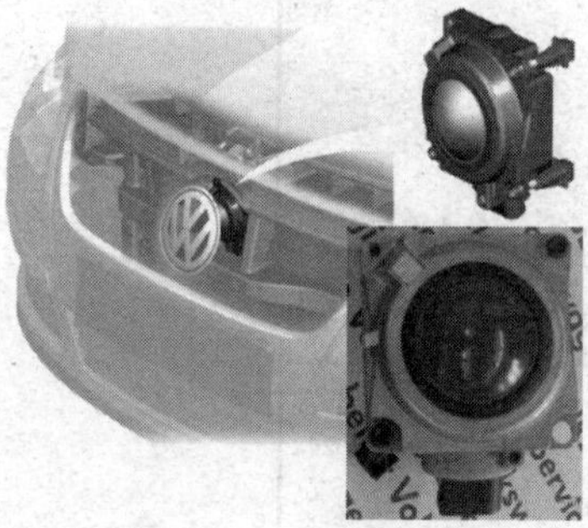

图 6-16　ACC 传感器

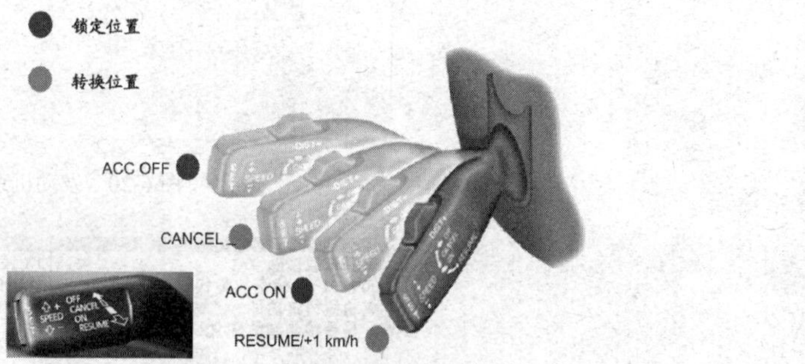

图 6-17　ACC 控制杆功能

2. 自适应巡航控制系统的功能

迈腾轿车装备 ACC 的车辆行驶速度达到 30km/h 以上时，ACC 开始进入工作状态。在车辆当前车速，如果 ACC 传感器检测范围内没有车辆，则保持设定车速行驶，如图 6-18 所示。

如果车辆前方遇到一辆慢车行驶在同一条车道上，则发动机降低扭矩，如果有必要，车辆采取柔和的制动措施，将两车车距调节到驾驶员预设的值，该值为受时间控制的值，如图 6-19 所示。制动介入是通过 ABS 液压泵的方式，出于计算的原因，只能选择同方向行驶的为参考。

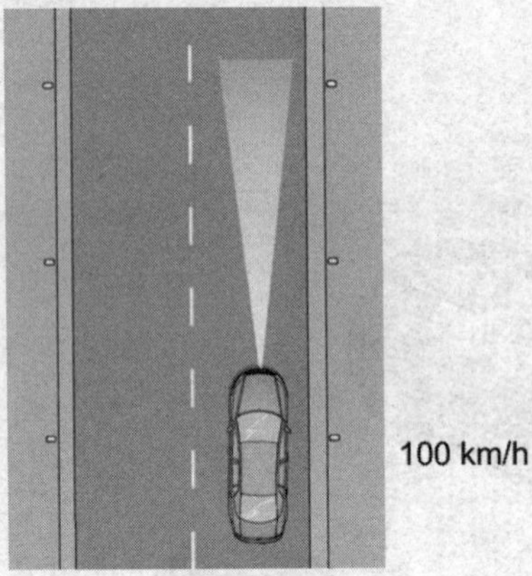

图 6-18　设定车速行驶

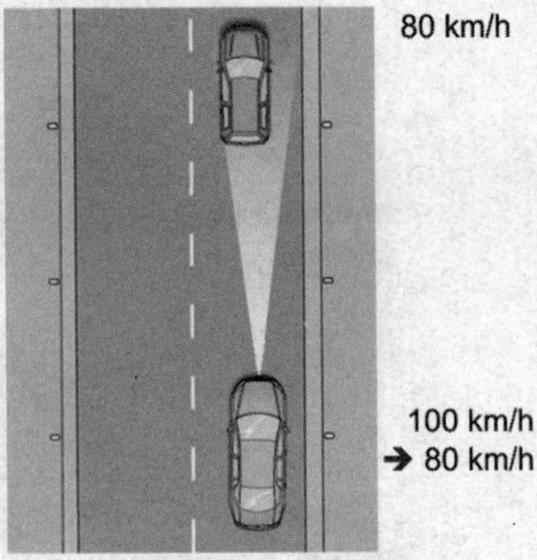

图 6-19　降低车速

3. 故障检测

使用 VAS5052A 进行检测，发动机和自适应巡航控制系统有故障，故障显示如图 6-20 和图 6-21 所示。

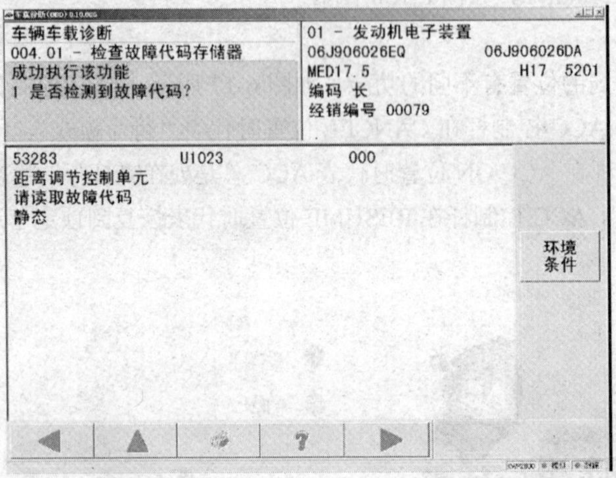

图 6-20　发动机系统故障

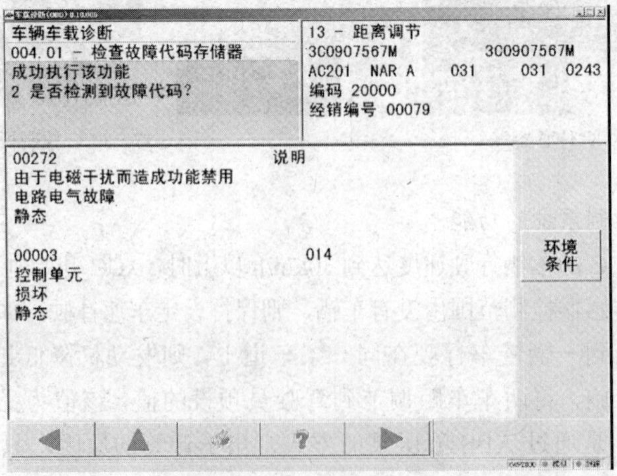

图 6-21　自适应巡航控制系统故障

对故障进行分析，发动机系统存储的故障是由 ACC 自适应巡航控制系统有故障引起，所以只需要排除自适应巡航控制系统即可。ACC 自适应巡航控制系统故障可能原因有以下几种。

① 其他线路或电器信号干扰。

② ACC 自适应巡航控制系统线路故障。

③ ACC 雷达传感器错误调整。

④ ACC 雷达传感器本身故障。

4. 故障判断

参照电路图进行相关线路检查，没有发现有任何的异常，特别对车上可能造成信号干扰的音响系统进行检查，未发现电线有磨破或线间短路、断路现象，所以排除线路故障的可能性。使用 VAS5052A 读取 ACC 自适应巡航控制系统 006 组数据块，如图 6-22 所示。

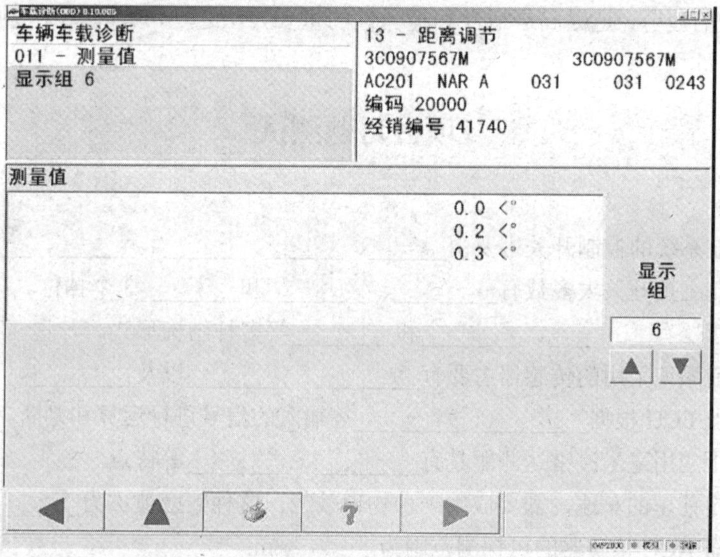

图 6-22　006 组数据块

第一区：当前匹配值/水平校准（数值显示 0.0 表示调整匹配正常，大于 0.0 表示调整匹配有误差）。

第二区：水平对准调整值。

第三区：垂直对准调整值。

根据数据块反馈结果调整匹配没有问题。

根据以上检查判断，自适应巡航控制系统故障的根本原因是 ACC 雷达传感器本身故障引起。

习题测试

一、填空题

1. 自适应巡航控制系统主要由________、________、________以及________等组成。

2．目前测距雷达的使用主要集中在________和________上。

二、简答题

1．ACC 控制单元的作用是什么？

2．迈腾轿车 ACC 传感器的工作数据是什么？

项目小结

随着社会的发展与进步，人们对汽车行驶安全性、舒适性的要求越来越高。为了满足人们的需求，汽车电子化程度也越来越高，特别是微处理器进入汽车控制领域后给汽车发展带来了划时代的变化。当今社会汽车工业和公路运输业飞速发展，以及非专业驾驶员的不断增加，车辆驾驶的自动化已成为汽车发展的主要趋势之一。人们需要更加舒适、简便和安全的交通工具以适应快速的生活节奏。因此对汽车智能化的要求更加迫切，汽车自动巡航控制系统可以有效地减轻长途驾驶的疲劳，是提高舒适性和趣味性的重要方法之一，所以 ACC 系统在未来会成为主流。

项目习题测试

一、填空题

1．定速巡航系统的控制开关主要由______、______、______、______、______等组成。

2．巡航控制主控开关大多数有________、________和________3 个挡位。

3．车速传感器有________、________和________等多种结构形式。

4．定速巡航系统采用的传感器主要有________、________以及________。

5．定速巡航 ECU 根据________、________等输入的信号进行运算和判断。

6．在汽车上应用毫米波雷达测距具有________、________等特点。

7．要想确定前车的车速，需要应用一种物理效应，这种效应被称为________。

8．迈腾轿车 ACC 传感器的可探测范围为________m。

9．雷达探测信号以________向外发射，信号强度随离发射器距离的________而逐渐减弱。

二、判断题

1．定速巡航系统的控制开关是驾驶员用来操作车辆进入或者取消巡航系统的。（　　）

2．巡航控制系统将根据汽车行驶阻力的变化，自动加大或减小节气门开度，而不必控制加速踏板。（　　）

3．巡航系统是控制车辆车速范围在 20～120km/h 内行驶。（　　）

4．空挡起动开关用于向巡航控制 ECU 传送空挡信号以使汽车立即退出巡航控制状态。（　　）

5．电动式执行器主要由电动机、安全电磁离合器和位置传感器组成。（　　）

6．ACC 系统的雷达传感器可以探测到汽车前方 100m 左右的距离。（　　）

7．自适应巡航控制系统自动制动效果只能达到制动系统最大制动减速能力的 20%。（　　）

8．迈腾轿车 ACC 传感器的发射频率为 76.5 GHz。（　　）

9．ACC 控制杆在 RESUME 位置时代表恢复到预定车速，每向后拉一次，车速增加 1km/h。（　　）

10．虽然自适应巡航控制系统可以自动控制车速，但在任何时候驾驶员都可以主动进行加速或制动。（　　）

三、简答题

1. 说明真空式执行器的结构？
2. 凯美瑞定速巡航系统制动灯开关的检测方法是什么？
3. 迈腾轿车 ACC 控制杆的功能是什么？
4. ACC 系统如何测定前方的车辆位置？
5. 激光雷达的特点是什么？

项目七 汽车电动助力转向系统的检修

项目导读

助力转向是协助驾驶员进行汽车方向调整，为驾驶员减轻转动转向盘的用力强度。另外，助力转向在汽车行驶的安全性、经济性上也有一定的作用。在汽车的发展历程中，转向系统经历了由机械式转向系统发展为液压助力转向系统、电控液压助力转向系统和电动助力转向系统的4个阶段。汽车电动助力转向系统与传统的机械、液压助力转向系统相比具有转向灵敏、能耗低、与环境的兼容性好、成本低等优点。在很多高端车上都装有电动助力转向系统，因此，开发电动助力转向系统具有很大的实际意义和商业价值。电动助力转向系统主要由控制部分、执行部分和程序这3个部分组成，控制部分主要由信号采集电路、单片机和信号发送电路组成。其中单片机是控制部分的核心部件，信号采集电路采集到的转矩和车速信号送单片机处理后，单片机再发出控制信号给信号发送电路，经过驱动电路驱动电机转动。执行部分主要由电机、减速机构和电磁离合器组成。它起着转向辅助动力的产生，传递和中断的作用。

【学习目标】

知识要求：了解汽车电动助力转向系统的组成、结构及原理。

能力要求：能够在实车上识别电动助力转向系统各组成部件。

项目导入

一台2011年制造的丰田花冠汽车转向时转向盘沉重，仪表盘上电动助力转向故障灯点亮。

知识准备

一、液压助力转向系统

液压助力转向器的拆卸与检修

液压助力转向系统（Hydraulic Power Steering，HPS），一般由液压泵、油管、压力流量控制阀体、V型传动皮带、储油罐等部件构成。无论车是否转向，这套系统都要工作，而且在大角度转向、车速较低时，需要液压泵输出更大的功率以获得比较大的助力。所以，也在一定程度上浪费了资源。装备液压助力转向系统的车辆，在低速转弯的时候，转向盘比较沉，发动机动力损失也比较大。由于液压泵的压力很大，也比较容易损害助力系统。还有，液压助力转向系统由液压泵及管路和油缸组成，为保持压力，不论是否需要转向助力，系统总要处于工作状态，所以能耗较高。

二、电控液压助力转向系统

电控液压助力（Electro Hydraulic Power Steering，EHPS），其助力原理与机械式液压助力完全相同，而与机械式液压助力最大的区别就是不再使用由发动机通过皮带驱动的液压泵，而是换成了电力驱动的电子泵。电控液压助力转向系统克服了传统的液压助力转向系统的缺点。它所有的工作的状态都是由电子控制单元根据车辆的行驶速度、转向角度等信号计算出的最理想状态。其主要构件包括储油罐、助力转向控制单元、电动泵、转向机、助力转向传感器等，其中助力转向控制单元和电动泵是一个整体结构。电控液压助力转向系统结构如图 7-1 所示。

图 7-1　电控液压助力转向系统结构示意图

汽车在低速大角度转向时，电子控制单元驱动电子液压泵以高速运转输出较大功率，使驾驶员转动转向盘时比较省力；汽车在高速行驶时，液压控制单元驱动电子液压泵以较低的速度运转，在不影响高速转动转向盘需要的同时，节省一部分发动机功率。

电控液压助力转向系统的优势首先体现在能耗上，由电能驱动的电子泵，使用发电机和蓄电池输出的电能，不再消耗发动机本身的动力，电子泵的起动和关闭全部由电子系统控制，在不做转向动作的时候，电子泵关闭，不像机械液压助力泵那样，始终与发动机联动，进一步减小能耗。其次，电控液压助力转向系统的电子控制单元，能够通过对车速传感器、横向加速度传感器、转向角度传感器等传感器的信息处理，通过实时改变电子泵的流量来改变转向助力的力度大小，也就是随速可变助力功能。当然，并不是只有电控液压助力转向系统能够实现助力随速可变。

无论是从技术、功能，还是从经济性方面来看，电控液压助力转向系统都较机械式液压助力更具优势，但是，目前电控液压助力转向系统并不能完全取代机械式液压助力，主要原因有以下几方面。

（1）电控液压助力转向系统成本更高。相对机械式的液压助力系统，电控液压助力转向系统增加了电子泵、电子控制单元等电子设备，所以制造成本更高，技术也更加复杂，保养维修的难度和成本也随之提高。

（2）可靠性不及机械液压助力转向系统。电控液压助力转向系统除了会出现转向机构和液压机构的故障外，还增加了电气系统出现故障的可能性，因而可靠性不及传统液压助力转向系统。

（3）助力力度有限。虽然使用电子泵有明显优势，但是电子泵需要由发电机的电能驱动，而车载发电机的本身功率和蓄电池能够提供的最大电流都有限，所以电子泵的功率也受到限制，能承载的负荷也有限。所以目前使用电控液压助力转向系统的大多为中小型车辆。对于需要较大助力力度的车辆而言，电控液压助力转向系统就有些鞭长莫及了。

（4）机械液压助力转向系统不断改进。随着技术的发展，电控液压助力转向系统的随速可变功能在改进的机械液压助力系统上也已经能够实现（使用电磁阀体技术），甚至在机械式液压助力转向系统的基础上衍生出了可变速比的主动转向系统。

三、电动助力转向系统

电动助力转向系统（Electric Power Steering，EPS）利用电动机产生的动力协助驾车者进行动力转向。

1. 电动助力转向系统的优点

相比传统液压动力转向系统，电动助力转向系统具有以下优点。

（1）只在转向时电动机才提供助力，可以显著降低燃油消耗。传统的液压助力转向系统有发动机带动转向油泵，不管转向或者不转向都要消耗发动机部分动力。而电动助力转向系统只是在转向时才由电动机提供助力，不转向时不消耗能量。因此，电动助力转向系统可以降低车辆的燃油消耗。与液压助力转向系统对比试验表明：在不转向时，电动助力转向可以降低燃油消耗 2.5%；在转向时，可以降低 5.5%。

（2）转向助力大小可以通过 ECU 中的软件调整，能够兼顾低速时的转向轻便性和高速时的操纵稳定性，回正性能好。传统的液压助力转向系统所提供的转向助力大小不能随车速的提高而改变。这样就使得车辆虽然在低速时具有良好的转向轻便性，但是在高速行驶时转向盘太轻，产生转向“发飘”的现象，驾驶员缺少显著的“路感”，降低了高速行驶时的车辆稳定性和驾驶员的安全感。

电动助力转向系统提供的助力大小可以通过 ECU 中的软件调整。在低速时，电动助力转向系统可以提供较大的转向助力，提供车辆的转向轻便性；随着车速的提高，电动助力转向系统提供的转向助力可以逐渐减小，转向时驾驶员所需提供的转向力将逐渐增大，这样驾驶员就感受到明显的“路感”，提高了车辆稳定性。

电动助力转向系统还可以施加一定的附加回正力矩或阻尼力矩，使得低速时转向盘能够精确地回到中间位置，而且可以抑制高速回正过程中转向盘的振荡和超调，兼顾了车辆高、低速时的回正性能。

（3）结构紧凑，质量轻，生产线装配好，易于维护保养。电动助力转向系统取消了液压转向油泵、油缸、液压管路、油罐等部件，而且电动机及减速机构可以和转向柱、转向器做成一个整体，使得整个转向系统结构紧凑，质量轻，在生产线上的装配性好，节省装配时间，易于维护保养。

（4）通过程序的设置，电动助力转向系统容易与不同车型匹配，可以缩短生产和开发的周期。

由于电动助力转向系统具有上述多项优点，因此近年来获得了越来越广泛的应用。电动助力转向系统是在机械式转向系统的基础上，加装了电动机及减速机构、转矩转角传感器、车速传感器和 ECU 电控单元。

2. 电动助力转向系统的种类

（1）根据动力源不同分类

电动助力转向系统根据动力源不同又可分为液压式电动助力转向系统（液压式 EPS）和电动式电动助力转向系统（电动式 EPS）。

① 液压式 EPS 是在传统的液压助力转向系统的基础上增设了控制液体流量的电磁阀、车速传感器和电子控制单元等，电子控制单元根据检测到的车速信号，控制电磁阀使转向动力放大倍率实现连续可调，从而满足高、低速时的转向助力要求。根据控制方式的不同，液压式电子控制动力转向系统又可分为流量控制式、反力控制式和阀灵敏度控制式 3 种形式。

② 电动式 EPS 是利用直流电动机作为动力源，电子控制单元根据转向参数和车速等信号，控制电动机扭矩的大小和方向。电动机的扭矩由电磁离合器通过减速机构减速增扭后，加在汽车的转向机构上，使之得到一个与工况相适应的转向作用力。

（2）根据辅助电动机的布置方式不同分类

EPS 按照辅助电动机的布置方式，可分为转向轴助力式（Column-assist type EPS）、齿轮助力式（Pinion-assist type EPS）和齿条助力式（Rack-assist type EPS）。

① 转向轴助力式（C-EPS）。转向轴助力式转向系统其转矩传感器、电动机、离合器和转向助力机构组成一体，安装在转向柱上。其特点是结构紧凑，电动机助力的响应性较好。但由于助力电机安装在驾驶舱内，受到空间布置和噪声的限制，电动机的体积较小，输出扭矩不大，一般只用在小型及紧凑型车辆上，如图 7-2 所示。

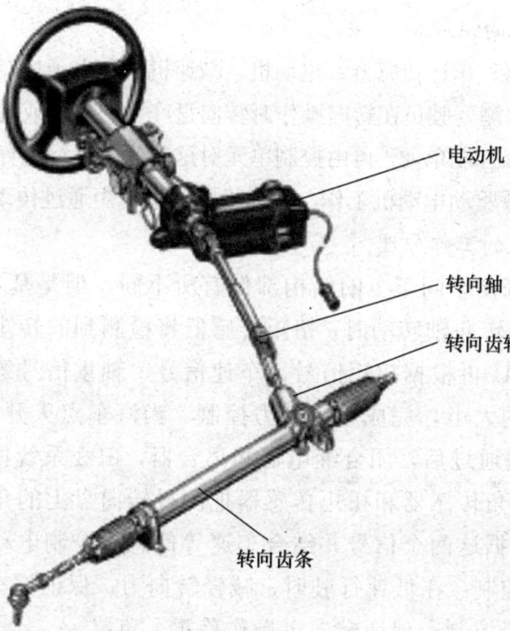

图 7-2 转向轴助力式

② 齿轮助力式（P-EPS）。齿轮助力式转向系统的转矩传感器、电动机、离合器和转向助力机构仍为一体，只是整体安装在转向齿轮处，直接给齿轮助力，能够获得较大的转向力。它可用于中型车辆，提供较大的助力值。该形式可使各部件布置更方便，但当转向盘与转向器之间装有万向传动装置时，转矩信号的取得与助力车轮部分不在同一直线上，助力控制特性难以保证准确，如图 7-3 所示。

③ 齿条助力式（R-EPS）。齿条助力式转向系统的转矩传感器单独地安装在转向齿轮处，电动机与转向助力机构一起安装在转向齿轮另一端的齿条处，用以给齿条助力，如图 7-4 所示。

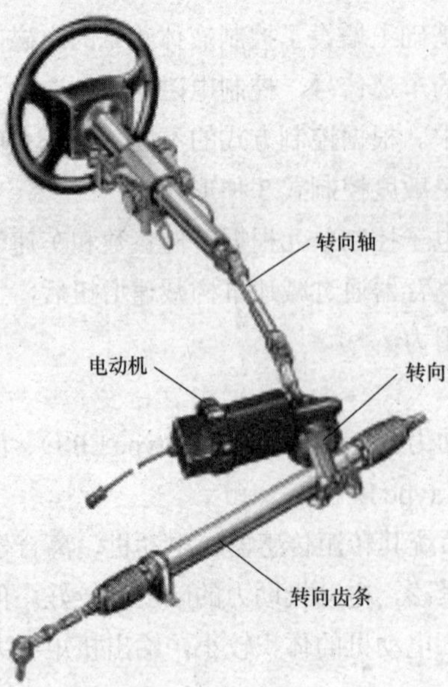

图 7-3　齿轮助力式

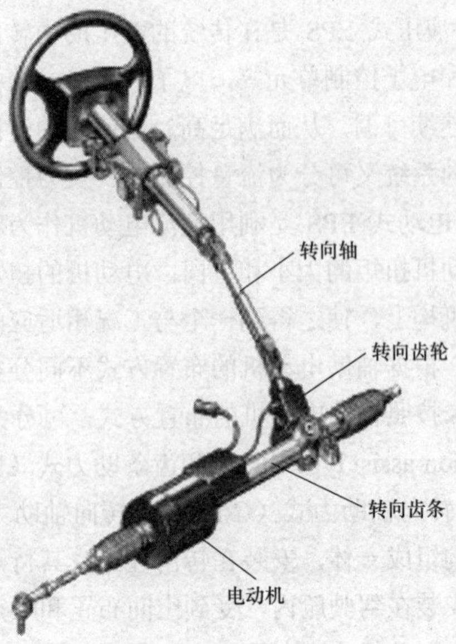

图 7-4　齿条助力式

3. *电动助力转向系统的组成*

EPS 主要由扭矩传感器、车速传感器、电动机、减速机构和电子控制单元（ECU）等组成，如图 7-5 所示。通过传感器探测驾驶员在转向操作时转向盘产生的扭矩或转角的大小和方向，并将所需信息转化成数字信号输入控制单元，再由控制单元对这些信号进行运算后得到一个与行驶工况相适应的力矩，最后发出指令驱动电动机工作，电动机的输出转矩通过传动装置的作用而助力。

4. *电动助力转向系统的工作原理*

电动助力式转向系统在不同车上的结构部件有所不同，但是基本原理是一致的。

其基本工作原理：当转向轴转动时，扭矩传感器将检测到的转矩信号转化为电信号送至电子控制单元 ECU，ECU 再根据扭矩信号、车速信号、轴重信号等进行计算，得出助力电动机的转向和助力电流的大小，完成转向助力控制。当汽车点火开关闭合时，ECU 开始对 EPS 系统进行自检，自检通过后，闭合继电器和离合器，EPS 系统便开始工作。当转向盘转动时，位于转向轴上的转角传感器和扭矩传感器把测得转向盘上的角位移和作用于其上的力矩传递给 ECU，ECU 根据这两个信号并结合车速等信息，控制电动机产生相应的助力，实现在全速范围内的最佳控制：在低速行驶时，减轻转向力，保证汽车转向灵活、轻便；在高速行驶时，适当增加阻尼控制，保证转向盘操作稳重、可靠。

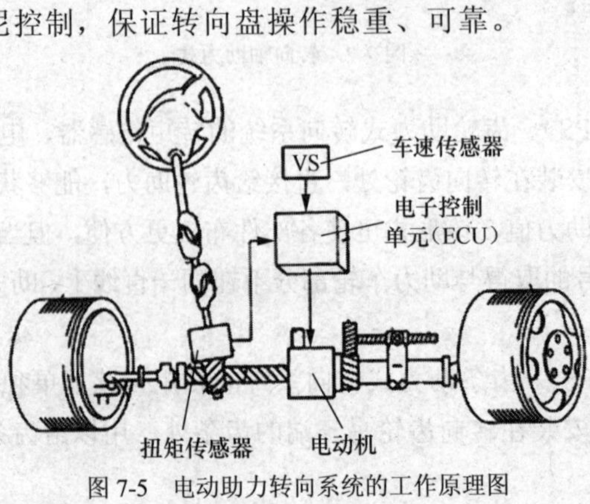

图 7-5　电动助力转向系统的工作原理图

（1）电动助力转向 ECU

ECU 系统的控制核心为 PIC16F877 单片机，控制单元结构如图 7-6 所示。PIC16F877 单片机是美国 Microchip 公司生产的 8 位 RISC 结构的单片机，具有高速数据处理的特性（执行速度可达 120ns）。PIC16F877 内部自带看门狗定时器，具有 256byte 的 EEPROM、8KB 空间的 FLASH 存储器、8 路 10 位 AD 转换功能、2 个脉宽调制 CCP 模块、在线烧录调试（ISP）功能。

其特点是宽电压工作，可靠性高。PIC16F877 有 8 级深度的硬件堆栈，RAM 区的每个 byte 位都可以寻址，有 4 条专用的位操作指令和 2 条移位指令。

整个系统由车载 12V 蓄电池供电，ECU 工作时，扭矩、转角、车速、温度等传感器把采集到的信号经过输入接口电路处理后送至单片机的相应端口，单片机根据系统助力特性和相应算法对这些数据进行分析处理，以确定助力电流的大小和方向，并通过单片机的 PWM 口发出脉冲指令和相应的换向控制端口发出换向指令，通过驱动电路和 H 桥电路控制直流电动机工作。在电动机的驱动电路上设有电流传感器，该传感器把检测到的电机实际工作电流通过电流探测电路反馈到单片机，单片机再根据相应的控制算法对电机实现闭环控制。如 EPS 系统工作出现异常，单片机将驱动 EPS 灯亮进行报警提示，同时断开继电器、离合器，退出电动助力工作模式，转为人工手动助力模式。

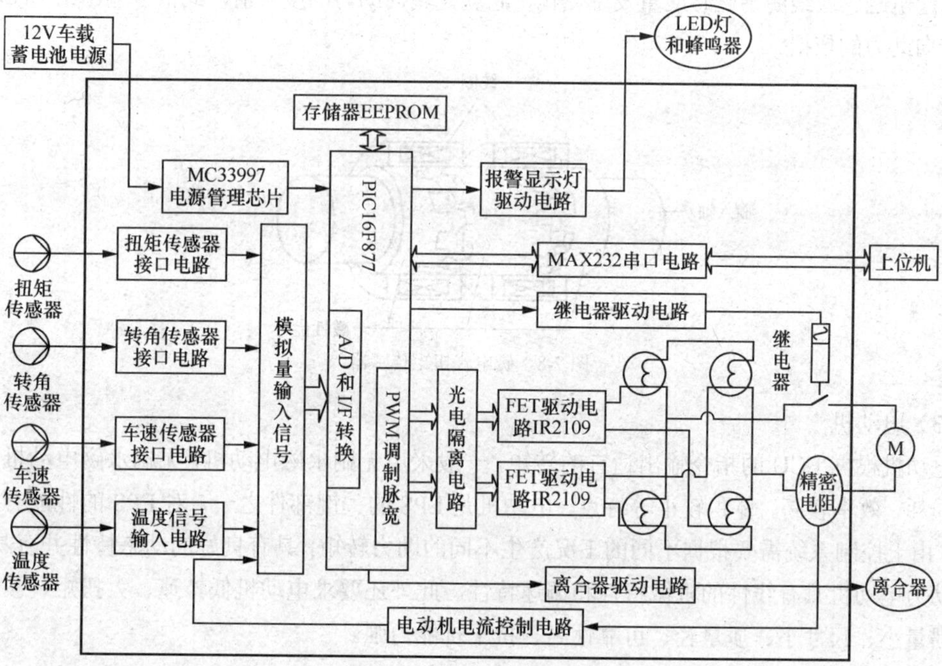

图 7-6　ECU 系统结构原理图

（2）扭矩传感器

扭矩传感器用来检测转向盘转矩的大小和方向，以及转向盘转角的大小和方向，它是 EPS 的控制信号之一。扭矩传感器主要有接触式和非接触式两种。常用的接触式（主要是电位计式）传感器有摆臂式、双排行星齿轮式和扭杆式 3 种类型，而非接触式转矩传感器主要有光电式和磁电式两种。接触式传感器的成本低，但受温度与磨损影响易发生漂移、使用寿命较低，需要对制造精度和扭杆刚度进行折中，难以实现绝对转角和角速度的测量。非接触式传感器的体积小、精度高、抗干扰能力强、刚度相对较高，易实现绝对转角和角速度的测量，但是成本较高。

① 光电式扭矩传感器。光电式扭矩传感器，它由两个带孔的遮光盘和一个弹性扭力杆组成，如图 7-7 所示。圆盘随转向盘一起转动，每个遮光器是由一个发光二极管 LED 和一个光敏晶体管组成的，彼此面对面相对安装，中间有扭力杆弹性连接。当转向盘转动时，因转向阻力的存在，扭杆变形，两个光电元件之间的光电信号值即出现差值，此差值即为转向助力的度量值。转向力矩越大，扭杆变形越大，差值角度就越大。此扭矩和方向信号传送给 ECU。ECU 再根据车速传感器信号以及车辆状态信号（静态或动态），经过编程处理，通过助力电动机，提供转向助力量化控制。

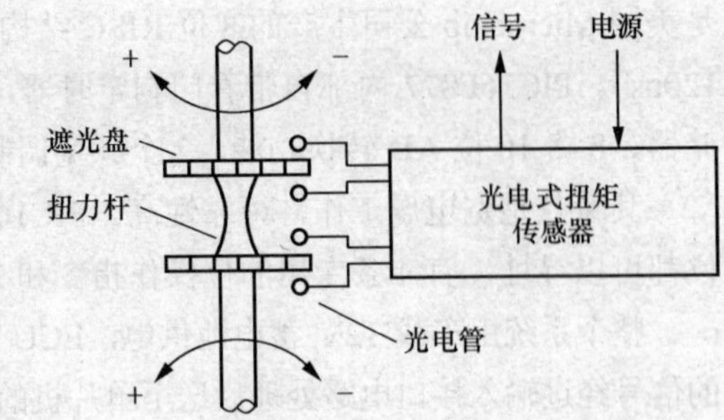

图 7-7　光电式扭矩传感器

② 磁电式扭矩传感器。磁电式扭矩传感器中，有两对磁性齿环相对安装，连接输入和输出轴，以磁性连接替代了弹性连接的扭力杆，如图 7-8 所示。它为非接触式扭矩传感器，体积小、输出的信号值精度高。当输入轴与输出轴之间产生扭转角度差值时，磁性齿环之间的空气间隙发生变化，从而引起电磁感应线圈中磁感应量发生变化，它就是转向助力的度量值，此信号输出给 EPS/ECU，作为转向助力的依据。

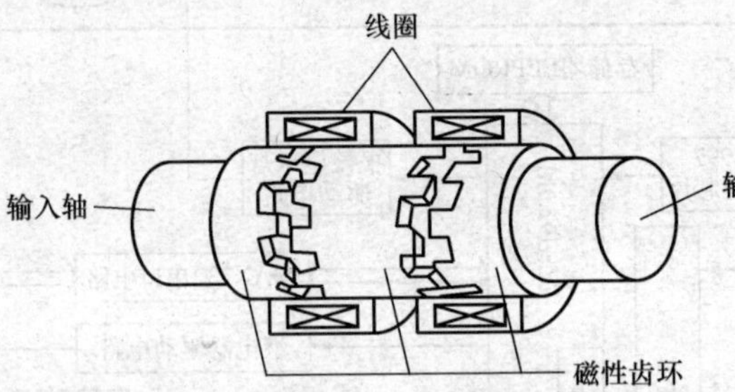

图 7-8　磁电式扭矩传感器

（3）电动机

电动机根据 ECU 的指令输出适宜的转矩，一般采用无刷永磁电动机，无刷永磁电动机具有无激磁损耗、效率较高、体积较小等特点。电动机是 EPS 的关键部件之一，对 EPS 的性能有很大的影响。由于控制系统需要根据不同的工况产生不同的助力转矩，具有良好的动态特性并容易控制，要求助力电动机具有线性的机械特性和调速特性。此外还要求电动机低转速、大扭矩、波动小、转动惯量小、尺寸小、质量轻、可靠性高、抗干扰能力强。

（4）电磁离合器

电磁离合器是保证电动助力只在预定的范围内起作用。当车速、电流超过限定的最大值或转向系统发生故障时，离合器便自动切断电动机的电源，恢复手动控制转向。此外，在不助力的情况下，离合器还能消除电动机的惯性对转向的影响。为了减少与不加转向助力时驾驶车辆感觉的差别，离合器不仅具有滞后输出特性，同时还具有半离合器状态区域。

（5）减速机构

减速机构用来增大电动机传递给转向器的转矩。它主要有两种形式：行星齿轮减速机构和蜗轮蜗杆减速机构，如图 7-9 所示。减速机构对系统工作性能的影响较大，因此在降低噪声，提高效率和左右转向操作的对称性方面对其提出了较高的要求。

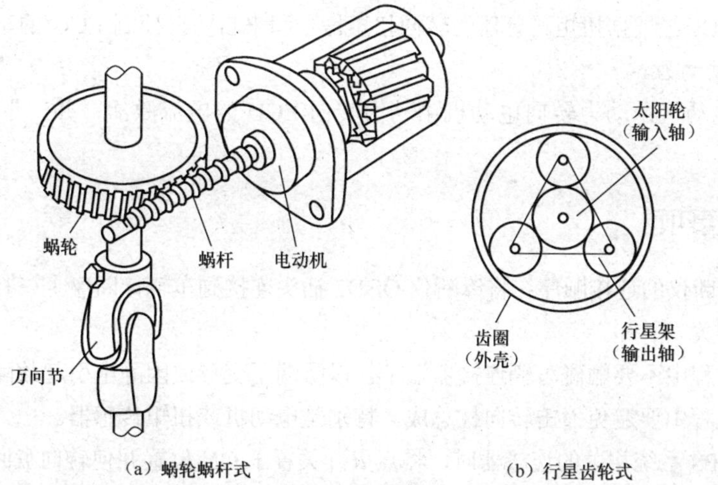

图 7-9　减速机构

项目实施

花冠电动助力转向系统是通过安装在转向柱上的电动机和减速齿轮的运作，助力转向系统产生扭矩以增大转向扭矩。根据车速信号和内置于转向柱总成的扭矩传感器信号，助力转向 ECU 决定辅助助力的方向和转向力矩的大小。从而在低速行驶时控制转向力矩变小，在高速行驶时控制转向力矩变适度增大。

花冠电动助力转向系统组成如图 7-10 所示。

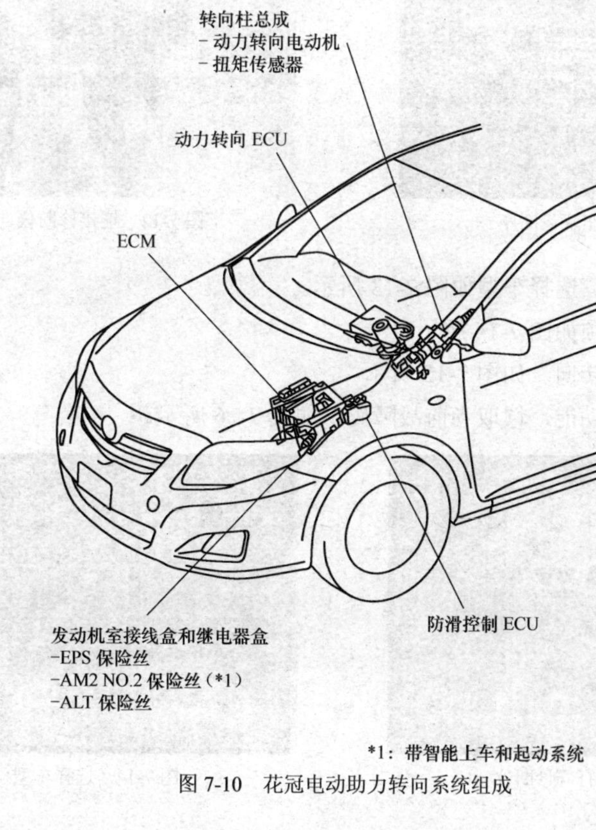

图 7-10　花冠电动助力转向系统组成

动力转向 ECU：根据扭矩传感器的转向扭矩信号和来自防滑控制 ECU 的车速信号，动力转向 ECU 计算辅助动力。

动力转向电动机：动力转向电动机由动力转向 ECU 的电流激活，并产生扭矩以辅助转向力矩。

一、注意事项

（1）故障诊断仪的连接顺序：将诊断仪 OBD2 插头连接到车辆诊断座上→打开点火开关→打开诊断仪电源开关。

（2）操作过程中不要触碰车辆连接器端子，以防端子变形或因静电引起故障。

（3）操作过程中要避免撞击转向柱总成，特别是电动机或扭矩传感器。

（4）断开 EPS 系统相关的连接器时，将点火开关置于 ON 位置并使转向盘回正，再将点火开关置于 OFF 位置后断开连接器。

（5）操作时参照维修手册，按维修手册规定操作。

二、花冠助力转向系统检修

1．故障诊断仪的使用

在仪表台左下侧找到车辆诊断座，如图 7-11 所示。

将故障诊断仪连接到车辆诊断座，如图 7-12 所示。

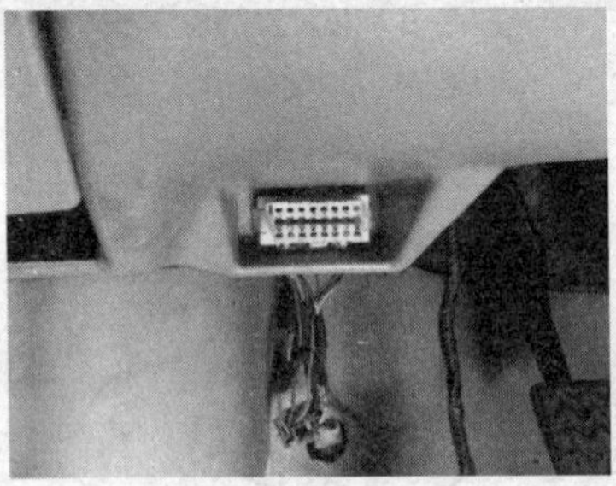

图 7-11　车辆诊断座

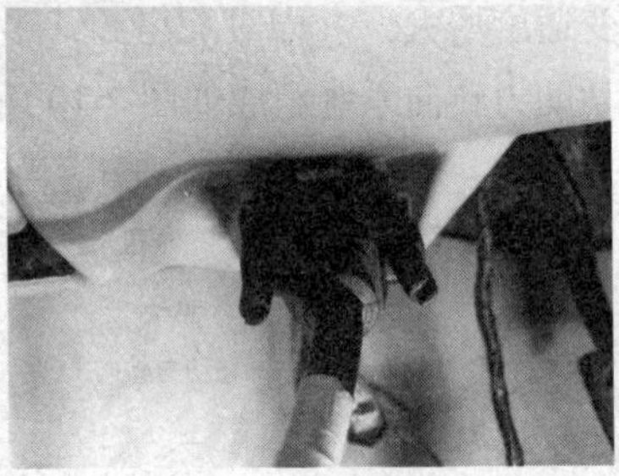

图 7-12　连接诊断仪

打开诊断仪电源开关，选择车型如图 7-13 所示。

选择“车型系统”选项如图 7-14 所示。

选择“电子辅助动力转向”如图 7-15 所示。

使用“当前故障码”功能，读取当前故障码，如图 7-16 所示。

图 7-13　打开诊断仪

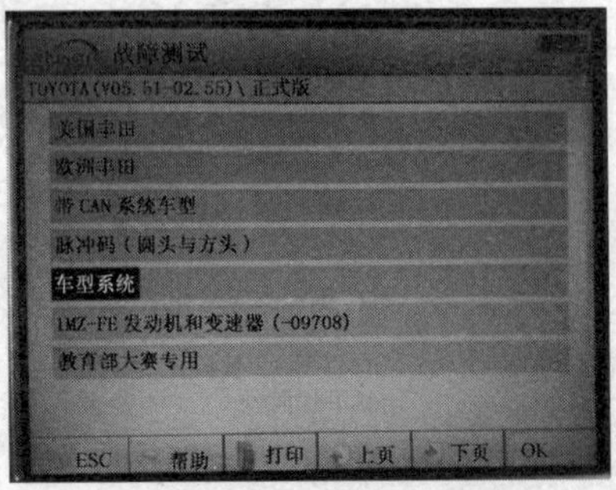

图 7-14　选择车型

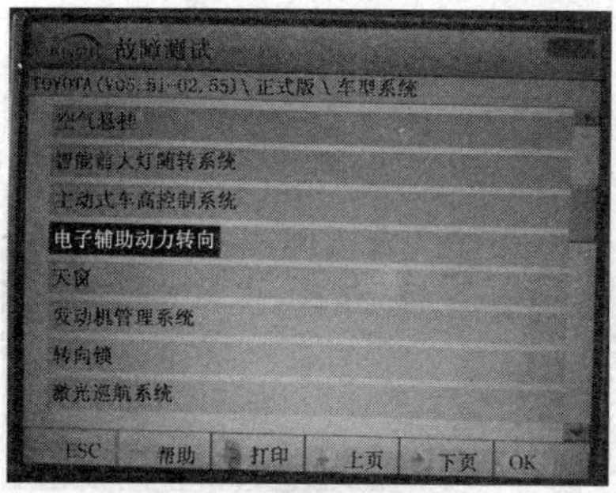

图 7-15　选择系统

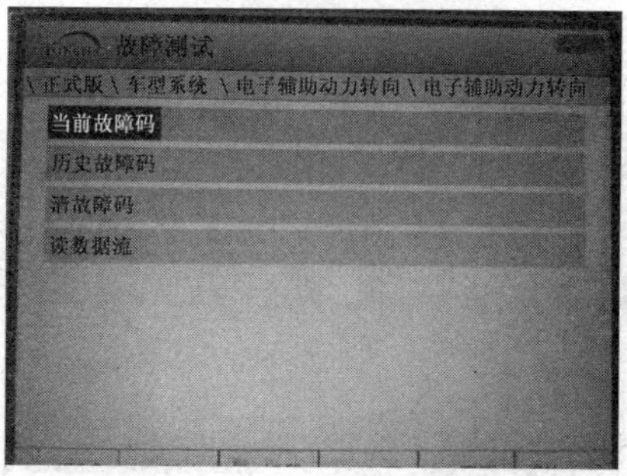

图 7-16　读取当前故障码

使用“清故障码”功能，清除故障码，如图 7-17 所示。

选择“电子辅助动力转向”读取数据流。

在车辆停止、不动转向盘（无负载）工况下观察扭矩传感器 1、2、3 的输出电压，参照维修手册判断是否为标准值，如图 7-18 所示。

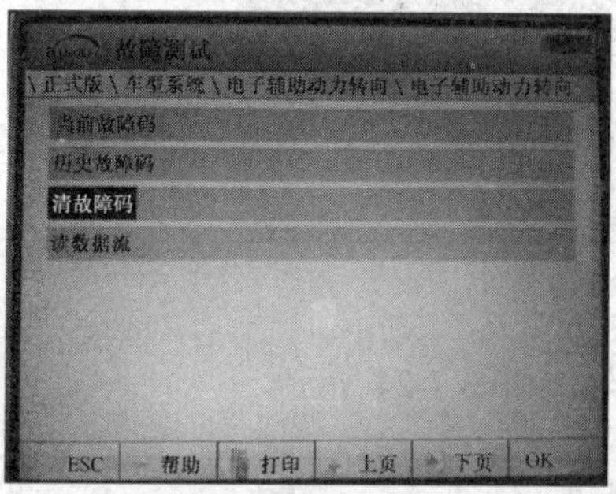

图 7-17　清除故障码

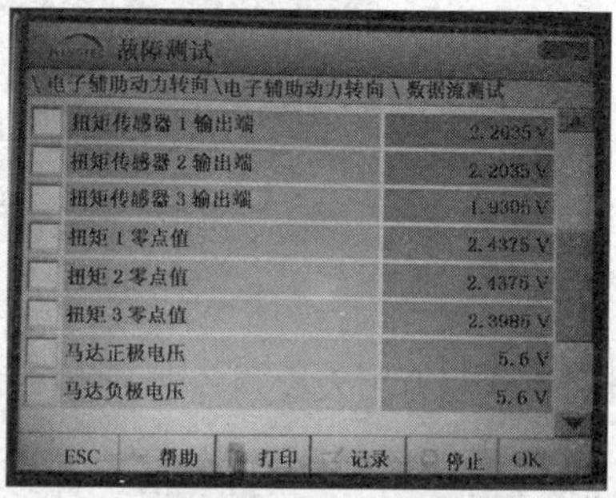

图 7-18　观察扭矩传感器

车辆停止、向右转动转向盘工况下观察扭矩传感器 1、2、3 的输出电压，参照维修手册判断是否为标准值，如图 7-19 所示。

车辆停止、向左转动转向盘工况下观察扭矩传感器 1、2、3 的输出电压，参照维修手册判断是否为标准值如图 7-20 所示。

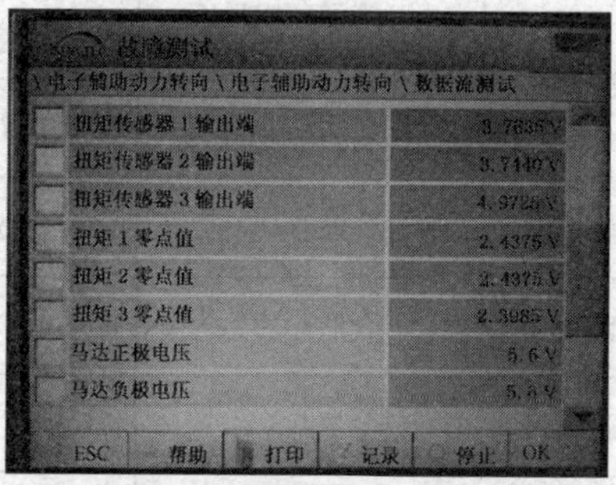

图 7-19　观察右转转向盘扭矩传感器

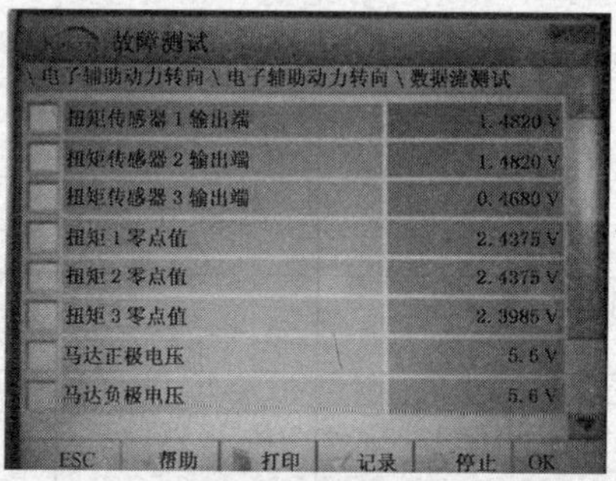

图 7-20　观察左转转向盘扭矩传感器

2. 检测与检修方法

用十字螺丝刀将固定仪表螺丝拆下，如图 7-21 所示。

将仪表拆下，找到动力转向 ECU，如图 7-22 所示。

图 7-21　螺丝位置

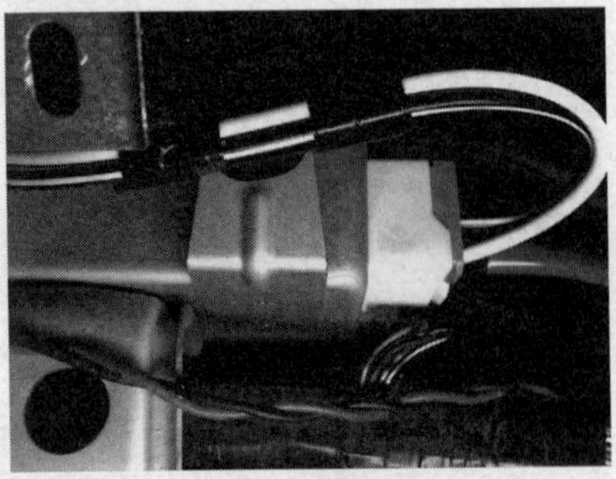

图 7-22　动力转向 ECU

动力转向 ECU 端子示意图如图 7-23 所示。

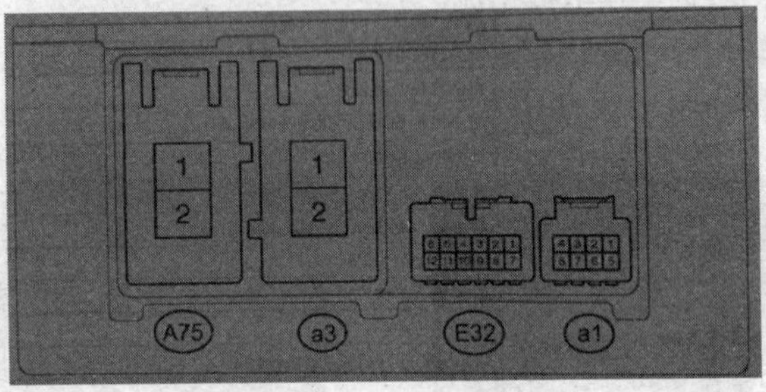

图 7-23　ECU 端子示意图

根据维修手册用万用表检测各端子的电压或电阻，如图 7-24 所示。

端子号（符号）	配线颜色	端子描述	状态	规定状态
A75-1（PIG）-A75-2（PGND）	L-W-B	电源	始终	11 ～ 14V
A75-2（PGND）- 车身搭铁	W-B- 车身搭铁	电源搭铁	始终	小于 1Ω
a3-1（M1）-A75-2（PGND）	R-W-B	动力转向电动机	点火开关置于 ON（IG）位置时向左转动转向盘	11 ～ 14V
			点火开关置于 ON（IG）位置时向右转动转向盘	低于 1V
a3-2（M2）-A75-2（PGND）	B-W-B	动力转向电动机	点火开关置于 ON（IG）位置时向左转动转向盘	低于 1V
			点火开关置于 ON（IG）位置时向右转动转向盘	11 ～ 14V
E32-1（CANH）-E32-7（CANL）	SB-W	CAN 通信线路	点火开关置于 OFF 位置	54 ～ 69Ω
E32-6（IG）-A75-2（PGND）	L-W-B	IG 电源	点火开关置于 ON（IG）位置	11 ～ 14V
a1-5（TRQ1）-A75-2（PGND）	W-W-B	扭矩传感器信号	点火开关置于 ON（IG）位置时左右转动转向盘	0.3 ～ 4.7V
a1-6（TRQV）-A75-2（PGND）	R-W-B	扭矩传感器电源电压	点火开关置于 ON（IG）位置	7.5 ～ 8.5V
a1-7（TRQ2）-A75-2（PGND）	Y-W-B	扭矩传感器信号	点火开关置于 ON（IG）位置时左右转动转向盘	0.3 ～ 4.7V
a1-8（TRQG）-A75-2（PGND）	B-W-B	扭矩传感器搭铁	始终	小于 1Ω

图 7-24　各端子数据

习题测试

一、填空题

1．EPS 按照辅助电机的布置方式可分为________、________、________、________。

2．EPS 根据动力源不同又可分为____________________和__________________。

3．非接触式转矩传感器主要有________和________两种。

4．无刷永磁电机具有________、________、________等特点。

二、简答题

1．电动助力转向系统的组成是什么？

2．电动助力转向系统的工作原理是什么？

项目小结

随着近年来电子控制技术的成熟和成本的降低，EPS 越来越受到人们的重视，并以其具有传统动力转向系统不可比拟的优点，迅速迈向了应用领域，部分取代了液压动力转向系统（Hydraulic Power Steering，HPS）。电子控制技术在汽车动力转向系统中的应用，使汽车的驾驶性能达到令人满意的程度。电动助力转向系统（EPS）在汽车低速行驶转向时减轻转向力使转向轻便、灵活；在汽车高速行驶转向时，适当加重转向力，从而提高了高速行驶时的操纵稳定性，增强了“路感”。不仅如此，EPS 的能耗是 HPS 能耗的 1/3 以下，且 EPS 与 HPS 相比，EPS 使整车油耗下降可达 3%～5%。因此，EPS 将成为汽车传统转向系统理想的升级换代产品。

项目习题测试

一、填空题

1．汽车转向系统可按转向的能源不同，分为____________和________。

2．动力转向系统按控制方式不同，可分为____________和________。

3．丰田凌志轿车电子控制动力转向系统主要由____________和________等组成。

4．电动式动力转向系统需要控制电动机电流的方向和____________。

5．电动式动力转向系统基本上是由__________、__________、_________、____________和减速机组成的。

6．液压式 EPS 是在传统的液压动力转向系统的基础上增设了__________、车速传感器和____________。

二、判断题

1．为了有更好的“路感”，要求在低速行驶时应有较大的转向力，在高速时有较小的转向力。（　　）

2．当动力转向系统发生故障或失效时，应保证通过人力能够进行转向操纵。（　　）

3．转向液压泵的作用是将发动机产生的机械能转变为驱动转向动力缸工作的液压能，由转向动力缸驱动转向车轮。（　　）

4．转向动力缸是将转向液压泵提供的液压能，转变为驱动转向车轮的转向助力执行元件。（　　）

5．汽车直线行驶时，动力转向机构处于工作状态。（　　）

6．流量控制式 EPS 是根据车速传感器信号调节动力转向装置供应的油液压力，改变油液的输入输出流量，以控制转向力。（　　）

7. 反力控制式动力转向系统是一种根据车速控制电磁阀，直接改变动力转向控制阀的油压增益来控制油压的。（　　）

8. 阀灵敏度控制式 EPS 是一种直接依靠电动机提供辅助转矩的电动助力转向系统。（　　）

9. 电动助力转向系统是根据车速控制电磁阀，直接改变动力转向控制阀的油压增益来控制油压的。（　　）

10．转矩传感器的作用是测量转向盘与转向器之间的相对转矩。（　　）

11．电动式 EPS 是利用直流电动机作为动力源，电子控制单元根据转向参数和车速等信号，控制电动机扭矩的大小和方向。（　　）

12．横摆角速度比例控制是通过检测横摆角速度以控制后轮转向操纵量。（　　）

三、简答题

1．磁电式转矩传感器的组成和作用是什么？

2．电动助力转向系统的优点是什么？

3．电控液压助力转向系统的特点是什么？

参考文献

[1] 周志立．汽车 ABS 原理与结构[M]．北京：机械工业出版社，2005.

[2] 郝军．汽车空调[M]．北京：机械工业出版社，2010.

[3] 麻友良，赵英勋．广州本田雅阁轿车维修手册[M]．北京：机械工业出版社，2001.

[4] L.埃克霍恩，D.克林恩乔克．当代汽车修理技师丛书—汽车制动系统[M]．叶淑贞等译．北京：机械工业出版社，1998.

[5] 郭伟．通用鲁米娜汽车维修手册[M]．沈阳：辽宁科学技术出版社，2000.

[6] Steven Daly．汽车空调与气候控制系统[M]．杨占鹏等译．北京：机械工业出版社，2009.

[7] 冯渊．汽车电子控制技术[M]．北京：机械工业出版社，2002.

[8] 张西振，惠有利．轿车 ABS/ASR 系统检修培训教程[M]．北京：机械工业出版社，2004.

[9] 黎军．汽车制动电子控制系统检测与维修[M]．北京：人民交通出版社，2004.

[10] 幺居标．汽车底盘构造与维修[M]．北京：机械工业出版社，2002.

[11] 鲁植雄．汽车防抱死制动系统故障诊断图解[M]．南京：江苏科学技术出版社，2003.

[12] 戴冠军．欧宝轿车电控系统维修手册[M]．北京：机械工业出版社，2003.

[13] 戴冠军．丰田轿车电控系统维修手册[M]．北京：机械工业出版社，2002.

[14] 戴冠军．宝马轿车电控系统维修手册[M]．北京：机械工业出版社，2003.

[15] 席金波，贾青．一汽奥迪 A6 轿车维修手册[M]．沈阳：辽宁科学技术出版社，2001.

[16] 尹力会．一汽花冠轿车维修手册[M]．沈阳：辽宁科学技术出版社，2005.

[17] B.H．德维金斯．汽车空调原理与维修[M]．北京：机械工业出版社，2006.

[18] 朱建风．汽车自动空调系统检测与维修[M]．北京：人民交通出版社，2003.

[19] 田小农．汽车空调检修[M]．北京：人民交通出版社，2007.

[20] 夏云铧，齐红．汽车空调应用与维修[M]．北京：机械工业出版社，2007.

[21] 李祥峰．汽车空调[M]．西安：西安电子科技大学出版社，2006.

[22] 徐昭．日产轿车电气系统维修手册[M]．沈阳：辽宁科学技术出版社，2002.

[23] 董安，李显树．国产中高档轿车空调装置保养和维修[M]．北京：北京理工大学出版社，2002.

[24] 于春鹏．空调系统[M]．北京：化学工业出版社，2005.

[25] 李春明．汽车底盘电控技术[M]．北京：机械工业出版社，2010.